청소년 및 성인을 위한 제2판

ADHD의 인지행동치료

Susan Young, Jessica Bramham 지음

최병휘, 임미정, 곽욱환, 박준성, 김 원, 조철래, 김선욱, 김혜경 옮김

Σ 시그마프레스

청소년 및 성인을 위한 ADHD의 인지행동치료, 제2판

발행일 | 2019년 4월 10일 1쇄 발행
2019년 12월 5일 2쇄 발행

저 자 | Susan Young, Jessica Bramham
역 자 | 최병휘, 임미정, 곽욱환, 박준성, 김 원, 조철래, 김선욱, 김혜경
발행인 | 강학경
발행처 | ㈜시그마프레스
디자인 | 고유진
편 집 | 문승연

등록번호 | 제10-2642호
주소 | 서울특별시 영등포구 양평로 22길 21 선유도코오롱디지털타워 A401~402호
전자우편 | sigma@spress.co.kr
홈페이지 | http://www.sigmapress.co.kr
전화 | (02)323-4845, (02)2062-5184~8
팩스 | (02)323-4197

ISBN | 979-11-6226-180-4

Cognitive-Behavioural Therapy for ADHD in Adolescents and Adults

A Psychological Guide to Practice, 2nd Edition

* 책값은 뒤표지에 있습니다.
* 이 도서의 국립중앙도서관 출판예정도서목록(CIP)은 서지정보유통지원시스템 홈페이지(http://seoji.nl.go.kr)와 국가자료공동목록시스템(http://www.nl.go.kr/kolisnet)에서 이용하실 수 있습니다.(CIP제어번호 : CIP2019012653)

역자 서문

휴대전화나 지갑을 자주 잃어버리고, 방을 정리하지 못하며, 계획을 세워 일을 추진하지 못하고, 차분하게 기다리지 못하며, 충동적인 구매를 하고, 해야 할 일을 미뤄 어머니나 배우자에게 잔소리를 듣는 사람들을 우리 주변에서 흔히 볼 수 있다. 물론 심각한 알코올 중독이나 도박에 빠진 ADHD 환자들도 있지만, 이처럼 단지 성실하지 못하다는 평가를 듣던 사람들 중에도 성인 ADHD로 진단될 수 있는 사람이 많다는 사실에 새삼 놀라곤 한다.

일반적으로 소아 ADHD는 나이가 들면서 차츰 나아질 것으로 생각되었고, 실제로 의사들은 보호자들을 그렇게 안심시키기도 했다. 그러나 ADHD 아동의 2/3는 성인기까지 증상이 지속되며, 성인이 될 때까지 ADHD 진단을 받지 못하거나 ADHD 진단기준에는 미치지 못하지만 부분적인 증상을 보이는 사람도 많은 것으로 밝혀졌다. 성인 ADHD를 겪는 사람들은 흔히 우울증이나 불안증 같은 정서문제를 겪으며, 업무나 공부를 할 때 두서가 없고 실수를 하는 등 기능적인 문제를 자주 호소한다.

이 책은 청소년 및 성인 ADHD의 인지행동치료 프로그램인 영-브램험 프로그램(Young-Bramham Programme)의 매뉴얼이다. 이 프로그램은 ADHD 증상 완화와 함께 환자들의 기능 개선도 균형 있게 고려하며, ADHD 환자의 단점을 지적하기보다는 가장 큰 강점인 회복탄력성과 기업가 정신에 치료의 초점을 둔다. 이러한 접근법은 정신건강의학과 외래를 찾은 성인 ADHD 환자와 치료자가 느끼는 한계를 극복하고 환자의 삶의 질을 높이는 데 많은 도움이 될 것으로 믿는다.

돌이켜보면 역자도 인생에서 충동적 결정으로 후회했던 적이 여러 번 있었다. 이 책의 번역도 그중 하나라고 생각했지만, 결과적으로 청소년과 성인 ADHD에 대한 이해를 넓

혔고 의미 있는 번역서를 내놓게 되었다. 만약 도전하지 않았다면 이런 결과를 결코 이룰 수 없었을 것이다. 그리고 이 책의 번역은 임상인지행동연구회에서 같이 활동하는 여러 선생님의 참여가 있었기에 가능했다. 특히 임미정 선생님은 많은 부분을 번역했을 뿐 아니라 대부분의 과정에 큰 도움을 주었다. 또한 역자의 일정에 맞춰 책이 나올 수 있게 도와준 ㈜시그마프레스 편집부에도 감사의 말씀을 드린다. 마지막으로, 역자 때문에 같이 밤잠을 설친 가족들에게도 사랑한다는 말을 전하고 싶다.

2019년 3월
논현재에서
역자대표 최병휘

Margaret Weiss의 머리말

"이 여정은 '당신은 ADHD입니다'라는 말로 시작되었다. 내담자에게 이 말은 진단일 뿐 아니라 자기를 이해하는 틀이었다." 저자들이 치료 종결 모듈에서 인용한 이 말은 이 책의 핵심 주제를 대변한다. 이 책은 성인 ADHD 환자를 이해하고 돕기 위한 임상 매뉴얼이다. 이 매뉴얼의 장점은 바로 임상 중심이라는 것이다. 두 저자는 어떻게 변화를 일으킬 것인가에 관한 관점, DSM과 ICD 체계, 치료 철학, 기능장애에 관한 엄격한 기준 등으로부터 자유롭다.

Young과 Bramham은 변화가 일어날 수 있는 세 가지 방법을 정의한다. 생물학적 변화는 성숙 또는 약물치료 결과로 나타날 수 있는데, 이 경우에는 증상이 직접 개선된다. 환경 변화는 환자의 환경이 증상의 영향을 최소화하거나 강점을 최대화하는 방향으로 수정될 때 나타날 수 있다. 심리 변화는 부족한 기술을 연마하기 위해 인지, 행동, 심리교육 및 대인관계 기법을 활용할 때 일어날 수 있다. 두 저자는 이러한 변화가 내부뿐 아니라 외부로부터도 일어날 수 있다는 사실을 지적함으로써 변화를 이해하기 위한 도식을 더 단순화한다.

약을 처방하는 정신과 의사와 인지행동치료자는 내부로부터의 변화에 가장 큰 관심을 갖는다. 그러나 두 저자는 어떤 한 방향의 변화에 초점을 두지 않는다. 오히려 그들은 이 환자집단의 고유한 증상과 기능 사이의 변증법에 초점을 맞췄다. 이들은 여러 환자를 통해 ADHD를 배운 임상가이다. 따라서 이 책은 개인, 그룹 또는 워크숍 등 어떤 형식에서도 쉽게 참조할 수 있는 실용 매뉴얼이다. 각 모듈에서 제공하는 도구는 독자들이 쉽게 제공받을 수 있게 보조 웹사이트에 실었다.

이 관점으로부터 얻을 수 있는 것은 임상 지혜이다. 독자는 이 책에서 ADHD 환자와 이 치료 모두를 보고 느낄 수 있다. 때때로 두 저자는 '성취는 강력한 강화 요인이다', '자기감찰로 기술을 향상시킬 수 있다', ' 문제를 일으킬 소지가 있는 일을 알아차리고 대비하는 것이 중요하다' 같은 뻔한 말을 한다. 그러나 이 문구 하나하나는 중요한 치료 요소를 대변한다.

이 책에서 설명하는 치료는 일부 환자의 일부 문제에 대해서 도움이 될 것이다. 그러나 이 치료로 생긴 의미 있는 변화는 오랫동안 지속될 것이다.

ADHD 환자가 좋아지는 기전에 관한 우리의 생각에는 때때로 인지 오류가 있다. 낫는다는 것은 흑(변화 없음)과 백(회복) 논리가 아니다. 대다수 환자에서 변화는 조건이 있다. 회복은 결승점을 향해 달리는 경주가 아니다. 얼마나 빨리 좋아지느냐보다 얼마나 오랫동안 개선된 상태를 유지하느냐가 더 중요하다. 두 저자가 말하듯, 이것은 시간과 지구력, 창의성, 회복탄력성, 통찰력이 더해져 장기적인 발달 이득에 큰 변화를 일으키는 하나의 투쟁이자 긴 여정이다. 두 저자는 ADHD를 발달 관점으로 볼 뿐만 아니라 지속적 기능 변화와 삶의 질 최적화도 발달 관점으로 본다.

DSM과 ICD는 ADHD를 진단하는 체계를 정의한다. ADHD 진단 체계를 뒷받침하는 연구 결과, 우리는 게으름을 도덕 관점으로 보지 않고 실행기능(executive function)과 억제(inhibition)에 관한 신경심리 관점으로 볼 수 있게 되었다. DSM과 ICD는 공통점도 있지만 대립되는 면도 있다. ADHD 정의는 핵심 증상에 대한 좁은 정의와 여러 증상을 포괄하는 보다 광범위한 도식이 본질적으로 계속 대립하였다. ADHD에 관한 현대 연구는 ADHD를 좁게 정의함으로써 손쉽게 많은 성과를 거두었다. 그러나 Rosemary Tannock, Tom Brown, Paul Wender 같은 임상가는 다른 증상과 함께 복합 신경심리 결함을 보이는 환자에 대한 임상 연구를 위해 좁은 ADHD 정의에서 벗어나 보다 폭넓은 연구를 했다. 이 책에도 그러한 대립 구도가 포함되어 있다. 이 책은 핵심 증상에 의거해 ADHD로 진단받은 환자를 대상으로 하면서도 광범위한 관련 증상 영역의 임상 결함을 다룬다.

성인 ADHD 환자는 —비록 불안장애 진단기준을 충족하지 않더라도— 때때로 불안할 수 있다. Young과 Bramham은 ADHD 증상은 불안 및 우울장애로 이어지는데, 불안과 우울은 주의와 억제를 동원하는 작업기억(working memory) 엔진의 힘을 분산시킨다는 사실을 관찰하였다. 당신은 내재화 및 외현화 증상을 단절시킬 수 없다. 그러나 치료 변화를 통해 ADHD 환자의 주의를 끌고 마음을 움직일 수 있다. 어떤 ADHD 환자는 익숙하지 않은 일(숙제, 세금, 집안일, 시험 보기, 운전, 약속 지키기 등)을 해야 할 때 그들에게 닥친 위험을 감지하고 지난 실패를 떠올릴 것이다.

최근 학술 및 임상 토론에서 활발하게 논쟁 중인 사안 중 하나는 ADHD와 양극성장애의 구분이다. 사람들은 왜 이 문제가 계속해서 관심을 끄는지 의아할 것이다. 그러나 이 문제를 놓고 두 심리학자가 고민하는 모습을 보는 것이 나에게는 꽤나 기쁜 일이었다. 두 저자는 "ADHD 환자는 (DSM에 어울리지 않는 단어인) '열정적'이라서 기분이 처질 때도 '열정적'일 정도"라고 표현한다. 또한 이들은 ADHD는 대개 주 단위가 아니라 시간 단위로 찾아오는 극적인 기분 변화를 동반한다고 하였다. 어떤 사람은 ADHD 환자가 충동적인 기분 변화를 보인다고 말할 수도 있다. ADHD 치료자에게 비친 그들의 모습은 기분 및 불안 증상으로 인한 장애를 자주 겪는 환자이다. 이런 증상은 DSM 또는 ICD에 기술된 이 질환의 모습과 겹치지만 동일하지는 않다. 처음 이 현상을 기술한 사람은 Young과 Bramham이다. Barkley와 Surman의 보다 최근 연구에서는 정서조절장애와 정서 충동성이 ADHD 연관 장애의 핵심이라는 사실이 입증되었다.

지금까지 ADHD에 대한 치료는 기능보다 증상에 초점을 맞췄다. 이것은 대단히 순서가 바뀐 것이었다. 증상 중심 평가는 환자의 일상을 개선하는 방법을 찾기 위한 관문일 뿐이다. 환자를 돕는 지름길은 문제 영역을 공략하는 것이다. 이것이 영-브램험 프로그램을 구성하는 여러 모듈을 정의하는 기본 구조이다. 대부분 환자는 이 프로그램 전체를 필요로 하지 않는다(또는 전체를 다룰 수 없다). 그러나 어떤 환자라도 이 프로그램의 모듈로 도움을 받을 수 있다.

각 모듈은 환자가 호소하는 가장 흔한 문제, 즉 시간 관리, 지연행동, 분노관리, 대인관계문제 등을 다룬다. 두 저자는 항상 증상으로 시작해서 기능으로 끝낸다. 예를 들어 주의력 모듈은 다양한 주의력 결핍과 임상 양상에 대한 논의로 시작하고, 실행기능기술을 개발하도록 지원하는 방안에 대한 설명이 그 뒤를 잇는다. 수면 모듈은 수면 자체, 즉 ADHD 환자의 수면문제에 대한 설명으로 시작해서, 오랜 기간 동안 유효성이 검증된 수면 위생에 대한 설명으로 끝난다. 성인 ADHD 환자는 흔히 수면문제를 호소하지만, 성인기 ADHD의 수면문제에 관한 연구는 거의 없다.

각 모듈은 환자가 호소하는 다양한 문제를 다룬다. 두 저자는 환경에 따라 몇 가지 모듈의 활용성은 달라지더라도 습득된 기술은 누적된다고 했다. 환자가 어떤 문제를 다룰 때는 변화를 확립하는 하나의 틀을 얻게 되는데, 이 틀은 동일한 기술을 다른 장애 영역에서도 사용할 수 있게 한다. 치료의 핵심 모듈인 주의력, 충동성, 치료 종결 모듈은 모든 환자에게 해당될 수 있다.

충동성 모듈은 충동행동, 정동, 사고에 대한 설명으로 시작해서 실용 전략에 관한 소개로 끝을 맺는다. 만약 어떤 환자가 결과를 고려하지 않고 행동한다면, 보상의 즉시성(immediacy)과 현저성(salience)을 강화한다. 충동적으로 결정을 내리는 환자는 행동으로 옮기기 전에 장점과 단점을 써보게 한다. 결과를 속단하는 환자는 증거를 검토해보게 한다. ADHD 환자가 증상기에 있을 때는 이런 기술을 익힐 수 없으며, 변화를 일으킬 수 있는 신경정신적 잠재력이 생기더라도 일생 지속되어 온 습관을 쉽게 변화시킬 수 없다. 환자가 성장하기 위해서는 ADHD 증상이 관리될 수 있어야 하고, 잠재력과 기대치가 일치해야 하며, 기술 발달이 지체된 오랜 세월을 따라잡아야 한다. ADHD에 동반되는 장애는 여러 치료를 고려할 만큼 다양하다.

내가 가장 흥미를 느낀 모듈은 사회 관계에 관한 논의였다. 다음은 ADHD 환자가 아닌 주변 사람의 왜곡된 관점으로 본 ADHD 증상에 대한 묘사이다. '그들이 주목하지 않으면, 관심이 없는 것이다. 그들이 빤히 쳐다보면, 공격적인 것이다. 그들이 가만히 있지 못하고 꼼지락거리면, 당신을 귀찮게 하려는 것이다. 그들이 전화하는 것을 잊으면, 당신을 사랑하지 않는 것이다.' 이것은 또한 ADHD 증상이 나쁜 무리와 어울리거나, 방탕하게 살거나, 의사소통에 어려움을 겪거나, 다른 사람 말을 경청하지 않는 등 문제를 불러일으키는 뿌리 깊은 사회적 핸디캡에 대한 묘사이다. 이 모듈은 대인관계 장애가 있는 ADHD 성인을 도울 수 있는 방법을 설명하기 위한 최초의 시도 중 하나이다.

나는 두 저자가 ADHD 환자에게 심리 손상을 일으키는 가장 큰 원인 중 하나인 '고립'을 중요하게 다룬 점을 높이 평가한다. 아스퍼거 증후군 환자도 성인이 되면 종종 친구를 갖고 싶다고 말하곤 하지만, 그들은 실제로 외로운 것이 아니다. 그들은 성장하면서 인간적 특성인 군집성이 없음이 드러난다. 이와 대조적으로 ADHD 환자는 대단히 사교적이지만 다른 사람들이 그들을 거부한다. 두 저자는 ADHD 환자가 경험하는 사회적 거절에 치료 초점을 맞추는 중요한 첫발을 내디뎠다.

ADHD는 우리가 이해하지 못하는 많은 측면을 갖고 있다. 훌륭한 임상 서적은 원래 분류가 불가능하며, 이론으로 설명되지 않는 통찰이 가득하다. 예를 들어 두 저자는 ADHD 환자는 자신이 저지르지 않았거나 기억하지 못하는 잘못에 대해 사과하기도 한다고 했는데, 자신이 무슨 말을 했는지 기억하지 못해 부인에게 혼나는 남편, 선생님께 "제가 안 그랬어요"라고 변명하지만 실제로 자신이 저지른 일을 기억하지 못하는 아이의 사례가 기억난다.

이 책의 임상 지혜 중 으뜸은 저자들이 그들이 설파한 것을 실천한다는 점이다. 동기강화상담과 인지행동치료의 목표는 환자가 긍정적 관점을 갖도록 돕는 것이다. 하지만 임상가로서 우리는 환자를 대할 때 무엇이 옳은지보다 무엇이 틀렸는지에 초점을 맞추는 경우가 얼마나 많은가? Young과 Bramham은 ADHD 환자의 가장 큰 강점인 용기와 회복탄력성을 십분 활용한다. 두 사람은 이들이 끊임없이 노력하는 환자라고 평가한다. 그렇지 못한 경우도 있지만, 명성을 얻을 만큼 큰 성공을 거두는 환자도 있다. ADHD 환자는 모두 계속 노력하는데, 이것은 강력한 치료 자산이다. Young과 Bramham은 ADHD 환자를 '인생의 진정한 기업가'라고 은유적으로 표현하였는데, 이 비유는 정확하다. 모든 기업가들처럼 그들은 부를 축적할 수도 있고 파산할 위험도 있기 때문이다.

두 저자는 "ADHD 환자는 흔히 자신을 개인, 사회, 직업에 심각한 후유증을 남기는 어떤 증후군의 '생존자'로 여기며, 이것을 일명 ADHD의 '유물'로 부른다"고 했다. 그들은 소아기에 경험한 부주의, 과잉행동, 운동·인지·행동 충동성으로 인해 장기간 자존감에 상처를 입었다. 치료의 초점을 강점에 두면 상처와 장애로 가득 찬 그들의 인생사를 새롭게 쓸 수 있다. ADHD 환자는 회복탄력성에 자부심을 가질 만하다.

ADHD에 관한 강의에서 자주 나오는 불평은 환자에 대한 신뢰와 양해와 봉사를 제공받기 위해 이 질환의 장애를 지나치게 강조한다는 것이었다. 이것은 지금까지는 중요했고 성공적이었지만 ADHD의 기능장애를 강조하여 원치 않은 결과가 나타나기도 했다. 첫째, ADHD 증상과 행동장애 증상의 결과를 서로 혼동하게 되었다. 둘째, 임상가가 치료에 대해 허무감을 느끼게 하여 결국 ADHD에 대한 낙인을 키우는 결과를 가져왔다. 셋째, ADHD가 일종의 축복이자 고유한 문화로 받아들여지는 곳에서는 반동적 반응을 초래했다.

ADHD 환자는 장애가 있다. 그러나 그들도 인간이므로 장애에 적응할 수 있다. 이것은 ADHD의 장점이 아니라 인간의 장점이다. 시각장애인은 음악에 재능이 있을 수 있다. 그러나 음악에 재능이 있다고 해서 앞을 못 보는 것이 축복이 될 수는 없다. ADHD와의 싸움은 길고도 외롭다. 이 책의 마지막 모듈에서는 임상가와 환자가 함께 성과를 확인하고 그동안 구축된 관계의 의미에 대해 되돌아본다. 치료 종결은 모든 단기 치료에 있어서 어렵고도 중요한 순간이며, 증상으로 인해 사회로부터 고립되었던 환자에게는 더욱 중요하다. 치료 성공은 누군가를 거친 인생으로 돌려보내야 한다는 의미다. 두 저자는 이 즐겁고도 괴로운 측면을 이해한다.

이 심리학 매뉴얼에는 정신치료, 인지행동치료, 대인관계치료, 행동치료, 사회기술 훈련, 분노조절, 동기강화상담, 문제해결, 인지 교정, 이완 요법, 수면 위생, 코칭 등 다양한 치료가 포함되어 있다. 주요 심리중재 중 내가 보지 못한 유일한 치료는 역동정신치료다. 이것은 시대의 변화를 반영하는 것 같다. ADHD 환자도 갈등이 있을 수 있다. 비록 역동정신치료가 ADHD 증상에 효과적인 치료가 아닐 수 있지만, ADHD 환자가 겪는 삶의 문제를 해결하는 데는 도움이 될 수 있다.

ADHD 환자는 약물치료를 고려하거나 시도 중이거나 실패한 상태로 치료를 시작한다. 모든 심리치료는 집중과 제어에 도움이 되는 약물치료 경험을 통합해야 한다. 효과적인 치료는 약물치료가 가진 장점과 한계를 활용한다. ADHD 환자는 변화하는 데 필요한 노력을 피하기 위한 방편으로 약물치료와 심리교육을 악용할 수도 있다. 훌륭한 심리치료는 일종의 해독제와 같다. 이 책은 다음과 같은 환자의 질문에 기반을 둔다. 'ADHD는 무엇이고 나는 무엇인가?', '다른 사람에게 말할까? 아니면 계속 비밀로 할까?' 약물치료는 빠르게 발전하고 있는 영역이기 때문에 어떤 책도 최신 지견을 모두 담을 수는 없다. 만약 환자가 약을 복용하지 않거나, 약물치료에 대해 잘못된 기대를 하거나, 약을 무시한다면 약물치료는 효과적이지 않을 것이다. 두 저자는 약물치료를 ADHD 치료에 병합하는 방안을 만들기 위해 노력했다.

ADHD 심리치료에 관한 연구는 초기 단계에 있다. 하지만 심리치료에 관한 제한된 연구에서는 일관되게 증상, 기술, 자존감 저하가 개선되었다. 통찰은 보상을 가져오지만 부작용도 따른다. 자신에 대한 현실적 평가로 인한 부작용은 자신감 저하다. 위축된 자기애를 감내할 수 있다면 좋겠으나, 환자의 유일한 장점이 반복해서 노력하는 능력이라면 이런 위험이 없지 않다. Young과 Bramham도 이 점을 분명히 확인했다. 다시 시작하지 못한다면 좋아질 수 없다. 모든 모듈에서 치료자는 두 위험, 즉 반복되는 실패를 초래하는 비현실적 자신감과 꾸준한 노력을 방해하는 좌절감을 서로 절충한다.

우리는 환자가 가진 희망과 꿈 그리고 현실 한계 사이에서 늘 갈등한다. 그렇기에 우리는 정신치료 프로그램을 시작할 때 두려움을 느낀다. 전략적 관점에서 보자면, 치료를 하지 않는 것보다 일부라도 치료하는 것이 낫다. 각기 다른 문제와 다양한 기능 수준을 가진 많은 사람에게 교육, 기술, 대처 전략을 제공할 수 있는 방법을 찾아야 한다. 이 책은 집단 또는 워크숍 형식으로 전달하기에 적합한 매뉴얼이다. 폭발적인 수요에 비해 한

정된 인력이라는 여건에서 보자면, 이 책은 비용 대비 효과 측면에서 훌륭하게 핵심을 전달할 수 있는 수단이다.

집단 형태 토론은 사회적 상호작용을 실시간으로 다룰 수 있다. 집단치료는 동료의 지지를 활용하는데, 여러 사례를 함께 토론하면 ADHD 증상으로 인해 인생사가 어떻게 낙인 찍혔는지 잘 이해할 수 있다. 그리고 무엇보다도, 이 장애의 트레이드마크가 '고립'이라면, 훌륭한 치료의 브랜드 자산은 '동료애'다. 집단치료를 종결할 때 가장 어려운 부분은 참여한 환자들이 대부분 이 치료가 그들이 이해받는 첫 경험이자 마지막 경험일지 모른다는 두려움을 갖는다는 것이다. 내가 아는 한, 이 책은 집단 및 워크숍 형태로 제공될 수 있는 심리치료 가이드로는 처음 출간된 매뉴얼이다.

ADHD 환자에게 가장 어려운 과제는 우선순위를 매기는 것이다. 그들은 할 일을 미루고 동기가 없으며 쉽게 산만해지고 과제에 집중할 수 없다고 호소한다. 이런 문제에 대처하는 유용한 여러 전략이 있지만, 실제로는 어떤 것이 가장 중요한지 아는 법을 설명하는 것이 가장 어렵다. 인지행동치료 초기 공식은 인지 오류에 대해 설명할 뿐 인지적 재능에 대한 교육은 제공하지 않았다. 예를 들어 '나무만 보고 숲을 보지 못하는' 것은 주의력 결핍 측면에서 인지적 강점과 약점을 모두 가진 재능일 수 있다. 이 매뉴얼의 문제해결, 인지행동치료, 동기강화 단원은 교정 전략뿐 아니라 우선순위를 매기는 방법도 설명한다.

지난해 Solanto, Safren, Emilsson의 발표는 모두 인지행동치료가 성인 ADHD 환자에게 매우 효과적임을 입증했다. Solanto와 Safren이 발표한 매뉴얼은 한 가지 치료를 모두에게 적용하는 고정 프로그램이라는 점에서 이 책과 차이가 있다. 즉 Young과 Bramham의 프로그램은 문제에 대한 명확한 설명과 치료 수단 및 치료법을 제공한다는 점이 특징이다. 그러나 그들은 성인 ADHD 환자가 핵심 증상을 공유하지만 도움을 필요로 하는 영역이 서로 다를 수 있음을 인정한다. 이 책은 어떤 특정 영역에 뚜렷한 장애가 있는 환자에게 적용할 수 있는 여러 '모듈'을 제공하는 유일한 매뉴얼이다. 그들은 실행기능 기술을 가르치는 데서 더 나아가 어떤 환자에게는 가장 중요한 문제일 수도 있는 대인관계, 수면, 중독 등도 다룬다. 이 책은 성별, 연령대, 기능 수준에 관계없이 환자의 요구를 충족시킬 수 있다. 이 책은 각 치료자의 해석을 허용하며 대부분 환자에게 적용할 수 있을 만큼 충분히 유연하다. 이 치료 접근은 다면적이며 ADHD 환자의 복잡성을 충분히 반영한다. 영-브램험 프로그램이 기여한 바는 '관점'이다. 두 저자는 무엇이 가장 중요한지 그리고 왜 그것이 중요한지 이해하기 위해 노력했다. 그들의 업적 덕분에 우리도 이제 환자가 이 기술을 습득하도록 어떻게 도울지 이해하게 되었다.

Margaret Weiss
Clinical Professor, University of British Columbia

Sam Goldstein의 머리말

오랫동안 대부분의 전문가와 부모는 ADHD로 인한 문제는 단순히 일부 아동과 환경의 부조화 때문이라고 믿었다. 인내심을 가지고 치료하면 앞으로 그런 문제는 사라질 것이며 ADHD로 인해 일생 동안 심각한 역경을 겪지는 않을 것이라고 부모들을 안심시켰다. 지난 20년간 ADHD는 후기 청소년기가 되면 빠르게 사라지는 소아기 질환일 뿐이라는 믿음이 광범위하게 검증되었다. 그러나 소아기에 ADHD로 고통을 받던 많은 환자는 남녀를 불문하고 노년기까지도 이어지는 고통을 겪으며 역량에 미치는 못하는 삶을 산다. 몇몇 초기 개척자가 전문가 집단에 ADHD 병력을 가진 많은 성인의 장애를 연구해야 한다고 조언했지만, ADHD 개념이 일반 언론과 미디어에 널리 알려지고 나서야 이 문제에 진지한 관심을 갖기 시작했다. 성인 ADHD와 치료에 관해 일부 논란이 있지만, 최소한 과학계와 정신보건 분야에서는 논쟁의 여지가 거의 없다(Asherson et al., 2010). 최근 들어 이 질환의 정서, 인지, 직업, 학업, 물질 사용, 범죄율에 관한 문헌이 빠르게 증가하고 있다. 나는 지난 8년간 *Journal of Attention Disorders*의 편집장으로서 해마다 성인 ADHD에 관한 논문 투고가 증가하고 이 질환에 할애하는 잡지 분량이 점점 늘어나며 여러 차례 특집 기사가 실리는 현상을 가까이서 지켜봤다.

ADHD를 가진 성인의 1/3은 비교적 만족스럽게 성인기를 보내고, 다른 1/3은 일정 수준 문제가 지속되며, 나머지 1/3은 ADHD와 관련된 심각한 문제와 공존질환을 계속 경험한다. 일반인의 통념과 달리 ADHD는 위대한 성과를 추진하는 자산도 아니며 신경 쓸 필요없을 만큼 가벼운 불편도 아니다. 여러 연구 결과를 종합하면 ADHD를 경험한 성인의 10~20%만이 거의 문제를 겪지 않는다는 결론이 합리적이다. 60%의 환자는 ADHD 증상을 계속 보이고 사회, 학습, 정서문제를 경험하며, 10~30%에서는 ADHD와 기타 공존질환 외에도 반사회적 문제같은 더 심각한 공존질환이 발생한다. 이런 부정적 결과는 대부분 ADHD 증상의 연속성, 심각성, 지속성과 관련이 있다. 남성 환자가 파괴행동이나 공격행동 등 더 많은 문제를 경험하지만, 여성 역시 나머지 모든 삶의 무대에서 동일하거나 더 큰 고통을 겪는다.

2002년에 나와 Ann Teeter-Ellison 박사는 영광스럽게도 성인 ADHD를 다룬 첫 포괄적 임상서인 *Clinician's Guide to Adult ADHD: Assessment and Intervention*(Goldstein & Teeter-Ellison, 2002)을 편집했다. 당시에는 상호 심사된 성인 연구가 매우 적었다. 더구나 의학 및 심리중재를 통한 성인 ADHD 평가 및 치료를 검토한 연구는 거의 없었다. 우리가 이 책을 편집한 의도는 여러 저자에게 이 책에 기고할 기회를 약속함으로써 비록 완벽하게 검증되지 않았더라도 심리치료와 정신사회치료 등에 관한 주제를 적극 연구하게 하는 것이었다. 나는 수년 전 런던에서 Susan Young을 만나 대화를 나눌 기회가 있었다. 당시 Susan은 성인 ADHD 환자에 대한 정신치료 모델을 개발하는 데 집중하고 있었는데 우리 책에 그 내용을 기고하기로 약속했다. 그녀의 챕터(Young, 2002)는 성인 ADHD를 인지행동치료 모델로 치료하는 첫 통합적 접근이었다. Young 박사는 이 장에서 네 가지 방대한 사례를 통해 ADHD 성인이 직면하는 전형적인 장애를 검토하고, 그녀의 연구와 논문에 기초하여 성인 ADHD 치료에 대한 인지행동치료 개요를 제시했다(Young, 1999). Young의 접근법에서 내가 공감한 부분은 정신치료자와 정신보건 전문가는 성인 ADHD 환자가 그들의 삶에 균형을 이루고 ADHD 증상 및 장애에 대처하는 수단으로서 그들의 장점을 찾도록 도와야 한다는 것이었다. 마지막으로 그녀는 성인 ADHD 환자는 "전문가의 도움을 받아 이런 재능을 발달시키고 자신의 필요성에 맞춰 환경에 적응할 수 있는 선택과 기회를 갖고 있다. 단지 그들에게 부족한 부분은 그렇게 하고자 하는 전망과 용기다"(p. 158)라고 했다.

다음 해에 Young 박사는 Jessica Bramham 등과 공동으로 그녀의 연구를 확대했다. 그들은 성인 ADHD 연구를 이어 나가고 인지행동체계를 이용한 심리사회치료 모델을 만들기 위해 노력했다(Bramham et al., 2009; Gudjonsson et al., 2009; Young, 2005; Young & Gudjonsson, 2008).

이 책의 초판은 좋은 평가를 받았다. 많은 논평가는 초판에 설명된 프로그램이 임상에 유용하고 실용적인 도구를 제공한다고 평했다. 이번 개정판은 성인 ADHD에 대한 정신사회치료 표준화에 중요한 두 번째 도약이다. 영-브램험 프로그램은 실증적으로 타당성이 검증되었다(Bramham et al., 2009). 미국 연구자 Safren 등(2005a; 2005b)의 연구와 유사하게 Young 박사 등도 지금까지 성인 ADHD 치료에 대한 인지행동 접근법의 타당성을 검증하는 연구를 계속했다[Emilsson et al., 2011; Young et al.(출간 예정) 참조]. 이 접근법은 환자의 통찰력과 심리 완화를 이끌어낼 뿐 아니라 증상 심각도와 일상적 장애도 감소시키는 것으로 나타났다.

확장된 이번 개정판은 영-브램험 치료 모델을 중요한 전환이 일어나는 결정적 단계인 청소년기까지 확장시켰다(Young, Murphy, & Coghill, 출간 예정). 이 책은 집중력과 기억력을 발달시키기 위해 고안된 개별 모듈뿐 아니라 집단 형태에 적합한 전략과 중재도 간략히 설명한다. 각 장은 광범위하게 개정되고 새로운 참고문헌이 보강되었다. 또한 성인뿐 아니라 청소년 관련 사례도 추가되었다. 각 모듈의 구조는 일관된 형태로 간략하게 개편되었다. 마지막으로, 앞서 언급한 보강 및 확장된 내용을 실을 지면을 확보하기 위해 초판에 있던 ADHD 평가 장은 삭제되었다.

ADHD는 일생 동안 지속되는 질환이라는 가설은 지금까지 줄곧 검증되고 증명되었다. ADHD 원인에 관한 최신 가설은 이것이 이환된 사람과 일반 인구 사이의 병리적 차이가 아니라 발달 차이 때문에 나타나는 일생 지속되는 질환이라는 것이다. ADHD에 이환된 사람은 심각한 장애 상태로 살아온 결과, 자기절제에 실패하고 삶의 모든 영역에 문제가 나타난다. 이 질환은 학습 및 직업 성취를 제한하는 보편적 위험 인자일 뿐 아니라 정신질환이나 일상 문제를 유발하는 촉매이기도 하다. ADHD 발달 과정을 이해하는 데는 아직 많은 연구가 더 필요하지만, 여러 가지 위험 및 보호 요인이 성인 ADHD 예후에 관여하며, 이 확대 개정판은 마치 어둡고 희미한 여행길에 나타난 환한 등대 같이 청소년 및 성인 ADHD 치료를 담당하는 전문가에게 지침서 역할을 할 것이다.

Sam Goldstein

Salt Lake City, Utah

저자 서문

우리는 일반 성인 정신건강 서비스, 학습장애 서비스, 아동-성인 서비스 전환, 과학수사연구소, 신경정신의학 및 신경심리학 서비스 등 다양한 환경에서 성인 ADHD를 다루는 여러 임상가로부터 자주 조언을 구하는 요청을 받는다. 요즘은 교육 및 직업 기관, 교도소, 보호감찰 서비스 등에서도 조언을 구하는 사례가 늘고 있다. 우리는 ADHD 및 연관 문제를 겪는 사람을 평가하고 치료하기 위한 개념 체계와 고유한 접근법을 개발하기 위해 영-브램험 프로그램을 만들었다. 이 책은 2007년에 처음 출간되었으며 당시에는 성인 ADHD를 주로 다루었다. 그러나 전 세계 많은 동료로부터 이 프로그램을 청소년에게도 성공적으로 적용하였다는 반응을 들었다. 그래서 우리는 청소년을 담당하는 치료자에게 보다 더 '사용자 친화적'인 책을 만들기 위해 이 프로그램 모듈을 체계적으로 개편하였다. 또한 집단 형태에 제공되는 모듈의 견본 회기를 제공해 달라는 제안에 부응하여 그 내용을 각 장 마지막에 실었다.

2007년 초판이 출간된 이래 지금까지 많은 일이 있었다. ADHD에 대한 과학 지식이 급속히 늘었으며, 지금은 ADHD가 많은 사람이 일생 동안 겪는 질환이라는 사실이 널리 받아들여지고 있다. 영국에서는 국립보건임상연구원(National Institute for Health and Clinical Excellence, NICE) 가이드라인이 2009년에 제정되어 일생 지속되는 질환인 ADHD에 대한 명확한 지침과 함께 이 질환을 인지하고 진단과 치료를 제공하는 정신건강 서비스의 필요조건을 제시하였다. 이 가이드라인은 또한 ADHD 아동과 증상이 경한 사람에 대한 1차 치료와 성인 ADHD의 중요한 보조치료로서 심리중재가 중요하다는 점을 강조했다. 이 가이드라인의 핵심은 아동 및 젊은 ADHD 환자에 대한 약물치료는 항상 심리, 행동, 교육 조언 및 중재를 망라하는 통합치료 계획하에 제공되어야 한다는 것이다. NICE는 후기 청소년에게는 직접적 개인 심리중재를 추천했는데, 인지행동 및 사회기술 패러다임을 활용한 이런 중재가 더 효과적이고 더 잘 받아들여지기 때문이다. 그들은 또한 동료와 어울리는 데 필요한 사회기술, 문제해결, 자기통제, 청취기술, 감정 대처 및 표현 등 다양한 치료 목표에 능동적 학습 전략을 사용해야 한다고 했다. NICE 권고는 영-브램험 프로그램에 채택되었으며 청소년 및 성인 ADHD를 위한 이 개정판에 소개된 인지행동 패러다임을 지지한다.

우리 두 저자는 임상심리학자이자 신경심리학자이며 런던 Maudsley Hospital 성인 ADHD 국립의뢰서비스에서 수년간 일했다. 우리는 ADHD를 가진 수백 명을 평가하고 치료하면서 이 문제에 대한 식견을 넓혔으며 이 집단을 대하는 기술을 습득했다. 이 책은 우리의 지식과 경험을 활용했으며 설명을 위해 여러 사례를 제공했다. 이 책에서 제공하는 모든 사례는 내담자의 익명성을 위해 수정되었다. 각 장에서 다루는 모든 자료는 영-브램험 프로그램의 보조 웹사이트에도 게시된다. 이 자료는 회기 중 사용을 위해 내려받을 수 있고 회기 밖에서 사용하기 위해 내담자가 직접 내려받을 수도 있다.

영-브램험 프로그램은 정신건강문제에 대한 심리적 접근에 어느 정도 지식이 있으나 청소년 또는 성인 ADHD 경험이 많지 않은 임상가에게 도움이 될 것이다. 또한 소아 ADHD에 어느 정도 경험이 있으면서 이 질환의 경과에 관심이 있고 ADHD를 겪는 대학 졸업생 또는 초기 성인에 대한 치료 전략을 알고 싶은 치료자에게도 도움이 될 것이다. 내담자로부터 직접 피드백을 받는 일은 항상 즐겁다. 우리는 이 책이 내담자가 접근하기 쉬운 수준의 '자가 치료서'로 수정되고 그들의 장애를 관리하기 위한 기법을 고안하는 데 사용되고 있어 매우 기쁘다.

우리는 내담자들로부터 많은 것을 배웠다. 이제 영-브램험 프로그램을 통해 그들에게 많은 긍정적 경험을 전달하고자 한다. 치료 서비스를 받겠다는 그들의 결정과 심리치료를 통해 변화하고자 하는 동기는 우리의 지식과 경험을 나누기 위한 작업에 지속적인 격려가 되었다.

Susan Young

Jessica Bramham

• 차례 •

PART 01 배경 및 치료

PART 02 핵심 증상 모듈

PART

01

배경 및 치료

1
서론

이 책은 청소년 및 성인 ADHD의 주요 증상 및 연관 문제를 치료하는 데 인지행동치료를 제시함으로써 임상가들에게 청소년 및 성인 ADHD 치료에 대한 포괄적 심리 지침을 제공하는 것을 목표로 한다. ADHD는 각 환자가 다양한 심리적 강점과 약점을 지닌, 서로 다른 증상군을 보이는 이질적 질환이다. 그러한 이유로 이 책에서 다루는 영-브램험 프로그램(Young-Bramham programme)은 몇 가지 독립 모듈로 구성되며, 각 모듈은 개인 또는 집단 형식으로 제공될 수 있다. 이 프로그램은 ADHD에 대해 인지행동치료와 동기강화상담 기법을 사용하는 혁신적이고 강력한 실용적 접근법으로서, 여러 사례를 활용하여 자세하게 설명된다. 모듈은 각 장별로 제시되며, 각각의 모듈은 단독으로 사용되거나 다른 모듈과 함께 사용될 수 있다.

의사들은 종종 청소년 및 성인 ADHD 환자군을 치료하기 위한 준비가 부족하다는 느낌이 든다고 토로하며, 청소년과 성인의 심리치료에 관한 문헌정보 역시 부족한 것이 사실이다. ADHD 아동의 최대 2/3는 성인기까지 증상이 지속되며, 그중 대부분은 치료를 필요로 하는 잔여문제를 겪는다(Young & Gudjonsson, 2008). 뿐만 아니라, 보건의료 서비스를 접할 기회가 많음에도 불구하고, 많은 젊은이가 성인이 될 때까지 ADHD 진단을 받지 못한다(Huntley & Young, 제출 상태; Young, Toone, & Tyson, 2003). 과거에는 ADHD를 진단하지 못하거나 오진하는 경우가 많았다. 또한 이들 임상집단 이외에도, 진단기준에 미치지 못하는 증상이 있지만 심리치료를 통해 그들의 문제와 기능장애를 해결할 수 있는 집단도 존재한다. 따라서 영-브램험 프로그램은 공식적으로 ADHD 진단을 받은 집단, 증상이 부분적으로 완화된 집단, 진단되지 않은 ADHD 증상 및 관련 문제를 가진 집단 모두에 적합한 치료 중재로 개발되었다.

이 책을 쓰는 두 번째 이유는, 저자들이 지금까지 많은 ADHD 환자와 대화를 나누면서 그들의 인생사를 들었기 때문이다. 그들은 말하고 싶은 사연이 많고, 여러 면에서 순탄치 않은 삶을 살아온 것이 사실이다. 그러나 지금까지 우리는 그들에게서 결단성, 회복탄력성, 독창성, 창의성을 지속적으로 발견했다. 우리는 성인기에 ADHD 진단과 치료를 받은 경험을 분석하기 위해 여러 환자와 그들의 배우자를 면담하였으며, 이 과정에서 배우자가 환자를 지지한 경험에 관해서도 면담하였다. 환자들은 치료를 시작하기 전에는 안도감과 미래에 대한 희망과 기대감을 느꼈지만, 치료가 시작된 후에는 치료가 만병통치약이 아니라는 사실을 알고 실망하였다. 그들은 '치유'되지 않았으며, 조직화(organization) 및 시간 관리, 지연행동(procrastination), 낮은 자존감과 관련된 핵심 기능 문제가 지속되었다(Young, Bramham, & Gray, 2009; Young et al., 2008). 그래서 우리는 청소년 및 성인 ADHD 환자가 약물치료 유무와 무관하게 지속적으로 경험하는 문제를 다루기 위해 이들에게 심리치료를 제공한 오랜 경험과 이 주제에 관한 우리의 방대한 연구 결과를 바탕으로 영-브램험 프로그램을 개발하였다. 우리는 이 프로그램이 젊은 ADHD 환자가 겪는 삶의 간극을 완전히 해소하고 '치유'한다고 주장하지는 않지만, 이 프로그램에서 제공하는 여러 전략과 기법이 그들에게 부가적이고 가치 있는 지원이 되어 줄 것이라고 확신한다.

보조 웹사이트

영-브램험 프로그램은 현실적이고 실용적인 연습을 통해 내담자가 스스로 자신의 문제와 해결 방법을 찾을 수 있게 하는 보조 웹사이트(http://bcs.wiley.com/he-bcs/Books?action=index&itemId=1119960746&bcsId=7251)를 제공한다. 생각을 쓰거나 가능한 결과를 나열하는 전략은 ADHD의 고유한 문제라고 할 수 있는 조직화와 기억장애에 도움이 된다. 그러므로 치료자는 회기 중에 목록을 만들고 계획을 세워볼 기회를 최대한 제공해야 한다. 정보를 명확히 하고 제시되는 개념과 주제에 대한 접근성과 이해도를 향상시키기 위해 차트, 일지, 그림, 도표, 삽화 등은 이 책과 보조 웹사이트 양쪽에 실었다. 보조 웹사이트는 심리교육 자료와 이 프로그램에 소개되는 관련 자료 양식 등을 회기 중에 사용하기 적합한 형태로 제공한다. 웹사이트의 자료는 ADHD 증상과 문제 그리고 전략을 결정, 평가, 치료하는 데 사용하기 위해 다운로드하거나 복사하여 치료 회기에 활용할 수 있다. 이 자료는 내담자의 필요에 따라 치료자와 함께 영-브램험 프로그램을 조정하는 데 도움이 될 것이다.

청소년기와 성인기의 ADHD

ADHD는 부주의와 과잉행동, 충동성을 특징으로 하는 신경발달학적 질환 또는 이들 문제의 조합으로, 아동기에 시작되어 흔히 청소년기와 직장생활 시기까지 지속된다. ADHD는 확실한 치료 경로가 있다. 젊은이들은 특정 연령 단계에서 치료 서비스를 옮기므로, ADHD 같이 일생 지속되는 질환에 대한 관리는 소아, 청소년을 거쳐 성인 서비스에 이르는 치료 전환이 계획되어야 한다(Nutt et al., 2007).

ADHD에 대한 국제 지침

ADHD에 대한 평가, 치료, 관리에 관한 조언을 제시하는 국제 지침이 편찬되었다(NICE, 2009; Seixas, Weiss, & Muller, 2011). 영국에서는 국립보건임상연구원(National Institute of Health and Clinical Excellence, NICE)이 2009년에 ADHD에 대한 지침을 발표했다. NICE는 일생 동안 지속되는 ADHD에 대한 지침을 최초로 제정하면서 이 질환을 인지하고 진단과 치료 서비스를 제공하는 성인 정신건강 서비스의 조건을 제시했다. 이 지침은 또한 소아와 경미한 증상을 보이는 환자에 대한 1차 치료로서 그리고 성인 ADHD에 대한 주요 보조치료로서 심리중재가 중요하다는 점을 강조하였다. 이 지침의 핵심은 아동 및 젊은 ADHD 환자에 대한 약물치료는 항상 심리, 행동, 교육적 조언 및 중재를 포괄하는 통합치료계획하에 제공되어야 한다는 것이다. NICE는 후기 청소년에게는 인지행동 및 사회기술 패러다임을 이용한 직접적인 개인 심리중재가 더욱 효과적이고 더 잘 받아들여질 수 있다고 권고하였다. NICE는 또한 또래관계 사회기술, 문제해결, 자기통제, 경청, 감정 대처 및 표현 등 다양한 치료 목표에 대해 적극적 학습 전략을 활용해야 한다고 권고했다. 이들 권고는 하나같이 청소년과 성인에 적용되는 영-브램험 프로그램의 인지행동 패러다임을 지지한다.

ADHD 증상

ADHD 증상은 부주의, 과잉행동, 충동성이다. 그러나 ADHD는 이질적 질환으로서 이들 증상이 발현되는 양상은 개인차가 크다. 또한 성장에 따라 과다활동과 충동성으로부터 부주의 증상이 더 강해지는 방향으로 변화한다(Marsh & Williams, 2004). 청소년은 아무런 목적 없이 분주히 뛰어다니기보다는 조바심을 내면서 가만히 있지 못하고 꼼지락거릴 가능성이 많으며, 조직화 및 시간 관리 문제가 더욱 뚜렷해진다. ADHD의 경과 역시 일정하지 않은데, 완치부터 부분 치유 및 증상 불변까지 개인차가 크다(Faraone, Biederman, & Mick, 2006; Young & Gudjonsson, 2008). 일부 증상은 나이가 들면서 자연적으로 사라지는 것 같아 보이지만 주요 기능장애와 관련된 상대적 차이는 지속될 수도 있다. 또한 ADHD 아동 중 2/3 내외는 중요한 장애와 관련되는 일부 증상을 청년기까지 지속적으로 경험한다(Faraone, Biederman, & Mick, 2006).

공존질환

젊은 ADHD 환자에서 공존질환은 드물지 않으며 오히려 일반적이다. ADHD 아동의 최대 2/3가 적대적 반항장애와 품행장애 둘 다 또는 한쪽, 불안증, 우울증, 물질남용, 틱장애, 자폐스펙트럼장애 등 한 가지 이상 공존질환을 갖는다(Biederman, Newcorn, & Sprich, 1991; Elia, Ambrosini, & Berrettini, 2008; Goldman et al., 1998; Pliszka, 1998). 보건의료 및 사회복지 서비스를 이용하는 사람들 중에는 성인기에 이르기까지 ADHD로 진단되지 않은 사람이 다수 존재한다고 보고되었으며(Huntley & Young, 제출 상태; Young, Toone, & Tyson, 2003), 이는 소아기에 ADHD 증상을 놓치거나 오진했다는 것을 의미한다. 하지만 중추신경자극제(stimulants) 치료를 받은 ADHD 아동 208명 중 23%가 성인기에(평균 연령 31세) 정신과 입원을 했다는 추적연구 결과에서 알 수 있듯이, 아동기에 ADHD로 진단된 사람이 중추신경자극제를 복용한다고 하더라도 성인 ADHD를 완벽하게 방지하지 못할 수 있다. 아동기 품행장애는 성인 ADHD 예측변수였으며(위험비 HR=2.3), 여아가 남아보다 위험성이 더 높았다(HR=2.4)(Dalsgaard et al., 2002).

많은 공존질환이 심리중재를 통해 효과적으로 치료될 수 있지만, 우리는 ADHD 환자와 마찬가지로 치료자도 ADHD에 대한 중재에 종종 불안을 느낀다는 사실을 알았다. 이것은 복잡한 정신사회적 문제가 얽혀 있으면서 정신과적 문제가 자주 동반될 수 있는 환자에 대한 치료자의 자신감 부족에서 기인하는 것일 수 있다. 이런 이유로 우리는 ADHD 청소년 및 성인을 치료하는 전문가들에게 우리의 지식을 제공하기 위해 이 책을 저술하였다.

병인론

사람들이 ADHD에 이환되는 원인은 아직 밝혀지지 않았으나 다양한 유전, 환경, 심리사회 요인이 관여할 가능성이 높다(NICE, 2009). ADHD는 집안 내력인 경우가 많으며 여러 연구에서 유전성이 강하다는 사실이 입증된 바 있다(Steinhausen, 2009). 유전자는 뇌 발달에 중요한 역할을 하며 다양한 유전자가 뇌 도파민계와 세로토닌계에 연관된다고 생각된다(Stergiakouli & Thapar, 2010). 임신기 흡연, 음주, 물질사용, 조산, 저체중 출산, 출산 시 외상 및 산모 우울증과 같은 환경 요인 역시 뇌 발달에 영향을 미칠 수 있다. 이런 요인은 신경학적 요인과 상호작용하여 ADHD 발병 위험성을 높일 수 있다. 심리사회 요인과 ADHD 간의 인과관계는 아직 불분명하지만 초기 애착 붕괴, 사회적 역경 및 박탈이 ADHD 발병과 관련될 수도 있다(Rutter, 2005).

ADHD와 성별

소아기에는 남아가 여아에 비해 ADHD로 진단되는 비율이 약 4배 더 높지만 성인기에는 그 차이가 현저히 줄어든다고 보고되었다(Kessler et al., 2006). 이는 소아기에 더 심한 외현화 문제로 인해 임상 평가가 의뢰되는 남아가 더 많기 때문일 수 있다. 남아는 여아에 비해 파괴적 행동과 품행장애를 더 많이 보이기 때문에 보건의료 및 교육 전문가의 주목을 받게 된다(Biederman et al., 1999; Gaub & Carlson, 1997). 이와 대조적으로 여아는 주의력 문제, 내재화 문제, 또래관계 붕괴를 보이는 경우가 더 많다(Rucklidge & Tannock, 2001; Taylor et al., 1996; Young et al., 2005a, 2005b).

청년기 여성은 기분장애 및 불안장애와 임신 등의 이유로 보건의료 서비스와 더 많이 접촉할 가능성이 높다. 이러한 더 잦은 접촉이 ADHD로 진단되는 남성과 여성의 성비가 좁혀지는 원인이 될 수도 있다. 그러나 ADHD 여성은 정신과 입원율이 더 높은 데 비해(Dalsgaard et al., 2002) ADHD 남성은 반사회적 행동 또는 범죄에 관여되는 비율이 더 높기 때문에(Young et al., 2011) 외현화 및 내재화 증상 발현의 초기 성차는 계속 유지되는 것으로 보인다.

이러한 결과는 소위 '두루 적용되는' 구조화된 치료 패러다임이 아니라 성별로 특화된 치료를 제공할 필요가 있다는 점을 말해준다. 영-브램험 프로그램 각 모듈은 치료자가 여성 및 남성 환자가 가진 개별적 양상에 적합한 중재를 선택할 수 있다는 점에서 이러한 접근방식에 최적화되어 있다. ADHD 환자가 보유한 대처기술의 강점과 약점이 기존 연구 보고(즉 일반적으로 여성은 정서적 대처 전략을 사용하고 남성은 문제 중심 전략에 더 익숙한 경향이 있는)와 반대일 수 있다는 사실은 놀랍다. 여성 청소년도 여러 가지 효과적이지 못한 대처 전략을 채택한다(Young et al., 2005a). 그러므로 이들에 대한 치료는 그들이 선택하는 개인별 대처 양식과 기능을 다루고 스스로 자기 문제를 극복할 수 있는 기능 전략을 선택, 개발하고 적용하도록 촉진하는 것이 중요하다.

ADHD와 지적 기능

ADHD 환자들은 다양한 지적 스펙트럼을 보인다. 이것은 지적 기능이 높은 사람에서도 ADHD가 발병할 수 있음을 의미한다. 하지만 지능이 높은 사람은 낮은 IQ를 가진 사람들이 겪는 것과 유사한 정도의 ADHD를 겪지 않는 것으로 오인되는 경우가 많다. ADHD 환자는 과거력이나 학업 또는 직업 성취도가 매우 다양하며, 소아기에는 장애를 갖지 않았을 수도 있다. 그러나 확실한 것은 이들이 모두 잠재력을 발휘하지 못하고, 이로 인해 혼란과 고통을 겪는다는 사실이다.

우리 경험상, 지적 기능이 높은 ADHD 환자일수록 보건의료 서비스에 늦게 찾아와서 진단과 치료가 지연되는 경우가 많다. 그 이유는 그들이 대개 영-브램험 프로그램에서 다루는 것과 같은 건설적인 보완 전략을 스스로 터득하여 사용하고 있기 때문이다. IQ가 높은 ADHD 아동 역시 다른 영리한 아동과 마찬가지로 성적으로 학생을 뽑는 선발제 교육기관에 다닐 가능성이 높다. 여기에서 그들은 더 작은 규모의 학급에서 더 나은 구조의 교육을 산만하지 않게 집중적으로 누릴 수 있다. 또한 그들은 학생당 교사 비율이 더 높은 환경에서 보조교사로부터 개인 지도와 추가 지도를 받을 기회를 더 많이 가질 수 있다. 이것은 그들이 비교적 학문적으로는 (다소 일관성이 낮기는 하지만) 순탄할 수 있으며, 훨씬 후에 직업상 목적으로 자신의 업무를 조직화하거나 다른 사람을 통솔하게 되는 성인기에 이를 때까지는 문제가 드러나지 않는다는 것을 의미한다. 이들 중 증상을 계속 가지고 있는 일부는 이 시점에서 한계에 부딪혀 무너질 수 있다. 또 다른 일부는 여러 기능 전략을 적용하여 문제 상황에 적응하고 극복할 방법을 모색하지만, 직업 외부 요인(높은 업무 강도와 긴 업무시간)이나 신체적 또는 정신적 건강문제, 심각한 생활 사건(예 : 사별, 이혼, 해고) 등으로 인해 이들의 전략이 붕괴될 수 있다. 마치 쌓아 놓은 카드 같이, 모든 것이 붕괴되면서 그들은 보완 전략을 동원하지 못하고 역기능적 전략(예 : 과음, 물질남용)에 열중할 수도 있다. 그러고 나면 곧이어 '장애' 상태에 빠지게 된다.

ADHD의 지적 스펙트럼상 다른 극단인 학습장애에 관해서는 국제적으로 용어 차이가 존재한다. 유럽에서는 **학습장애**(learning disability)가 북미에서의 '정신지체(mental retardation)'와 동의어로 사용되는 반면 북미에서는 학습장애를 유럽에서의 **특정학습장애**(specific learning difficulty)의 의미로 사용한다. 특정학습장애는 적절한 정신기능을 하면서 읽기, 맞춤법, 쓰기, 산수와 같은 특정 영역에서만 곤란을 겪는 것이 특징이며, 개인의 전체 기능은 전반적으로 떨어지지 않는다.

일부 임상가(예 : Prior & Sanson, 1986)는 ADHD와 학습장애는 서로 구분될 수 없으며 ADHD 핵심 양상이 학습장애로 표현된다고 주장한다. 그러나 지금은 학습장애를 가진 사람에서 주의력, 과잉행동 수준, 충동성이 그들의 발달 단계에 기대되는 수준에 미치지 못하면 ADHD가 나타날 수 있다고 확정되었다. 또한 오늘날 많은 임상가는 전반적 발달장애를 가진 사람에서도 ADHD 증상이 동반될 수 있고 공존 진단을 내릴 수 있다고 인정한다. 그러나 DSM-IV에서 이들 두 질환은 서로 배제해야 하는 조건이다. 따라서 임상가들은 차제에 전반적 발달장애와 ADHD가 공존할 수 있다는 가능성을 수용하도록 진단기준을 개정해야 한다고 주장한다(Goldstein & Schwebach, 2004). (역주 : DSM-5는 전반적 발달장애를 포함하는 개념인 자폐스펙트럼장애와 ADHD를 함께 진단할 수 있도록 개정되었다.)

학습장애와 ADHD를 가진 성인에 대한 중추신경자극제 치료는 효과적이고 안전해 보인다(Jou, Handen, & Hardan, 2004). 그러나 효능에 대한 확실한 판단을 위해서는 대규모 연구가 필요하다. ADHD와 학습장애가 공존하는 내담자에 대한 심리중재 지침은 최신 문헌에서도 매우 제한적이다. 영-브램험 프로그램은 주로 학습장애가 없는 집단을 대상으로 고안되었다. 그러나 몇 가지 사항만 조정한다면 ADHD와 학습장애가 공존하는 내담자에게도 이 프로그램이 활용될 수 있다.

첫째, 주의력 및 반응 억제 곤란(response inhibition difficulties)은 학습장애가 있는 사람에서 더욱 두드러질 수 있으며(Fox & Wade, 1998; Rose et al., 2009), 이로 인해 회기 중 주의력을 유지하는 그들의 능력이 더욱 제한된다. 그러므로 예컨대 회기당 30분씩 주 2회 식으로 가능한 '짧게 자주' 회기를 진행할 필요가 있다. 둘째, 치료가 지향하는 주된 접근방식은 행동적이어야 한다. 학습장애가 있는 사람은 인지 전략에 대한 접근과 적응에 어려움을 겪는 경우가 많기 때문이다. 이 집단에 대한 성공적 중재를 위해서는 회기 중 행동 실험, 실제 사례, 단순한 설명이 특히 중요하다. 치료자는 또한 회기 중에 학습한 내용을 회기 밖에서 강화하고 과제 수행을 지원하기 위해 가족이나 보호자의 도움을 구할 수도 있다.

난독증(dyslexia)이나 난산증(dyscalculia) 같은 특정학습장애도 ADHD 환자에게 흔한 것으로 보고된 바 있다(예 : Rabiner & Cole, 2000). 따라서 특정학습장애만 평가되고 기저에 있는 ADHD 증상은 오랫동안 드러나지 않는 환자도 있을 수 있다. ADHD와 특정학습장애는 공존할 수 있다. 어떤 환자는 학습장애가 후자 때문으로 보이지만, 임상 평가 및 정규 검사 결과에 의하면 주의력 결핍이 주된 문제일 수 있다.

ADHD와 특정학습장애의 상관관계에 대해서는 세 가지 가설이 있다 — (1) 주의력장애가 학습을 방해한다, (2) 작업기억장애가 복잡한 문법을 이해하는 능력에 장애를 일으킬 수 있다, (3) 두 질환은 유사한 신경생물학 기초, 특히 실행기능부전을 공유한다(예 : Denkla, 1996). 실제로 인지통제를 관장하는 전두엽계가 손상을 입을 가능성이 높으며, 이로 인해 두 질환 모두 주의력 및 정보처리장애가 유발될 수 있다(Duncan et al., 1994).

ADHD와 난독증이 공존하는 환자는 선별 검사 설문지를 완성하는 데 어려움이 있기 때문에 임상 서비스에서 잘 드러나지 않을 수 있다. 이것이 그들에게 전문가 치료가 이어지지 못하는 이유이다. 이런 환자에게는 그들의 요구에 맞추어, 예컨대 흑백의 단순한 글씨체와 큰 글씨로 진단 또는 치료 과정을 설명하는 유인물을 만들어 도움을 줄 수 있다. 경우에 따라서는 인쇄물 대신 음성 녹음을 사용할 수 있으며, 회기 역시 동일한 방식으로 기록될 수 있다.

청소년기에서 성인기로 전환

NICE(2009)가 제정한 것과 같은 국제 지침들은 생애주기 접근을 도입하였다. 이로 인해 전문가들은 청소년기에 ADHD 증상이 지속되거나 완화되는 젊은이들의 요구와 그들에 대한 최선의 지원 방법에 주력하게 되었다. 이들 청소년은 아동 서비스에서 성인 정신건강 서비스로 넘어가는 과도기에 있다. 또한 이 기간 동안 청소년은 신체적, 정신적 성숙을 경험하므로 그들 역시 개인적으로 전환기에 있다. 그러므로 이러한 서비스 전환이 단순한 행정적 보건의료 조치가 아니라는 점을 명심해야 한다(Young, Murphy, & Coghill, 2011). 이 시기에 청소년은 아동에서 성인으로 역할이 변하고 자기 미래에 대한 중요하고 본질적인 결정을 내리면서 점차 자율성이 증가하고, 중요한 인생 목표와 신념을 확립하며, 자기 행동에 책임을 진다. 이와 동시에 자기개념 형성과 개인적, 사회적 정체성 발달을 위한 역할 실험이 수반된다. 일반적으로 청소년기 발달은 물질사용, 사고, 자해와 같은 위험 감수 행동 및 사망률 증가와 관련된다(Hafner & An Der, 1997). 후기 청소년기는 정신건강문제가 증가하고 복잡성이 더 커지는 시기이며 정신증, 양극성장애와 같은 심각한 정신질환이 증가하는 시기이기도 하다(Goodwin, 2009; Park et al., 2006). 또한 이 시기에는 대학 입학이나 취업, 연애, 때로는 부모 역할, 독립과 같은 중요한 환경 및 심리사회 변화가 일어나기도 한다. 이런 배경을 감안할 때, ADHD 증상이 지속되는 청소년을 무조건 새로운 임상 서비스로 전환하는 것은 바람직하지 않다. 그들은 취약한 정신건강 상태와 불완전한 발달로 인해 이미 불리한 상황에 놓여 있다(While et al., 2004). 일반적으로 젊은 ADHD 환자는 소아기부터 성인들의 부정적 피드백을 경험했으며 흔히 자기효능감이 부족하다. 그래서 이들은 자기 앞에 놓인 도전과 문제에 대처할 역량이 부족하다고 느끼며, 부적절한 적응기술과 대처 전략을 이용해 그것을 극복하려고 한다(Young, 2005; Young et al., 2005a). 그러므로 서비스 전환은 젊은 ADHD 환자의 취약성이 증가하면서 보건의료 전문가를 포함한 신뢰할 수 있는 사람들의 지도와 지원이 필요할 수 있는 시기에 일어난다.

곤혹스러운 점은 이 단계에서 무언가 크게 잘못될 수 있다는 것과 청소년기에 ADHD 서비스 탈락 위험률이 크다는 사실이다. 후기 청소년기는 21세에 이를 때까지 약물치료를 중단하면서 ADHD 보건의료 서비스를 받는 비율이 대폭 감소하는 시기로 알려져 있다(McCarthy et al., 2009). 그러나 ADHD 아동 중 약 2/3가 25세까지도 증상으로 인한 장애를 계속 겪는다는 사실(Faraone, Biederman, & Mick, 2006)을 감안할 때, 이것은 자연적인 증상 완화를 반영하는 것으로 볼 수 없다. 보건의료 서비스는 청소년과 접촉을 유지하는 것이 필수적이다. 탈락을 방지하기 위한 직접적인 심리중재를 청소년에게 제공하는 것이 하나의 방안이 될 수 있으며, 개인의 발달 단계별 요구에 초점을 맞춘 포괄적인 치료 시스템을 제공함으로써 서비스 전환을 용이하게 해야 한다. 그러나 청소년은 중재를 받아들일 가능성이 높은 발달 단계임에도 불구하고 이런 중재가 이루어지는 경우는 드물다(Young, Murphy, & Coghill, 2011).

서비스 이용이 감소하는 데는 여러 원인이 있을 수 있다. 이것은 자율성에 대한 욕구, 졸업, 증상을 없애기 위한 약물치료의 필요성이 줄었다는 인식, 청소년이 성숙함에 따른 부모와 교사의 요구도 저하, 다른 인지적 요구를 가진 환경으로 이동(예 : 졸업, 기술이 필요 없는 직업활동 시작 등)을 나타내는 것일 수 있다. 청소년은 새로운 팀과 함께 '다시 시작'해야 한다는 부담감 때문에 성인 서비스를 거부할 수도 있다. 청소년은 부모의 지원에 덜 의존하고 이전보다 더 많은 책임을 지게 되면서 약속된 시간에 오지 않거나 약물치료를 중단하게 될 수도 있다. 그들은 또한 성인 정신건강 서비스를 받는다는 낙인을 피하고 싶어 할 수도 있다. 이러한 서비스 이용 감소는 또한 후기 청소년 및 청년 ADHD 환자에게 제공되는 상대적으로 열악한 서비스, ADHD는 자격을 갖춘 전문의가 관리해야 한다는 인식, 공공관리를 맡고 있는 기관 간 협의 부재가 원인일 수도 있다. 증상의 영향이 연령에 따라 변할 수 있다는 자각이 부족한 것은 ADHD 청소년과 그 가족들을 위한 심리교육자료가 부족하기 때문일 수 있다. ADHD 증상 양상이 나이가 들면서 변화하는 것이 아동 의료 전문가들에게 익숙하지 않기 때문에 증상을 감지하지 못하며 치료를 조기에 종결하고 적절한 평가와 분류 및 전환 필요성에 대해 인지하지 못하는 결과로 이어질 수 있다(Kooij et al., 2010; McCarthy et al., 2009). 같은 이유로 지역 정신보건팀도 성인에서 나타나는 증상을 인지하지 못할 수 있다(Asherson, 2005).

ADHD의 인지행동모델

우리는 ADHD 환자에 대한 연구 및 치료 경험을 바탕으로 그들의 증상을 공식화할 수 있는 인지행동모델을 고안했다(그림 1.1 참조). 이 그림은 보조 웹사이트에도 실려 있다. 내담자가 그림을 이해하고 공식을 자신에게 적용해보는 데 도움이 될 것이다.

ADHD를 가진 채 성장하는 사람들은 오랫동안 낮은 집중력, 건망증, 문제해결 곤란, 즉시 충족 욕구 등과 같은 신경심리학적 장해를 겪기 때문에 일상생활에서 많은 부정적 사건을 경험한다. 그러한 경험에는 낮은 학업 성취도, 직업적 어려움, 친구나 연인관계 시작과 유지 곤란이 있으며 자극 추구(novelty seeking) 및 위험 감수(risk-taking) 행동도 있다.

ADHD 환자가 사회적 교류, 갈등 대처, 구직 인터뷰 등과 같은 상황이나 과업을 접할 때 그들의 신경심리학적 장애가 수행을 방해할 수 있다. 그들은 과거 실패 경험 때문에

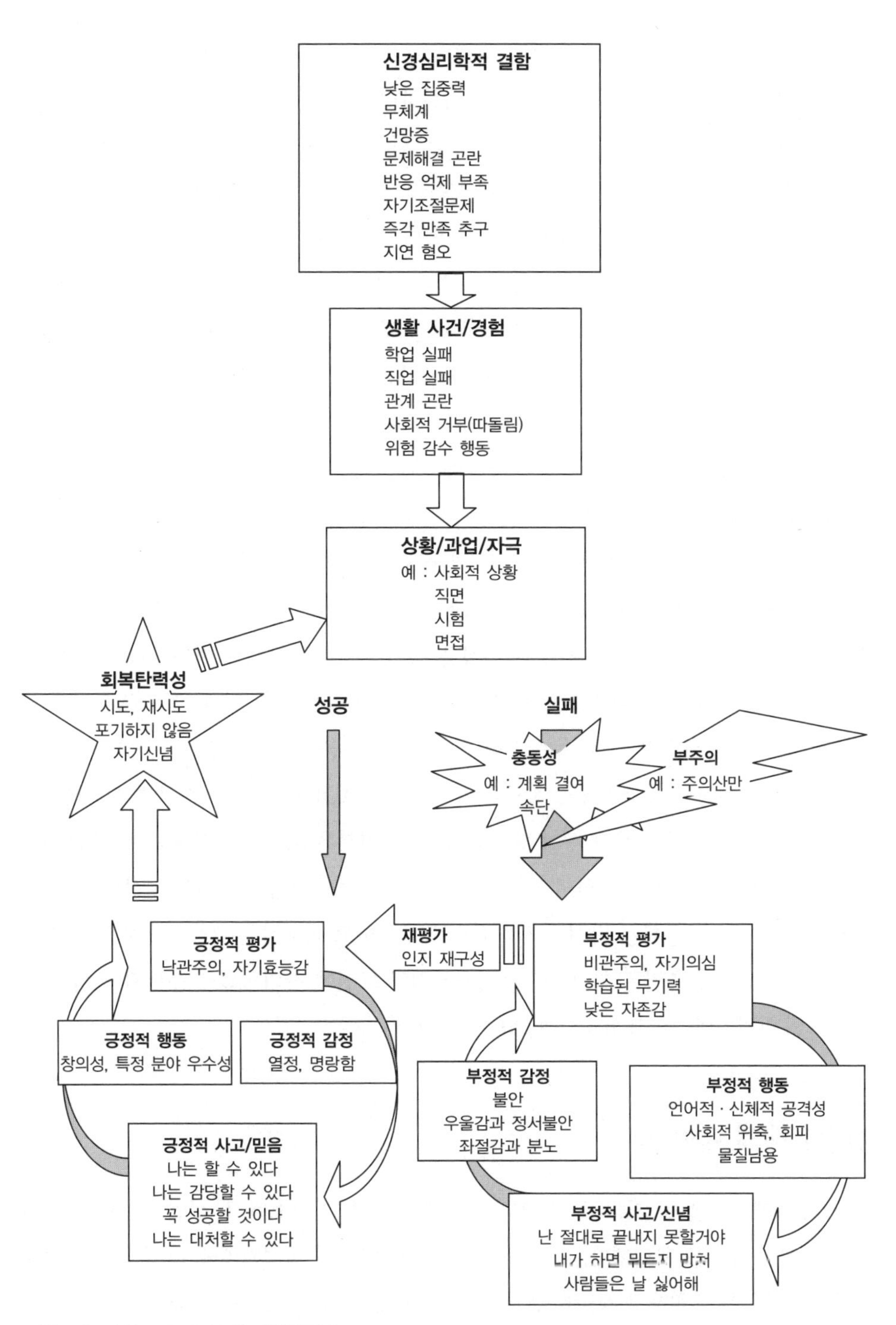

그림 1.1 성인 ADHD의 인지행동모델

직면 상황에 대해 비관적으로 편향된 부정적 평가를 내리기 쉽다. 실패는 그들의 자존감에 영향을 미친다. 그들은 자기 능력을 의심하며 자기충족예언(self-fulfilling prophecy)으로 미래의 실패를 예견한다. 부정적 평가의 영향으로 그들은 언어 또는 신체 공격 같은 부정적 행동을 할 수 있으며 사람들과 어울리지 않고 틀어박히거나 알코올 또는 물질 남용과 같은 부적응적 대처를 하게 될 수도 있다. 그들은 자기 능력에 대해 부정적 사고와 신념을 가지고 자신의 약점에 초점을 맞추는 경우가 많다. 부정적 행동과 부정적 사고 또는 신념의 조합은 불안, 좌절, 분노와 같은 부정적 기분 단계를 유발하거나 악화시킨다. 부정적 기분 상태에 있다는 것은 환자가 다음 상황을 부정적으로 평가할 가능성이 많으며, 이 주기가 지속된다는 의미다.

하지만 ADHD 성인이 스트레스 상황에 대한 재평가 또는 인지 재구성(cognitive reframing) 능력이 있음을 시사하는 입증되지 않은 증거와 연구에 의한 증거가 모두 있다(Young, 2005). 부정적 순환 자체가 처한 상황에서 변화를 일으키려는 동기가 될 수 있다. 1943년에 Hull이 최초로 제안한 '욕동 이론(drive theory)'에 따르면, 인간은 안녕감과 평형감을 유지하기 위해 각성과 긴장을 떨어뜨리는 방향으로 행동하게 된다(Hull, 1943). ADHD 환자는 자발적으로 재평가 과정을 진행할 수도 있지만, 이 과정은 그들의 인지장애로 인한 부정적 영향 때문에 역기능적이거나 성공적이지 못할 수 있다. 그럼에도 불구하고, 부정적 결과를 긍정적으로 재구성하는 ADHD 환자는 주기에 재진입하여 성공을 거두려는 희망을 품고 다시 도전하게 된다. 이것은 ADHD 환자에서 흔히 보이는 회복탄력성(resilience)을 설명하며 자기효능감에 의해 뒷받침된다는 것을 시사한다. 그러므로 그들이 상호작용하는 방식은 지속적으로 보상하고 적응하는 그들의 능력과 연관된다. 이러한 적응적 측면은 혁신적이고 기업가적인 도전에 창의적으로 표현되며 성격 특성으로 표현될 수도 있다(Young, 2005).

심리중재에 대한 증거

ADHD 생애주기별 비약물치료에 관한 고찰에서 ADHD 청소년 및 성인에 대한 치료에 다소 공백이 있음을 확인했다. 이에 반해, 취학 전 아동과 학령기 아동에 대한 심리중재는 근거 기반 치료 형태로 상당히 많은 지침이 있었다(Young & Amarasinghe, 2010). 이것은 일반적으로 (부모와 교사에 의해) 아동에게 제공되는 간접 심리중재가 청소년과 청년에게는 적합하지 않다는 의미일 수 있다. 이 고찰은 아동이 성장하는 동안 심리중재를 제공할 때 중요한 두 가지 요인을 파악했다. (1) 중재를 실행하는 주체는 성장하는 청소년과 성인에 대해서 소아기 간접 모델로부터 대면 접촉을 하는 직접 중재로 전환해야 한다. (2) 청소년과 성인의 발달적 요구와 환경을 반영하기 위해 중재 방식을 바꿔야 한다(Young & Amarasinghe, 2010). 따라서 영-브램험 프로그램에서는 성인뿐 아니라 청소년에게도 직접적인 치료를 처방하고 핵심 증상, 공존질환 및 발달학적으로 정의된 연관 문제에 대한 치료를 포함하는 통합적 접근을 취함으로써 이들 두 요인을 모두 다룬다.

Young과 Amarasinghe(2010)는 정신약물학 치료 효과에 관한 연구에 비해 청소년과 성인에 대한 심리중재 효과에 관한 연구는 빈약하다고 했다. 청소년 표본보다는 성인 표본을 이용한 연구가 더 많으며, 이들 연구의 결과는 약물치료 중인 환자군에서 ADHD 증상 치료에 (개인 또는 집단 형식에 상관없이) 심리치료가 효과적이며 약물치료 이상의 추가 효과를 가진다는 것이다(Emilsson et al., 2011; Hirvikoski et al., 2011; Safren et al., 2005b, 2010; Solanto et al., 2010; Stevenson et al., 2002; Virta et al., 2010). 하지만 공존질환 치료에 관한 연구 결과는 일관적이지 않았는데, 이것은 CBT 중재가 ADHD 핵심 증상인 주의력, 충동성, 계획 수립, 조직화 결여를 주로 다루기 때문일 것이다. 영-브램험 프로그램에 필적하는 (그리고 공저자가 동일한) 매뉴얼화된 R&R2(reasoning and rehabilitation) ADHD 프로그램(Young & Ross, 2007)은 예외인데, 이 프로그램은 ADHD 증상 및 공존질환을 다루는 다면적 치료로서 신경인지, 문제해결, 정서조절, 친사회기술, 비판적 추론에 관한 모듈을 포함한다. Emilsson 등(2011)은 무작위 대조군 실험을 통해 3개월 추적 조사를 한 결과 R&R2 ADHD 프로그램이 ADHD 증상, 불안, 우울, 반사회적 행동 및 사회적 기능 치료에 매우 효과적이라는 사실을 확인했다.

ADHD는 공존질환이 매우 흔하기 때문에 통합 모듈 접근 형태의 중재가 자기효능감, 자존감, 삶의 질을 전반적으로 개선할 가능성이 더 높다. 이것은 약물치료 중인 환자에게 주의력, 충동성, 불안, 분노, 대인관계, 시간 관리, 문제해결, 미래 준비에 관한 모듈을 동원하여 영-브램험 프로그램을 집중적 3일 중재(3개월간 매월 1일씩)로 실시한 통제된 평가에서 입증되었다. 내담자들은 자기효능감과 자존감이 상당히 개선되었으며 이 프로그램에 포함된 심리교육적 요소를 통해 ADHD에 대한 지식과 이해가 향상되었다고 보고했다(Bramham et al., 2009).

영-브램험 프로그램 소개

제 I 부 : 배경 및 치료

글상자 1.1은 영-브램험 프로그램이 어떻게 4개 부분으로 구성되는지를 보여준다. 이 프로그램은 배경 및 치료 소개(제I부), 핵심 증상 치료 모듈(제II부), 공존질환 및 연관 문제 치료 모듈(제III부), 미래를 준비하는 최종 모듈(제IV부)로 구성된다. 핵심 증상 치료 모듈에는 주의력, 기억력, 조직화와 시간 관리, 충동성에 관한 주제를 다룬다. 공존질환 및 연관 문제 모듈에는 문제해결, 대인관계, 불안, 좌절감과 분노, 기분저하와 우울증, 수면, 물질남용에 관한 주제가 포함된다. 미래에 대한 기대와 계획에 관한 주제는 마지막 장에서 다룬다.

영-브램험 프로그램의 주된 목적은 약물치료와 함께 또는 그보다 우선적으로 제공될

글상자 1.1 영-브램험 프로그램 구조

제 I 부 : 배경 및 치료

제 1 장 청소년 및 성인 ADHD 설명과 인지행동적 중재인 영-브램험 프로그램 소개
제 2 장 영-브램험 프로그램 제공

제 II 부 : 핵심 증상 모듈

제 3 장 주의력 모듈
제 4 장 기억력 모듈
제 5 장 조직화 및 시간 관리 모듈
제 6 장 충동성 모듈

제 III 부 : 공존질환 및 연관 문제 모듈

제 7 장 문제해결 모듈
제 8 장 대인관계 모듈
제 9 장 불안 모듈
제10장 좌절 및 분노 모듈
제11장 기분저하 및 우울증 모듈
제12장 수면 모듈
제13장 물질남용 모듈

제 IV 부 : 미래 모듈

제14장 미래 준비 모듈

수 있는 심리치료에 관한 정보를 알리는 것이다. 이 프로그램은 두 가지 주요 목표가 있다.

1. **외부로부터 내부로 변화** – 젊은 ADHD 환자가 그들의 환경을 변화시키고 기능을 최적화할 수 있도록 격려하는 방법을 임상가에게 제시.
2. **내부로부터 외부로 변화** – 그들이 적응적으로 기능하기 위한 심리 전략을 개발하도록 유도하는 방법을 임상가에게 제시.

임상가는 적절한 치료에 각고의 노력과 지원이 더해지면 호전될 수 있다는 희망과 자신감을 환자에게 심어주어야 한다. 이는 ADHD에 대한 '마술적 치료'는 없다는 정보와 함께 제공되어야 한다. 그러나 환자들이 장애에 대처하는 능력은 개선될 수 있으며 그들의 강점을 극대화할 수 있다.

제2장에서는 영-브램험 프로그램의 목적과 목표 그리고 이 프로그램을 제공하기 위한 지침을 자세히 설명한다. 우리는 이 프로그램의 중재 스타일과 전략에 관해 설명한다. 여기에는 이 질환의 역사, 치료, 예후에 관한 정보를 전달하기 위한 심리교육, 치료에 대한 양가감정을 극복하기 위한 동기강화상담, 핵심 증상과 공존질환 및 연관 문제를 다루기 위한 치료 기법(인지행동치료, 인지 수정, 재구조화와 재구성, 합리화)이 포함된다. 심리교육 요소는 생략하지 말아야 한다. 내담자들은 일생 동안 멍청하다, 게으르다, 동기가 부족하다는 말을 들었다. 따라서 ADHD는 신경학적 기반을 갖고 있으며 성격상 결함이 아니라는 점을 이해시키는 것은 매우 치료적이며 그들에게 안도감을 줄 수 있다. 이 장은 개인 또는 집단 형식으로 영-브램험 프로그램을 실시하는 것에 대한 설명으로 끝을 맺는다.

제II부 : 핵심 증상 모듈

제II부는 주의력, 기억력, 조직화, 시간 관리 및 충동성에 대한 4개 모듈로 구성된다. 각 장은 표준화된 양식을 따르는데, 먼저 해당 주제에 관한 총론, 발달기 청소년과 청년이 직면하는 기능 결함이나 문제에 대한 설명을 제공한다. 그리고 치료자가 그 문제를 내담자와 함께 (그리고 보조 웹사이트에서 내려받은 자료를 활용하여) 평가하고 치료하도록 안내하는 방법이 이어진다. 여기에는 확인된 문제를 다루는 구체적인 인지행동 전략과 기법이 포함된다. 각 장 마지막 부분에는 해당 모듈을 집단 형식으로 실시하는 예시 양식이 제공된다.

주의력 모듈(제3장)은 환자들이 장시간 지루하고 반복적이거나 짜증나는 활동을 하는 동안 아마도 가장 방해되는 증상을 다룬다. 이와 대조적으로 그들은 흥미롭고 동기를 유발하는 활동(예 : 컴퓨터 게임)에는 장시간 집중할 수 있다. 그들의 이러한 비일관성은 주변 사람들에게 받아들여지기 힘들며, 긴장과 좌절을 일으키는 원인이 될 수 있다. 이 모듈에서는 내담자가 문제가 될 수 있는 과제를 인지하는 데 도움이 되는 몇몇 방법을 소개한다. 우리는 주의분산을 최소화하도록 환경을 조절할 때 사용할 수 있는 외부 전략을 소개하는데, 이들 전략에는 대개 성공을 위해 가장 적절한 환경을 선택하는 과정이 포함된다. 또한 목표 설정이나 휴식, 인센티브, 보상 도입과 같은 수행을 극대화하는 전략도 소개된다.

기억력 모듈(제4장)은 매우 두드러지는 장애를 다룬다. ADHD 환자가 약속을 지키지 못하거나 중요한 날짜를 잊거나 준비물을 빠트린 채 지각을 하면 쉽게 눈에 띄기 때문에 매우 고통스럽다. 가장 흔한 기억문제는 단기기억장애다. 이것은 초기 처리 문제가 차후에 회상장애로 이어지는 주의력 문제와 밀접한 관련이 있다. 따라서 이 모듈은 주의력 모듈과 유사한 형태를 따르는데, 환자의 기억문제 파악, 기억문제를 극복하기 위한 외부 전략(예 : 일지, 전자 장치, 알람)과 내부 전략(예 : 반복, 시연, 시각적 단서, 연상 기억술 이용) 소개로 구성된다.

조직화 및 시간 관리 모듈(제5장)에서는 아동이 청소년과 청년이 되면 더욱 현저해지는 문제를 다룬다. 활동이 평범하거나 더 중요해 보이는 과제가 나타나면 이 과제 저 과제로 옮겨 다니는 사람은 특히 조직화와 우선순위 설정 능력이 매우 떨어진다. 마치지 못한 과업은 좌절감을 유발하며 실패감을 안겨준다. 이 모듈은 일정 기간(장기 및 단기) 동안의 목표 검토, 활동 목록 작성, 활동 순서와 우선순위 결정, 일정 짜기, 휴식과 보상 계획 수립 등을 통해 계획을 세우는 체계적인 방법을 제시한다. 또한 과제에 대해 주의력을 유지하는 방법, 계획을 준수하는 방법, 우선순위 검토에 관한 조언, 지연행동 피하기 등과 같은 위험 회피 방법도 소개한다.

충동성 모듈(제6장)은 지루함에 대한 인내력 부족, 좌절감, 단기 보상 선호, 만족 지연 불능 등과 밀접하게 연결된 행동을 다룬다. ADHD 환자는 기다리기 어려우며, 생각 없이 말하거나 행동하고 결과 예측 사고(consequential thinking) 과정을 거치지 않는 경향이 있다. 이런 태도로 행동하면 다른 사람의 감정이나 요구를 배려하지 않는 것처럼 보이기 때문에 사회적 상황에서 예기치 않은 결과를 일으킬 수 있다. 이런 행동은 또한 비행, 교통법규 위반, 사고에 의한 부상과 같은 심각한 결과를 초래할 수도 있다. 이 모듈에서는 ADHD 환자가 충동적으로 반응할 가능성이 높은 상황을 식별하기 위한 자기감찰(self-monitoring) 기법을 소개한다. 그리고 자기통제를 극대화하기 위해 '멈추고 생각하기(stop-and-think technique)'를 소개한다. 이 기법에는 개인적, 사회적 결과 숙고하기, 역할극에서 시연해보는 자기지시 훈련(self-instructional training)과 자기진술(self-statement) 활용하기 등이 포함된다.

제III부 : 공존질환 및 연관 문제 모듈

ADHD는 문제해결기술장애, 사회기술 부족과 대인관계문제, 불안, 좌절과 분노조절 부족, 기분저하와 우울증, 수면장애, 물질남용과 같은 몇몇 2차적인 사회 · 정서적 후유증이 따른다. 우리는 이런 공존장애 영역을 다루는 데 적용할 수 있는 몇몇 치료 전략을 고안했다. 낮은 자존감은 ADHD 환자에게 매우 보편적이며 그들을 무력하게 만들기 때문에 이 문제를 영-브램험 프로그램 각 모듈에서 암묵적으로 제공되는 공통 위협으로 포함시켰다.

문제해결 모듈(제7장)에서는 ADHD 환자의 문제해결기술이 빈약한 이유를 검토한다. 여기에는 무모한 결정에 이르게 하는 '상황을 고려하지 않은' 충동적 반응이 포함된다. 그들은 큰 그림을 보지 못하고 당장의 사소한 문제를 불필요하게 걱정할 수도 있다. 또한 주의력 문제가 환자를 산만하고 태만하게 하여 기능적 문제해결 과정을 방해할 수 있다. 이 모듈에서는 문제를 정의하고 '문제'와 '걱정'을 구분하는 단계, 여러 해결책을 만드는 단계, 각 해결책을 평가하는 단계, 대안을 강구하는 단계에 관한 개요를 설명한다. 해결책을 선택하는 방법으로는 결과를 평가하기 위한 해결책 시연, 적절한 시나리오의 역할극, 인지왜곡에 대한 공략 등이 있다.

대인관계 모듈(제8장)은 대인관계 붕괴를 다룬다. 내담자는 일생 동안 타인과 부정적 상호작용을 경험했을 수 있고, 사회기술을 충분히 발달시키지 못했을 수도 있다. 이들은 대화를 유지하는 데 장애를 보일 수 있는데, 이것은 관심이 없거나 변덕스러운 모습으로 받아들여질 수 있다. 이들은 충동성으로 인해 화자 전환(turn-taking)과 사회적 호혜성에 장애를 보일 수 있다. 일부 내담자는 자신이 남들과 다르다는 이유로 따돌림을 당해서 외톨이로 지냈다는 생각을 오랫동안 했다고 한다. 이 장에서 우리는 다양한 상황에서 사회적 행동을 수정하고 조절하기 위한 미세 기술(micro skill; 언어 및 비언어 의사소통기술 모두)과 거시 기술(macro skill) 발달에 초점을 맞춘다. 또한 자신의 장애를 다른 사람들에게 공개할 것인지 여부(또는 그 시점)를 결정하는 것과 관련해 ADHD 환자들이 공통적으로 겪는 딜레마를 논한다.

불안 모듈(제9장)은 ADHD 내담자에게 흔히 나타나는 범불안장애와 사회불안장애를 다룬다. 사회불안은 내담자가 흔히 호소하는 증상이며 사회적 상황에서 보이는 그들의 불확실성으로 인해 발생한다. 이것은 그들이 사회 규범을 따르는 데 어려움이 있기 때문이다. 일부 내담자는 자신감 결여로 인해 사회적 상황을 전적으로 회피한다. 이것은 그들이 자주 보이는 사교적인 모습과 모순되게 보이지만, 그 이면에는 불안과 낮은 자신감이 있음을 알아야 한다. 이 모듈에서 우리는 '바보같은 행동'과 관심 추구 행동으로 부적절감을 과잉보상하려는 충동을 조절하는 법 등 다양한 사회적 상황에서 행동을 수정하는 방법에 대해 논의한다. 또한 사고, 감정, 행동, 신체 반응에 대한 평가를 통해 불안에 대한 일반적 반응을 재해석하는 방법을 소개하는데 공황에 대한 Clark(1986)의 인지행동 모델과 이완 및 호흡 연습을 포함한 중재 전략이 제시된다. 그리고 점진적 노출, 체계적 탈감작, 행동 실험을 통해 회피를 극복하고 자신감을 높이는 몇몇 방법을 제안한다.

좌절 및 분노 모듈(제10장)은 좌절감과 분노감에 부적응적으로 대처하는 방법을 다룬다. 이것은 불안정한 기질로 표현되며 정서적 폭발(emotional outburst)을 특징으로 한다. 분노는 또한 내적으로 억제되기보다는 외적으로 표현되는 경우가 많은데, 그 이유는 아마도 충동조절 및 자기통제 부족 그리고 지루함에 대한 인내심 부족일 것이다. 이런 행동은 관계 파국, 퇴사, 경찰 개입과 같은 부정적 결과로 이어질 수 있다. 내담자는 다른 사람으로부터 부정적 성격 성향을 갖고 있는, 예측 불가능하거나 심지어 위험한 존재로 여겨질 가능성이 높다. 이 모듈은 내담자가 분노 과정을 차단할 수 있는 '조기 경보 신호'를 찾기 위해 인지행동적 관점에서 분노의 단계를 검토한다. 분노관리 전략도 제시되는데 주의분산, 자기대화(self-talk), 이완, 인지 재구성 기법 등이다. 그 외에 자기주장(assertiveness)과 분노를 비교하고, 모욕과 비판의 차이를 다루며, 건설적 비판을 적절하게 수용하는 방법에 관해 논의한다.

기분저하 및 우울증 모듈(제11장)은 학업 실패, 관계 곤란, 재정문제, 낮은 자존감 등과 같은 여러 부정적 생애 사건으로 인해 발생할 수 있는 기분저하와 우울증을 정기적으로 모니터링해야 한다는 점을 강조한다. 이는 이 문제로 인해 많은 청소년이 성취감과 숙달감을 경험하지 못하고 있기 때문이다. ADHD 환자는 행동 조절 능력이 부족하여 자해 사고를 충동적으로 행동화할 수 있기 때문에 이들의 우울증은 심각하게 여겨야 한다. 이 장은 Beck(1976)의 우울증 인지행동모델을 응용하여 ADHD 환자의 흔한 부정적 사고와 사고 오류를 다룬다. 그리고 이 부정적 주기를 차단하는 방법을 제안하고 활동 계획(activity schedule) 수립, 부정적 자동사고 공략과 저하된 기분을 악화시키는 자기대화 줄이기, 긍정적 자기진술 개발 기법 같은 전략을 소개한다.

수면 모듈(제12장)은 흔한 호소 증상인 지속적으로 안절부절못하는 느낌에 대해 다루는데, ADHD와 연관된 증상이며 수면을 방해한다. 다른 수면문제는 새벽에 일찍 깨는 것 같은 정동장애 증상과 더 유사할 수도 있다. 수면문제는 또한 ADHD 약물치료와 관련될 수도 있는데, 특히 중추신경자극제 복용 중단이나 약물 휴식기 또는 용량 변경 후에 발생한다. 이 모듈에서는 수면의 기능을 알아보고, 수면의 여러 단계를 설명하며, ADHD 핵심 증상이 과수면과 불면증 같은 수면문제를 어떻게 악화시킬 수 있는지 논한다. 그리고 수면문제 관리 방법을 자세하게 설명하고 ADHD 환자에 맞춘 수면 위생 프로그램과 이완 기법을 소개한다.

물질남용 모듈(제13장)은 알코올과 불법적 약물 사용을 모두 다룬다. ADHD 환자는 두 가지 기전에 의해 물질남용에 이르게 될 수 있다. 충동조절 부족은 위험 감수 행동과 약물의 실험적 사용 및 중독을 증가시킬 수 있다. 두 번째 경로는 진단되지 않거나 치료받지 않은 ADHD 환자가 자가 치료를 위해 불법적인 물질을 사용하는 것이다. 이 장에서는 물질사용의 여러 범주와 ADHD의 관계에 관해 기술한다. 그리고 심리적 의존은 내담자가 변화 과정에 참여하도록 동기를 유발하는 동기강화상담을 통해 다룬다. 우리는 물질남용의 악순환을 제시하고 물질남용에 관한 역기능적 신념을 논한다. 이 모듈은 또한 주의분산 기법, 활동 계획 수립, 동기부여 지지를 통해 자신감을 키우고 신체적 갈망 및 충동에 대처하는 기법을 소개한다.

제Ⅳ부 : 미래 모듈

항상 치료를 마무리할 때는 긍정적 관점을 취하고 미래에 관해 다루는 최종 회기를 한 차례 이상 갖기를 권한다. 많은 ADHD 환자는 그들 자신에 대해 부정적 가정을 하며 실패를 예상한다. 그래서 그들이 자기 미래를 어떻게 인식하는지 알아보고 지각되는 장애물과 실패에 어떻게 대처할지 준비하게 하면 도움이 될 것이다.

미래 준비 모듈(제14장)은 종결 모듈로서 이전 여러 모듈에서 소개된 기법을 요약하고 유용했던 기법을 검토한다. 이 모듈은 재발 방지 방법을 따르는데, 환자가 자신이 취약하다고 느낄 때 스스로 참조할 수 있도록 '위험' 상황을 식별하고 관리하는 계획을 만든다. 이런 상황은 원래 습관으로 되돌아갈 가능성이 높은 시기다. 관리 계획을 세우면 내담자가 만일의 사태에 대비하고, 유용한 대처 전략을 활용하여 대응 가능성을 높이며, 충동적이거나 역기능적으로 반응하지 않게 될 것이다. 이러한 재발 방지 계획에는 예컨대 인지행동 기법, 문제 상황/인물 회피, 가족과 친구로부터의 지원, 전문가의 조언 모색 등 다양한 상황에 적용될 수 있는 여러 가지 옵션을 포함시켜야 한다.

이 모듈에서 치료자는 또한 내담자의 창의성, 회복탄력성, 유연성 같은 기능적 장점을 논의함으로써 그들의 ADHD 성격이 갖는 긍정적 측면을 검토하게 한다. 치료자는 그들이 개인적 목표를 달성하기 위해 이런 특성을 성공적으로 적용해 왔다는 사실을 환기시켜야 한다. 이러한 내담자의 고유한 적응 특성을 바탕으로 치료 과정에서 습득한 기술과 성과를 검토하면서 재발 방지 계획을 세워 '홀로 서기'를 준비하면 그들은 자기효능감과 목표 의식을 갖게 될 것이다. 이로 인해 그들은 매일 직면하는 당면한 '지금 여기(here and now)' 문제를 성공적으로 대처할 뿐 아니라 장기적인 목표를 세우고 달성하려 노력하게 될 것이다.

요약

ADHD에 대한 1차적 중재는 약물치료이며 이것은 이 질환을 겪는 많은 환자에서 증상 감소를 가져온다는 사실이 확실하게 입증되었다. 하지만 이 치료에는 일종의 '유효 기간'(Jensen et al., 2007)이 있어서 그 이득이 단기적일 수 있으며, ADHD를 겪으면서 성장할 때 동반되는 여러 정신건강 요구와 전반적인 장애를 다루기에는 불충분하다. 증상 감소는 ADHD 청소년 및 성인에 있어 하나의 치료 목표일 뿐이다. 그들은 동반되는 여러 문제를 겪고 있으며, 일상생활에서 직면하는 개인적, 사회적, 직업적 요구에 대처하게 해주는 심리중재가 필요할 수 있기 때문이다. 영-브램험 프로그램은 젊은 ADHD 환자의 여러 요구, 즉 ADHD 핵심 증상과 공존질환 및 연관 문제에 대한 치료를 포괄하는 통합 인지행동 중재이다.

2
영-브램험 프로그램

영-브램험 프로그램은 ADHD 청소년 및 성인을 대상으로 진행된 수년간의 임상실습을 토대로 개발되었다. 우리는 그들의 인생사와 문제에 관심을 가졌고 그들을 돕기 위해 우리가 가진 임상지식을 동원했다. 시간이 지남에 따라 우리는 내담자를 돕기 위해 인지행동치료를 적용하는 방법을 터득했고 유용한 기술과 전략을 찾게 되었다. 영-브램험 프로그램은 내담자의 요구에 맞게 만들어졌다. 우리는 진단 및 약물치료에 대한 신념과 감정을 알아보는 심층 인터뷰를 통해 이 프로그램을 연구하였다(Young et al., 2008). 내담자의 시각으로 풍성하고 다양한 삶을 묘사하기 위해 이들 인터뷰를 정성 분석한 결과, 크게 세 가지 주제가 드러났다.

1. **진단의 정서적 영향** – 내담자들은 ADHD로 진단받으면 대개 자신의 문제가 '설명'될 수 있다는 사실에 안도와 기쁨을 느꼈다. 그러나 안도와 기쁨도 잠시, 이 진단에 비추어 그들의 과거 경험을 이해하려고 하면서 곧 혼란에 빠졌다. 그들은 더 일찍 ADHD 진단과 치료를 받았더라면 자기 삶이 어땠을지, 얼마나 더 나아졌을지 생각해보기 시작했다. 예컨대 집중력 문제를 겪지 않았다면 학교에서 더 좋은 성적을 받을 수 있었을 것이다. 이는 자신의 잠재력에 걸맞은 적절한 능력을 기를 수 없었다는 의미다. 어린 시절과 청소년기에 적절한 지지와 조언을 받지 못한 것에 대해서도 분노를 느꼈다. 내담자는 특히 자신이 결국 실패할 것이며 능력을 제대로 발휘하지 못할 것이라고 믿었던 사실을 슬퍼하고 후회했다. 평생 지속되는 만성 질환을 가졌다는 사실을 받아들일 때까지는 적응기간이 필요했고, 이때 약간의 불안이 동반되었다. 그러나 마지막 적응 단계에 이르면 결국 진단을 받아들이고 약물 복용이 필요하다는 사실을 인정했다.

2. 과거 돌아보기 : 다른 사람과 다르다는 느낌 – 내담자는 항상 또래나 가족과 다르게 느꼈다고 했다. 그들은 형제보다 뒤떨어진다는 평가를 받았고, 멍청하고 게으르며 다른 사람을 방해한다는 소리를 들었다. 이로 인한 부정적 피드백이 내면화되면서 자존감에 해로운 영향을 받는 사람도 있었지만, 비교적 비판을 잘 견뎠다고 하는 사람도 있었다. 이것은 부분적으로는 자신의 문제를 깊이 생각하지 않게 하는 부주의하고 충동적인 ADHD 특성 때문일 수 있다. 그들은 고통을 겪거나 문제가 될 만큼 오랫동안 어떤 주제에 머무르는 능력이 없다고 했다. 그리고 어떤 사람은 ADHD인 자녀를 관찰함으로써 자신의 어린 시절을 되새기고 ADHD가 그들의 어린 시절에 어떤 영향을 미쳤는지 돌아본다고 했다.
3. 미래에 대한 고려 – 내담자는 약물치료가 어떻게 동기를 개선하고 일상생활 기능, 특히 대인관계를 향상시키는지 알았으며, 약을 복용할 때와 약효가 떨어질 때 증상이 어떻게 다른지도 알았다. 또한 약물치료로 모든 문제가 사라지지 않으며, 어떤 문제는 행동 변화가 필요하다는 사실도 알았다. 이것은 내담자가 자신의 고유한 증상 특성을 이해하는 데 중요했다. 어떤 사람은 ADHD를 모든 자기 문제에 대한 핑계로 이용한다고 보여질까 봐 걱정했다. 이런 이유 때문에 ADHD로 인한 증상과 그렇지 않은 증상을 이해하면 도움이 되었다. 또한 ADHD에 대한 낙인 우려도 있었는데, 이것은 ADHD 진단을 공개하기 주저하는 데 영향을 미쳤다.

우리는 ADHD 내담자의 배우자도 인터뷰하여 동일한 방법으로 데이터를 분석했다(Young, Bramham, & Gray, 2009). 분석을 통해 드러난 주제는 크게 세 가지였다.

1. ADHD 배우자의 결함 인지 – 배우자들은 ADHD 내담자가 진단을 받기 전부터 전반적으로 문제가 있다는 사실을 인지했으며, 내담자가 일을 느리게 하고 마무리하지 못한다고 했다. 또한 내담자가 기분 변화가 심하고 사회적 의사소통기술이 부족하며 쉽게 좌절하고 분노하는 사람이라고 했다. 게다가 ADHD 내담자는 오래전부터 대인관계문제가 있고 가족에게 이해받지 못한다고 느꼈다. 이런 문제는 낮은 자존감, 빈약한 자기효능감, 정서 불안정성과 관련이 있었다. 그들은 대개 술로 슬픔을 달랬다.
2. 진단의 정서적 영향 – 배우자 역시 진단과 치료를 받는 내담자에게 정서가 적응하는 심리 과정을 겪는다고 했다. 그들은 이 과정에서 '장애'를 겪는 사람과 관계를 맺는

것에 관해 초기에는 혼란을 겪었다. 정서 적응기간 동안 배우자들은 환자를 어떻게 도울지 잘 몰랐을 뿐 아니라 장기적으로 어떤 일이 일어날지 걱정했다.

3. **약물치료는 만병통치약이 아님** – 배우자들은 초기에 ADHD 내담자가 약물치료에 반응을 보이면 안심했다. 그들은 환자의 개인 기능 향상(예 : 인지능력, 대인관계 방식, 자존감 개선)과 대인관계 기능 향상(예 : 자신, 가족, 더 확장된 사회망 관계 개선)에 주목했다. 이것은 내담자의 성취감과 가족관계에 긍정적인 영향을 미쳤다. 그러나 약물치료가 '마법'이 아니라는 사실을 깨달으면서 초기 밀월 기간은 실망으로 바뀌었다. 낮은 자존감, 빈약한 자기효능감, 시간 관리 부족, 지연행동과 동기부여 문제 등 많은 어려움이 지속되었다. 약물치료 효과가 떨어지면 증상은 빠르게 제자리로 돌아왔고, 배우자들은 심리치료가 필요하다고 생각했다.

이런 결과는 세 가지 영역에서 심리치료가 역할을 할 수 있음을 보여준다. 첫째, 적응 과정을 통해 내담자를 돕고 그들의 과거를 이해할 필요가 있다. 둘째, 미래에 대한 내담자의 불안을 줄이기 위해 치료자는 미래에 기능을 개선하는 동기가 될 내담자의 강점과 긍정적 특성을 강조해야 한다. 셋째, 기능을 향상시키기 위해 특히 약물치료로 직접 개선되지 않는 영역에서 기술을 개발해야 한다. 내담자와 배우자 모두에게 ADHD에 관한 지식과 이해를 높이는 심리교육 자료를 제공하는데, 이것은 장기적으로 배우자가 ADHD 내담자를 더 잘 지지하게 되는 데 도움이 된다.

영-브램험 프로그램 목표 및 목적

영-브램험 프로그램은 심리치료의 두 가지 주요 목표를 추구한다.

1. **외부로부터 변화** : 개인, 직업, 사회 기능을 최적화하기 위해 환경을 변화시키도록 내담자를 격려하는 방법을 제공한다.
2. **내부로부터 변화** : 다양한 환경에 적응하기 위한 심리 전략을 개발하도록 내담자를 격려하는 방법을 제공한다. 이것은 여러 독립적 근거기반 심리치료 형태를 융합하고, 인지행동, 동기부여, 심리교육 패러다임을 동원하며, ADHD 청소년 및 성인의 요구를 충족하는 여러 기법을 적용하여 달성한다.

그러나 ADHD 환자의 신경심리 양상은 이 질환에만 국한되지 않는다. 사실상 많은 심리 질환에 주의력 결핍이 동반되며, 영-브램험 프로그램은 이런 유형의 인지 결함(예 : 외상성 뇌 손상, 조현병, 경도 학습장애)이 있는 사람들에게 더 보편적으로 활용될 수 있다.

영-브램험 프로그램의 목적은 다음과 같다.

1. ADHD에 관한 정보 제공
2. 증상 및 연관 문제에 대처하기 위한 심리 전략 제공

영-브램험 프로그램은 세 가지 핵심 심리 기법, 즉 인지행동치료, 심리교육, 동기강화상담을 사용한다. 이것은 변화를 이룰 수 있는 자기효능감 및 자신감을 발달시키고, 생활 방식에 긍정적 변화를 일으키는 전략을 개발하며, 장애물과 저항에 대처하기 위해서다. 여기에는 심리교육 기법을 적용한 장애 교육, 동기강화상담의 의사결정 균형 기법(decisional balance techniques)에 의한 양가감정 극복, 부정적 자동사고 공략을 통한 과거에 대한 인지 재구조화 및 재구성, 행동에 대한 자기감찰, 사고 오류 인식, 인지왜곡 및 오귀인(misattribution) 평가가 포함된다. 또한 환자가 가지고 있는 자신과 타인 및 세상에 대한 핵심 믿음을 가능한 도출하는 것도 중요하다. 새로운 기법을 개발하고 시연하기 위해서는 단계별 수행 과제, 모델링, 역할극과 같은 행동 기법을 사용한다. 내담자는 새로운 전략과 기법을 검증하고 어떤 것이 효과적인지 파악하기 위해 회기와 회기 사이에(회기 중 치료자와 내담자가 설정한) 몇 가지 미니 실험으로 '행동 실험'을 실시한다.

각 모듈은 해당 모듈 주제와 관련된 청소년과 성인의 기능 결함, 그에 대한 평가 방법과 중재를 골자로 하는 방식으로 구성된다. 이 프로그램은 집중과 관심을 유지하기 위해 치료 회기에 주제 전환, 시각 보조도구 사용, 역할극, 짧은 휴식 등을 다양하게 도입했다. ADHD 환자는 즉시 충족 욕구를 만족하려는 동기가 강하므로 즉각 및 지연 보상 체계를 모두 포함하도록 치료를 구성해야 한다. 영-브램험 프로그램에는 동기를 유도하고 주의를 지속시키는 여러 기록지와 실습이 포함된다. 상당한 인지 결함이 있고 인내심이 적으며 쉽게 지루해하는 환자에게는 이런 다양한 인지행동 기법과 실습이 통합된 속도감 있는 구조가 적합할 것이다.

치료 동맹과 참여

이 치료 프로그램이 가진 핵심 원리는 협력이다. 치료자와 함께 의제와 목표를 설정함으로써 내담자가 스스로 참여하도록 동기를 부여하는 것이 매우 중요하다. 이런 접근은 치료자와 관계 맺기를 주저하는 사람에게 표면적 타당성(face validity)을 가질 가능성이 높다. 내담자가 치료자를 신뢰하고 치료자가 자기 문제와 ADHD 예후를 이해한다고 여기는 것이 중요하다.

성인이 될 때까지 ADHD 환자는 다양한 교육과 정신건강 서비스를 자주 접한다(Huntley & Young, 제출 상태; Young, Toone, & Tyson, 2003). 그러나 정확한 진단이 내려지지 않거나 모순된 정보가 제공되는 경우가 많았다. 후기 청소년기나 성인기에 처음으로 ADHD 진단을 받은 사람은 서비스를 불신하고 불공정한 시스템 때문에 자신의 문제를 일찍 파악하지 못했다고 느낄 수 있다. 또한 ADHD 내담자는 진료 예약을 기다리지 못하고 검사가 지체되면 쉽게 좌절할 수 있다. 그리고 진단을 받고 나면, 자신의 질환이 더 일찍 밝혀지지 않았다는 사실에 분노하고 억울해할 수도 있다. 내담자는 자신감을 길러야 한다. 협동적이고 지지적인 관계가 치료 성공에 매우 중요하다. 그리고 이 젊은이들은 과거에 거절을 경험했기 때문에 건강한 관계를 형성하기가 힘들 수 있다는 점을 유념해야 한다.

Nadeau(1995)는 ADHD 환자를 치료할 때 치료자가 취해야 하는 몇 가지 역할을 기술했다.

1. **지지자** : 내담자가 희생자에서 자율성 있는 사람으로 변하도록 돕는다.
2. **통역자** : 치료자는 환자의 ADHD가 동반하는 여러 문제점에 대한 해석을 해야 한다. 이 정보를 내담자를 돕는 다른 사람들에게도 전달해 내담자의 질환을 이해하게 할 수 있다.
3. **설계자** : 계획과 조직화에 어려움을 겪는 내담자를 위한 기초를 제공하기 위해 임상가는 적극적이고 조직적이어야 한다.
4. **교육자** : 치료 과정의 일부로서 읽기, 공동 회기 노트 작성 또는 (말로 하는) 진행을 통해 교육을 제공할 수 있다.

우리는 아마도 더 중요할 수 있는 다섯 번째 역할을 제안한다.

5. 훈련자 : 치료자의 주된 기능은 안내된 발견(guided discovery)을 통해 환자가 자기 내면과 외부 세계 사이에 다리를 만들도록 돕는 것이다. 그리고 환자는 어려운 상황과 장애물을 극복하기 위한 적절한 대처 전략을 찾고 발전시켜야 한다.

진단이 미치는 영향

청소년과 성인에 대한 치료는 진단 시점부터 시작된다. 진단이 내려진 후에 사람들이 겪는 수용의 단계적 과정은 다음과 같다 —(1) 초기 안도감과 기쁨, (2) 혼란과 당혹감, (3) 분노, (4) 슬픔과 비통, (5) 불안, (6) 적응과 수용(Young et al., 2008). 진단이 내담자에게 전달되는 방식은 그들이 추후에 그 진단을 이해하고 적응하는 데 영향을 미친다. 많은 내담자가 진단 시점에 충분한 정보를 받지 못한다는 우리의 연구 결과는 이 주장을 뒷받침한다. 두 번째 만남에서야 그들은 비로소 ADHD로 진단되는 경험을 받아들이고, 관련 정보를 얻고 질문할 수 있다. 따라서 진단 및 치료에 관한 정보를 서면 형식으로 먼저 제공하고 다음 만남에서 보강하는 것이 바람직하다.

많은 사람이 ADHD 진단을 받은 후에 안도감을 느낀다고 한다. 그들은 늘 자신에게 뭔가 문제가 있다고 느꼈으며, 그것이 자기 잘못이 아니라는 사실을 알게 되어 안심한다. ADHD 진단을 받기 전에도 자주 ADHD가 아닌지 생각하지만, 막상 "당신은 ADHD입니다"라는 말을 들으면 충격을 받기 때문에 정서 적응이 필요할 수 있다. 많은 사람이 진단을 받은 뒤에 후회, 죄책감, 슬픔과 같은 정서반응을 경험한다. 이것은 자연스러운 현상이고 수용 과정의 일부다. 정서반응을 겪고 나면 그들은 과거 사건을 재구성하려고 한다. ADHD 때문에 일어난 일과 그렇지 않은 일은 무엇인가? ADHD 때문에 모든 것이 어떻게 달라졌을까? 그들은 약물치료 후에 더 진지해지고 '엉뚱함'이 줄어들기 때문에 정체성이 변한 느낌이 든다고 한다.

치료자는 내담자가 자신을 잘 아는 사람들과 대화해서 그가 여전히 치료 전과 동일한 사람임을 확인하게 격려한다. 더불어 내담자는 ADHD에 대해 많이 알수록 자신을 더 잘 이해하고 능력을 최적화하게 된다. 또한 효과적인 대처 전략을 검토하면 안심하게 될 것이다. 그들은 치료 중재 전에 이미 스스로를 돕기 위한 다양한 방법을 개발했을 것이다. 이것은 치료에 도움이 되는 요소와 도움이 되지 않는 요소를 검증하는 단서가 되므로 자세히 살펴야 한다.

심리교육

심리교육은 진단 과정이 시작될 때부터 동원해야 한다(Jackson & Farrugia, 1997). 심리교육의 목표는 ADHD와 이 진단이 가진 의미, 이 질환이 내담자 자신에게 끼친 영향에 관한 지식을 증진시키는 것이다(Weiss, Hechtman, & Weiss, 1999). 내담자를 오도하고 혼란스럽게 하는 잘못된 정보가 여전히 놀라울 정도로 많기 때문에 교육 과정 첫 부분에서는 ADHD에 관한 기본 정보를 제공한다. Murphy(1998)는 환자가 이 질환을 더 잘 이해하도록 ADHD 진단기준을 충족하는 이유를 설명해야 한다고 했다. 그리고 많은 사람이 중추신경자극제 치료가 미치는 영향과 심리적 접근법의 유용성에 대해 선입견을 갖고 있기 때문에 이 단계에서는 치료 방법에 관한 교육이 중요하다. 이때 서면 자료를 활용하면 도움이 된다.

우리는 심리교육 회기 후에 이 질환에 관한 생물학적 정의와 이해에 큰 변화가 있음을 관찰했다. 예를 들어 회기를 시작하기 전에는 ADHD를 '주의집중 시간과 사고 과정에 문제를 일으키는 성격장애'로 생각했던 환자가 심리교육 후에는 ADHD를 '뇌 화학 및 접촉기전(contact mechanism)에 발생한 질환'으로 묘사했다. 또한 환자들은 회기 전에는 이 질환이 핵심 증상인 부주의, 과잉행동, 충동성에 국한된다고 생각했지만, 회기 후에는 정서 및 자존감 문제와 어떻게 관련되는지 알게 되었다.

우리는 ADHD 치료에 관한 환자들의 관점을 조사하였는데, 그들은 약물치료가 유일한 치료법이라는 생각에 강하게 치우치는 경향이 있었다. 예를 들면 ADHD를 어떻게 극복할 수 있는지 묻는 질문에 '마약', '약물치료', '죽음' 등으로 답했다. 그러나 심리교육 회기 후에는 생물사회모델을 인지하면서 훨씬 더 많은 가능성을 포함시켰는데, 예컨대 '약물치료, 심리 전략, 가정 또는 직장 환경 변화로 ADHD가 더 이상 삶에 영향을 미치지 않게 함' 등이다.

심리교육 치료 모델을 통해 치료자는 ADHD 병인, 예후, 동반문제, 인지 결함, 일상생활에서 드러나는 양상을 알려주고, ADHD 증후군의 연관 요인인 기술 결함과 부적응적 대처 전략 등도 설명해야 한다. 그러나 이것은 치료 목표에 주안점을 두고 체계적으로 이루어져야 한다.

그들의 문제가 타고난 신경발달학적 기초에서 유래한다는 사실을 이해하는 것은 오랫동안 스스로 멍청하다고 믿었거나 다른 사람들로부터 멍청하고 게으르다는 취급을 받은 사람들의 자존감을 회복하는 중요한 단계이다. 더욱이 환자가 자기 한계를 인정하고 이해하면 자신의 수행 수준을 현실적으로 기대할 수 있게 된다. 이것은 인지행동치료에 적용될 때 매우 중요하다. 예를 들면 새로운 기술을 시연하는 데는 반복과 인내가 요구되는데, 이것은 새로움과 자극을 추구하는 청소년과 성인에게는 찾기 힘든 특성이다. 새로운 전략을 배울 때는 새 기술이 자동화되고 일상화될 때까지 꾸준히 훈련해야 한다. 영-브램험 프로그램이 때로는 어려울 수 있음을 알리고 이 질환에 관한 정보를 제공하면 환자가 이를 인식하는 데 도움이 될 것이다. 치료자와 협력 작업을 통해 환자들은 영-브램험 프로그램을 완수하고 중도에 포기하지 않도록 격려받아야 한다.

동기강화상담

Prochaska와 DiClemente(1982)의 모델에 기반을 둔 동기강화상담 기법은 변화를 여러 단계 주기로 보는 이론 배경에 바탕을 두기 때문에 유용하다(그림 2.1 참조). 변화의 교류

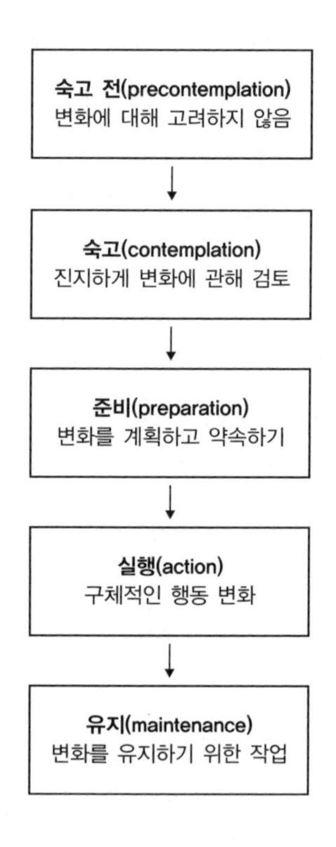

그림 2.1 변화의 단계

모델(transactional model)은 변화를 타인(예 : 치료자, 가족 등)의 지지 역할을 더 많이 필요로 하는 초기 단계부터 개인이 자기강화와 자율성을 갖게 되는 후기 단계로 이어지는 역동적 과정으로 보는 패러다임이다. ADHD 환자는 변화를 가져오는 능력에 대해 자신감이 부족할 수 있다. 동기강화상담 기법을 치료에 도입함으로써 변화에 관한 양가감정과 저항을 극복할 수 있다.

동기강화상담은 내담자 중심이므로 내담자가 현재 가지고 있는 염려와 관점에 중점을 둔다. 동기강화상담은 변화에 관한 대화를 강화하여 양가감정을 해소하고 저항을 줄이는 지시적 방법이다. 동기강화상담은 여러 가지 기술을 가르치는 것이 아니라 변화를 촉진하는 의사소통 수단이다. Miller와 Rollnick(2002)은 동기강화상담에 네 가지 일반 원칙이 있다고 주장한다.

1. **공감 표현하기** – 환자의 감정을 이해하고 수용하는 반영적 청취 기법(reflective listening technique)을 사용하며, 양가감정이 정상적 반응임을 인정하게 한다. 이것은 ADHD 환자를 치료할 때 특히 중요한데, 그들이 자신의 삶을 변화시키는 데 관심을 보였을 때 다른 사람에게 방해나 조롱을 당했을 수 있기 때문이다.
2. **불일치감 만들기** – 그들의 현재 행동이 중요한 목표나 가치와 일치하지 않음을 강조하여 변화를 유도한다. 예를 들면 내담자의 무체계성(disorganization)은 직업상 문제가 있음을 의미한다. 예컨대 그들은 직장을 구하거나 유지하지 못할 수 있으며, 이는 결국 자아존중감에 영향을 미친다.
3. **저항과 함께 구르기(rolling with resistance)** – 변화에 관해 내담자와 논쟁하지 않는다. 저항이 있을 때 스스로 새로운 관점을 갖게 함으로써 오히려 저항을 '다르게 반응하는' 신호로 이용한다. 이것은 방어적이고 대립적인 내담자와 작업할 때 특히 적합한데, '관찰자' 관점을 취하는 것이 덜 도전적이기 때문이다.
4. **자기효능감 지지하기** – 치료자는 변화를 촉진시킬 뿐 내담자를 직접 변화시킬 수 없다는 사실을 이해시킨다. 내담자에게 변화할 수 있다는 믿음을 심어주면서 장애물에 대처하는 능력을 향상시키고 성공할 수 있다는 자신감을 북돋아주는 것이 목표다.

인지행동치료

청소년과 성인 ADHD 환자는 흔히 다양한 문제와 복잡한 병력을 보인다. 그들이 가진 강점은 산더미같은 부정적 사고와 경험에 가려져 있을지도 모른다. 따라서 치료 목표를 찾는 것이 중요한데, 치료 목표의 예는 다음과 같을 수 있다.

- **일반 목표**(예 : 치료에 동참하려는 동기부여하기)
- **모듈 목표**(예 : 사회불안 줄이기)
- **특정 목표**(예 : 과제 완수하기)

ADHD 환자는 개인 조직화 및 사회적 경계에 관한 체계와 일상 문제를 다루기 위한 실질적 도움이 필요하다. 그들은 행동에 대한 명확한 규칙과 요구가 있는 환경에서 가장 나은 성과를 얻는다. 인지행동치료는 구조적이며 기분 관련 장애에 효과가 있다는 강력한 근거가 있다. 그러므로 인지행동치료는 개인과 집단을 막론하고 청소년 및 성인 ADHD에 효과적이다. 인지행동치료는 최소 접촉만으로도 이 내담자 집단에 성공적으로 적용되었다(Bramham et al., 2009; Stevenson et al., 2002; Wilens et al., 1999). 인지행동치료는 변화를 일으키는 수단으로서 행동을 강조한다. 그러므로 '수동적 수혜자'는 성공하기 어려우며, 앞서 설명한 동기강화상담을 더 집중적으로 시행할 필요가 있다.

청소년과 성인 ADHD 집단에 인지행동치료를 적용하는 데는 많은 어려움이 있는데, '과제' 완료에 대한 저항 같은 현실적 문제부터 핵심 증상과 같은 일반적 문제까지 다양하다. 다음 장부터 청소년과 성인 ADHD 치료에 유용한 인지행동치료 기법을 설명하는 영-브램험 프로그램의 개별 모듈이 소개된다. 일반적으로 인지행동치료 목표는 인지교정(cognitive remediation), 과거에 대한 인지 재구성(cognitive reframing), 인지 재구조화(cognitive restructuring) 및 인지 추론 전략(cognitive reasoning), 합리화(rationalization), 내부 및 외부 보상 전략 개발과 행동 기법을 제공하는 것이다.

인지교정 전략

인지교정 전략은 일상생활에서 기억력, 주의력, 조직화 능력을 향상시켜 ADHD 핵심 증상을 치료하는 중요한 방법이다. Weinstein(1994)은 이들 전략을 다른 심리치료 중재의 중요한 보조치료로 제안한다. 핵심 증상을 직접 다루거나 보상 전략을 적용하는 방법을 익히면 내담자가 자기통제감을 느끼고 학습된 무력감을 줄이는 데 도움이 될 수 있다.

신경심리평가는 내담자가 갖고 있는 인지 강점 및 약점 프로파일을 확립하는 데 유용하다. 예를 들면 선택주의력에 결함이 있는 사람은 주의 및 기억 향상 전략을 배우면 유리하고, 지속주의력에 어려움이 있는 사람은 외부 분산 요소를 무시하고 업무를 계속하는 기법을 익히는 것이 좋다. 충동조절문제 때문에 이 부분에 대한 학습이 필요한 사람도 있을 수 있다.

과거에 대한 인지 재구성

ADHD 청소년 및 성인은 삶의 여러 측면에서 실패를 경험할 것이다. 그들은 멍청하고, 게으르고, 동기가 없다는 평가를 자주 받을 것이다. 이것이 누적된 효과로 인해 흔히 자존감이 낮아지고, 자신이 처한 상황은 결코 바뀔 수 없다는 신념이 생긴다(Murphy, 1998). 이들에게 ADHD가 '성격 결함이나 도덕적 나약함이 아닌' 신경학적 이유로 발생한다는 사실을 이해시키려면 미래에 대한 희망을 심어 주어야 한다(Murphy, 1995).

성인이 되어 처음으로 ADHD 진단을 받으면, ADHD 진단과 이 질환이 삶에 미치는 영향을 받아들이는 적응 기간을 겪을 수 있다. 또한 그들은 과거 경험을 돌아보고 그런 경험을 다른 관점으로 반추해볼 수 있다. 과거에 사건이 펼쳐진 방식을 설명할 수 있음에 안도감을 느끼는 사람도 있지만, 어떤 사람은 자신의 상황이 달라질 수도 있었다는 사실에 분노하거나 후회를 할 수도 있다. 어떤 사람은 과거 미흡한 성취나 잃어버린 기회를 곱씹으며 우울해질 위험도 있다. 치료자는 고통스러운 감정과 혼란을 인정하고 이런 생각과 감정을 정상화시켜야 한다. 또한 치료자는 이 질환이 갖는 긍정적 측면에 관한 사례를 찾고, 환자가 과거로부터 배우고 건설적인 방향으로 미래에 집중하도록 이끌어야 한다.

인지 재구조화 및 추론 전략

ADHD 환자 중 일부는 창의적이며, 사고 감찰, 부정적 사고 및 가정 공략, 대체 인지 생성 같은 유용한 인지행동치료 전략을 적용하는 데 어려움이 없다. 하지만 추상적 추론에 어려움을 겪는 사람도 있다. 후자는 기술 습득에 더 많은 지원과 훈련이 필요하다. 특히 충동성은 내담자가 행동 방침을 충분히 생각하지 않거나 순차적으로 아이디어를 개발하지 못하게 하므로 예컨대 사회적 관점 취하기(social perspective taking) 기법이나 대인관계

문제해결을 적용하기 어렵게 하여 추론 전략 개발을 방해할 수 있다. 이 주제는 대인관계 모듈(제8장)에서 다룬다.

합리화

ADHD 청소년 및 성인은 현재 생각에만 지나치게 몰두할 수 있으므로 왜곡된 인지를 공략하거나 대체하는 '자기로부터 거리 두기'에 문제가 있을 수 있다. 특히 이것은 (덜 산만해진) 환자가 과거를 재구성하면서 부정적 신념에 사로잡힐 수 있는 시기인 약물치료 직후일 수 있다. 내담자가 스스로 비판적으로 추론하고 결과 예측 사고를 하며 믿음을 합리화하도록 '안내된 발견' 체계를 사용하여 지도해야 한다.

내부 및 외부 보상 전략 개발

일생 동안 ADHD 증상을 경험한다는 점을 감안할 때, ADHD 청소년 및 성인은 이미 많은 적응적 보상 전략과 비적응적 보상 전략을 갖고 있을 것이다. 보상 전략은 다음과 같이 나눌 수 있다.

- 내부로부터 변화가 필요한 전략('멈추고 생각하기'와 같은 내부 전략)
- 자신에게 맞도록 환경을 조정하는 전략(잠재적 분산 요인 제거와 같은 외부 전략)

두 보상 전략을 결합하면 많은 문제를 완화할 수 있다. 이 두 갈래 방식이 제시하는 여러 전략은 자신을 변화시키는 방법과 환경을 변화시키는 방법을 모색하여 환자 스스로 미래에 발생할 문제에 대처할 수 있게 할 것이다. 이 이중 접근을 채택하면 성공이 극대화되므로 영-브램험 프로그램이 진행되는 내내 이 두 가지 방법을 강조해야 한다.

행동 기법

학습장애와 ADHD가 동반된 환자를 치료할 때, 치료자는 행동 기법을 더 많이 동원해야 한다. 영-브램험 프로그램의 많은 부분이 인지 기법에 의지하지만, 행동을 변화시키려면 정적 강화(positive reinforcement)와 부적 강화(negative reinforcement) 및 처벌 기법을 적용하여 수정된 새로운 행동을 연습해야 한다. 내담자는 대상 행동을 관찰하고 기록해야 하며 과제 작업에서 변화를 모니터링한다. 그러나 어떤 사람은 행동 프로그램을 따라가고 자신을 객관적으로 관찰하기 위해 조직화하는 데 어려움을 겪을 수 있다.

또한 보상 체계를 적절히 적용하는 데 어려움을 겪는 사람도 있다. 그들은 충동성 때문에 보상을 받을 자격이 없음에도 불구하고 보상을 받으려 하거나, 무언가를 박탈당했다고 느끼면 쉽게 좌절하게 된다. 치료자는 행동 프로그램을 유지할 때 문제가 발생할 수 있음을 인식하고, 부적응행동이 간헐적으로 강화되지 않도록 주의해야 한다. Weiss, Hechtman, Weiss(1999)는 프로그램을 설계할 때 이런 모든 문제를 고려하고 환자와 충분히 논의할 필요가 있다고 했다. 시간표와 주 일정표에 시간 조직화와 보상 체계를 도입하는 방법에 관해서는 조직화 및 시간 관리 모듈(제5장)을 참조한다.

영-브램험 프로그램 제공

초기 단계에서 치료자 역할은 치료 규칙과 경계를 명확히 설명하는 것이다. 이것은 치료가 힘겨루기가 아닌 협력 과정이어야 함을 의미한다. ADHD 환자는 현학적이거나 도전적이고 대립적으로 보이는 등 성격문제를 가진 사람이 많다. 이들의 미루기 경향은 특히 진전을 방해한다. 대다수 ADHD 내담자는 동기와 관심이 있고 창의적이지만, 그렇지 않은 사람은 치료하기가 더 까다롭다는 점을 알아야 한다.

주의력 문제로 인해 환자는 생각의 흐름을 따라가거나 인지 기법을 사용하여 주제를 개발하는 데 어려움을 겪을 수 있다. 그들은 시간 제한을 지키지 못하거나 50분 회기를 견디기 힘들어할 수 있다. 이런 문제를 고려해서 치료 과정에 적응하기 위해 짧은 회기, 규칙적인 휴식, 체계적인 주제 변화, 다양한 치료 방법(예 : 회기 중에 시각 보조 도구 사용, 쓰기 연습, 역할극으로 바꾸면서 진행)을 도입한다.

인지행동치료는 8~12회기로 제한되는 것이 보통이지만, 더 길 수도 있다. ADHD 환자는 많은 문제를 다루기 위해 더 긴 치료가 필요할 수 있다. 매번 약속 시간을 다르게 정하면 불참 가능성이 높아지므로 정해진 요일과 시간에 회기를 갖는 것이 좋다. 그럼에도 불구하고, 치료자는 내담자가 지각할 것을 예상해야 하며, 지각을 용인해서 회기를 연장하면 안 된다. 대신 지각을 예방하는 기법과 지각문제에 관한 과제를 내주는 방법을 찾는다. 회기 전날 내담자에게 전화를 걸어 참석률을 높이고 시간을 지키게 하거나, 약속을 알려줄 사람이나 방법(예 : 전화 알람)을 찾게 한다. 치료가 진행되면서 치료자 개입은 단계적으로 중단되어야 한다.

제1장에서 논의한 바와 같이, 영-브램험 프로그램은 모듈로 구성되어 있으므로 특정

주제를 선택하여 진행할 수도 있고 전체 모듈을 끝까지 진행할 수도 있다(글상자 1.1의 제3~14장 참조).

만약 적절한 모듈을 선택해야 한다면, 내담자가 자율성을 갖도록 치료자와 함께 정하게 한다. 내담자는 주의 및 작업기억에 결함이 있기 때문에 회기 중에 정보를 강화하고 새로운 내용을 연습하기 위한 추가 시간을 두는 것이 좋다. 각 모듈당 3~4회기가 권장되지만, 필요에 따라 회기를 줄이거나 늘릴 수 있다. 그러나 내담자는 즉시 충족에 대한 욕구가 있으므로 언제나 모듈당 6회기를 넘지 않는 것이 좋다. 만약 주어진 자료를 충분히 다루지 못했거나 반복해야 할 필요가 있다면, 내담자의 지루함과 탈락을 피하기 위해 다음 단계나 이어지는 다른 모듈에서 다시 다루는 것이 좋다. 영-브램험 프로그램은 모듈 형식으로 설계되었기 때문에 각 모듈에서 습득한 기술이 누적된다. 만약 내담자가 프로그램 초기 모듈을 어려워하면, 새로운 기술을 습득하는 다음 단계에서 이를 복습할 수 있는데, 이것이 이해를 더 쉽게 할 수도 있다.

집단치료

영-브램험 프로그램은 개별 회기나 집단 형식으로 적용될 수 있다. 집단 작업은 표준화, 상호 이해, 동료 지지를 제공한다. ADHD 청소년 및 성인은 사회적으로 고립되어 있고 타인으로부터 이해받지 못한다고 느낄 수 있으므로 이것은 중요한 요소이다. 집단 토의에서는 비슷한 문제를 가진 여러 사람을 만나 어려움에 대처하기 위한 전략을 공유할 수 있다. 환자는 ADHD를 가진 다른 사람들과 생각을 나눔으로써 자신의 경험을 입증할 수 있다(Bramham et al., 2009). 더불어 집단 작업은 지지적이고 비판하지 않는 환경이므로 주요 기술을 편하게 습득하고 연습할 수 있다.

영-브램험 프로그램의 각 모듈은 6주에 걸쳐 집단 형식으로 진행할 때 추천되는 개요를 제공한다. 모듈형 설계가 가진 장점은 치료자가 집단에 참여한 내담자의 요구에 적합한 모듈을 선택할 수 있다는 점이다. 이로 인해 여러 면에서 이 프로그램을 집단 참가자에게 맞게끔 '개인화'할 수 있다. 또한 치료자는 집단치료 기간을 유연하게 결정할 수 있는데, 모듈을 한두 개로 구성할 수도 있고 더 많이 포함시킬 수도 있다. 또한 치료자는 모듈 구성을 늘리거나 줄임으로써 다루는 주제의 강도를 조절할 수 있다. 집단이 4주가 될지 30주가 될지는 치료자가 판단한다. 그러나 기간에 관계없이 각 집단은 반드시 미래 준비 모듈(제14장) 회기로 끝나야 한다.

각 모듈은 전반적 토론의 토대를 형성하는 시작 활동으로 시작되며, 평가 요소가 이어진다. 이것은 집단 참가자가 차후에 개별 연습이나 과제로 작업하게 될 어려움이나 문제에 대해 미리 생각해보게 하기 위함이다. 집단 연습에서 인지행동치료 전략과 기법을 적용할 때도 시작 활동 토론에서 나온 개인별 사례를 적용한다. 프로그램을 집단으로 진행하면 역할극 기회가 더 많아지므로 최대한 유용한 전략을 시연하고 피드백을 얻어야 한다. 집단 참가자는 '행동 실험'을 통해 이들 전략을 검증해야 하므로 과제 할당이 중요하다. 이것은 가장 유용한 전략을 찾는 최선의 방법이다.

집단을 구성할 때는 참가자의 연령대가 비슷하거나(예 : 후기 청소년, 청년, 노인) 학부모, 학생, 아동에서 성인으로 서비스 전환 중인 사람, 실직자 등과 같은 공통점이 있어야 한다. 대다수 소아기 중재는 부모 훈련 프로그램을 통해 '간접' 제공되므로 '직접' 치료 중재를 경험하지 못했을 청소년에게는 공통점이 있는 집단을 구성하는 것이 특히 중요하다. 이런 경우에는 경험을 공유하여 집단 결속력을 촉진하기 위해 공통점을 첫 회기 주제로 다루면 좋다.

우리는 '집단 기반' 일일 워크숍 형태로 영-브램험 프로그램 핵심 내용을 성공적으로 진행했다. 전통적인 집단치료에서는 정해진 기간 동안 매주 1~2시간씩 환자를 만나지만, 워크숍 형식도 ADHD 환자에게 효과가 있었다. 예컨대 아침에 한 주제를 다루고 오후에 다른 주제를 다루는 것 같은 워크숍의 '신속성'에 그들이 긍정적으로 반응했기 때문이다. 이것은 또한 매주 참석할 수 없는 사람도 치료받을 수 있는 장점이 있다. 집중 워크숍 형태로 영-브램험 프로그램을 진행할 때는 주의를 전환하고 흥미와 동기를 유지하기 위해 집단 역할극, 두 사람 또는 소그룹 작업, 집단 토의 같은 기법과 보조 교재를 도입해야 한다. 프로그램 워크숍 중에는 자주 휴식 시간을 갖는다(예 : 90분마다 10분씩). 그리고 배운 기술을 보강하기 위해 워크숍 시간 동안 또는 과제로 할 수 있는 연습을 유인물로 배부한다.

영-브램험 프로그램을 집단 또는 워크숍 형태로 진행하더라도 치료자는 반드시 미리 계획하여 각 회기를 잘 준비해야 한다. 유인물과 요약 자료도 준비해야 하는데, 우리는 과거 이런 준비물을 소책자 형태로 만들기도 했다. 토론과 질문을 위한 시간을 충분히 남겨두어야 한다. 특히 시작 활동을 계획할 때는 더욱 그래야 하는데, 우리 경험상 집단 참가자들은 다른 ADHD 환자와 만나서 경험을 공유하기를 매우 즐기기 때문이다.

의제

의제는 회기 구조를 제공하는 한 방법으로서 내담자와 협력하여 채택해야 한다. 치료자는 의제를 최대한 고수해야 하며, 내담자에 의해 발생하는 여러 '위기'에 주의가 분산되지 않아야 한다. 이것은 치료자가 힘든 상황을 어떻게 합리적이고 파국적이지 않은 방식으로 대처하는지 보여주는 모델이 될 것이다. 예를 들어 1주일 동안 발생한 어떤 문제를 다음 회기 의제로 미룰 수 있는데, 그때는 그것이 더 이상 힘든 문제로 인식되지 않을 수 있다.

목표 설정

치료자는 내담자에게 모든 문제를 한꺼번에 다룰 수 없다는 치료 개념을 분명하게 말하고 모듈 접근 개념을 소개해야 한다. 내담자는 체계적이지 못한 회기 한 번에 여러 가지 문제를 다루기를 원할 수 있지만, 이것은 효과적이지 않고 치료자와 내담자 모두 만족스럽지 않게 느낄 것이다. 치료자는 치료 개시 시점에 명확하고 구체적인 목표를 내담자와 함께 설정하고, 그 목표를 여러 단계로 면밀하게 나눠야 한다. 내담자는 '사람들이 나를 좋아하길 바라' 또는 '성공하고 싶어'와 같은 한 가지 포괄적인 목표밖에 보지 못할 수 있으므로 목표 단계를 나누는 작업에는 도움이 필요할 수 있다. 집중을 유지하고 예컨대 위기가 이어질 때 산만해지려는 유혹을 방지하기 위해 목표를 정기적으로 검토해야 한다. 영-브램험 프로그램이 갖고 있는 모듈 구조는 이런 측면에서 효과적이다.

보상

보상은 ADHD 환자에게 중요하다. 그들은 만족을 지연시키기 힘들며 장기적으로 더 큰 강화를 기다리기보다는 단기적인 작은 보상을 취하는 경향이 있다. ADHD가 가진 이런 특징을 감안해서 정기적으로 성취에 대해 보상을 해야 한다. 그렇지 않으면 그들은 치료에 흥미를 잃고 산만해질 수 있다.

과제

과제는 각 회기가 끝날 때 정한다. 내담자는 회기에서 배운 기법을 응용된 환경에서 스스로 연습하는 법을 배워야 한다. 과제에 대한 저항을 반드시 다루어야 하며, 장애물을 극복하기 위한 대안 전략을 수립한다.

치료 종료

ADHD가 만성 질환이라는 사실을 감안할 때 치료 종결 시점을 정하기는 쉽지 않다. 그러므로 치료를 시작할 때 분명한 목표를 정하고 진행 상황을 정기적으로 검토하는 것이 중요하다. 어떤 내담자는 기술을 습득하는 데 시간이 오래 걸려 다른 내담자보다 더 많은 회기가 필요할 수 있는데, 이는 치료자에게 의존하는 결과를 낳을 수 있다. 환자가 고립되거나 버려졌다고 느끼거나 프로그램에서 배운 구조와 기법을 적용할 자신감을 잃는 상황을 피하기 위해 초기부터 치료 종결 개념을 설명해야 한다. 치료에 대한 의존 상태에서 홀로서기를 할 때는 내담자와 함께 신중한 계획을 세워야 하는데, 예를 들면 회기 빈도 감축, 대면 또는 전화를 통한 간략한 추적관찰 등이다.

재발 방지

ADHD 청소년 및 성인은 미래에 문제가 생기면 최악의 결과를 상상할 가능성이 있다. 동기강화상담 기법은 문제를 작은 실수나 과실로 재구성할 때 유용하다. 사전 계획된 보충 회기는 치료 종결 중인 내담자를 지지하는 좋은 방법이며 재발을 방지한다. 치료에는 '위기' 상황 또는 내담자가 상처 받기 쉬운 시기에 대한 계획이 있어야 한다. 이런 시기나 상황을 파악함으로써 내담자는 적절한 대처기전을 생각해볼 수 있고 충동적인 반응을 피할 수 있다. 미래를 계획하고 제시된 행동 결과에 대해 충분히 생각함으로써 내담자는 어려운 상황을 피하거나 더 잘 대처하는 법을 배울 것이다. 재발 방지 계획에는 사회적 지지 또는 조언 구하기, 인지 기법 적용, 문제 상황 또는 사람 피하기 등 다양한 측면이 포함되어야 한다.

요약

ADHD는 핵심 증상, 공존질환, 기술 결함이 동반되는 질환이다. ADHD 청년에 대한 치료는 일반적으로 약물치료 후에 이어지는데, 이것은 ADHD 핵심 증상을 완화해 심리중재가 성공하는 데 유리한 조건을 만든다. 모듈을 통해 누적되는 기술을 습득하는 영-브램험 프로그램은 내담자 요구에 맞춘 치료를 제공한다.

영-브램험 프로그램은 ADHD를 이해하기 위한 통합 체계를 제공하며, 심리교육정보, 동기강화상담 기법, 인지행동치료를 통해 진단에 적응하고 증상 및 연관 문제에 대처하게 한다. 이어지는 여러 장에서는 영-브램험 프로그램을 구성하는 모듈을 소개하고 치료 기법을 자세히 설명한다.

PART

02

핵심 증상 모듈

3
주의력 모듈

이 모듈은 ADHD 핵심 증상에 대한 치료를 구성하는 네 가지 모듈 중 첫 번째로, ADHD의 전형적인 특징인 주의력 문제를 다룬다. 인간의 뇌에는 일상 행동에서 각기 다른 기능을 하는 몇 가지 주의 체계가 있는데 작업기억의 중앙 실행 요소 장애는 비효율적인 주의 자원 할당을 초래할 수 있다(Baddeley, 1986; Baddeley & Wilson, 1988).

'주의(attention)'란 우리가 환경의 어떤 특징에 주목하여 특정한 순간에 이를 인식하는 과정이다. 주의통제 과정(attentional control process)은 주어진 어떤 순간에 우선적으로 어느 곳에 노력을 기울이고 어떤 자극에 집중할지 결정한다. 이 주의통제 과정은 한 자극에만 주의를 기울이거나, 여러 자극에 주의를 분산시키거나, 다른 자극으로 주의를 옮기는 '고위' 인지 기능의 집합체다. ADHD에서 모든 주의력장애 양상의 바탕은 인지 결함(cognitive deficit)인데, 어떤 면에서는 주의통제 곤란이 그 핵심으로 간주된다. 만약 어떤 사람이 자신이 무엇을 듣고, 보고, 집중할지 통제할 수 없다면 주의통제를 상실한 것이며, ADHD 환자가 보이는 여러 문제를 나타낼 가능성이 높다. Norman과 Shallice(1986), Shallice와 Burgess(1996)는 주의통제는 Baddeley(1986)의 '중앙 관리자(central executive)' 개념과 유사한 '주의 감독 체계(supervisory attentional system)' 조직을 통해 수행된다는 가설을 세웠다(이 모듈의 뒷부분에서 논의됨). 이 모델은 주의 감독 체계 또는 중앙 관리자가 —특히 새로운 상황에서— 환경의 어떤 자극에 우선적으로 주의를 집중할지 결정하는 '고위' 인지 기능이라고 설명한다. 어떤 활동은 다른 활동에 비해 주의 감독 체계를 더 많이 요구하는데, 예를 들면 미래 계획, 피드백에 대한 응답, 자기감찰 등이다. 반대로, 주의 감독 체계 또는 중앙 관리자 내의 문제는 다양한 주의력 결핍을 일으킬 수 있으며 궁극적으로는 기억 기능에 영향을 미칠 수 있다(제4장 기억력 모듈 참조).

이 모듈에서는 ADHD에 의해 주로 침범당하는 주의력 영역, 동기와 집중력의 연관성, 불안과 스트레스 및 안절부절못함이 주의력에 미치는 영향, 문제가 될 만한 과제를 미리 인지하는 방법, 내담자가 더 적절하고 적응적으로 대처하는 전략을 논의한다. 여기에는 내담자가 산만함을 최소화하도록 환경을 조정하여 집중능력을 극대화할 수 있는 방법, 즉 내담자가 성공할 수 있는 가장 적절한 환경을 선택하는 외부 전략이 포함된다. 집중력과 동기를 지속시키는 내부 전략도 제안되며 이런 전략은 회기 때 치료자와 함께 연습해볼 수 있다.

청소년과 성인의 기능 결함

ADHD 환자는 다중작업이 절실하게 필요한 바쁜 사회에 적응하는 데 불리한 주의력 장애가 있다. 어떤 과업을 실수하지 않고 잘 완수하기 위해서는 그들이 가진 모든 자원을 동원하여 그 일에 집중해야 한다. 그러나 ADHD 환자는 다음 세 가지 이유 때문에 이것이 힘들다—(1) 주의통제를 유지하기 힘들다, (2) 쉽게 산만해진다, (3) 목표에 도달하지 못하기 때문에 포기한다(정적 강화 결여).

주의력 문제가 기능적으로 가장 흔하게 나타나는 양상은 학습과 직업 수행 및 성취 부진이다. 청소년이 학교, 대학 또는 기타 교육기관에서 학업을 체계적으로 정리하지 못해 수업에 뒤처지거나 시험 중 시간 관리에 어려움을 겪는 일은 매우 흔하다. 교사나 강사들은 과제를 엉망으로 뒤늦게 제출하는 학생들에 대해 불평하곤 한다. 많은 청소년이 이런 문제를 졸업할 때까지 겪으며 심지어 직장을 다닐 때까지도 경험하는데, 예를 들면 마감시간 넘기기, 정리되지 않은 과제 불완전하게 제출하기 등이다. 어떤 사람은 시간계획을 스스로 관리할 수 있는 자영업자가 되거나 자기 문제를 최소화할 수 있는 직업을 선택함으로써 직업문제를 해결한다. 예를 들면 진우 씨는 장거리 트럭 기사로 일하는데 그 이유는 일반 직장인들처럼 매일 정시에 같은 장소로 출근하지 않아도 되기 때문이다. 그는 이리저리 이동하면서 수시로 변하는 경치를 즐겼다. 아무도 감시하거나 출퇴근 시간을 체크하지 않으며 원할 때 언제든지 쉴 수 있었다. 그러나 운이 없는 사람은 많은 직업을 전전하고 수시로 진로와 경력을 바꾸거나 실직을 경험하기도 한다.

주의력장애는 일상생활에서 많은 문제를 야기할 수 있는데, 환자들은 경청하는 데 어려움을 겪거나 과업을 끝내지 못하거나 쉽게 산만해질 수 있다. 이로 인해 ADHD 환자는 과업을 만족스러운 수준으로 완료하기 힘들다. ADHD로 인한 주의력 장애는 다양한 사람에게 다양한 방식으로 영향을 미친다. 주의력 장애의 보고된 예는 다음과 같다.

1. 말하려던 것을 잊어버린다. 대화하던 도중에 무슨 말을 하려고 했는지 잊어버린다면 특히 더 괴롭다.
2. 사람이 많거나 소음이 심한 곳에서는 대화를 계속하거나 어떤 일을 끝내기 어렵다.
3. 한 가지 주제에 관해 깊이 있는 대화를 유지하기 힘들다. 머릿속에 다른 생각이 떠올라 억제할 수가 없다. 대화 중에 다른 사람에게 말을 하거나 주제를 바꾸며 변덕스럽게 왔다 갔다 하기 때문에 친구나 가족 또는 동료들이 화를 낸다.
4. 텔레비전을 보거나 책을 읽거나 공부를 할 때 딴 데 정신을 팔거나 졸거나 공상을 한다.
5. 많은 일을 시작하지만 결코 끝내지 못한다. 무언가 다른 일을 하느라 산만해진다.
6. 동승자와 대화를 하면서 운전을 하는 등 한 가지 이상의 일을 동시에 하기 어렵다.

일상에서 우리가 매일 규칙적으로 해야 하는 허드렛일은 대부분 지겹고 반복적이다. 일상생활이 굉장히 흥분되고 자극적일 수는 없다. ADHD 환자는 이런 재미없는 일에 짜증스럽게 반응한다. 이것은 그들뿐 아니라 가족이나 직장 동료들까지 좌절하게 한다. 끝내지 못한 많은 업무와 연결된 이런 감정으로 인해 환자들은 실패감과 낮은 자존감에 빠질 수 있다. 이와 대조적으로, ADHD 환자는 매우 흥미롭거나 동기부여가 되는 활동이나 즉시 충족(예 : 많은 유명 컴퓨터 게임에 도입된 신속한 피드백과 재강화)이 수반되는 활동을 할 때는 대체로 집중을 잘할 수 있다. 이들이 보이는 이러한 모순된 반응을 주변 사람들은 이해하기 힘들다. 우리는 그들의 배우자나 파트너로부터 그들이 집안일을 반만 끝내 놓았다는 불평을 수없이 들었다. 우리 내담자 중 한 명은 거실에 페인트를 반만 칠해 놓고, 세탁기 배관을 연결하다 말았으며, 옷장을 침실 가운데 놓고, 욕실을 고치기 위해 6개월 전에 주문한 타일 더미를 욕실 바닥에 쌓아두고 있다. ADHD 환자는 어느 한 부분에는 뛰어나지만(예 : 인터넷 서핑) 더 중요한 다른 것(예 : 이력서 쓰기)은 잘하지 못하기 때문에 혼란스럽게 보일 수 있다.

주의력 문제 평가

ADHD를 가려낼 수 있는 많은 증상 체크리스트가 있다. 이런 목록은 모두 주의통제와 연관된 항목을 포함한다[예 : ASRS-v1.1, SNAP-IV, Barkley Childhood and Current Symptoms Scales, Brown Attention Deficit Disorder Scale(1996), Conners' Rating Scales (Conners, 2002; Conners, Erhardt, & Sparrow, 1998)]. 이 체크리스트는 내담자가 주의력을 개선하기 위해 특정 치료를 받을 필요성이 있는지 평가하는 데 사용된다. 또한 기준점수를 제공하는 용도 외에 치료에 따른 증상 변화를 일정한 간격으로 기록하여 성과를 측정하는 데도 사용될 수 있다. 대부분의 체크리스트는 스스로 평가하거나 정보 제공자가 평가할 수 있다. 미국 **정신질환의 진단 및 통계 편람**, 제4판(DSM-IV; American Psychiatric Association, 2000)과 **국제질병분류**, 제10판(ICD-10; World Health Organization, 1992) 같은 공식 분류에 수록된 증상도 수치 척도(예 : 0=전혀, 1=가끔, 2=자주)를 적용하여 이런 식으로 사용할 수 있다. 표 3.1은 부주의 증상이 두드러지는 어떤 환자가 작성한 DSM-IV-TR 증상 체크리스트다. 보조 웹사이트에 표 3.1의 내담자 버전(표 3.1a)과 임상가 버전(표 3.1b)이 수록되어 있다.

이 체크리스트는 어떤 문제를 경험하는 빈도에 관한 정보를 제공하지만, 환자가 경험하는 장애 수준과 자존감, 자기효능감, 삶의 질에 미치는 영향에 관한 질적 피드백은 불가능하다. 그러므로 우리는 체크리스트를 작성하고 나서 각 항목이 일상 활동에서 드러나거나 경험되는 구체적인 사례를 물어보는 포괄적 평가를 실시하기를 권장한다. 이런 방식으로 치료자는 명시적인 문제를 확인하여 치료 목표 목록을 만들 수 있다. 치료 목표는 치료 효과를 평가하는 측정될 수 있는 결과다. 문제의 예는 숙제를 완료할 수 없음, 논문을 쓰다 말고 며칠 동안 딴 일을 하는 경향, 컴퓨터를 사용할 때 소셜 네트워킹 사이트를 계속 확인하느라 업무를 중단함, 동료들과 대화하느라 너무 많은 시간을 보냄 등이다. 이런 목표 활동이 개선되는 정도는 몇 가지 방법으로 평가할 수 있는데, 일정한 기간 동안 목표 활동이 발생하는 빈도, 과업에 집중하거나 집중하지 않은 시간(시간/분) 측정, 끝내지 못한 업무와 마감 기한으로 인한 고통(좌절, 불안, 공황) 정도(예 : 0=전혀, 10=심함), 과업을 완수했을 때 얻는 성취감 평가(예 : 0=전혀, 10=높음) 등이다.

표 3.1 DSM-IV 증상 체크리스트

당신이 생각하기에 지난 6개월 동안 당신은	전혀 0	가끔 1	자주 2
학업이나 업무 또는 기타 활동을 할 때 세부적인 사항에 세심한 주의를 기울이지 않았거나 부주의한 실수를 합니까?			V
과제나 여가 활동을 할 때 주의집중을 유지하기 힘듭니까?			V
누군가 당신에게 직접 말을 해도 잘 알아듣지 못합니까?		V	
지시를 이행하지 못하며 공부나 집안일 또는 업무를 끝마치지 못합니까? (적대적 행동 또는 지시를 이해하지 못했기 때문이 아님)			V
과제나 활동을 체계적으로 정리하기 힘듭니까?			V
정신적 노력을 지속적으로 기울여야 하는 일을 피하거나 싫어하거나 꺼립니까? (예 : 학업, 과제, 여가 활동 등)		V	
과제나 활동을 하는 데 필요한 물건을 잃어버립니까?(예 : 펜, 책, 도구, 학습지 등)		V	
외부 사건이나 자극에 쉽게 산만해집니까?			V
일상 활동을 자주 잊어버립니까?			V
손발을 가만히 두지 못하거나 자리에서 꼼지락거립니까?			V
가만히 앉아 있어야 하는 상황(예 : 강의실, 교회, 극장 등)에서 자리를 뜨고 돌아다닙니까?			V
차분히 앉아 있기 힘든 느낌을 경험합니까?(특히 그렇게 하는 것이 부적절한 상황에서)		V	
여가 활동에 조용히 참가하기 힘듭니까?			V
'쉴 새 없이' 활동하거나 마치 모터가 달린 것처럼 행동한다고 느낍니까?	V		
지나치게 말을 많이 합니까?			V
질문이 채 끝나기도 전에 불쑥 대답을 합니까?	V		
차례를 기다리기 어렵습니까?		V	
다른 사람을 방해하거나 참견합니까?(예 : 대화에 끼어들기)		V	

인지행동치료

심리교육

주의력 영역

주의에는 몇 가지 영역이 있는데, 가장 흔하게 언급되는 것은 선택주의력(selective attention), 분할주의력(divided attention), 주의력 전환(attention shifting), 지속주의력(sustained attention)이다. 이런 영역은 모두 동기 변화에 영향을 받을 수 있고 불안과 스트레스 또는 안절부절못함 등 정서 상태에 의해서도 영향을 받을 수 있다.

내담자는 선택주의력, 분할주의력, 주의력 전환, 지속주의력 같은 몇 가지 주의력 영역 또는 유형이 있으며 그들의 장애는 주의력 영역에 따라 달라질 수 있음을 이해해야 한다. 둘째, 내담자가 불안, 스트레스, 동기, 주의의 상호 관계를 이해하면 자신의 동기를 유지하는 전략을 개발하는 데 도움이 될 수 있다. 이는 주의를 유지하는 능력을 도와줄 것이다. 만약 내담자가 자신의 동기 요인과 동기 변동성을 이해할 수 있다면 내부 및 외부 인지행동 전략을 모두 적용하여 당면하는 많은 주의력 문제를 다룰 수 있을 것이다.

표 3.2에 주의 기능 영역별 주의력장애 사례를 제시했으며 보조 웹사이트에 이 표의 유인물 양식을 실었다. 우리 경험상 ADHD 환자는 주의 과정을 잘 알고 싶어 하는데, 이 설명이 그들의 문제를 극복하기 위한 전략을 찾고 적용 또는 응용하는 데 도움이 될 것

표 3.2 주의력장애 사례

주의력 영역	연관된 문제
선택주의력	세부사항을 보지 못함 성급함 불완전한 작업(문서/설문지 항목 누락) 문서를 읽거나 작성할 때 잦은 실수(오류/정정)
분할주의력	소음이 있으면 대화나 과업에 집중하기 곤란함 동시에 두 가지 일을 균등하게 적정 수준으로 하기 어려움
주의력 전환	한 가지 주제에 얽매여 다른 주제로 옮겨 갈 수 없음 항상 여러 가지 일을 손대지만, 원래 일을 다시 시작하기 어렵기 때문에 아무것도 끝내지 못함
지속주의력	대화, 영화, 책 등의 흐름을 놓침 자신의 생각(내부) 또는 주변에서 벌어지는 다른 일(외부) 때문에 산만해짐 안절부절못하는 내적 느낌

이다.

선택주의력에는 현재 하고 있는 과업에 집중하는 능력이 포함되는데, 예를 들면 대중교통을 타고 이동하는 도중에 책을 읽으면서 어수선한 주변에 전혀 신경을 쓰지 않는 것이다. 그러나 어떤 상황에서는 두 가지 이상 정보에 집중하는 능력, 즉 '분할주의력'이 필요하다. 예를 들어 운전을 하면서 옆 사람과 대화를 하는 상황은 일상생활에서 흔히 일어난다. 유사한 능력은 '주의력 전환'이다. 인지 기능에 대한 경쟁적 요구가 있는 상황, 하나의 정보에서 다른 정보로 주의를 옮겨야 할 때, 예컨대 요리를 하다가 레시피를 볼 때 '주의력 전환'이 필요하다. ADHD 청소년 및 성인은 오래 걸리는 반복적이거나 지루한 활동을 할 때면 산만해지지 않기 위해 애를 쓰곤 한다. 따라서 그들에게 가장 두드러지고 심각한 주의력 문제는 아마도 '주의 지속' 곤란일 것이다. 특히 청소년은 학습을 할 때 지루함을 느끼는 역치가 낮으며 쉽게 산만해진다.

물론 모든 일에는 개인차가 존재한다. 주의통제의 강점과 약점 측면도 다르지 않다. 예를 들어 어떤 사람은 주의 지속에 큰 어려움이 있는 반면 다른 사람은 주의 분할에 더 큰 곤란을 겪는다. 과업에 따라서도 직면하는 어려움이 다르다. 어떤 사람은 몇 가지 활동을 계속 번갈아 가면서 하는 것이 더 생산적이라고 생각한다. 1차 과제(primary task)만 하면 지겨워지기 쉬운데, 이것은 그런 가능성을 줄이는 '건설적' 산만함을 일으키기 때문이다. 그러나 어떤 사람에게는 이것이 오히려 수행을 방해한다. 기분과 동기 과정(motivational process)도 수행에 영향을 미칠 수 있다. 치료자의 목표는 구체적인 약점 영역을 파악하여 내담자가 성취를 촉진하는 보상 전략을 개발하도록 돕는 것이다. 내담자는 문제가 될 만한 과제를 미리 인지하여 적절하게 적응적으로 대응하는 법을 배워야 한다. 이 목표는 내담자가 성취하고자 하는 것이 무엇이며 어떤 지지를 받는지에 영향을 받는다. '유비무환'이다. 그러므로 문제가 될 만한 과제를 인지하고 대비하는 것이 주의력 문제를 개선하는 중요한 첫 단계이다. 구체적인 과제가 파악되고 나면 외부 전략과 내부 전략을 모두 동원하여 개선해야 한다. 외부 전략에는 환경 조정이 포함되며 내부 전략에는 자기감찰 등이 있다.

동기와 주의

동기에는 두 가지 형태, 즉 외부 동기와 내부 동기가 있다(Deci, Koestner, & Ryan, 1999). 두 가지 모두 ADHD의 영향을 받을 수 있으며, 주어진 기간 동안 변동이 심할 수 있다.

1. 외부 동기는 수행을 잘했거나 부정적 결과를 피했을 때 주어지는 보상을 말한다.
2. 내부 동기는 어떤 활동에 대한 관심에 의해 결정된다.

외부 동기와 관련하여, 내담자는 원하는 목표를 달성할 수 있다는 기대를 가져야 한다. 그렇지 않으면 보상이나 인센티브에 관계없이 의욕을 잃을 것이다. ADHD 환자는 몇 년간 성취부진을 경험했기 때문에 의욕을 잃은 경우가 많다. 의욕이 떨어지면 주의와 노력 또한 저하되며, 일종의 학습된 무기력 상태가 될 수 있다. 주어진 과제의 목표를 명확히 하고 과제에 주의를 기울이는 것에 대해 인센티브로 보상을 하면 내담자는 과제와 그것을 달성하는 자신의 능력에 대한 관점을 변화시킬 수 있다. 외부 보상 체계는 현실적이고 적절하며 달성 가능해야 한다. 목표 설정은 일종의 동기 전략으로서, 어렵지만 달성할 수 있는 목표를 세울 때 주의 수행이 증대된다고 밝혀졌다(Deci, Koestner, & Ryan, 1999). 만약 목표가 달성되지 않는다면, 실패로 인해 학습된 무기력이 강화되고 ADHD 내담자는 관심을 '꺼버릴' 것이다. 우리는 조직화 및 시간 관리 모듈(제5장)과 문제해결 모듈(제7장)에서 목표 설정과 성취를 도울 기법을 설명한다.

피드백은 내부 동기의 결정적 요소이다. 피드백은 내담자가 자신이 원하는 수행과 실제 수행 사이의 불일치를 판단하는 데 도움이 되기 때문이다. 만약 자기효능감이 있고 무언가를 할 수 있다고 믿는다면 스스로를 통제할 수 있다고 느낄 것이다. 통제감은 동기를 향상시키고 과제에 대한 주의를 최적화할 것이다. 그러나 어떤 과제가 통제를 벗어났다고 받아들여진다면 내담자는 관심을 잃고 주의집중을 멈출 수도 있다. 이로 인해 과제가 완료되지 못하고 실패감이 강화될 것이다. 반복적인 실패와 학습된 무기력으로 인해 부적 피드백 고리(negative feedback loop)가 만들어질 수 있다. 반대로, 자기효능감은 성공적이고 지속적인 수행에 의해 만들어진다.

불안, 스트레스와 주의

피로하거나 스트레스를 받거나 걱정을 하면 주의통제가 감소한다. 만약 자기감찰을 하면서 '나는 이 일을 할 수 없어, 실패할 거야'라고 생각한다면, 그 일을 얼마나 잘할 것인지에 관한 걱정과 당면한 과제에 대한 실제 수행 사이의 경쟁적 요구 때문에 주의능력이 더욱 손상되기 쉽다. 그러면 장애가 악화되어 스트레스와 불안 작용을 하게 된다. 그

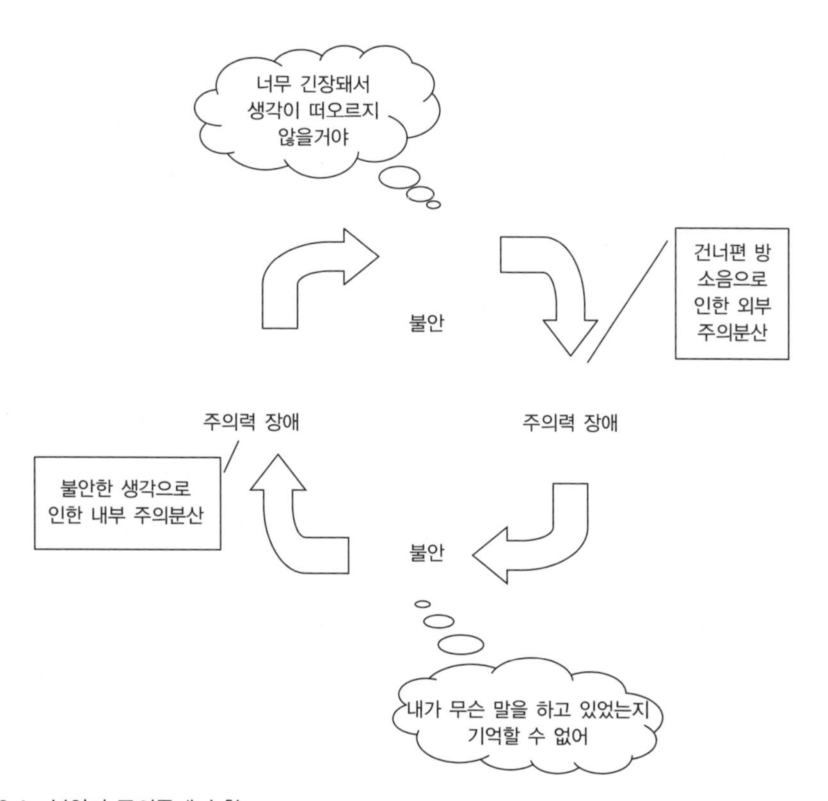

그림 3.1 불안과 주의통제 순환

림 3.1은 사회적 상황에서 불안해지는 사람의 예로서 스트레스와 불안 악순환 및 자기충족예언을 설명한다(보조 웹사이트에 유인물 양식을 실었다). 이 순환이 일어나면 내담자는 매우 산만해진다. 그들은 최상의 컨디션일 때도 동기부여와 과제 지속이 어렵다. 만약 자신의 수행에 대해 매우 불안해하거나 잘할 수 있다는 자신감을 잃는다면, 동기부여가 줄고 주어진 과제를 끝내지 못하는 경우가 많아져서(중요하거나 중요하지 않은 과제 모두) 훨씬 더 큰 스트레스와 고통을 느끼게 될 것이다. 불안이 동반된 ADHD의 특징과 치료 기법은 불안 모듈(제9장)에서 개략적으로 설명한다.

안절부절못함과 주의

ADHD 환자의 두드러진 문제는 당면한 과제에 주의가 흐트러지는 것이다. 이들이 집중하기 힘든 이유는 다음 두 가지이다.

1. 외부 주의분산 : 관련 없는 세부 정보(예 : 창문을 지나가는 사람 등)에 신경 씀
2. 내부 주의분산 : 안절부절못하는 느낌. 무언가 더 자극적인 것을 하려는 충동(예 : 조용히 일해야 할 때 수다를 떰)

과잉운동성은 소아기에 흔히 나타나는 증상이지만 후기 청소년기와 성인기가 되면 덜해진다. 진료실에서 돌아다니거나, 창문에서 뛰어내리거나, 나무에 기어오르거나, 병원 복도에서 스케이트보드를 타는 ADHD 성인을 만나기는 힘들다. 이런 행동이 초기 청소년에서 일부 나타날 수는 있지만, 그들은 대개 그런 충동을 통제할 수 있다. 일반적으로 청소년기에 이르면, 젊은 ADHD 환자는 과잉행동을 더 잘 제어할 수 있음에도 불구하고 안절부절못하는 '내적' 느낌을 보고한다. 물론 가만히 앉아 있기가 거의 불가능하고 마치 '모터'가 달린 것 같이 느끼는 사람도 있다. 그러나 대부분의 ADHD 청소년 및 성인은 안절부절못함이 왔다 갔다 하기, 손가락 두드리기, 발 까딱거리기, 자세 바꾸기, 물건 만지작거리기, 몸을 좌우로 흔들기, 흥얼거리기, 지나치게 말 많이 하기 등으로 나타난다. 이런 행동은 종종 범불안장애나 조울증으로 오인되거나 오진된다.

주의통제 전략

외부 전략

외부 주의분산은 모든 외부 자극 정보(청각 및 시각 모두)와 관련이 있는데, 이것은 필수 과제를 희생시키면서 처리된다. 부적절한 주의분산을 줄이면 관심의 대상에 집중하는 데 도움이 될 수 있다. 외부 전략을 적용하려면 환경에 적응해야 하는데, 이것은 성공을 최상으로 달성할 수 있는 가능성을 극대화하기 위해서다. 우리는 이것을 '외부로부터 변화'로 설명하고, 회기 중에 논의할 수 있는 표 3.3의 여러 기법을 내담자에게 알려준다. 내담자는 어떤 기법이 가장 적합하고 효과적인지 검증하기 위해 회기와 회기 사이에 '미니 실험'을 실시해야 한다.

많은 가능한 실험이 있으며, 내담자 자신이 시도해볼 아이디어가 있거나 이미 유용한 전략을 수립했을 수 있다. 어떤 전략의 유효성을 추적할 때는 내담자가 그 전략을 정확하고 적절하게 적용했는지 판단해야 한다. 만약 내담자가 지루한 일을 한다면 때때로 주의분산을 해도 좋다.

표 3.3 주의통제를 개선하는 외부 전략

주의분산 원인	제안되는 기법
청각	가사 없는 음악을 작게 듣는 것은 다른 간헐적인 소음을 가리는 데 유용하다. 일반적으로 가사가 있는 음악은 생각을 방해할 수 있고 주의분산을 더 유발할 수 있기 때문에 피해야 한다.
	주변 사람들에게 소음을 줄여 달라고 요청하기가 불편할 수 있지만, 회기 중에 이 전략을 연습해볼 수 있다. 내담자는 공격적이지 않게 요청하는 방법을 찾아본다. 흔히 사람들은 주변 환경이 조용해지면 안도감을 느끼므로 이런 노력은 지지와 환영을 받을 수 있다.
	귀마개를 사용하는 단순한 전략은 환자가 일일이 걸러내지 않더라도 아주 큰 소리를 제외한 일반적인 소음을 차단하는 데 효과적일 수 있다.
	전화는 집중과 생산성을 방해할 수 있다. 꼭 필요한 전화가 있을 수도 있지만, 그런 전화는 드물다. 전화기를 무음 모드로 전환하고 메시지는 편한 시간이나 일정한 간격으로 또는 일을 끝냈을 때 확인한다.
	만약 이동해서 할 수 있는 일이라면, 예를 들어 텔레비전과 라디오 소리가 큰 시끄러운 환경에서 다른 곳으로 옮기는 것이 더 나을 수 있다. 만약 집에 조용한 방이 없다면, 조용한 장소를 빌리거나 도서관에서 작업할 수도 있다.
시각	게시판이나 그림 같은 산만한 시각 자료는 일하는 동안, 일하는 장소에서 눈에 띄지 않게 해야 한다.
	ADHD 환자는 창문을 마주볼 때 주의분산될 수 있다. 밖에서 아무 일이 일어나지 않더라도 바깥을 바라보며 공상에 잠기는 경향이 있기 때문이다. 한편 벽을 마주보면 안절부절못하는 느낌이 들 수 있다. 주의분산을 막으면서 안절부절못하는 느낌을 줄이는 가장 좋은 타협점은 방쪽으로 향하는 것이다.
	포스트 잇이나 형광펜 등으로 밝은 색깔을 사용하면 과제에 대한 주의를 끄는 데 도움이 될 수 있다.
	주의를 환기시키기 위해 '위험' 장소에 신호 카드(예 : 사진, 잡지 스크랩, 노트 등)를 두면 유용할 수 있다. 예를 들면 "정신차려! 집중해!" 같은 문구를 메모해서 컴퓨터 모니터 상단에 붙여 놓을 수 있다.

내부 전략

수행을 최적화하기 위한 내부 전략 적용 또는 '내부로부터 변화'를 위해서는 노력을 지속하고 내부 충동을 억제하는 법을 배워야 한다. 내담자의 관심과 동기를 증대해 주의지속 능력을 극대화하도록 격려하는 것이 중요하다. 이를 위해서 작은 성취 목표를 설정하고 '즉각' 보상 체계 또는 정기 휴식을 도입한다. ADHD 환자와 다른 내담자의 치료에 있어 주된 차이는 조직적인 보상 체계 도입 여부다. ADHD 환자는 만족 지연이 불가능하고 지연에 부정적이기 때문이다. ADHD 환자는 장기간에 걸친 큰 보상보다 작고 규칙적인 보상을 더 선호한다.

내담자에게 장기간에 걸쳐 과제를 완수하는 데 집중하도록 격려할 필요가 있으므로 전체 목표 또는 과제를 완수하기 위해서는 여러 '즉각적' 또는 규칙적인 작은 보상과 보다 큰 보상을 '함께' 도입하는 것이 좋다. 심하게 안절부절못하는 내담자는 육체적 노력이 요구되는 작업을 수행하면서 에너지를 발산하게 해야 한다. 만약 가능하다면, 일정 기간 동안 여기저기 마음대로 움직일 수 있고 안절부절못하거나 억눌린 에너지를 발산할 수 있는 일과를 보상 체계에 편입시킬 수 있다. 그와 동시에, 내담자에게 더 편안하고 안락한 상황을 찾아 활동계획에 포함시킨 하루 일과를 짜면 좋다(제5장 조직화 및 시간 관리 모듈 참조). 인지적으로 어려운 과업이나 정서적으로 힘든 과제를 완수한 후 이런 활동이 이어지도록 시간계획을 짜면 유용할 수 있다. 과업을 완수하는 데 주어지는 보상 외에도 어떤 과업을 완수하는 자체가 성취감을 주는 일종의 보상 역할을 한다. 성취는 강력한 강화인자이다. 조직화 및 시간 관리 모듈(제5장)은 조직화 기술을 보조하는 구체적인 기법을 제공한다.

표 3.4는 내담자가 주의통제를 향상시키는 데 도움이 될 수 있는 다양한 제안을 보여준다. 여기에는 보상 체계 도입, 다른 사람 또는 자신과 경쟁, 새로움(novelty) 극대화, 생리 각성, 인지 공략(cognitive challenge), 반복, 목표 설정, 휴식 할당 등이 포함된다. 물론 모든 전략이 모든 내담자에게 맞는 것은 아니다. 내담자에 따라 더 효과적인 전략이 있기 마련이므로 회기에서 어떤 기법이 유용할지 토론하고 과제를 통해 미니 실험과 결과 검토를 하면 된다. 흔히 내담자 스스로 아이디어와 전략을 내놓곤 하는데, 이것은 어떤 전략이 그들에게 가장 유용한지 판단하는 지표가 된다.

요약

주의력 문제는 ADHD 청소년 및 성인의 가장 흔한 인지 결함이다. 그러나 이 문제는 질환의 개인차, 동기 요인, 각성 상태로 인해 매우 다양하게 나타난다. 또한 환경 요인도 주의통제에 큰 영향을 미친다. 이 모듈에서는 ADHD에서 주의력이 손상되는 기전을 설명한다. 환자는 주의력이 떨어지기 시작할 때 과제와 상황을 인지하는 능력을 개발해야 한다. 주의력 손상이 인지되고 확실해지면 주의통제를 개선하는 전략을 개발할 수 있다.

표 3.4 주의통제를 개선하는 내부 전략

전략	설명
보상	인센티브와 보상 프로그램 개발이 우선이다. 이것은 ADHD 환자의 즉시 충족 욕구를 이용하여 작은 목표와 더 큰 목표를 세울 때 도입되어야 한다. 티 타임이나 주변 산책 같은 단순한 활동도 보상이 될 수 있다.
경쟁	경쟁 요소(예 : 이 일을 1시간 안에 끝낼 수 있는지 보자)를 도입하거나 기존에 가지고 있는 관심 요소를 포함시킴으로써(예 : 내담자가 컴퓨터 사용하기를 좋아한다면, 계산서를 인터넷으로 지불하게 한다) 어떤 활동에 ADHD 환자의 관심과 자극을 증대시킬 수 있다.
새로움	ADHD 환자는 새로운 상황에서 더 많은 동기부여가 될 수 있다. 흥미가 떨어진 오래된 일을 새로운 일로 바꿈으로써 '새로움 요인'을 이용하게 해야 한다.
주의 환기(snap)!	고무밴드를 내담자의 손목에 채운다. 주의력이 떨어질 때마다 이것을 튕겨서 주의를 환기시키고 각성 수준을 증가시킬 수 있다.
인지 공략	무슨 말을 했는지 잊어버렸을 때 대처할 수 있는 전략을 수립한다. 예를 들면 "죄송해요. 제가 무슨 말을 했는지 잊어버렸어요" 같은 말을 역할극으로 연습해볼 수 있다. 주의력을 잃는 것의 의미와 그것에 대한 다른 사람들의 판단에 대한 역기능적 사고를 회기 중에 인지 공략해볼 수 있다.
반복	내담자가 정보를 이해하기 힘든 경우(예 : 교육을 받을 때) 반복해서 설명해주기를 요청하게 해야 한다. 이 또한 어색한 감정과 부끄러움을 극복하기 위해 역할극으로 연습해볼 수 있다.
목표 설정	성취할 수 있는 목표를 설정한다. 포괄적이고 모호한 목표는 실현하기 힘들 수 있으므로 피한다. 내담자가 주어진 과제를 완수했을 때 드는 감정을 돌아보고 성취감을 느끼게 한다. 즐거움과 숙달감 원리(principles of pleasure and mastery)를 포함시킬 수 있다(제11장 기분저하 및 우울증 모듈 참조)
휴식	활동을 쉬어 가는 것이 중요하다. 내담자는 과제를 할 때 의무적으로 휴식 시간을 배정하는 훈련을 해야 한다. 특히 과제가 재미없고 지루할 때는 더욱 그렇다. 또한 내담자가 집중력이나 흥미를 잃을 수 있는 '위험 시기' 직전에도 휴식 시간을 배정해야 한다. 예를 들어 내담자가 30분 집중할 수 있다면 25분 경과 후에는 휴식을 취해야 한다.

치료에서 전문가는 주의력 문제를 극복하기 위해 '외부로부터 변화'(외부 전략)와 '내부로부터 변화'(내부 전략) 개념을 도입한 양방향 접근을 한다.

집단치료 : 주의력 모듈

집단치료를 준비하기 전에 이 장을 반드시 읽어야 한다. 아래에 집단 회기를 6회로 요약하였다. 그러나 회기의 횟수는 필요에 따라 늘리거나 줄일 수 있다.

계획

1회기 시작 활동
2회기 심리교육–주의 4영역, 동기, 불안, 스트레스 및 안절부절못함
3~5회기 연습–주의통제에 대한 외부 및 내부 전략(다양한 사례를 반복 활용하여 적절한 외부 전략과 내부 전략을 찾는다)
6회기 심리교육, 기법, 보상 검토
숙제 결과/경험 토론–무엇이 가장 효과적이었나?
장애물 및 극복 방안

시작 활동

- 어떤 주의력 문제를 가지고 있는가?
- 과제를 미루는 이유가 무엇이라고 생각하는가? (공상, 주의분산, 지루함)
- 이런 문제가 일상 활동에 어떤 영향을 미치는가? 참가자가 구체적인 사건과 상황을 생각해보게 한다. 주의력 문제 때문에 달성하지 못했던 목표를 찾아본다.
- 빈약한 주의력으로 인한 결과(예 : 실수, 불완전한 작업 또는 집안일, 마감일을 지키지 못함, 시간을 잘 지키지 못함, 사교 문제, 경청 곤란)를 생각해보게 한다.
- 이런 문제를 극복하는 전략을 찾았는가? 어떤 전략이 효과적인가? 어떤 전략이 효과가 없는가?
- 집단 토의(개인차, 강점, 약점 비교)

심리교육

주의 4영역을 설명한다.
표 3.2–주의력장애 사례
동기와 주의 관계를 설명한다.
내부 동기와 외부 동기 차이를 설명한다.
동기가 증가하거나 감소하는 상황을 생각해보게 한다.
불안, 스트레스, 주의 관계를 설명한다.
그림 3.1–불안과 주의통제 순환
불안, 스트레스와 주의 간의 부적 관계(negative relationship)를 설명한다.
이것이 어떻게 악순환과 자기충족예언이 되는지 토론한다.
참여자의 사례로 그림 3.1을 완성하고 주의력과 불안을 모두 개선할 수 있는 방안을 생각해보게 한다. (이 연습은 제9장 불안 모듈에서도 활용될 수 있다.)
안절부절못함과 주의 관계를 서술한다–외부 주의분산과 내부 주의분산 차이점을 설명한다.

연습

시작 활동에서 참가자가 기술한 적당한 사례를 선택하거나 새로운 사례를 소개한다. 주의력 문제를 극복하는

(계속)

데 도움이 될 만한 외부 전략과 내부 전략을 찾기 위해 소규모 집단에서 이런 사례를 사용하여 연습한다.

표 3.3 배부－주의통제를 개선하는 외부 전략
외부 전략을 동원해서 이 문제를 해소할 수 있는 방안을 찾고 논의한다.
참가자가 과거에 주의통제를 개선하기 위해 사용했던 외부 전략(성공적이었던 또는 성공적이지 못했던)에 관해 논의한다. 만약 성공적이지 못했다면 이유가 무엇인가?
과거에 도움이 되었던 다른 전략이 있다면, 외부 전략 목록에 추가한다.

표 3.4 배부－주의통제를 개선하는 내부 전략
내부 전략을 동원해서 이 문제를 해소할 수 있는 방안을 찾고 논의한다.
참가자가 과거에 주의통제를 개선하기 위해 사용했던 내부 전략(성공적이었던 또는 성공적이지 못했던)에 관해 논의한다. 만약 성공적이지 못했다면 이유가 무엇인가?
과거에 도움이 되었던 다른 전략이 있다면, 내부 전략 목록에 추가한다.
주어진 과제를 계속하게 하는 적절한 동기나 보상(즉각 보상과 장기 보상 모두)을 찾고 논의한다.
성취를 방해하는 장애물과 극복 방안을 토론한다.

숙제

시작 활동에서 파악한 문제, 예컨대 불완전한 과제, 방해 요인(사람, 소음, 창가 움직임)이 많은 업무 환경 등에 여러 기법을 적용해서 연습한다.

과제에 따라서, 중재 후에도 반복될 수 있는 문제를 측정하는 방법을 선택한다. 예를 들면 다음과 같다.

- 일정 기간(일, 주) 동안 문제 발생 빈도
- 과업에 집중하는 시간과 노는 시간 또는 둘 중 한 가지(시간 또는 분)
- 불완전한 작업으로 인한 고통(좌절, 불안, 공황) 수준(예 : 0~10점)

1. 이 방법을 사용하여 문제를 평가한다
2. 회기에서 논의했던 외부 및 내부 전략 1~2개를 선택하여 적용해본다.
3. 문제를 다시 평가한다. 만약 선택한 전략이 효과가 없다면, 다른 전략을 선택하여 다시 시작한다.
4. 과제 완료에 대한 당신의 성취감을 측정한다(예 : 0~10점).

회기와 회기 사이에 '미니 실험'을 실시한다. 한 기법을 적용해서 연습한 후 효과가 있었는지(또는 없었는지) 기록한다. 만약 그 전략이 효과가 없다면 가장 효과적인 전략을 찾을 때까지 다른 전략을 시도해본다. 가족이나 친구에게 도움을 요청하는 것도 좋다.

가장 효과적인 전략 또는 전략들을 파악해서 목표 행동을 계속 평가하면서 개선 정도를 기록하는 그래프를 그린다. 변화가 미미할 때도 있을 수 있다. 시간이 경과하면서 작은 변화가 모여 큰 변화를 이룬다.

4
기억력 모듈

기억문제는 많은 정신질환에 나타나며, 기질성 원인이 동반될 수도 있고 그렇지 않을 수도 있다. ADHD 환자의 기억문제는 흔히 주의력 문제와 관련된다. 실제로 ADHD 진단기준에서 부주의 증상 중 '일상 활동을 자주 잊어버림', '과제나 활동에 필요한 물건을 자주 잃어버림' 같은 증상은 더 분명하게 기억 문제와 관련이 있다. 기억 문제는 흔히 환자 자신과 주변 사람에게 가장 뚜렷하게 드러나는 문제이다. 빈약한 기억력은 빈약한 주의력보다도 더 명확하게 드러나는 문제일 것이다. 예를 들면 대화 도중에 산만해지더라도 명확하게 드러나지 않을 수 있지만, 친구와 한 약속을 잊어버리면 분명하게 드러난다.

ADHD 환자가 기억 문제를 갖게 되는 가장 흔한 이유는 정보가 처음 제시될 때 주의력 부족으로 정보를 처리하지 못하기 때문이다(Kaplan et al., 1998). 이는 기억의 단기 및 장기 저장 실패로 이어질 수 있다(Hervey, Epstein, & Curry, 2004). 기억장애를 일으키는 여러 기억 시스템을 아래에 검토하였다. 기억장애가 어떻게 발생하는지 이해하면 기억력을 중재하고 향상시킬 수 있다. 이 모듈은 주의력 모듈(제3장)에서 '외부로부터 변화'와 '내부로부터 변화'를 기술한 것과 유사한 원리로 기억력 촉진을 위한 외부 전략과 내부 전략을 제공한다.

ADHD가 기억 시스템에 주는 영향

그림 4.1은 세 가지 주요 기억 시스템, 즉 즉각기억(모든 감각을 매우 짧게 저장), 단기 또는 작업기억(정보 조작이 가능한 일시적 저장), 장기기억(장기간에 걸친 저장)을 보여

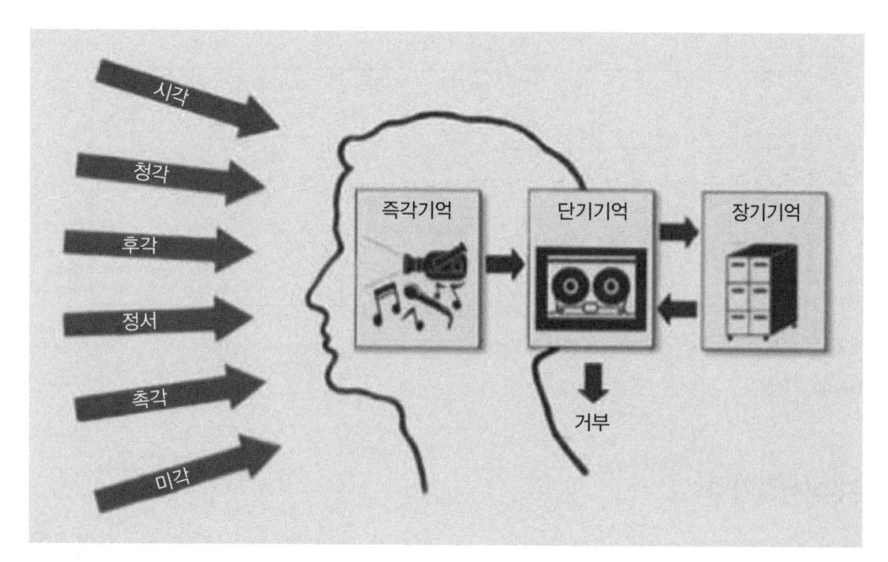

그림 4.1 기억 시스템

출처 : Head Injury © Trevor Powell, 2004, Speechmark Publishing Ltd, Bicester

준다.

ADHD 내담자는 '작업기억' 또는 단기기억 결함을 더 자주 보이지만, 단기기억과 장기기억 결함을 모두 보일 수도 있다(Young et al., 2006; MacLean et al., 2004). 보조 웹사이트에 기억 처리 과정을 형상화한 그림 4.1이 제공된다. 내담자가 자기 문제를 이해할 수 있도록 회기 중 이 그림을 사용하여 ADHD 환자가 겪는 흔한 기억 문제를 설명한다.

즉각기억

즉각기억은 시각, 청각, 후각, 정서, 촉각, 미각을 포함한 모든 감각을 잠시 저장하는 것으로, 종종 '감각'기억이라 불린다. 이것은 새로 유입되는 감각으로 빠르게 대체되기 때문에 정보의 메모장 또는 스냅샷과 유사하다. 일부 ADHD 환자는 너무 많은 출처로부터 지나치게 많은 자극을 받으면 즉각기억에 과부하가 걸려 극도로 산만해진다. 주의집중 과정이 즉각기억에 들어가는 정보의 질을 결정할 가능성이 높다. 즉각기억의 정보를 어떤 목적을 위해 사용해야 할 때는 정보를 '단기기억' 또는 '작업기억'으로 전환한다. 이 정보는 시연되거나 조작될 수 있다.

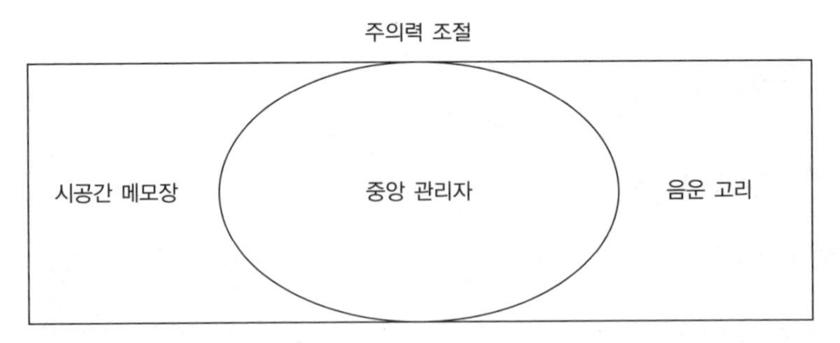

그림 4.2 작업기억 모델

출처 : Baddeley, 1986

단기기억/작업기억

즉각기억 시스템에서 수신된 정보는 매우 짧은 시간 동안 '단기기억' 또는 '작업기억' 시스템에 보유된다. 이것은 정보가 장기기억으로 넘어가거나 '거부'되어 폐기되기 전에 일시적으로 정보를 저장하는 것으로, 재기록이 가능한 카세트 녹음이나 비디오 녹화와 유사하다. ADHD 환자는 빈약한 주의력이나 산만함 때문에 작업기억에 방해를 받는 것으로 보인다. 그림 4.2는 작업기억을 구성하는 세 가지 구성요소를 보여준다(Baddeley, 1986).

중앙 관리자는 앞 장에서 논의한 바와 같이 어떤 감각정보에 주의를 기울일지 결정하거나 작업기억의 하위 체계와 기타 인지 기능에 주의통제 시스템을 제공한다. 중앙 관리자는 ADHD의 주의분산 민감성에 특히 더 영향을 받을 수 있다. 음운 고리(phonological loop)는 짧은 원형 카세트테이프처럼 초 단위 정보를 저장하는 청각기억 시스템이다. 테이프에 저장된 정보는 녹음 후 시연되든지, 덮어 쓴 새 정보에 의해 삭제된다. 시공간 메모장(visuospatial sketch-pad)은 시각적 유사체(analogue)로, 이미지를 저장할 수 있고 새로운 정보로 지울 수도 있는 '매직스크린(Etch A Sketch)' 장난감과 비슷하다. ADHD 환자에서는 정보가 작업기억에 적절하게 입력되지 않을 수 있으며, ADHD가 없는 사람이 저장하는 것과 동일한 분량의 자료를 저장하지 못할 수도 있다. 뿐만 아니라 '중앙 관리자'에 문제가 있어 적절한 자료를 작업기억으로 처리하는 데 어려움을 겪을 수도 있다.

장기기억

정보는 작업기억에서 장기기억으로 전환된다. 장기기억은 불과 몇 분 전부터 수년 후까지 모든 정보를 지칭하므로 다소 혼동스러울 수 있다. 장기기억 시스템은 부호화, 저장, 인출 세 단계로 이루어진다. **부호화**(encoding)는 정보를 등록하고 처리하며, 주의 과정에 크게 의존하므로 ADHD 환자는 영향을 받을 수 있다. 학습정보 **저장**은 뇌 기능을 방해하는 다양한 요인에 영향을 받으며, 망각에 의해 입증된다. 저장된 정보의 **인출**(retrieval)에는 명시적 회상(explicit recall)과 추후 수행에서 드러나는 암묵적 지식(implicit knowledge)이 있다.

인출은 정보에 접근하는 전략에 따라 달라질 수 있는데, 잃어버린 물건을 찾기 위해 경로를 되짚어보는 것과 같다. ADHD에서는 이 과정이 전략 없이 되는 대로 이루어질 수 있다. 인출은 정보가 부호화되는 방식에 의해 영향을 받을 수 있다. 예를 들어 ADHD 내담자는 부호화 단계에서 정보 조직화, 예컨대 자료 분류 등에 장애를 보이기 때문에 최적의 인출을 하지 못한다.

또한 장기기억에 대한 접근과 인출은 기분의 영향을 받을 수 있다. 기억이 현재 기분 상태와 일치할 때 더 잘 떠오를 수 있다는 사실은 널리 알려져 있다. 예를 들어 어떤 사람은 기분이 우울할 때 부정적 기억에 더 잘 접근할 수 있다(Teasdale & Fogarty, 1979). 기억장애의 이러한 측면은 기분저하나 우울증이 공존하는 환자 치료에 중요할 수 있는데, 그들이 성취했거나 성공했던 시기 같은 긍정적 상황을 떠올리기 매우 힘들기 때문이다.

미래 계획 기억

잘 평가되지 않는 또 다른 기억 형태인 미래 계획 기억(prospective memory)은 아마도 많은 신경 및 정신질환에서 기능적 기억문제를 일으키는 가장 큰 원인일 것이다. 미래 계획 기억은 약속 참석, 과제 제출, 청구서 지불 등 미래의 특정 시간에 해야 할 일을 기억하는 것이다. ADHD의 미래 계획 기억장애는 주의력 문제와 관련이 있지만, 주의력 문제가 미래 계획 기억의 결함을 전부 설명하지는 못한다(Kerns & Price, 2001). 전략 수립과 문제해결 기술 등 보다 전반적인 실행기능의 장애 또한 미래 계획 기억에 장해를 일으킬 수 있다. 따라서 조직화 및 시간 관리 모듈(제5장), 문제해결 모듈(제7장)을 활용하여 이런 측면의 기능을 향상시키는 것도 미래 계획 기억에 유익한 영향을 미칠 확률이 높다.

청소년과 성인의 기능 결함

ADHD 환자는 자신이 무엇을 말하고 있었는지, 어디에 가려고 했는지 또는 무엇을 가져오려고 했는지 자주 잊어버려서 곤란을 겪곤 하기 때문에 이들은 자신의 기억 문제를 매우 쉽게 인지한다. 기억 문제 유형은 앞에서 설명한 기억 시스템에 따라 분류할 수 있다. ADHD 환자가 보고하는 흔한 기억 문제 사례는 다음과 같다.

1. 물건을 제자리에 두지 않는다(장기기억). 예: 안경이나 열쇠를 어디에 두었는지 잊어버림.
2. 약속, 마감일, 미래에 해야 할 활동을 잊어버린다(미래 계획 기억). 예 : 임대료 지불을 잊어버림.
3. 작업 수행 방법을 설명하려면 천천히 여러 번 반복해야 한다(단기기억 및 장기기억). 예 : 지시를 잊어버림.
4. 정보를 기억해야 하는 정신적 처리 과제를 수행하기 어렵다(작업기억). 예 : 암산.

특히 학교 현장이나 직장에서 ADHD 환자의 기억 문제는 주변 사람들에게 명백하게 드러난다. ADHD 환자는 흔히 '덜렁댄다' 또는 신뢰할 수 없다는 평판을 얻는다. 이런 특성은 다른 사람들에게 받아들여지거나 고유한 성격으로 간주되는 반면, 회의에 늦게 도착하거나 마감 시간을 넘겨 과제를 제출하는 것 같은 기억 문제는 존중이나 예의가 부족하다는 평가를 받을 수 있다. 다른 사람에게 이런 영향을 미친다는 사실을 깨닫는 것이 때때로 변화의 동기가 되기도 한다. ADHD 환자 역시 다른 사람과 차이가 나거나 모자라 보이지 않기 위해 기억력을 향상시키고 싶을 것이다.

기억문제 평가

내담자는 일정 기간 동안 기억 문제를 기록해야 한다. 문제가 자주 유발되기 때문에 내담자가 쉽게 파악할 수 있는 어떤 영역의 약점이 있을 것이다. 기억 문제를 검토하고 그런 기억 실패가 어떤 영역에서 일어나는지 파악하면 내담자에게 기억문제를 교육하는 데 유용하다. 표 4.1은 문제 유형과 문제 발생 이유를 분석하는 기억문제 일지의 예시다. 표 4.1의 빈 양식은 보조 웹사이트에 실었다.

표 4.1 기억문제 일지

날짜와 시간	일어난 일	기억문제 유형	원인
월요일 오전 11시	새 동료의 이름을 잊어버림	장기기억 저장	처음 이름을 들었을 때 집중하지 않았다.
화요일 오후 3시	새 장비의 작동법을 들었으나, 처음에 어떻게 시동을 건다고 했는지 잊어버림	작업기억	멍하니 점심 메뉴를 생각하고 있다가, 누군가 방을 나가는 바람에 정신이 들었다.
목요일 오후 3시	딸 운동회에 가는 것을 잊어버림	미래 계획 기억	딸이 안내문을 가지고 왔을 때 메모하지 않았고, 안내문도 잃어버렸다.
금요일 오후 5시	약을 다시 처방받는 것을 잊어버려 주말에 복용할 약이 없음	미래 계획 기억	약이 떨어진 것을 챙기지 못했다.

심리교육

'기억'은 포괄적이고 혼란스러운 개념이므로, (이 모듈의 서론 부분에 있는 내용을 사용하여) 기억이 작동하는 기본 원리에 대한 심리교육으로 시작해야 한다. 기억과 주의력 관계를 이해하는 것은 변화 방법을 배우는 데 반드시 필요하다. 사람들은 흔히 기억이 뇌 속에 큰 블랙박스를 형성하며, 그 안에 그들이 필요로 하는 정보가 있을 때도 있고 없을 때도 있다는 개념을 가지고 있기 때문에 정보가 수집, 처리, 저장되는 과정을 설명하면 기억 원리를 이해하는 데 매우 도움이 된다.

외부 기억 전략

내담자가 기억력을 향상시키기 위해 채택할 수 있는 몇 가지 전략이 있는데, 빈약한 기억력으로 인한 문제를 최소화하기 위해 다이어리나 플래너 같은 보조 시스템을 사용하는 외부 도구 도입이 포함된다. 표 4.2는 구체적인 전략 목록이다. 전자 수첩은 매우 유용하다. 그러나 우리는 점점 더 첨단 정보기술을 접하기 때문에 전자 수첩은 하나의 도구일 뿐이며, 오히려 주의분산과 시간낭비를 유발할 수도 있다. 또한 적용해볼 수 있는 내부 전략도 있는데, 최적의 결과를 위해 내담자는 기억을 향상시키는 내부 및 외부 전략을 모두 개발해야 한다. 앞서 주의통제 개발에 관해 논의한 바와 같이, 치료자는 내담자가 과거에 성공적으로 사용했던 기법과 새로운 기법을 찾아보고 내담자에게 각각의 효율성을 검토하기 위한 숙제를 수행하게 한 후 가장 적합한 기법을 검토한다.

표 4.2 기억 향상을 위한 외부 전략

전략	내용
일기	일기 쓰기는 단기 계획에 유용하다. '하루 한 페이지' 일기 쓰기는 약속을 기록할 때 가장 효과적이며, 해야 할 일, 필요한 물품 같은 추가 메모를 기록하는 데도 유용하다. 하루 단위로 이런 정보를 기록하면 장기 목표를 달성하기 위해 완료해야 하는 작업(또는 단계)을 상기할 수 있다.
주간 달력	가족들은 내담자에게 도움이 되는 알림이나 지침을 주간 달력에 기록할 수 있다. 예를 들어 가족의 생일 파티는 '택시 예약', '케이크 구입', '식당 예약' 등을 기록해 두어 책임을 분담하는 계획을 세울 수 있다. 또한 주간 달력은 ADHD 환자가 자신의 활동이 가족들의 활동에 어떻게 연결되는지 확인하는 데 도움이 된다.
벽걸이 연간 플래너	학교 휴일, 가족 휴가, 생일, 기념일 표시 등 보다 장기적인 계획과 미래 계획을 세우는 데 사용할 수 있다.
휴대용 녹음기	녹음기를 사용하면 머릿속으로 빠르게 스쳐 지나는 정보를 구두 목록과 알림으로 만들 수 있다. 어떤 사람은 아이디어와 알림을 빨리 기록할 수 있도록 휴대용 녹음기를 가지고 다니면 유용하다고 한다. 그렇게 하면 녹음된 작업 또는 알림 목록을 추후에 체계적으로 처리할 수 있다.
전화 응답 메시지	일부 전화기와 휴대전화는 자신에게 응답 메시지를 남길 수 있어, 정보를 기억하지 않아도 되게 해준다.
목록	목록을 작성하는 습관은 ADHD 환자에게 도움이 된다. 이런 목록에는 매일 '할 일' 목록, 쇼핑 목록, 집안일 목록 등이 있다. 아이디어를 목록과 범주로 정리하면 ADHD 환자가 통제감을 높이는 데 도움이 될 수 있다. 완료된 항목을 체크하는 자체가 피드백으로 작용하고 정적 강화를 통한 동기 요인이 될 수 있다.
도움말 카드	비디오 설정이나 세금 서류 작성 같이 평소에 자주 하지 않는 활동을 할 때는 '도움말 카드' 같은 요약된 정보가 유용할 수 있다.
손목시계와 알람시계	ADHD 환자가 시간의 흐름을 상기할 수 있도록 방마다 잘 보이는 곳에 시계를 둘 수 있다. 시계 알람이나 손목시계 비프음은 환자가 산만해질 때 시간을 알려주는 기능을 할 수 있다.
알람 또는 컴퓨터 알림	약을 복용하도록 3시간마다 울리는 알람부터 친구의 생일을 알려주는 연례 알림까지 다양한 시간 간격으로 알림 기능을 제공할 수 있다.
개인용 전자수첩과 휴대전화	개인용 전자수첩과 휴대전화는 위에 언급한 많은 작업을 수행할 수 있다. 그러나 내담자가 이런 정보 관리 기기에 익숙하지 않다면, 시작했다가 빠르게 포기했던 또 다른 전략이 되지 않도록 점진적으로 일상에 도입하고 발전시켜야 한다. 수첩과 휴대전화를 사용하는 목적은 기능을 향상시키는 것이지 산만해지기 위해서가 아니다. ADHD 환자는 전자수첩 자체나 메모리를 잃어버릴 수 있으므로 반드시 정해진 장소에 보관하고 백업해야 한다.

표 4.3 기억 향상을 위한 내부 전략

전략	내용
반복과 시연	정보 회상을 반복 연습(예 : 자기대화)하면 작업기억에 의해 정보가 성공적으로 처리되고 장기 회상을 위해 부호화될 가능성을 높일 수 있다.
시각 단서 만들기	언어 작업을 시각 이미지와 연결하면 정보를 시각과 언어 두 가지 형태로 부호화할 수 있으므로 언어 기억력이 향상된다. 이는 기억 흔적을 강화하고 향후 인출 가능성을 높인다. 기괴하고 과장된 이미지일수록 더 기억하기 쉽다. 예를 들어 수도요금 납부를 기억하려면, 급류 타기를 하면서 은행에 가는 장면을 생각한다!
암기법	학습 단서나 암기법은 차후 회상을 위해 정보를 응축시키는 유용한 방법이며, ADHD 환자에게는 덜 힘들어 보일 수 있다(예 : S.T.O.P.=sausages, tomatoes, oranges, potatoes).
시간 간격을 둔 인출	기억 연구는 인출 사이의 시간 간격을 점차 늘리면 미래에 인출 가능성을 높이고, 기억 추적을 강화하여 저장을 향상시킨다는 사실을 입증했다(Ebbinghaus, 1885). 간격을 차츰 길게 하여 예컨대 5분, 30분, 1시간, 다음 날 정보를 시연한다. 이 연습을 1회기 이상 수행하면 ADHD 환자의 자기효능감이 개선될 수 있다.
문제해결	분실하거나 잘못 놓아둔 물건을 찾는 좋은 방법은 머릿속으로 지나온 단계를 예컨대 '내가 열쇠를 마지막으로 가지고 있었던 게 언제지?', '내가 들어와서 어디로 갔지?', '내가 지금 열쇠를 놔둔다면 어디에 둘 것 같은가?'와 같은 순차적인 질문으로 차근차근 되짚어보는 것이다.
평정을 유지하기	높은 정서적 각성과 스트레스는 주의 및 기억 기능을 악화시킬 수 있다. 그러므로 회상을 하기 전에는 항상 불안과 분노를 가라앉혀야 한다. 이완 기법을 포함한 구체적 전략은 불안 모듈(제9장)과 좌절 및 분노 모듈(제10장)을 참조한다.

내부 기억 전략

기억의 부호화와 인출 과정을 향상시키기 위해서는 다양한 외부 전략뿐 아니라 내부 기억 전략도 함께 사용할 수 있다. 구체적인 전략은 표 4.3에 요약되어 있다. 내담자가 외부 도구에 전적으로 의존하지 않고 기억 향상을 위한 내부 전략을 스스로 개발하면 자신감과 자기효능감이 개선될 것이다.

요약

기억장애는 많은 ADHD 청소년 및 성인에게 큰 고통을 유발할 수 있다. 아마도 기억력 문제가 이 질환의 가장 두드러진 측면이기 때문일 것이다. 기억력 문제는 기억 기능의 몇

몇 측면에서 발생하는 부전 때문일 수 있지만, 초기 처리 문제가 차후에 기억장애로 이어지는 초기 주의력 장애에서도 종종 유래하는 것으로 보인다. 기억력 문제가 언제, 어디서, 어떻게 나타날지 알면 내담자는 이런 문제를 예견하고 미연에 방지할 수 있다. 그들은 외부 기억 신호를 제공하는 외부 전략이나 기억 가능성을 높이는 내부 전략으로 이득을 얻을 수 있다. 기억은 또한 조직화 및 시간 관리 모듈(제5장)에서 다루어지는 목표 설정 기술로도 개선될 수 있다.

집단치료 : 기억력 모듈

집단치료를 준비하기 전에 이 장을 반드시 읽어야 한다. 아래에 집단 회기를 6회로 요약하였다. 회기의 횟수는 필요에 따라 늘리거나 줄일 수 있다.

계획

1회기	시작 활동과 기억문제 일지 작성
2회기	심리교육－다양한 기억 시스템 : 즉각기억, 단기기억, 장기기억, 미래 계획 기억
3~5회기	연습(기억문제 일지 검토, 외부 전략과 내부 전략 제시)
6회기	심리교육 및 전략 검토 숙제 결과/경험 토론－무엇이 가장 효과적이었나? 장애물 및 극복 방안

시작 활동

어떤 종류의 기억 문제가 있는가?
잊어버리는 이유가 무엇이라고 생각하는가?
이 문제가 당신의 일상 활동에 어떤 영향을 미치는가?
참가자들에게 구체적인 사건과 상황을 떠올리게 한다. 기억 문제로 어려움을 겪었던 시기를 파악한다.
참가자에게 빈약한 기억력의 결과를 생각해보게 한다(마감 시간을 놓침, 회의 불참, 다른 사람들에게 신뢰를 잃음).
집단 토의
기억문제 일지를 완성한다. 표 4.1(왼쪽 두 열만 작성).
평가에서 나타날 수 있는 개인차(즉 사람들이 가지고 있는 각기 다른 유형의 문제)에 대해 집단에서 토의한다.

심리교육

ADHD의 영향을 받는 기억 시스템－즉각기억, 단기 또는 작업기억, 장기기억, 미래 예측 기억. 그림 4.1 기억 시스템

연습

기억 문제 이해하기. 표 4.1－기억문제 일지로 돌아가서 나머지 두 열을 작성한다.

(계속)

기억문제 유형을 분류하고 원인을 제시하기 위해 기억문제 일지를 검토 및 토의한다.

기억 향상을 위한 외부 전략. 표 4.2
유용한 방법을 파악하고, 참가자가 알아낸 성공적인 방법이 있으면 표 4.2에 추가한다.

기억 향상을 위한 내부 전략. 표 4.3
유용한 방법을 파악하고, 참가자가 알아낸 성공적인 방법이 있으면 표 4.3에 추가한다.

숙제

특정 기억 활동에 사용할 한두 가지 외부 전략을 찾고, 도움이 되었는지 검토하기
특정 기억 활동에 사용할 한두 가지 내부 전략을 찾고, 도움이 되었는지 검토하기

5

조직화 및 시간 관리 모듈

'시간 관리'는 ADHD 환자의 치명적 약점이다. ADHD 환자는 시간 구성이 체계적일 때 더 많은 성취를 한다. 그들은 스스로 시간을 설정하고 관리하는 데 어려움이 있다. 따라서 조직화 및 시간 관리 회기의 목표는 자신의 시간을 적절하게 구조화하고, 작업의 우선순위를 정하며, 성공에 대해 스스로 보상하는 훈련을 하는 것이다. 가장 좋은 방법은 내담자가 자신의 시간을 구조화하도록 가르치고 자신의 삶에 통제감을 갖게 하는 체계적인 접근으로, 목적의식과 성취 욕구를 강화한다. 이 모듈은 또한 시간을 재개념화하는 방법과 시간계획을 세우는 방법도 제공한다. '시간낭비 함정'과 같은 성공을 방해하는 요인도 논의한다.

청소년과 성인의 기능 결함

ADHD 환자는 과제에 집중하기 힘든 주의력 문제 때문에 다른 사람들보다 시간 관리가 훨씬 더 힘들다. 그들은 겉보기에 더 중요하거나 흥미로운 활동에 의해 쉽게 산만해진다. ADHD 환자는 중요성을 따지지 않고 여러 작업을 옮겨 다니는 경향이 있기 때문에 우선순위 설정이 특히 어렵다. 그들은 흔히 동시에 많은 프로젝트를 진행하며, 프로젝트의 완성 단계도 제각각인 경우가 많다. 한 번에 많은 공을 공중에 띄우려고 하지만 결국 모두 떨어뜨리는 격이다. ADHD 환자는 매우 자발적이고 좋은 의도로 많은 프로젝트를 시작하지만 비체계적이고 혼란스러운 성향 때문에 끝까지 해내지 못한다. 이는 직업활동이나 학업, 취업에 특히 문제를 일으키는데, 이들은 마감 기한을 지키지 못하고 프로젝트를 완료하는 데 필요한 흥미를 유지하기 힘들기 때문이다.

시간낭비 함정

그들의 심각한 문제는 여러 프로젝트를 시작하지만 제각각인 채로 완성하지 못한다는 점이다. ADHD 환자는 쉽게 지루해지기 때문에, 반드시 해야 하지만 지루하고 평범한 일이 특히 문제가 된다. 그들은 평범한 업무를 미루곤 해서 자신의 역량을 발휘하기에는 시간이 턱없이 부족해진다. 일을 서두르면 업무의 내용과 발표 모두 완성도가 떨어지고, 오류를 확인할 충분한 시간이 없어 작업은 엉망이 될 것이다. 어떤 사람들은 업무를 미리 시작하기도 하지만, (대개 완료되지 않은) 한 과제에서 다른 과제로 주의를 돌리는 '시간낭비 함정'에 빠져 늦어지곤 한다. 또 다른 시간낭비 함정은 지연 혐오, 즉 장기 계획과 목표보다 즉시 충족을 선호하는 성향이다. 젊은이들이 누구나 해야 하는 단조로운 일상보다는 '흥미로운'(그리고 위험을 무릅쓰는 무모하거나 자극적인) 활동을 선호하는 것처럼, 자극 추구 행동 또한 시간낭비 함정이 될 수 있다. 또 하나의 매우 흔한 시간낭비 함정은 지연행동이다. ADHD 환자는 과제를 시작하거나 재시작하는 것을 피하기 위해 지나치게 많은 시간을 허비한다. 예를 들면 어떤 문제나 활동을 지식화(intellectualizing)해서 결정을 내리지 못하기도 한다(예 : 과제를 완료하는 것보다 '어떻게' 또는 '왜' 해야 하는지에 대한 토론에 초점을 맞춘다).

시간 지각(time perception)

ADHD 환자에게는 시간이 항상 자신에게 불리한 것처럼 느껴질 수 있다. 지루하거나 좌절할 때는 시간이 너무 느리게 가고, 흥미롭거나 즉시 충족되는 일에 빠지면 시간이 금방 지나간다. 주의력이 떨어지면 시간이 빨리 지나가는데, 이때 쉽게 산만해지고 몽상에 빠질 수 있다. 이는 결국 자주 지각하고, 과제를 달성 또는 완수하지 못하고, 기회를 잃는 결과로 이어진다. 따라서 치료자는 내담자가 시간을 지각하는 방식을 이해하고 공유해야 한다. 시간은 목표 달성을 위해 사용하는 '자원'으로 간주되어야 한다. 시간은 도구이다. 만약 내담자가 자신이 시간을 쓴 방식과 성취가 만족스럽고 행복하다면, 구조화의 필요성이 강화될 것이다. 따라서 무엇을 하든지 내담자 자신이 즐길 수 있는 것을 찾도록 격려하는 것이 중요한데, 여기에는 즐거운 활동을 재미없는 일상적인 일과 통합하는 '시간 확보'가 포함될 수 있다.

기억문제

어떤 내담자는 하루 목표를 고려해 신중하게 계획을 세웠음에도 불구하고, 해야 할 일을 잊어버리고 약속에 늦거나 작업을 빠트려 목표 달성에 어려움을 겪는다고 말한다. 이런 환자는 중요한 행사를 잊어버리지 않기 위해 과잉보상으로 불필요하게 일찍 도착한다. 이런 경우, 약속을 기다리느라 더 생산적으로 사용할 수 있는 시간을 낭비해야 한다.

이러한 시간 관리 문제는 전향적 기억, 즉 미래의 할 일을 기억하는 능력의 장애 때문에 발생한다. 이는 계획능력과 밀접하게 관련되어 있으며, 실행 기능의 결함으로 볼 수 있다. ADHD 환자는 이 기능이 손상되어 있는 것으로 알려져 있다(예 : Young et al., 2007). 일단 심적 계획이 세워지면, 예컨대 우유가 끓으면 불을 줄이는 것 같은 어떤 활동을 수행할 정확한 순간을 알아차리기 위해 실행 기능 과정에 의해 특정 시점이 표시된다(예 : Burgess et al., 2000). ADHD 환자는 이 '경보 시스템'이 부적절하게 작동해서 다른 일을 해야 할 순간에 엉뚱한 생각이 떠올라 산만해지거나, 너무 늦게 생각나서 약속을 놓치곤 한다.

시간 관리 문제 평가

치료자가 내담자의 시간 관리 문제를 평가할 때 활용하는 세 가지 척도는 시간 관리 평가, 시간 엄수 중요도 평가, 활동 일지다. 이 척도는 모두 보조 웹사이트에 제공된다.

시간 관리 평가

표 5.1은 시간 관리 평가의 개요이며, 시간 관리 문제를 겪는 빈도를 측정하여 어떤 내담자가 시간 관리를 인식하는 예를 보여준다. 이 내담자는 특히 기억문제를 염려했다. 시간 관리 기술의 변화와 개선을 평가하고 입증하기 위해 이 측정을 치료의 여러 단계에서 반복할 수 있다. 문제가 없음을 나타내는 '0'부터 높은 빈도로 문제가 발생함을 나타내는 '4'까지 점수를 매긴다. 내담자에게 제공되는 질문지에는 표 5.1에 체크된 점수가 보여지지 않으며, 보조 웹사이트에 치료에 사용할 수 있는 적절한 형식으로 이 표가 제공된다. 표 5.1의 채점 방식은 문제의 기준치뿐 아니라 치료 진전도 측정할 수 있으므로(항목 4, 5, 6, 9는 점수가 역순) 총점수가 줄어들면 문제가 개선되고 있음을 나타낸다(보조 웹사이트에 유인물이 제공된다).

표 5.1 시간 관리 평가

빈도	전혀	거의	때때로	자주	항상
1. 시간계획을 세우는가?	4	3	2	①	0
2. 계획을 메모하는가?	4	3	②	1	0
3. 하루에 계획한 일을 모두 완수하는가?	④	3	2	1	0
4. 급해 보이는 과제로 인해 방해를 받는가?	0	1	2	③	4
5. 끝내지 않은 일을 남겨 놓는가?	0	1	2	3	④
6. 무엇을 하고 있었는지 잊어버리는가?	0	1	2	3	④
7. 정시에 도착하여 약속에 대비하는가?	4	③	2	1	0
8. 몇 시인지 대충 아는가?	4	③	2	1	0
9. 시간을 낭비하고 있다는 생각이 드는가?	0	1	2	3	④
총점=28					

시간 엄수 중요도 평가

ADHD 환자는 흔히 자신은 항상 지각을 할 것이고 다른 사람도 기대하지 않는다는, 시간 엄수와 관련된 '학습된 무력감'을 갖고 있다. 시간을 지키는 능력을 개선하기 위해 동기를 부여하는 한 가지 방법은 여러 상황에서 시간 엄수 중요도와 지각의 영향을 평가하는 것이다. 표 5.2는 두 아들 역시 ADHD를 겪고 있는 영주 씨의 예다(회기에 사용 가능한 기록지 양식은 보조 웹사이트에 있다).

영주 씨는 표 5.2 시간 엄수 중요도 평가를 통해서 자녀들에게 피해를 입히지 않고 다른 사람들에게 나쁜 인상을 주지 않기 위해 시간 엄수가 절대적으로 중요한 일이 무엇인지 판단할 수 있었다. 그동안 그녀는 잦은 지각을 대수롭지 않게 생각하고 다른 사람들이 자신을 '덜렁거린다'고만 생각할 거라고 짐작했다. 하지만 시간을 어길 때의 결과를 따져보고 나서 그녀는 이제 일의 우선순위를 정하고 시간을 엄수하려는 동기를 갖게 되었다.

시간계획과 활동 일지

표 5.1에 요약한 시간 관리 평가에 더해서, 내담자가 시간 관리 전략을 배우기 전에 실제

표 5.2 시간 엄수 중요도 평가

상황	시간 엄수 중요도(0~10)	늦을 경우 예상되는 영향/결과
출근시간에 지각	8	• 전문적이지 않아 보임 • 사람들이 책임감 없다고 생각할 수 있음 • 내가 도착할 때까지 다른 사람들이 내 일을 대신 해야 함 • 늦게까지 남아서 더 많은 일을 해야 함
부모의 날에 늦게 도착	9	• 선생님 말씀을 듣지 못함 • 선생님이 나쁜 엄마라고 생각할 수 있음 • 아들 교육에 안 좋은 영향을 미침
학교에 아들을 데리러 가는 데 늦음	7	• 아이가 내가 오지 않을까 봐 괜히 걱정을 하게 됨 • 아이가 할 일을 못함 • 다른 엄마들이 내가 아이를 방치한다고 생각할 수 있음
미용실 예약시간에 늦음	4	• 내 뒤의 모든 예약이 늦어짐 • 예약이 취소되어 다시 예약해야 할 수 있음
부모님과의 점심식사에 늦음	2	• 음식이 식어서 맛이 없어짐 • 모두 함께 식사하지 못해 어머니를 화나게 할 수 있음 • 오다가 사고라도 당한 게 아닌지 부모님이 걱정함
병원 예약시간에 늦음	6	• 예약을 지키지 못해 의사가 면담이 끝날 때까지 기다려야 할 수 있음 • 다른 예약이 모두 미뤄져서 위중한 환자가 진료를 받지 못할 수 있음 • 처방전을 받지 못해서 약이 떨어지면 시간 관리가 더욱 안 됨
친구와의 약속에 늦음	3	• 친구가 혼자 기다리며 불안해하거나 당황할 수 있음 • 친구가 바람맞은 것처럼 보임 • 친구가 시간을 낭비하게 됨 • 내가 도착했을 때 친구가 기분이 상해 저녁을 망칠 수 있음

로 시간을 어떻게 보내는지 파악하기 위해 주간 일지에 활동을 기록한다(표 5.3 참조). 연습을 위해 내담자에게, 예컨대 지난 이틀간 있었던 일을 주간 일지에 기록해보게 한다. 그러고 나서 다음 회기까지 나머지 날을 기록해서 가져오게 한다. 이렇게 하면 내담자가 얼마만큼의 시간을 건설적이고 유용하게 과제를 수행하는 데 사용했는지 밝히고, 광고 메일 읽기, 길게 통화하기, 잃어버린 물건 찾기, 기차 놓침, 인터넷 서핑 등 시간낭비 함정에 걸리기 쉬운 시간을 확인하는 데 도움이 될 것이다. 내담자가 평소에 약을 복용하는 시간도 기록해야 하는데, 약물 복용과 그것이 집중력에 미치는 영향, 즉 집중하

표 5.3 활동 일지

시간	월	화	수	목	금	토	일
7~8	수면	수면	수면	수면	수면	수면	수면
8~9	수면	기상	기상	수면	수면	수면	수면
9~10	너무 피곤해 출근하기 힘듦 아침식사	**약 복용** 집에 먹을 게 없어서 출근길에 아침을 사 먹음	아침식사 출근을 위해 일찍 출발	늦잠을 잠	숙취가 있음 제대로 된 아침을 먹으러 식당에 감	침대에 누워 있음	침대에 누워 있음
10~11	**약 복용** TV 시청	직장에 지각함	**약 복용** 카페에서 커피를 마시며 신문을 읽음	페인트를 가지러 창고에 감	출근했으나 아무도 없음	침대에 누워 있음	침대에 누워 있음
11~12	TV 시청	벽에 페인트를 칠할 준비 작업 시작	페인트 작업	**약 복용** 오늘까지 일을 마치기 위해 페인트 작업에 매진함	사장을 기다림	침대에 누워 있음	침대에 누워 있음
12~1	엄마와 전화통화	잘못된 페인트를 가져옴	페인트 작업	페인트 작업	사장이 도착해서 급여를 깎겠다고 함 – 제대로 달라고 요구했으나 실직함	침대에 누워 있음	침대에 누워 있음
1~2	자동차세 용지를 찾음	페인트를 가지러 창고로 감	새로운 작업 회의에 늦게 도착	페인트 작업	술집에 감	TV 시청	부모님과 식사하기로 한 약속을 잊어버려 당황함

(계속)

표 5.3 활동 일지(계속)

시간	월	화	수	목	금	토	일
2~3	찾고 있던 잡지를 발견	예전에 같이 일하던 동료를 우연히 만나 커피를 마시러 감	다른 회의에 가야 했으나 점심을 먹느라 놓침	페인트 작업	경마장에 감	TV 시청	부모님 댁에 늦게 도착 – 식사는 이미 끝남
3~4	잡지에 있는 내용을 인터넷 검색	일터로 돌아옴	작업 몇 가지를 따라잡음	점심	5만 원을 잃음	TV 시청	부모님과 대화
4~5	배가 고프나 집에 음식이 없어 장을 보러 감	벽을 벗겨냄	페인트가 떨어짐	일을 대충 해서 빨리 끝내보려고 노력함	술집에 감	TV 시청	부모님과 대화
5~6	새 음반이 발매된 것을 깨닫고 마트를 둘러봄	산만해서 벽을 너무 많이 벗겨냄	일찍 귀가	빨리 끝내기가 불가능하다는 것을 깨닫고 포기함, 일찍 퇴근해서 운동하러 감	친구들 도착	식사 준비	집으로 돌아가는 버스를 놓쳐서 아버지가 차로 데려다줌
6~7	친구와 우연히 만나 술을 마시러 감	문 닫기 전에 겨우 슈퍼마켓에 도착	드라마 시청	운동하러 체육관에 갔으나 운동복을 안 가져옴	친구들과 어울림	친구와의 약속에 늦음	집에 먹을 것이 없어 테이크아웃 음식을 삼
7~8	술 마심	즉석 식품을 먹고 TV 시청	요리를 시작했으나 영화를 보느라 오븐에 넣고 잊어버림	체육관에서 친구를 만나 함께 놀러 나감	친구들과 어울림	영화 관람	TV 시청
8~9	술 마심	TV 시청	요리를 다시 시작함	술집에 감	친구들과 어울림	영화 관람	TV 시청
9~10	술 마심	TV 시청	DVD 시청	식사를 하러 식당으로 감	친구들과 어울림	영화관 내 바에 감	TV 시청

표 5.3 활동 일지(계속)

시간	월	화	수	목	금	토	일
10~11	술 마심	여동생과 통화	DVD 시청	식사	친구들과 어울림	먹을 것을 사서 집으로 옴	TV 시청
11~12	술 마심	계속 통화	침대에 누움	막차를 놓쳐 택시를 타고 귀가	친구들과 어울림	TV 시청	TV 시청
1~2	집에 와서 TV 시청	침대에 누움	수면	TV 시청	친구들과 어울림	TV 시청	소파에서 잠듦
2~3	수면	잠이 안 와서 뒤척임	수면	수면	친구집에서 곯아떨어짐	침대에 누움	수면
3~4	수면	수면	수면	수면	수면	수면	수면
4~5	수면	수면	수면	수면	일어나 집까지 걸어옴	수면	수면
5~6	수면	수면	수면	수면	수면	수면	수면
6~7	수면	수면	수면	수면	수면	수면	수면

는 능력과 '지체된' 혹은 낭비된 시간 사이의 관계를 확립하는 것이 중요하기 때문이다. 표 5.3은 아침에 서방형 중추신경자극제를 복용하는 도배공인 은수 씨의 활동 일지를 완성한 것이다.

활동 일지는 내담자가 실제로 시간을 어떻게 보내는지 치료자에게 알려주기 때문에 토론을 위한 기초로 사용된다. 내담자는 일을 하지 않고 보내는 시간이 얼마나 많은지 확인하고 놀랄지도 모른다. 광고 메일을 읽거나, 잃어버린 물건을 찾거나, 기차를 놓치는 일 등에 얼마나 많은 시간이 낭비되는지 간과하기 쉽다. 은수 씨는 자신의 활동 일지를 검토한 결과 시간 구성이 엉망이라는 사실을 알게 되었다. 그는 출근시간을 지키지 않았고, 이에 대해 지적을 받으면 직장을 그만두고 금전적 손해를 입는 등 충동적으로 반응하였다. 그는 자신이 많은 시간 동안 산만하고 시간을 비효율적으로 사용한다는 사실을 알았다. 그는 술을 마시느라 늦게 귀가해 충분히 잠을 자지 못했다. 식단은 무계획적이었고 종종 오랫동안 굶기도 했다. 약 먹는 시간이 불규칙하다는 것도 알게 되었다. 이로 인해 집중하는 최적의 시간이 날마다 달라졌다. 화가 나서 직장을 그만둔 날도 약 복용을 잊어버린 날이었다.

인지행동치료

심리교육

체계적이지 못한 대인관계 방식의 나쁜 영향에 대한 심리교육은 내담자의 문제를 토론하고 평가하는 과정을 통해 많은 측면에서 자연스럽게 이루어질 것이다. ADHD 환자가 시간을 지키게 하는 가장 좋은 방법은 알람시계, 디지털 손목시계, 휴대전화 알람과 같은 외부 보조장치를 사용하는 것이다. 이런 알람은 예컨대 전날 밤 같이 정해진 시간에 맞추거나 매일 반복되게 설정할 수도 있다. 어떤 전자수첩이나 휴대전화는 활동 종류에 따라 다른 소리가 나도록 설정할 수도 있다. 예를 들어 내담자가 오후 1시에 운전 교습을 받는다면, 그 시간에만 알람을 설정하지 말고, 12시에 가방을 싸고 12시 30분에 버스를 타는 식으로 교습을 준비하는 데 필요한 시간도 계획하게 해야 한다. 이러한 '조기 경보 시스템'은 각성을 증가시키기 때문에 밀접하게 관련된 시스템인 주의력도 향상시킬 수 있다(제3장 주의력 모듈 참조).

조직화 및 시간 관리 전략

내담자가 시간을 보다 효율적으로 관리하게 하려면 '시간계획'을 세워 미리 자신의 시간을 구상하도록 해야 한다. 글상자 5.1은 시간계획을 세우는 6단계이다.

내담자는 일정 기간의 **목표 설정**을 해야 한다. 회기 중에 일주일 동안 해야 할 활동과 하고 싶은 **활동 목록을 나열**한다. 다음 단계는 **과제의 우선순위를 정하는** 것이다. 내담자가 기술을 개발하거나 향상시키기 전까지는 활동의 우선순위를 정하는 데 치료자의 도움이 필요할 것이다. 이것은 활동의 중요도를 매겨서 정한다. 예를 들어 이번 주에 청구된 요금을 납부하는 것이 얼마나 중요한지 0='전혀'~4='매우 중요' 척도로 점수를 매긴다. 다음 단계는 각 과제를 완료하는 데 걸리는 **시간 추정**이다. 이것은 약간의 연습이 필요할 수 있는데, 내담자가 시간을 과다추정하거나 과소추정하는 경향이 있는지 함께 판단해야 하기 때문이다. 이 단계에서 내담자는 정해진 기간 안에 과제를 완성하기 위한 **과제 일정**을 만들어야 한다. 시간계획을 세울 때, '만일의 사태에 대비한 예비 계획'도 세워야 하는데, 일부 중요한 일은 시간이 초과될 수 있기 때문이다. 마지막 단계는 배당된 시간의 성공적 완수에 대한 **보상 체계**를 포함시키는 것이다. 힘든 작업을 할 때 정해진 기간 동안 휴식을 취하거나 힘든 일을 즐겁고 우선순위가 낮은 일로 바꾸는 것도 보상일 수 있다. 효과적인 시간계획의 설계와 달성에는 6단계가 있으며, 이들 기법은 다음 부분에서 보다 자세히 설명된다.

1단계 : 목표 설정

치료자는 내담자가 자신의 인생에서 원하는 것을 달성하기 위해 규칙적으로 목표를 설정하고 검토하도록 격려한다. 내담자는 보다 크고 장기적인 목표를 고려해야 하는데, 여

글상자 5.1 시간계획을 세우는 6단계

1. 목표 설정
2. 목록 만들기
3. 활동의 우선순위 정하기
4. 과제 완성에 걸리는 시간 추정
5. 과제 일성 짜기
6. 보상 체계 포함하기

기에는 직업, 교육, 가족, 금융, 신체, 즐거움과 관련된 목표가 포함된다. 그러나 이러한 일반적 목표를 달성하기 위해서는 해당 목표를 디딤돌에 해당하는 달성 가능한 '작은 목표'로 세분화하는 법을 배워야 한다(그림 5.1 참조). 이것은 내담자가 장기 전망을 갖는 데 더해서 단기적으로 집중을 유도하고 동기를 부여할 것이다. 구체적인 작업에 초점을 맞추는 것이 중요한데, 그 이유는 내담자가 자신의 자원을 조직화하는 데 도움이 되기 때문이다. 그림 5.1은 차를 바꾸고 싶어 하는 도장공이자 도배공인 은수 씨의 예를 보여준다.

보조 웹사이트에 이 그림의 빈 양식이 제공된다. 내담자는 이 그림에 자신의 일반적 목표를 채워 넣은 후 여러 단계로 나눠볼 수 있다. 목표와 단계가 정해지면, 내담자에게 첫 번째 단계의 성취를 준비하는 일주일 시간계획을 세우게 한다. 이때 초점을 단계에 두면서, 기초 단계에서 다음 단계 순으로 작업한다.

은수 씨는 일하러 다닐 때 쓰는 화물차를 바꾸고 싶었다. 예전 같으면 다음 날 바로 중고차 시장에 가서 신용카드로 차를 샀을 것이지만 이러한 충동적인 행동이 장기적으로는 더 큰 손해를 유발한다는 사실을 깨달았다. 그래서 그는 돈을 아낄 수 있는 자금계획을 세우려고 했다. 그는 또한 쓰던 화물차를 팔면 얼마나 받을 수 있을지도 판단해야 했다. 마지막으로, 그는 차를 보자마자 사지 말고, 여러 옵션을 조사한 후 좋은 조건을 찾는 데 더 많은 시간을 투자할 필요가 있었다.

과제를 정확하게 규정하여 달성 시점을 명확히 해야 한다. 예를 들어 과제가 '150만 원 절약'이라면 확인할 수 있지만, '비용 절약'은 달성 여부가 불분명하다. 가능한, 과제는 결과가 아니라 수행 중심이어야 한다. 내담자가 절대적인 통제력을 갖지 못하는 활동의

그림 5.1 목표를 여러 단계로 세분화하기 예

경우 특히 더 그렇다. 예를 들어 '화물차 구매'보다 '선택할 수 있는 5대의 화물차 찾기'가 더 나은(그리고 달성할 수 있는) 목표다. 너무 크거나 압도적인 과제는 여러 단계로 나눠야 한다. 만약 나눈 과제도 여전히 커 보인다면, 더 나눠야 한다. 현실적 기대를 달성하는 것이 핵심이다. 거대한 단계보다 작은 단계를 달성하는 것이 더 쉽고 빠르다.

2단계 : 일주일 과제 목록 만들기

다음으로 내담자와 치료자는 달성해야 할 목표의 포괄적 목록, 예컨대 다음 일주일간의 목표 목록을 작성한다. 이것은 글상자 5.2에 요약된 모든 구성요소를 포함해야 한다.

이 표는 회기에서 사용될 수 있는 양식이 보조 웹사이트에 제공된다. 내담자 자신은 이 목록을 기억할 수 있을 것이라고 생각하더라도, 실제로는 아마 기억하지 못할 것이다. 과제를 떠올리고 되새기느라 귀중한 정신적 에너지를 낭비하지 않도록 가능하면 목록을 작성해야 한다. 목록을 기억하려고 애쓰는 것 자체가 집중을 방해할 수 있다. 둘째, 내담자의 '서명'이 들어 있는 수기로 작성한 문서가 훨씬 더 강력하다. 이것은 회기에서 사용될 수 있고 회기 밖에서도 활용될 수 있기 때문에 더 큰 동기부여가 된다.

내담자가 좋아하는 활동을 목록에 포함시키는 것은 매우 중요하다. 하기 싫은 잡일로 목록을 채울 필요는 없다! 반드시 완료해야 하는 일이더라도 일상적이거나 흥미가 없는 작업을 나열하는 것은 지루하고 매력적이지 않다. 내담자는 동기부여가 되지 않아 전체 목표를 달성하지 못할 것이다.

'할 일 목록' 만들기는 여러 활동을 한 곳에 정리하여 통제감과 만족감을 느끼게 하는 부가적인 목적이 있다. 이것은 압도되는 느낌이나 끝없는 시간 지연을 피하게 해준다. 또한 여러 약속을 함께 살펴보면 매우 유용하다. 구조와 질서가 부여되면, 내담자는 과제들을 논리적으로 연결할 수 있고, 중요한 목표를 달성하는 데 과제가 어떻게 기여하는

글상자 5.2 목록의 구성요소

a. 주력하고 있는 단계를 달성하기 위해 해야 하는 일
b. 진정으로 원하는 일
c. 해야 하는 일
d. 시간이 있으면 할 수 있는 일
e. 하기 싫지만 곧 해야 하는 일

지 알 수 있고, 바라던 활동과 과제를 통합할 수 있다. 이것은 공황과 불안을 줄일 것이다.

예를 들어 구직 원서를 내는 것이 목적이라면, 다음과 같은 단계가 포함된다.

1. 월요일 – 취업센터 가기
2. 화요일 – 전화나 서면으로 지원서 양식 구하기
3. 수요일 – 지원서에 개인 정보 기입하기
4. 목요일 – 지원서에 경력 사항 기입하기
5. 금요일 – 지원서에 구직 동기 기입하기
6. 토요일 – 친구나 가족에게 지원서를 보여주고 피드백 요청하기, 봉투와 우표 준비하기
7. 일요일 – 지원서를 수정하고 나서 다시 읽은 후 우편 발송하기

3단계 : 활동의 우선순위 정하기

할당된 시간 안에 포괄적인 '희망 목록'의 모든 활동을 달성하기는 힘들다. 내담자는 목표를 달성하는 데 도움이 되지 않거나 삶의 질을 떨어뜨리는 사소한 일을 하느라 시간을 낭비하기 쉬우므로 우선순위를 정하는 것이 중요하다. 우선순위를 정하기 위해 다음 네 가지 질문을 자문해본다.

1. 이번 주에 반드시 끝내야 하는 일은 무엇인가?
2. 기다려도 되는 일은 무엇이며, 얼마나 오래 기다릴 수 있는가?
3. 이번 주에 끝내고 싶은 일은 무엇인가?
4. 그 일을 하지 않으면 어떻게 되는가?

리커트 척도(Likert scale)는 과제의 중요도를 판단하는 데 도움을 준다. 각 과제를 살펴보고 정해진 기간(예 : 일, 주, 월) 내에 이 과제를 수행하는 것이 얼마나 중요한지 내담자에게 묻는다. 그림 5.2는 실직 상태에서 최대한 빨리 취업하는 것이 목표일 때 우선순위를 정하기 위해 질문하는 예다.

리커트 척도가 미묘한 우선순위를 식별하는 민감성이 떨어진다고 생각하는 내담자는 백분율 0%(전혀)~100%(매우 중요)로 체크하는 것이 나을 수 있다. 보조 웹사이트에 두

내일 취업센터에 가는 것은 얼마나 중요한가?

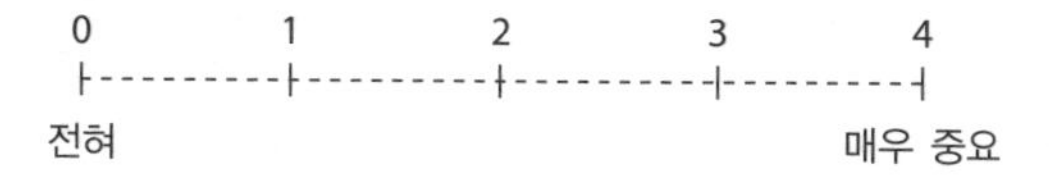

일요일에 축구를 하는 것은 얼마나 중요한가?

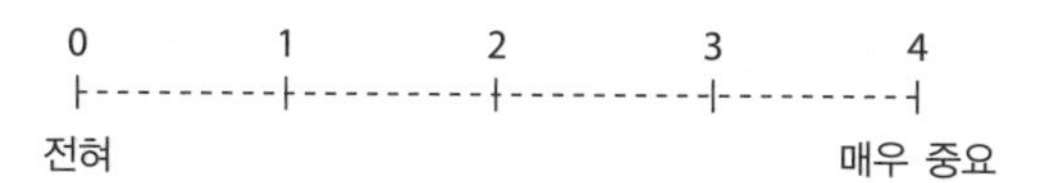

그림 5.2 우선순위 정하는 방법

측정방법이 모두 제공된다.

이 회기를 시작할 때와 중재를 하기 전에는 표 5.3의 활동 일지에서 확인한 내담자의 특성을 반드시 기억해야 한다. 이것은 내담자가 집중력을 요하는 작업, 신체 활동, 휴식 등을 수행하기에 가장 좋은 시간이 하루 중 언제인지 알 수 있는 단서가 될 것이다. 또한 이것은 과제 달성을 방해하는 주의분산 요인과 장애물에 대한 단서도 제공할 것이다. '유비무환'이라는 말처럼, 회기가 진행되는 동안에 주의분산 요인과 장애물에 대비하고 유혹을 피하기 위한 계획을 세워야 한다. 항목의 우선순위를 정했으면 중요도 순으로 순위를 매긴다. 그런 다음, 내담자가 이런 활동을 최적의 상태에서 수행할 수 있는 시간에 수행하도록 계획할 수 있다. 예를 들어 은수 씨는 아침에 약을 복용하기 때문에 낮 동안 가장 잘 집중할 수 있었다.

우선순위 정하기는 내담자가 반드시 익혀야 하는 기술이므로 회기에서 의제 사용과 우선순위 작업을 보고 계속 연습해야 한다. 내담자는 자신이 제시한 문제를 다루고 싶어 하기 때문에 우선순위 정하기를 시간낭비로 여길 수 있다. 이런 충동조절 문제는 회기에서 확인하고 논의해야 한다. 내담자가 우선순위를 정하는 과정은 시간이 걸리지만 결코 시간낭비가 아니라는 사실을 깨닫기 위해서 내담자가 우선순위 결정 과정을 직접 해봐야 한다. 우선순위 정하기는 유익하고 긍정적인 결과를 가져올 것이다. 모든 새로운 기술이 그렇듯 이 기술 역시 습관이 될 때까지 연습해야 한다.

은수 씨의 경우를 보자. 은수 씨는 현재 상황에서는 새로운 일자리를 구해야 했다. 그리고 미장 기술을 배운다면, 도장공 겸 도배공으로 정규직을 구할 가능성이 높다고 생각했다. 그는 축구를 즐기고 친구와 함께 술집에 가기를 좋아한다. 그는 ADHD 약이 다

글상자 5.3 우선순위 과제 목록

0	1	2	3	4
전혀				매우 중요

과제	중요도
의사를 만나 처방전 받기	4
재정 상태를 파악하고 정리	4
취업센터 가기	4
지원서 작성	4
전문학교 강좌 목록 확인	3
강좌 등록	3
토요일에 축구하기	3
축구한 후 술 마시러 가기	2
새 화물차 구입	1
일요일에 축구하기	0

떨어져 가고 있었다. 은수 씨는 일을 그만두기 전에는 차를 바꾸고 싶었지만, 지금은 실직했기 때문에 우선순위가 바뀌었다. 우선순위를 정하기 전에는 마음에 두고 있던 차를 사기 위해 당장 달려가서 대출을 받고 싶었다. 그러나 회기에서 배운 기법으로 목표와 우선순위 목록을 작성해보니, 지금으로서는 차를 바꾸는 것이 상대적으로 낮은 우선순위임이 분명해졌다. 직장을 구하고 미장 기술을 배우는 새로운 목표에 유념하면서, 그는 달성해야 할 과제의 중요도를 평가하여 다음과 같이 우선순위 과제 목록을 만들었다(글상자 5.3 참조).

우선순위는 유동적이므로, 내담자는 정기적이고 계획된 방식으로 목록을 검토해야 한다. 우선순위 과제 목록을 정기적으로 재검토하지 않으면 더 중요한 일이 생겼음에도 기존 활동을 하느라 시간을 낭비하고, 산만해져서 우선순위를 잊어버리기도 한다.

4단계 : 과제 완성에 걸리는 시간 추정

다음으로 내담자는 각 과제를 수행하는 데 걸리는 시간을 추정해야 한다. 글상자 5.4와 같이, 은수 씨의 가장 긴급한 우선순위는 처방전을 받기 위한 단계를 구성하는 것이다.

은수 씨는 시간계획을 세울 때 교통 체증, 주차난, 지각, 병원 휴일 같은 '예측할 수 없는' 상황에 대한 계획도 세워야 했다. 과소평가해서 실패하는 것보다 과대평가하고 성공

글상자 5.4 처방전을 받기 위한 계획

a. 진료 접수에 전화를 걸어 예약 5분
b. 병원까지 운전, 주차 20분
c. 대기실에서 기다리기 10분
d. 집으로 돌아오기 15분

하는 것이 낫다.

ADHD 환자는 시간 지각이 왜곡될 수 있다(Young, Channon, & Toone, 2000). 일반적으로 ADHD 환자에게는 시간이 빨리 지나간다. 예를 들면 10분이 2분처럼 느껴질 수 있으므로 정해진 시간 안에 해야 하는 모든 일을 정확하게 반영한 시간계획을 세우기는 어렵다. 이것은 실패할 것이 거의 확실하고, 지친 내담자는 미완성의 과제에 흥미를 잃고 실망하며, 기가 죽어서 다시 해볼 의지마저 잃어버릴 것이다. 이러한 부적 강화를 피하기 위해서는 과제를 완료하는 데 걸리는 시간을 정확하게 추정하는 것이 매우 중요하다. 먼저 표 5.4에 제시된 연습으로 내담자의 일반적인 시간관념을 확인한다. 표 5.4는 은수 씨가 작성한 시간 추정 연습으로, 치료에 사용하기 위한 유인물은 보조 웹사이트에 있다. 이 연습은 물론 적절하게 수정될 수 있다. 중요한 것은 연습이 내담자의 생활방식과 관련되는 것이다. 먼저, 은수 씨는 과제를 완료하는 데 걸리는 시간을 추정한 후 (숙

표 5.4 시간 추정 연습

활동	은수 씨가 추정한 시간(분)	실제 걸린 시간(분)
샤워하고 닦기	2	8
아침에 옷 입기	3	5
차 마시기	1	3
미용실 가기	20	30
일주일 치 장보기	30	60
침대 시트 갈기	5	15
부엌 바닥 청소	5	15
신문 읽기	20	40

제로) 실제 걸린 시간을 측정하여 자신이 얼마나 정확하게 추정했는지를 확인했다. 이 행동 실험을 더 확장해 다른 과제를 수행하는 데 걸리는 시간도 측정해볼 수 있다.

이 훈련은 내담자가 얼마나 지속적으로 시간을 왜곡했는지 깨닫고 장보기, 다림질, 청소 같은 고정 활동이 실제로 얼마나 걸리는지 파악하는 데 도움이 될 것이다. 치료자는 시간계획을 적절히 조정하기 위해 내담자가 시간을 추정하는 일반적인 특성(과대평가 또는 과소평가하는 경향 — 후자일 가능성이 매우 높음)을 알아야 한다.

시간계획을 수립할 때, 완전히 새로운 과제인 경우에는 내담자가 시간을 더 많이 배분하게 해야 한다. 계획에 없던 시간 공백, 즉 '자유 시간'은 과제를 성공적으로 마친 데 대한 추가적 보상으로 간주한다.

5단계 : 과제 일정 짜기

지금까지 목표를 달성하기 위한 단계 또는 과제를 정하고, 일주일의 과제가 포함된 목록을 작성해서 우선순위를 매겼고, 과제를 완료하는 데 필요한 시간을 추정하였다. 다음 단계는 시간계획을 짜고 과제나 활동을 차례로 배열하는 것이다. 역설적이게도, 계획을 만들고 시간을 조정하기 위한 일정을 잡는 일이 가장 중요하다. 내담자의 선호에 따라, 우선 과제를 특정 성향에 맞게 구성할 수 있다. 가장 나쁜 과제를 먼저 해치우기를 선호하는 사람이 있는가 하면, 천천히 편하게 작업하기를 좋아하는 사람도 있다. 시간대 역시 중요한 요소일 수 있다. 사람들은 대부분 점심식사 후에 에너지 수준이 떨어지기 때문에 이 시간에는 정신력이 많이 필요한 활동을 계획하지 않는 것이 좋다. 이것은 치료 전 활동 일지를 참조하면 도움이 될 것이다. 약물 복용 직후 몇 시간이 집중력이 필요한 업무를 하기 좋은 시간대이므로 약물 복용도 기록되어 있어야 한다. 그리고 시간계획을 수립할 때는 즐거운 활동과 즐겁지 않은 활동을 고르게 배치해서 균형 잡힌 일과를 계획하는 것이 중요하다.

어떤 활동은 정확한 계획을 짜기 어려울 수 있다(특히 완료하는 데 걸리는 시간을 예측하기 힘든 새로운 활동). 시간이 초과되는 과제나 예기치 않게 발생하는 과제를 처리하기 위한 '예비 시간'을 일정에 포함시켜야 한다. 그러나 이런 일이 우선적으로 처리해야 하는 진정한 '예기치 못한' 일인지 아니면 단지 지겨워서 산만하게 딴생각이 든 것인지 구별해야 한다. 만약 부적절한 주의분산 요인이라면 회기에서 논의한다. 내담자가 그것을 인지하고 주간 목표 달성에 방해되는 시간낭비 함정을 뿌리칠 수 있게 해야 한다.

하지만 새로운 아이디어나 발상이라면 버리지 말고 추후 활동이나 시간계획에 넣을 수 있도록 적어두고 보류한다. 창의성은 억압하지 말아야 한다.

표 5.5는 은수 씨가 회기에서 만든 시간계획이다(4는 가장 중요함을 나타냄). 한 주 동안 은수 씨의 목표는 재정 상태 정리, 직장 구하기, 처방전 받기, 미장 강좌 등록이었다. 그는 또한 토요일에 축구를 하고 나서 부모님 댁을 방문하고 새 화물차 구입 비용을 알아보고 싶었다.

은수 씨는 활동계획 일지(표 5.6 참조)를 작성하면서 필수적인 우선 과제뿐 아니라 중요하지 않지만 달성하고 싶은 활동까지 모두 완료할 수 있도록 일정을 짰다. 그는 일주일 동안 우선 목표와 함께 원하는 목표, 즉 축구를 하고 새 화물차를 알아보는 것까지 모두 달성하는 계획을 세웠다. 원하는 목표를 보상 체계에 포함시켜 성취에 대한 정적 보상으로 활용할 수도 있다.

6단계 : 휴식과 보상 포함하기

휴식과 보상 계획은 ADHD 환자의 시간 관리에 없어서는 안 될 부분이지만, 시간계획을 짤 때 빠트리기 쉽다. 휴식과 보상은 다시 집중하기 위해 긴장을 풀고 재충전하는 시간을 제공한다. 따라서 과제를 위한 시간계획을 짤 때는 휴식과 보상을 가급적 신중하게 계획해야 한다. 휴식과 보상의 부가 기능은 즐거운 활동을 함으로써 내담자에게 정적 강화를 주는 것이다. ADHD 환자에게 흔히 발생하는 문제는 계획된 휴식을 충분히 취하지 않아서 피로해지는 것인데, 특히 과제가 재미있을 때 더 그렇다. 피로해지면 주의력이 떨어지므로 중요하지 않은 새롭고 신기한 일에 더 매력을 느낄 수 있다. ADHD 환자는 이런 상황에서 종종 엉뚱한 일에 몰두하기 때문에 본래의 (지루한) 과제로 돌아갈 수 없게 된다.

내담자가 집중할 수 있는 시간이 얼마나 되는지 평가해야 한다. 이는 사람마다 다르다. 경험적으로는 적어도 한 시간마다 휴식을 취하도록 계획해야 하지만, 시험적 시도와 평가 및 상황에 따른 조정이 필요하다. 과제를 하는 도중에 '절박한' 순간이 올 때 휴식을 취하는 것이 더 좋다. 이는 내담자의 관심과 동기를 높이고 다시 과제로 돌아가기 쉽기 때문이다.

'보상'은 단순히 5분 동안 동료와 대화를 나누거나 일터 주변을 걷는 것(상점에 다녀오거나 산책) 정도로도 가능하다. 조직적인 교육기관에서는 이런 휴식과 보상을 실행하기

표 5.5 시간계획

단계	활동	
목표 설정	재정 상태 정리	
	구직	
	처방전 받기	
	미장 강좌 등록	
목록 작성	다음 3개월 예산 작성	
	미납 고지서 납부	
	은행 직원 만나기	
	갖고 있는 화물차의 매매가 알아보기	
	차를 보러 중고차 매장 방문	
	취업센터 가기	
	신문의 구인광고 확인	
	취업 중인 옛 친구에게 전화	
	지원서 작성	
	여동생에게 지원서 검토 부탁	
	우표 사러 우체국 가기	
	진료 예약	
	병원 가서 처방전 받기	
	약국 가기	
	미장 강좌 검색	
	미장 강좌 등록	
	부모님 댁 방문	
	축구하기	
	친구 만나기	
우선순위	다음 3개월 예산 작성	4
	미납 고지서 납부	4
	취업센터 가기	4

표 5.5 시간계획(계속)

단계	활동	
우선순위	진료 예약	4
	신문의 구인광고 확인	4
	취업 중인 옛 친구에게 전화	3
	지원서 작성 완료	3
	여동생에게 지원서 검토 부탁	3
	우표 사러 우체국 가기	3
	병원 가서 처방전 받기	3
	약국 가기	3
	은행 직원 만나기	3
	미장 강좌 검색	3
	미장 강좌 등록	3
	부모님 댁 방문	2
	축구하기	2
	갖고 있는 화물차의 매매가 알아보기	1
	친구 만나기	1
	차를 보러 중고차 매장 방문	1
추정 시간	다음 3개월 예산 작성	3시간
	미납 고지서 납부	3시간
	은행 직원 만나기	1시간
	갖고 있는 화물차의 매매가 알아보기	5~6시간
	차를 보러 중고차 매장 방문	4시간
	취업센터 가기	4시간
	신문의 구인광고 확인	6시간
	취업 중인 옛 친구에게 전화	30분
	지원서 삭성	5시간

(계속)

표 5.5 시간계획(계속)

단계	활동	
	여동생에게 지원서 검토 부탁	2시간
	우표 사러 우체국 가기	30분
	진료 예약	5분
	병원 가서 처방전 받기	45분
	약국 가기	5분
	미장 강좌 검색	1시간
	미장 강좌 등록	1시간
	부모님 댁 방문	3시간
	축구하기	3시간
	친구 만나기	5시간

가 쉽지 않지만, 강의를 나눠서 짧게 휴식을 취하게 한다. 교육 담당자는 오래 앉아 있어야 하는 상황에서 젊은 사람들에게 이런 짧은 휴식을 주도록 미리 계획해 놓을 수 있다. 중요한 점은 반드시 '휴식'이 필요하다는 것이다. 더 체감할 수 있는 확실한 보상은 차나 커피 마시는 시간, 초콜릿 과자, TV 시청, 친구에게 전화 걸기, 쇼핑 등이다. 보상은 원하고 즐기는 것이어야 한다. 그렇지 않으면 보상이 오히려 혐오 자극과 피하고 싶은 대상이 되어 바람직하지 않은 효과를 나타낸다. ADHD 환자는 오래 걸리는 프로젝트를 완수해서 큰 보상을 받기를 기다리기보다는 즉각적인 단기 보상을 원한다. 예를 들면 어떤 사람은 프로젝트를 끝낸 후 고급식당에서 축하를 받는 것보다는 차라리 남은 피자로 자기보상을 한다. 시간계획에 여러 개의 작은 보상을 포함시키면, 작은 보상이 장기적으로 더 큰 보상으로 이어지는 시스템이 될 수 있다. 내담자는 여러 개의 작은 보상이 장기적으로 더 큰 보상을 얻게 하는 시스템을 구성하는 법을 배워야 한다. 예를 들어 하루 동안(즐거운 보상 과제를 포함해서) 모든 과제를 완료하면 저녁에 '마음대로' 시간을 보낼 수 있는 '더 큰' 보상을 받는다.

은수 씨가 회기에서 찾은 단기 보상은 친구에게 전화 걸기, 저녁 약속 잡기, 커피 마시기, 음악 듣기였으며, 장기 보상은 화물차를 알아보고 축구를 하는 것이었다. 그는 중요한

표 5.6 활동계획 일지의 예

시간	월	화	수	목	금	토	일
7~8	수면	수면	수면	수면	수면	수면	수면
8~9	기상 샤워 아침식사	기상 샤워 아침식사	기상 샤워 아침식사	기상 샤워 아침식사	기상 샤워 아침식사	수면	수면
9~10	**약 복용** 취업센터 가기	**약 복용** 예산 세우기	**약 복용** 병원에 가서 처방전 받고 약국 가기	**약 복용** 도서관 가기	**약 복용**	기상 샤워 아침식사	기상 샤워 아침식사
10~11	커피 마시고 다시 취업 센터 가기	커피 마시며 예산 세우기	미납 고지서 납부	미장 강좌 검색	전문학교에 등록하러 가기	**약 복용** 여동생 집 방문	**약 복용**
11~12	병원 예약 예비 시간	친구에게 전화하여 일에 대해 물어보기	지원서 작성 – 개인 정보	강좌 등록 방법에 대해 전문학교에 문의하기	은행 직원 만나기	여동생과 지원서 검토	집 정리
12~1	신문 사기 집으로 돌아옴	지원서 양식 구하기	지원서 작성	예비 시간	예비 시간	여동생과 지원서 검토	부모님 댁에 가기
1~2	점심	점심	점심	점심	점심	점심	점심
2~3	신문 읽기	중고차 매장 가기	우체국에서 우표 사기 예비 시간	지원서 작성 – 경력 사항	지원서 작성 – 기타 정보	축구하러 친구들 만남	부모님과 대화
3~4	친구에게 전화 걸기 예비 시간	다른 중고차 매장 방문	신문 읽기	지원서 작성 – 경력 사항	지원서 작성 – 기타 정보	축구	집으로 돌아옴

(계속)

표 5.6 활동 계획 일지의 예(계속)

시간	월	화	수	목	금	토	일
4~5	신문 읽기	슈퍼마켓에서 장보기	신문 읽기	신문 읽기	중고차 매장에서 차 살펴보기	축구	지원서 수정
5~6	신문 읽기	집으로 와서 장본 것 정리	신문 읽기	운동하러 가기	자유 시간	축구	지원서 수정
6~7	식사 준비	식사 준비	식사 준비	운동	친구들과 어울림	술집에서 놀기	DVD 보기
7~8	TV 시청	친구에게 전화 걸기	TV 시청	집으로 돌아옴	친구들과 어울림	술집에서 놀기	식사 준비
8~9	TV 시청	자유 시간	TV 시청	식사 준비	친구들과 어울림	술집에서 놀기	자유 시간
9~10	TV 시청	자유 시간	TV 시청	친구와 만남	친구들과 어울림	술집에서 놀기	자유 시간
10~11	TV 시청	자유 시간	TV 시청	가볍게 한잔	친구들과 어울림	술집에서 놀기	자유 시간
11~12	잘 준비	잘 준비	잘 준비	잘 준비	잘 준비	술집에서 놀기	잘 준비
12~1	침대에 누움	침대에 누움	침대에 누움	침대에 누움	침대에 누움	침대에 누움	침대에 누움
1~2	수면	수면	수면	수면	수면	수면	수면
2~3	수면	수면	수면	수면	수면	수면	수면
3~4	수면	수면	수면	수면	수면	수면	수면
4~5	수면	수면	수면	수면	수면	수면	수면
5~6	수면	수면	수면	수면	수면	수면	수면
6~7	수면	수면	수면	수면	수면	수면	수면

과제를 수행할 때는 규칙적인 단기 보상과 간헐적인 장기 보상이 주어지도록 일정을 짰다.

검토와 평가

회기에는 반드시 규칙적으로 과정을 검토하고 성공 여부를 평가하는 절차를 포함시켜야 한다. 이를 위해 활동 일지 재관리, 시간 추정 연습, 목표 달성 과정 검토를 활용할 수 있다. 치료자는 내담자를 격려하는 긍정적 피드백을 주고 자기효능감과 자신감을 향상시키는 것이 중요하다. 그리고 목록에서 과제를 지우면서 자기보상을 하도록 내담자를 격려한다. 이것은 부가적으로 시각적 강화 작용을 한다.

시간낭비 함정

내담자가 빠질 수 있는 많은 시간 낭비 함정이 있는데, 주의력 전환, 자극 추구 행동, 지연행동, '거짓 바쁨' 등이 여기에 속한다.

1. 주의력 전환

시간낭비 함정은 과제 완수를 회피하기 위한 변명만은 아니다. 이것은 순간적인 집중력 상실이나 주의분산 때문일 수 있으며, ADHD 환자는 집중력을 잃고 외부(다른 업무) 또는 내부(공상)로 정신을 팔게 된다. ADHD 환자는 하고 있는 과제를 끝내기도 전에 또 다른 과제로 건너뛰곤 하는데, 이 때문에 과제를 마치는 데 더 오랜 시간이 걸린다. 과제를 다시 시작하지 않을 수도 있는데 이럴 경우 흔히 과제가 미완성인 채로 남게 된다. 끝내지 못한 과제는 내담자의 기억에 남아 분노와 불안과 좌절을 유발할 수 있으므로 내담자가 새로운 과제에 집중하지 못하게 될 가능성이 높다.

이러한 역기능적인 상황을 방지하기 위해, 어떤 생각이나 아이디어가 떠오를 때 즉각 반응해서 새로운 활동에 착수하는 대신 나중에 다시 볼 수 있게 메모를 작성해 놓도록 한다. 이런 아이디어는 대개 보류했다가 추후 일정에 반영할 수 있다.

2. 지연 혐오

앞서 언급했듯이, 주의력 전환과 산만함은 지연 혐오 문제이다(Sonuga-Barke et al., 1992). ADHD 환자는 장기 목표를 달성하기 위한 만족 지연에 어려움이 있는 것으로 밝혀졌다. 즉 그들은 장기 보상을 기다리기보다는 작더라도 단기 보상을 선택할 가능성이 높다. 보상 가치와 시간 사이에 존재하는 이 체계적 편향이 시간 관리를 힘들게 할 수 있다. 이들은 즉각 보상의 유혹을 받으면 장기 목표 달성을 포기하고 원래의 계획에서 벗어나기 쉽기 때문이다. 이런 이유 때문에 ADHD 환자는 예컨대 10시간 일해서 15만 원을 받는 보다 장기적인 일을 마다하고 3시간에 15,000원을 받는 더 즉각적인 보상에 한눈을 팔기 쉽다.

지연 혐오를 피하기 위해, 치료자는 그 보상이 동기를 강하게 부여하는지 그리고 작업시간에 상응하는지 판단해야 한다. 예컨대 커피 마시는 시간이 한 시간 작업에 대한 적절한 보상이 되고 남은 하루 동안 작업을 계속할 만한 충분한 동기부여가 되는지 확인해야 한다. 어떤 사람에게는 휴식시간이 산만해져서 게으름을 피우는 것에 대한 구실이 될 수도 있다. 이런 사람은 짧은 산책이 더 동기부여가 될 수 있다.

3. 자극 추구 행동

어떤 사람은 일정을 짜는 활동 때문에 하루를 자발성 없이 재미없게 보냈다고 불평한다. 그런 경우, 시간계획에 건설적인 휴식 시간(계획된 보상이나 '자발적' 활동을 위한 자유시간)을 넣는 것이 좋다. 목표는 내담자의 하인이지 주인이 아니다. 따라서 보상은 내담자의 신체적, 심리적 요구를 충족시켜야 한다. 이는 사전에 정해진 매우 창의적이고 흥미로운 사회적 보상을 시간계획에 포함시킨다는 의미다. 이를 너무 걱정하지 않아도 된다. 대개 내담자는 보상을 상대적으로 쉽게 결정하기 때문이다. 이런 유형의 장기 보상에는 경쟁적인 스포츠나 적극적인 모험 활동(예 : 번지 점프, 자동차 경주, 놀이공원) 등이 있다.

4. 지연행동

ADHD 환자는 미루는 데 아주 능숙하다. 그들은 역기능적 신념 합리화와 지식화 그리고 '악마의 변호인(devil's advocate)'(역주 : 어떤 사안에 대해 의도적으로 반대 의견을 말하는 사람) 역할에 능숙하다. 지연행동의 기능적 역할은 대개 시간을 낭비하고 원하지 않는 과제를 회피하는 것이다. 하지만 지연행동은 너무 높은 기준을 세우거나 달성할 수 없는 비현실적인 목표를 세워 자신감이 결여되었기 때문일 수도 있다. 이것은 결코 달성할 수 없는 기대치를 가진 완벽주의자에게 특히 문제가 된다. 이런 경우, 환자들은 자신에게 적용하는 동일한 기준을 다른 사람에게는 거의 기대하지 않기 때문에 관점 취하기(perspective taking)가 도움이 될 수 있다. 이들은 성취에 대한 엄격한 기준 설정이 자신을 실패하게 만든다는 것을 인식하고 스스로를 풀어줄 필요가 있다. 일상적인 (하지만 자주 필요한) 과제는 지루하게 느껴지기 때문에 이것을 회피하는 것도 문제가 될 수 있다. 내담자는 극복할 수 없을 만큼 지루해 보이는 과제를 한 번에 다 해야 하는지, 아니면 작은 부분으로 나누어 수행할 수 있는지 생각해봐야 한다.

5. 거짓 바쁨

주된 시간낭비 함정은 '거짓 바쁨'이라고 할 수 있다. 이것은 어떤 사람이 매우 바빠 보이면서 (그리고 정신이 팔려서) 우왕좌왕하지만 실제로는 건설적이지 않은 활동에 매달리느라 시간을 낭비하고 있는 것을 말한다. ADHD 환자는 커피 자판기 앞에서 수다 떨기, 전화 통화, 인터넷 서핑, 스팸 메일 처리, 아이 쇼핑 등으로 하루를 보낼 수 있다. 거짓 바쁨은 이 모듈에서 설명했던 시간 관리 중재 전에 작성된 활동 일지를 검토하면 판별할 수 있다. 거짓 바쁨은 회기에서 다루고 논의되어야 하며, 이런 행동과 그로 인한 역기능을 인지하여 '재발 방지 계획'을 수립해야 한다.

요약

ADHD 환자에게는 시간이 빨리 지나가므로 시간 추정에 어려움이 있다. 그들은 흔히 약속에 늦고 목적과 목표를 달성하지 못한다. ADHD 환자가 목표 달성을 위해 점진적 단계로 시간계획을 세우면 과제를 완수하고 달성하는 느낌이 무엇인지 배우게 될 것이다. 이 자체가 정적 강화지만, 시간계획 과정에 보상 시스템도 반드시 포함시켜야 한다.

시간낭비 활동으로 인해 ADHD 환자는 성취를 방해하는 산만한 활동에 정신을 팔게 된다. 시간 관리 계획을 지나치게 고수하면 시간 엄수 곤란으로 인해 오히려 시간 관리 계획이 더 방해받을 수 있다. 내담자는 전향적 기억 문제를 보상하기 위한 외부 전략을 개발하고 지각의 결과에 대한 구체적인 검토를 통해 시간 관리 능력을 향상시킬 수 있다.

치료자의 목표는 내담자가 인생이 장애물 투성이가 아니라는 것을 깨닫게 하고, 맞닥뜨리는 여러 문제와 도전을 헤쳐나가는 길을 탐색하도록 가르치는 것이다. 여기에는 이 모듈에서 설명한 시간 관리 및 조직화 기술 외에 문제해결 모듈(제7장)에서 논의되는 기술도 포함될 것이다.

집단치료 : 조직화 및 시간 관리 모듈

집단치료를 준비하기 전에 이 장을 반드시 읽어야 한다. 아래에 집단 회기를 6회로 요약하였다. 회기의 횟수는 필요에 따라 늘리거나 줄일 수 있다.

계획

1회기 시작 활동
2회기 심리교육－6단계, 시간 추정, 시간낭비 함정, 보상
3~5회기 연습(예제를 사용하여 반복, 단기 목표에서 장기 목표로 이동, 일지를 사용하여 보다 확장된 기간의 일정 짜기)
6회기 심리교육, 기법, 보상 검토
숙제 결과/경험 토론－무엇이 가장 효과적이었나?
장애물 및 극복 방안

시작 활동

어떤 시간 관리 문제가 있는가?
일을 열심히 하지 않는 이유가 무엇이라고 생각하는가?
이 문제가 당신의 일상 활동에 어떤 영향을 미치는가?
참가자들에게 구체적인 사건과 상황을 떠올리게 한다. 무체계성과 시간 관리 문제로 인해 달성되지 못한 목표를 확인한다.
참가자들이 무체계성의 결과에 대해 생각해보게 한다(마감 시간을 놓침, 학교 또는 직장에서의 문제, 목표 미달, 자존감, 타인의 시선 등).
이런 문제를 극복하기 위한 전략을 찾았는가? 어떤 전략이 효과적인가? 효과적이지 않은 전략은 무엇인가?
시간 관리 평가 및 시간 엄수 중요도 평가－표 5.1과 5.2
이 평가로부터 무엇을 알 수 있는지 논의한다.
평가에서 발견될 수 있는 개인차(즉 사람들이 가지고 있는 각기 다른 유형의 문제)에 대해 집단에서 토의한다.

심리교육

시간계획 6단계
목표 설정, 목록 만들기, 활동의 우선순위 정하기, 과제 완성에 걸리는 시간 추정, 과제 일정 관리, 보상 체계 통합.
시간 추정 : 표 5.4
시간 추정 연습(표 5.4)에서 '추정 시간' 부분을 작성한다. 가능하면 시작 활동에서 제기된 주제나 문제를 적절하게 수정 또는 조정한다. 참가자는 숙제로 예상 시간과 실제 시간을 비교한다.
시간낭비 함정－주의력 전환, 지연 혐오, 자극 추구 행동, 지연행동과 거짓 바쁨
보상이 어떻게 과제를 완료하는 동기가 될 수 있는지 토론한다.

연습

참가자가 시작 활동에서 확인했던 달성되지 못한 목표를 선택하거나 새로운 사례를 소개한다(예 : 다음 달에 어머니를 위한 깜짝 생일 파티를 열고 싶다, 내년에 학교를 졸업하면 대학에 진학하거나 여행을 떠나거나 취

(계속)

직을 하고 싶다). 이런 예는 일주일 동안 시도할 여러 과제로 나눌 수 있는 목표여야 한다(예 : 대학 알아보기, 강의 알아보기, 대학 방문, 지원서 작성과 발송). 이런 예를 사용하여 소집단 또는 전체 집단에서 연습을 할 수 있다.

목표를 여러 단계로 세분화한다.
목표를 확인하고 더 작은 단계로 나눈다(그림 5.1).
이것을 더 많은 단계로 세분화할 수 있는가?
할 일 목록을 만든다.
그 주에 해야 할 일 목록을 작성한다.

활동의 우선순위 정하기
목록을 보고 활동의 우선순위를 정한다(글상자 5.3).
목록에 있는 항목을 우선순위가 높은 순서로 정렬하고 '표 5.5 시간계획'에 추가한다.

과제 완료 시간 추정
'표 5.5 시간계획'에 추정 시간을 적는다.
참가자가 얼마나 정확하게 시간을 추정했는가? 숙제로 해온 연습(표 5.4 시간 추정 연습)의 결과를 토의한다. 시간계획에서 시간을 추정할 때 참가자에게 이 연습에서 배운 요소를 상기시킨다.

활동 계획 일지 작성
표 5.6을 사용하여 목표와 단계를 달성할 일주일의 일정을 짠다.

휴식과 보상을 포함시킨다.
보상을 찾아서 일정에 추가한다.
성취를 방해하는 장애물과 극복 방안을 토의한다.

숙제

표 5.4 시간 추정 연습 – 과제를 완료한 후 소요된 '실제 시간' 열을 완성한다.
목표를 확인해서 6단계를 연습한다. 다음 며칠 내로 달성할 단기 목표에 대해 연습한다. 몇 주 또는 몇 달 동안 달성하고자 하는 중기 목표에 대해서도 연습한다. 일지를 사용해서 계획을 짠다.
회기와 회기 사이에 기법을 적용하고 연습한다.

6

충동성 모듈

행동 및 인지 충동성이란 행동, 말, 사고 과정을 자제하거나 조절하지 못하는 ADHD의 특징이다. 이로 인해 ADHD 환자는 결과를 고려하지 않고 느낌, 생각, 주장 등을 떠오르는 대로 말할 가능성이 높다. 또한 결과를 고려하지 않고 행동해버릴 수도 있다. 어떤 면에서 보면 이들은 부적절한 반응이나 행동을 걸러내는 내부 '제동장치'가 없다. 이를 빈약한 '반응 억제'라고 한다. 즉 그들은 우세 반응(prepotent response)을 억제할 수 없다. 빈약한 충동조절은 ADHD 환자의 사회적 상호작용에 문제를 유발할 수 있다. 그들은 부적절한 말을 불쑥 내뱉어 무심코 사람들을 공격할 수도 있다. 하지만 어떤 환경에서는 이런 충동적 행동 경향이 성공을 위한 위험 감수를 의미한다는 점에서 유리할 수도 있다. 반면에 ADHD가 없는 사람들은 보다 조심스러울 가능성이 높기 때문에 기회를 놓칠 수 있다. 또한 충동성 또는 자제력 부족 성향은 다양하고 새로운 사고를 늘려 ADHD 환자가 창의력을 발휘하게 할 수 있다. 사실 성공한 기업가나 예술, 음악, 스포츠계의 유명인 중에는 자신이 ADHD라는 사실을 공개하고 ADHD 덕분에 자신이 성공했다고 밝히는 경우도 있다.

하지만 충동적으로 행동하고 생각하는 경향이 큰 손해를 초래할 수도 있다. ADHD 환자는 체계적으로 결정하지 못하거나 다른 관점에서 생각하지 못하는 경우가 많다. 이들은 즉시 원하는 대로 되기를 바라고 지나치게 요구가 많기 때문에 다른 사람을 지치게 하고 눈치 없어 보이며, 반사회적이고 성가신 동료로 비춰진다. 또한 무언가에 열광하다가 새로운 것이 나타나면 곧바로 흥미를 잃기 때문에 경솔하고 변덕스러운 사람으로 비춰질 수 있다. 이들은 다른 사람의 감정이나 요구에 대한 배려가 없는 자기 중심적인 사람으로 오해받기도 한다. 이런 모습으로 인하여 사회적 결과가 좋지 않을 가능성이 높으며, 이해받지 못하고 사회적으로 고립되어 있다는 느낌을 갖게 된다.

이 모듈은 젊은 ADHD 환자의 충동적 행동을 유발하는 결함에 대해 살펴본다. 많은 경우 그들의 충동적 행동은 반사회적 행동, 비행, 범죄와 연관된다. 이 장에서는 드러날 수 있는 전형적인 충동조절문제에 대한 기술과 함께 이에 대한 이론적 설명을 논의하고, 이들이 충동적으로 반응하기 쉬운 상황을 찾고 적절한 통제 및 대처 전략을 선택하는 여러 방법이 제공된다. 또한 다양한 인지행동적 자기감찰 및 자제 전략이 제시되는데, 이러한 전략에는 자기대화, 주의분산, 자기지시 훈련 등 통제력을 향상시키는 여러 기술이 있다.

청소년과 성인의 기능 결함

ADHD 환자에서 충동성이 드러나는 몇 가지 양상이 있다. 이들은 지나치게 '상황 대처가 빠르다'. 예를 들면 지시가 끝나기도 전에 반응하거나 필요한 설명을 다 듣기 전에 일을 시작한다. 또한 ADHD 환자는 '생각 없이 행동하는' 문제를 겪는데, 이들은 가능한 모든 대안과 예상되는 결과를 따져보지 않고 반응한다. 또는 법적, 사회적 고려 없이 자신을 화나게 한 사람을 비난하거나 폭행할 수도 있다. 그들은 장기 보상보다는 단기 보상에 주력한다. 예를 들면 학생들은 친구들과 놀기로 한 약속 같은 즉각적인 보상에 저항하기 어려울 수 있는데, 이로 인해 마감 시간을 넘기지 않고 프로젝트 과제를 제출하는 것 같은 더 장기적인 목표를 달성하지 못할 수 있다.

표 6.1은 ADHD 환자 또는 친구와 가족이 흔히 보고하는 전형적인 충동조절문제 목록이다.

이런 행동의 공통적인 문제는 ADHD 환자들이 이런 행동이 가져올 결과를 미리 고려하지 않는다는 것이다. 그러나 그들이 적절한 행동과 적절하지 못한 행동을 구분하지 못하거나 어떤 문제에 대한 더 나은 해법 또는 반응이 있다는 사실을 모르는 것이 아니다. 모든 대안을 고려하지 않기 때문에 이런 문제가 발생한다. 그들의 결정 과정은 충동적이며 중요한 선택을 순식간에 하고 신중하게 계획하지 않는다(제7장 문제해결 모듈 참조). 따라서 치료 모델은 자기감찰 및 자기조절기술을 가르치고(예 : 멈추고 생각하기), 행동 결과를 고려하여 적절하고 건설적인 대안을 생각해내도록 훈련시키는 것을 목표로 한다.

표 6.1 ADHD 환자가 경험하는 전형적인 충동조절문제

문제	결과
결과가 안 보임	행동하기 전에 행동의 결과(예 : 험담을 하거나 남의 말을 가로채는 행동의 사회적 결과)를 고려하지 않는다.
기다리지 못함	자신의 순서를 기다리는 능력이 크게 떨어지는데, 특히 줄 서서 오래 기다릴 때 두드러진다.
즉시 충족 추구	더 큰 보상을 위해 더 오랫동안 더 많이 노력하기보다 노력을 덜하는 단기 보상을 선호한다.
지름길 선택	ADHD 환자는 정확도가 떨어지고 결과의 질이 낮더라도 쉬운 '지름길'을 택하는 것으로 악명 높다.
지나친 요구	자신이 바라는 걸 다른 사람이 못하게 하면 떼를 쓰거나 자기 중심적으로 행동한다.
통찰을 못함	충동적으로 행동하기 쉬운 상황을 빨리 알아차리지 못한다.
갑작스러운 움직임	의자에서 갑자기 일어나거나 다른 사람 물건을 낚아채는 등 움직임이 충동적이다.
무모한 운전	신호등을 기다리거나 느린 차 뒤에서 참을성 있게 운전하기 힘들다. 운전 중 충동조절이 부족해 속도나 신호 위반 등 교통법규 위반을 일으키고, 추월하느라 위험해질 수도 있다.
규칙 위반	충동적 행동은 반항이나 고의로 지시를 위반하는 모습으로 나타난다.
무모함	충동성은 무모함으로 나타날 수 있는데, 결과를 고려하지 않고 위험한 활동을 하는 경향 때문이다.
속단하기	성급하게 결론 내리는 것은 ADHD의 흔한 문제이다. 애매한 상황을 오해하거나, 지엽적인 정보로 가정하고, 최악의 상황을 상상하곤 한다.
빚지기	충동적인 소비로 인해, 자신이 감당할 수 있는지 또는 필요한지 고려하지 않고 쇼핑을 한다.
자극 추구 행동	즉각 보상에 끌리는 성향 때문에 흥분과 새로움을 추구한다.
불안	불안 때문에 혐오 상황을 충동적으로 피하거나 충동조절문제가 악화될 수 있다.

반사회적 행동, 비행, 범죄행위

소아 ADHD는 흔히 품행문제와 빈번하게 연관되며, ADHD 증상의 발달경로가 다양하듯이 ADHD와 품행장애를 가진 아동의 발달경로 역시 다양하다. Moffit(1993)은 비행청소년은 두 가지 기본 유형으로 분류된다는 이론을 제시하였다. '청소년기에 국한된' 유형은 청소년기 초기나 중기에 주목할 만한 범죄행위가 처음으로 나타나지만 청소년기 말기에는 대개 사라지는 비공격적 행동이 특징이다. '평생 지속되는' 반사회적 유형은 청소년기에 현저한 공격성이 특징이며, 어릴 때부터 비행과 공격적 행동이 두드러진다.

Moffit은 이 집단의 비행은 신경심리 기능이상, 가족불화, 주의력 결핍 또는 과잉행동 같은 기존의 인지행동 결함과 관련이 있다고 말한다. 과잉행동 남아를 청년기까지 살펴본 종단적 역학연구에 따르면, 과잉행동은 젊은 남성에서 성장 후 폭력 등 반사회적 문제를 일으키는 위험 요인이었으며, 이 결과는 초기에 동반된 품행문제를 통계적으로 고려하더라도 동일했다(Taylor et al., 1996). 이는 어린 아동이 인지적 문제와 품행문제까지 '이중' 위험을 안고 자란다는 것을 의미한다. 사실 ADHD와 품행장애가 공존하면 단일 질환보다 임상적으로나 유전적으로 더 심각하다는 일부 증거가 있다(Thapar, Harrington, & McGuffin, 2001).

재판기록에 따르면 ADHD 청소년은 사법기관과 접촉할 위험이 높으며(Satterfield et al., 1994), 교도소 연구에서는 소년원에 수감된 범죄자의 약 45%가 ADHD였다(Rosler et al., 2004; Young et al., 2010). 성인 교도소에서는 ADHD 비율이 30% 정도로 다소 낮은데 이는 나이가 들면서 증상이 완화되는 현상과 관련되어 보인다. 범죄자에게 ADHD가 동반되면 첫 유죄판결 시 연령이 어리고, 재범이 많으며, 물질남용 같은 동반질환이 많고, 교도소 내에서 공격적인 행동을 보일 가능성이 높다(Young et al., 2011 참조). 많은 청년이 성장하면서 증상이 완화되지만 반사회적 또래집단과 문화의 세뇌로부터 벗어나고, 반사회적 태도를 거부하거나 기존의 반사회적 행동패턴을 벗어나기에는 너무 늦을 수 있다.

ADHD 범죄자는 증상 호전과 정서조절뿐 아니라 반사회적 태도와 행동, 불안정한 기질 등 범죄 유발 욕구에도 초점을 맞추는 중재를 받는 것이 중요하다. 이 중재에는 약물치료를 보완하는 심리중재가 포함되며, 현재까지 이러한 목적을 위해 이 내담자 집단(ADHD 청소년, 비행 청소년, 성인 범죄자)을 대상으로 고안된 중재 방법은 ADHD 청소년 및 성인을 위한 R&R2 프로그램이 유일하다(Young & Ross, 2007). 이 프로그램은 증상조절, 기술개발, 친사회적 태도를 가르칠 뿐 아니라 문제해결 같은 인지 과정 훈련도 포함한다. 무작위 대조실험 결과 이 프로그램은 투약 중인 성인에서 ADHD 증상과 반사회적 행동, 정서조절, 불안, 우울 같은 문제 치료에 매우 효과적임이 입증되었다(Emilsson et al., 2011). 또한 이 집단 프로그램은 영-브램험 프로그램 모듈에서 설명하는 치료법으로 도움을 받을 수 있는 참가자의 특정 기술 결함이나 요구가 있는지 평가할 수 있다.

충동성 평가

충동성은 두 가지 개념, 즉 '행동 충동성'과 '인지 충동성'으로 나눌 수 있다.

1. **행동 충동성**은 반응이 미숙하거나 너무 빨라서 신체적 또는 언어적 행동을 억제하지 못하는 현상을 말한다. 이는 부적절한 내용의 행동이나 말을 억제하지 못하는 양상으로 나타나는데, 예를 들면 홧김에 사람이나 물건을 치거나 상처 주는 말을 할 수 있다. 행동 충동성은 즉각 보상에 과도하게 끌리는 성향과 관련이 있다.
2. **인지 충동성**은 실행기능문제와 연관된 비체계적 행동을 유발한다. 이것은 건망증, 빈약한 계획 및 시간 관리의 원인이 된다. 예컨대 내담자는 상황이나 타인의 의도를 오해하고, 정보가 충분하지 않은데도 중요한 결정을 성급하게 내릴 수 있다.

신경심리 평가로 이 두 가지 개념을 구분할 수 있다. 행동 충동성은 대개 반응억제 평가 과제를 통해 측정된다. 반응 억제는 어떤 반응이 부적절할 때 그것을 억제하는 능력이다. ADHD 환자는 이런 과제 수행에 어려움을 보이는데, 예를 들면 '정지' 과제(stop task)와 '반응 억제' 과제(go-no-go task) 등이다(Rubia et al., 1998, 1999, 2000). '정지' 과제는 일반적으로 목표 신호가 나오면 컴퓨터 키를 누르는 식으로, 특정 수반성에 따라 반응하는 것을 말한다. 예를 들면 피험자가 화면에서 비행기가 보일 때마다 버튼을 누르게 하는데, 때로는 피험자에게 반대로 (반응을 억제하여) 이런 반응을 멈추도록 지시한다. 이것은 신호에 따라 반응하기 쉬운 ADHD 내담자에게 어려울 수 있으며 많은 실수를 유발하게 된다. 이와 유사하게, '반응억제' 과제는 내담자에게 특정 목표, 즉 '반응(go)' 목표에 반응하지만, 앞이나 뒤에 다른 '억제(no-go)' 목표가 동반되면 반응하지 않도록 한다. 예를 들면 화면에 비행기가 보일 때마다 버튼을 누르지만, 비행기가 다른 청각 또는 시각 신호(예 : '비프음' 또는 다른 색 비행기)와 함께 제시되면 반응을 억제한다. 이런 경우 ADHD 환자는 반응을 조정하기 힘들어하며, 타이밍을 놓치고 잘못 눌러 에러를 연발한다(즉 반응을 참기 힘들다). 그러나 자극 사이의 시간을 늘리면, 반응할 시간이 늘어나므로 수행이 향상될 수 있다.

행동 충동성도 인지 스타일의 충동성/신중함(reflectiveness)을 평가하는 같은 그림 짝짓기 검사(Matching Familiar Figures Test)(Cairnes & Cammock, 1978) 같은 과제를 사용해서 평가될 수 있다. 이 검사는 5개의 선택지 중에서 목표 그림을 신속하고 정확하게 찾는 정도를 평가하는데, '다른 그림 찾기(spot the difference)' 놀이와 비슷하다. ADHD가 없는 사람과 비교할 때, ADHD 환자는 빠르게 반응하지만 틀린 반응을 선택함으로써 에러 횟수가 증가하는 경향이 있다. 이들은 정확성보다 속도를 선호하며, 문제해결을 할 때 '시행착오'식 접근을 취한다.

인지 충동성은 다양한 실행기능 양식에 의한 신경생리학적 평가뿐 아니라 행동에 대한 세심한 관찰과 일화성 보고를 통해서도 평가될 수 있다. 일련의 과제를 조정하고 전략을 수립하는 능력은 실행기능장애증후군 행동평가(Behavioural Assessment of Dysexecutive Syndrome, BADS) 중 수정된 6요소 하위검사를 통해서 평가할 수 있다(Wilson et al., 1996). ADHD 환자는 계획 없이 충동적으로 과제를 바꾸느라 규칙을 깨곤 한다. 동일한 종합검사 중 계획기술을 평가하는 데 사용될 수 있는 또 다른 검사는 '동물원 지도' 과제가 있다. 이 검사를 하기 위해서는 지도에 동선을 그리기 전에 동물원 방문을 체계적으로 계획하는 규칙과 지시를 충분히 이해해야 한다. ADHD 환자는 대개 여유 있게 계획하지 않고 효율적인 순서도 없이 충동적으로 경로를 시작한다. Young 등(2007)은 런던타워(Tower of London, TOL) 문제해결 검사에서 ADHD 참가자가 과제의 난이도에 따라 계획 시간을 조정하지 못하는 계획 장애를 발견했다.

인지 충동성 결함은 몇몇 신경심리 평가상에서만 존재할 수도 있지만, 일상생활을 완전히 망가뜨릴 가능성이 매우 높다는 점을 명심해야 한다. 따라서 내담자에게 매일 집안일과 과제, 특히 지속적인 노력과 집중이 필요하거나 흥미나 동기부여가 없는 일을 어떻게 마무리했는지 세심하게 물어보는 것이 매우 중요하다. 사실 실행기능장애 행동 평가의 장점 중 하나는 이 검사가 인위적인 검사실 결과를 실제 생활에 비교적 잘 적용하는 생태학적으로 타당한 종합 실행기능 검사라는 것이다. 그럼에도 불구하고, 어떤 사람들은 평가 상황에서만 수행할 수 있는데, 이들은 인위적으로 시키면 인지 충동성을 조절할 수 있지만, 일상에서는 이것을 매우 어려워한다.

행동을 찾고 모니터링하는 IMPULSE 방법

내담자는 행동 충동성을 즉시 이해할 것이다. 왜냐하면 이것은 그들이 이미 일상 속에서 수행을 방해한다고 인식해 오던 것이기 때문이다. 행동 충동성의 예는 '딴짓'을 하느라 일을 끝내지 못함, 성급하게 잘못된 결론을 내리기, 이성을 잃고 화내기 등이다. 치료자는 내담자가 충동적으로 반응하기 쉬운 '구체적' 상황을 찾아내게 한다. 그다지 어려운 일은 아니지만, 내담자가 힘들어한다면, 후회되는 지난 순간이나 행동을 떠올려보게 한다. 특히 규칙적으로 일어나는 문제를 찾는 것이 좋은데, 치료의 진전을 모니터링하는 데 활용할 수 있기 때문이다. (회기 중 내담자의 행동 관찰뿐 아니라) 이러한 상황에 대한 토론과 탐색 및 소크라테스식 질문법을 통해서 치료에 적합한 목표행동을 결정할 수 있다. 하지만 모든 행동 측정이 그러하듯이 내담자와 치료자는 목표행동을 구체적이고 명확하게 정의해야 한다. 목표행동의 빈도는 회기 중에(예 : 방해 빈도), 내담자, 친구, 배우자, 가족에 의해 회기 밖에서(예 : 운전 중에 다른 운전자를 향해 소리지르기), 또는 객관적인 척도(예 : 주간 소비기록)에 의해 측정할 수 있다.

이 활동의 궁극적인 목적은 내담자가 자신의 충동적 행동을 모니터링하게 하는 것이다. 이를 통해 자기 행동에 대한 자각이 더 많이 발달하기 때문에, 자기감찰을 이런 식으로 배우는 것 자체가 일종의 감소 전략으로 작용한다. 내담자는 치료자와 함께 구체적인 중재 방법을 논의한 후, 선택된 전략을 사용하고 나서 검토 및 평가를 한다. 이 과정을 부족한 충동조절을 자기감찰 및 통제하는 IMPULSE 방법이라고 한다. 표 6.2는 충동적인 소비문제에 IMPULSE 방법을 적용해본 사례이다. 내담자는 충동적인 소비가 너무 잦아서 빚이 점점 늘고 있었다. 회기 중에 사용할 수 있게 만든 표 6.2의 유인물은 보조 웹사이트에 실려 있다. 일단 내담자가 IMPULSE 방법을 익히면, 다양한 문제행동(다른 사람이 찾아낸 행동까지 포함)에 적용해보도록 격려한다.

인지행동치료

심리교육

ADHD에서 충동성이 나타나는 이유는 두 가지로 설명된다. 하나는 혼잡한 도로에 뛰어들거나 눈치 없이 불쑥 말하지 못하게 하는 억제조절기전(inhibitory control mechanism)에 1차적인 실행기능 결함이 있다는 것이다(Barkley & Biederman, 1997). 성공적으로 억제할 가능성은 '중지' 간격 시간과 직접 관련되는 것 같다. 즉 ADHD 환자는 짧은 시간 안에 반응을 억제하도록 압박받을 때 실수할 가능성이 높다. 그러나 반응을 억제하기 위한 시간이 길게 주어지면, 보다 정확하고 덜 '충동적'이게 된다. 이 개념은 중재에 강한 영향을 미친다. 치료자는 ADHD 내담자가 충동적 실수로 인한 실패를 줄이도록 시간계획을 짜는 법을 배우고, '멈추고 생각'하도록 격려한다.

표 6.2 행동을 찾아내고 관찰하는 IMPULSE 방법

코드	활동	설명
I	문제행동 찾기 (Identify the behaviour) 예 : 신용카드로 충동적 소비	목표행동은 내담자가 선택해야 한다. 모든 충동성이 내담자에게 문제가 되는 것은 아니다. 내담자가 변하고 싶은 분야를 찾아내고 목표로 삼는 것이 중요하다. 예를 들면 대화 중에 상대의 말을 끊고 자기 말만 하면 관계에 문제가 생기고 고립될 수 있다.
M	행동을 명확하게 하기 (Make the behaviour explicit) 예 : 돈이 없는데도 CD나 옷을 삼	변화를 유효하게 측정하려면 그 문제를 명확하게 정의하는 것이 중요하다. '충동성 멈추기'처럼 애매한 목표는 측정하기 어려우며 달성하기도 어렵다. '속도위반으로 운전하기'나 '남의 말 끊기'처럼 스스로 운용할 수 있는 행동을 사용하는 것이 더 적절하다.
P	친구나 배우자의 모니터링 (Peer/partner monitoring) 예 : 신용카드 영수증을 회기에 가져옴. 배우자가 새로 구입해서 집에 가져오는 물건을 감시할 수 있음	치료 회기 중에 말 끊기 같은 일부 행동은 치료자가 모니터링할 수 있지만 다른 행동은 평가하기 쉽지 않다. 어떤 행동은 동영상을 촬영하면 유용할 수 있다. TV 채널 변경이나 식사 중에 들락거리는 횟수를 세는 것 같이 배우자나 가족 또는 친구가 도울 수 있는 경우도 있다.
U	이해하고 자기감찰하기 (Understanding and self monitoring) 예 : 구매한 모든 물건에 대해 계획적인 구매였는지, 구입할 만한 여유가 있었는지 평가함	다른 사람이 IMPULSE 방법을 모니터링해 왔다면, 관찰의 책임을 내담자에게 넘겨야 한다. 내담자가 목표행동을 적절하게 인지할 수 있는지 확인하기 위해 행동에 대한 여러 보고를 비교해보는 것이 좋다. 자기감찰은 행동의 유발 요인이나 선행 사건을 더 잘 인지하게 해주기 때문에 그 자체가 중재일 수 있다.
L	문제에 대처하기 위한 계획 목록 (List plans to tackle the problem) 예 : 주간 예산을 세움	행동을 한동안 모니터링하고 나서 기준 횟수가 정해지면, 내담자와 함께 중재계획을 세운다(전략 단락 참조).
S	전략 실행 (Strategy implementation) 예 : 예산을 실행함	내담자가 동의한 전략을 적용한다.
E	전략 평가(Evaluation of strategy) 예 : 1. 유혹에 저항한 순간에 대해 피드백함 2. 계획하지 않은 구매 횟수를 셈	두 가지 방법으로 전략 성공을 평가한다. (1) 어떤 전략이 도움이 되었는지 또는 안 되었는지 등을 내담자가 피드백한다. (2) 목표행동의 빈도를 측정하기 위해 모니터링을 반복한다. 이것을 기준 횟수와 비교한다.

다른 이론은 ADHD의 탈억제나 충동성은 지연에 대한 혐오 때문이라는 것이다(Sonuga-Barke et al., 1992). 이 관점에 따르면, 충동적인 행동이란 ADHD 환자들이 아

주 싫어하는 지연을 피하려는 선택이다. 이 이론에서는 충동성을 즉각 또는 단기 보상을 선호하고 장기적으로 만족을 지연하는 특성 때문으로 본다. 이것은 ADHD 환자는 장기 보상보다 가치가 적더라도 당장 제공된 보상을 더 선호한다는 의미다. 이는 특히 성인에서 행동 대부분이 '기다리는 자에게 좋은 일이 생긴다'는 원리의 지배를 받는 일상생활 기능에 영향을 미친다. 예를 들어 사람들은 대개 주말이나 월말에 받는 급여에 대한 기대 때문에 매일 일을 한다. 하지만 ADHD 환자는 일을 하면서 어떤 이유(예 : 일이 지루하다거나 동료 때문에 짜증났다거나)로 불만스럽거나 짜증이 나면, 상황으로부터 벗어나는 단기 보상이 급여를 받는 장기 보상보다 더 중요하다고 느끼며 일을 그만두기 쉽다. 불행히도 어떤 사람은 즉각 보상에 대한 유혹 때문에 비행이나 범죄행위에 가담하기도 한다. 따라서 치료 전략을 실행할 때는 과제를 작은 단계로 쪼개고 단기적으로 보상받을 수 있는 목표를 제공함으로써 즉시 충족을 원하는 요구에 부응하도록 한다.

충동조절 전략

치료의 1차 목표는 내담자가 충동적인 반응을 조절하는 행동관리계획을 개발하고 유지하게 하여 습관이 되도록, 즉 일반화되게 하는 것이다. 충동적 행동을 모니터링 및 조절하는 기법을 배우는 것이 여기에 포함된다. 충동조절에는 몇 가지 기법이 있는데, 모두 내담자가 '멈추고 생각'하게 하는 기법이다. 여기에는 자기대화, 자기지시 훈련, 이중 확인, 주의분산 등 인지 전략을 적용하는 법이 포함된다. 모든 전략이 도움이 되지는 않더라도 일부 방법은 내담자에게 도움이 될 것이다. 어떤 전략이 도움이 되는지는 각 전략을 시도하고 평가하는 과정을 통해서만 알 수 있다.

내담자는 가능한 언제든 적절한 행동을 모방해야 한다. 어떤 사람은 역할극에서 적절한 방식과 부적절한 방식의 행동을 녹화한 영상을 보는 것이 도움이 되기도 한다. 녹화를 되돌려볼 때, 친구나 가족이 자신을 관찰한다고 상상하게 하여 내담자가 자신의 행동을 다른 관점에서 보게 하고, 마음속에 무슨 생각이 떠오르는지 알아본다. 또는 내담자에게 친구나 가족의 행동을 관찰하고 있다고 상상하게 할 수도 있다. 내담자들이 그런 행동을 어떻게 생각하는가? 그런 행동을 다르게 보는가? 역할극은 내담자가 자신의 행동이 어떤 개인적 또는 사회적 결과를 가져오는지 생각해볼 수 있게 하므로 관점을 수정하는 데 특히 도움이 된다.

인지 회피를 주의해야 하는데, 인지 회피는 동기 결여처럼 보일 수 있다. 내담자는 대개 자신의 행동과 그 행동이 다른 사람에게 미치는 영향을 직시하기를 고통스러워할 수 있다. 이로 인해 내담자는 재정적, 정서적으로 큰 대가를 치렀던 과거 실수의 고통스러운 기억을 직면하지 않으려 할 수 있다. 이것은 치료의 진전을 방해할 수 있다. 어떤 경우에는 내담자가 고의적으로 불참함으로써 치료를 방해하려 하기도 한다(이것은 불안을 유발하는 치료로부터 벗어나는 단기 보상을 제공하므로 '2차 이득'에 해당한다). 치료자는 내담자의 감정에 신경을 쓰고 비판단적 태도와 개방적 접근으로 그들의 어려움을 인정해주는 것이 치료에 도움이 될 것이다.

자기대화

본질적으로 자기대화는 능동적으로 생각하는 것이다. 누구나 어느 정도 자기대화를 하며 때로는 큰 소리로 생각을 내뱉기도 한다. 사람들은 종종 머릿속에서 다양한 상황에 따른 결과를 예상하고 여러 가지 반응을 연습한다. '중지', '조절', '돌다리도 두드려보고 건너라', '말하기 전에 생각해' 같은 말을 함으로써 자동적인 역기능적 사고 과정을 차단하는 인지 기법으로 자기대화를 활용하도록 가르칠 수 있다. 내담자가 정서적으로 매우 흥분된 상태라면 이것은 오히려 인지 결함을 악화시켜 내담자가 압도당하는 느낌과 혼동감에 사로잡히게 된다. 이때 '진정하자', '난 할 수 있어' 같은 자기대화와 함께 (미리 정해 놓은) 평온한 이미지를 떠올리면 통제감을 느끼는 데 도움이 될 수 있다. 필요할 때 바로 떠올릴 수 있는 유용하고 편안한 시각적 장면 목록(예 : 휴양지 해변, 산 정상에 앉아 있기, 평화로운 정원, 저녁 노을 등)을 만들기 위해 어떤 평온한 이미지가 도움이 될지 회기 중에 논의하고 시험해봐야 한다. 일단 이런 식으로 내담자의 생각을 차단시킨 후, 뒤로 물러나서 다르게 생각해보게 한다. 예를 들면 '이 문제를 해결할 다른 방법은 없나?', '우리 가족이나 친구라면 나에게 무슨 말을 할까?' 등이다.

자기대화는 내담자의 요구에 따라 달라져야 한다. 어떤 자기대화가 내담자에게 도움이 되는지 회기 중에 함께 알아보고 실제 상황에서 '미니 실험' 등을 통해 시험 및 평가해야 한다. 유용한 자기대화를 찾으면 연습을 한다. 예컨대 자기대화는 한적한 도로에서 운전 중에 연습할 수 있다. 자기대화를 더 많이 연습할수록, 흥분할 때 자기대화를 더 잘 사용할 것이다.

자기지시 훈련

'충동을 가라앉히는' 두 번째 단계는 자기지시 훈련이다. 자기대화는 역기능적 사고 과정을 차단한다. 자기대화를 익히고 나면, 내담자는 보다 더 긍정적이고 기능적으로 사고하는 법을 배워야 한다. 자기지시 훈련은 내담자가 뒤로 물러나서 다른 관점에서 상황을 살펴보고, 가능한 반응과 결과를 검토하고 재평가하고 나서, 적절한 반응을 선택하도록 돕는다. 내담자는 자기주도적이고 목표 지향적인 지시를 해야 한다. 내담자는 이 과정에 익숙해질 때까지 회기 중에 소리 내어 연습한다. 예를 들어 ADHD를 겪는 재영 씨는 슈퍼마켓 계산대에서 줄서서 기다리는 것이 힘들다. 그녀는 줄이 아주 길 때마다 짜증나고 초조해져서 고른 물건을 버려둔 채 나가버린다. 이 사례에서 치료자와 재영 씨는 다음과 같은 대처계획을 고안했다.

1. 가능하면 하루 중 한가한 시간에 장을 본다.
2. 줄을 서서 기다려야 할 때 초조하고 짜증나면서 뛰쳐나가고 싶은 생각이 들기 시작할 때, '멈춰', '진정해'라고 자기대화를 한다.
3. 자기주도적으로 여러 옵션을 평가한다. 예 : "내가 지금 여기서 나가면 장 보는 목표를 달성하지 못하고 이따 시간을 내서 다시 와야 할 거야. 그러면 오늘 저녁 계획이 틀어질 거야. 이 가게는 나중에 오더라도 계속 붐빌 거야. 오늘 장을 못 보면 내일 아침에 먹을 게 없어 굶고 출근해야 할 수도 있어. 줄 서서 기다리는 동안 주의분산 기법을 사용해서 짜증을 줄여보자. 그러면 난 쇼핑을 할 수 있고 내일 아침에 먹을 걸 살 수 있어. 그럼 오늘 저녁에 친구들을 만날 수 있어."
4. 재영 씨는 선택한 주의분산 기법을 사용한다(아래 참조).
5. 쇼핑을 마친 후 재영 씨는 목표 달성에 대한 보상으로 초콜릿바를 먹었다.

이 훈련이 성공하는 데 가장 큰 장애물은 ADHD 환자가 즉시 충족을 추구하는 성향이다. 이들은 쇼핑을 계속해서 얻는 장기 보상보다 짜증이나 안절부절못하는 느낌을 피하기 위해 슈퍼마켓에서 뛰쳐나가는 즉각 또는 단기 보상을 선호한다. 따라서 '결과 예측 사고'(예 : 가능한 결과와 그것의 장점 및 단점 평가하기)는 모든 대처계획에서 중요한 요소이다. 이것은 회기 중에 CONTROL(표 6.3 참조) 전략을 연습하면서 내담자에게 소개할 수 있다. CONTROL 전략은 내담자가 자기대화로 역기능적 사고를 멈추고,

표 6.3 CONTROL 과정

코드	요소	설명
C	통제 (Control)	역기능적 사고 과정을 차단하기 위해, 사고중지 기법을 동원해 (크게 말하거나 자기대화로) 'CONTROL'이라고 말한다. 이것은 또한 내담자가 일시적으로 그 상황을 벗어나게 하는 이점도 있다.
O	'Off-line' 처리 (Off-line processing)	자기대화와 자기지시를 적용해서 차분한 장면과 정서적으로 중립적인 상태에 집중하도록 한다.
N	새로운 해법 (New solutions)	자기주도적 진술을 통해 대안적 해법을 만들어낸다. 합리화와 문제해결 기술이 추가로 도움이 될 수 있다(제7장 문제해결 모듈 참조).
T	해법 검토 (Test solutions)	해법은 마음속으로 시연해보고 결과를 예상함으로써 검토해볼 수 있다. 예를 들면 나는 (a) 지금 신용카드로 새 TV를 사고 1년 동안 매달 나눠서 갚을 수 있다, (b) TV를 사기 위해 돈을 모아 6개월 뒤에 살 수 있다, (c) 더 싼 TV를 살 수 있다.
R	재평가 (Re-evaluation)	대안을 검토했으면, 내담자의 목표를 감안할 때 가장 나은 대안을 선택할 수 있다.
O	'On-line' 처리 (On-line processing)	선택을 했으면, 그 대안을 실행한다. 즉 그 해법이 'on-line'이 된다. CONTROL 과정을 성공적으로 해낸 것에 대해 보상을 결정해서 포함시킨다.
L	이점 찾기 (Look for benefits)	CONTROL 과정을 더 강화하기 위해, 이 과정의 이점과 긍정적 성과를 검토하여 결과를 평가한다.

자기주도적 진술(self-directed statement) 및 지시를 하고, 대안을 생각해보는 과정을 말한다. CONTROL 과정을 해내기 위해서는 내담자에게 ('off-line'을 유도하는) 역기능적 사고를 중단하는 방법을 가르치고, 어떤 해법을 수행하기 위해서 'on-line'으로 되돌아가기 전에 정서적 흥분을 줄이고 대안을 만들고 평가하는 결과 예측 사고 과정을 익히게 해야 한다. 내담자가 잠재적 결과의 장단점을 따져볼 수 있다면 결과 예측 사고는 대처계획에서 매우 강력한 도구이다. 그러나 결과 예측 사고를 할 수 없는 경우도 있다. 하지만 이 기법의 가장 중요한 점은 내담자가 'off-line' 상태인 자신의 사고 과정에 피드백 고리를 도입하는 법을 배운다는 점이다. CONTROL 과정의 도입을 촉진하기 위해 내담자는 이 과정의 여러 요소를 상기시키는 신호카드를 지갑에 넣어 다닐 수 있다. 이 양식은 보조 웹사이트에 제공된다(보조 웹사이트 표 6.3a 참조). CONTROL 과정도 내담자가 회기 중에 직접 역기능적 사고를 차단하는 방법을 적어보고 검토해볼 수 있는 형태로 보조 웹사이트에 제공된다(보조 웹사이트 표 6.3b 참조). 연습을 통해 신호카드 없이도 이 과정

을 성공적으로 해낼 수 있게 될 것이다.

이중 확인

자기대화 및 자기지시 훈련 기법이 점점 더 자동화될수록 내담자는 정보, 가정, 신념 등을 '이중 확인'해야 한다. 내담자는 결정을 '이중 확인'하거나 스스로 글상자 6.1의 다섯 가지 질문에 답해보면서 결정을 검토할 수 있다.

내담자는 달성하고자 하는 목표를 기억해야 한다. 예컨대 충동 구매는 ADHD 환자의 흔한 문제이다. 이런 성향 때문에 그들은 계산대 옆에 작고 저렴한 '명품'을 배치해서 충동구매를 적극 유도하는 백화점 영업 전략에 저항하지 못한다. 게다가 많은 내담자는 많은 물건을 충동적으로 사들였을 뿐 아니라 대부분 비싸게 산다. ADHD 환자는 흔히 작아서 입지 않는 옷과 사용하지 않는 DIY 액세서리가 집에 널렸다고 한다.

잠깐만이라도 결정을 연기하는 법을 배우면 ADHD인 사람에게 좋은 '안전장치'가 된다. 치료는 내담자가 '멈추고 생각하기'와 '결과 예측 사고' 과정을 하는 데 초점을 맞춰야 한다. 내담자는 위에서 언급한 '이중 확인'을 해야 하는데, 질문을 적은 카드를 지갑에 넣고 다니는 것도 도움이 될 수 있다(이 양식은 보조 웹사이트에 제공된다). 내담자는 회기 중에 추후 '실제' 상황에서 사용할 대처방법을 결정해야 한다. 예를 들면 물건을 사지 않고 백화점에서 나오기, 그 물건을 사러 다시 백화점으로 돌아갈지 말지 결정하기 전에 5분간 걸어 다니며 카드에 있는 이중 확인 질문을 살펴보기 등이다. 성공을 입증하기 위해 결과를 측정하고 평가하는 것이 중요하다. 일정 기간 동안 구매한 물건과 '구매할 뻔한 물건' 목록을 작성해서 내담자가 얼마나 아꼈는지 강조해주면 성공을 강화할 것이다.

글상자 6.1 '이중 확인' 질문

1. 이것이 정말 내가 원하는 것인가?
2. 내가 얼마나 오랫동안 이것을 원했는가?
3. 만약 내가 이것을 한다면 무슨 일이 일어나는가?
4. 만약 내가 이것을 하지 않는다면 무슨 일이 일어나는가?
5. 장기적인 결과는 무엇인가?

표 6.4 주의분산 기법

기법	설명
대상에 집중하기	대상에 집중하고 그 대상을 자세히 기술한다.
사람에 집중하기	앞에 줄 서 있는 사람들을 자세히 살펴본다 – 그들을 어떻게 부를지, 직업이 무엇인지, 어디에 사는지, 영화를 찍는다면 어떤 역할이 어울릴지 상상해본다(뚫어지게 응시하면 적대적이거나 도발을 한다고 받아들여질 수 있으니 주의한다).
감각 인지	차례대로 감각에 집중하면서 마음속에 장면, 소리, 맛, 촉감, 냄새를 이용한 목록을 만든다.
수 세기	복잡한 계산 과제, 즉 연속해서 7 빼기 같은 것은 좋은 주의분산 기법이다.
단어 만들기	특정 글자로 시작하는 동물, 나라, 도시, 여자이름, 남자이름을 최대한 많이 떠올린다.
상상하기	가고 싶은 곳을 상상한다(예 : 해변, 산, 수영장 등).
복권 당첨	10억 원이 생긴다면 뭘 하겠는가?
퍼즐	산만해질 수도 있지만, 십자말 풀이, 단어 찾기 등은 기다리는 데 도움이 될 수 있다.

주의분산 기법

줄을 서서 기다려야 하는 상황은 ADHD인 사람의 충동적 행동이 드러나는 가장 흔한 순간이다. 기다리는 것을 혐오하고 참을성이 없기에 이들은 지루하고 좌절하고 짜증나게 된다. 이들에게는 1분이 10분 같아서 흔히 줄서기를 포기하고 나가버리거나, 참고 기다리지 못하고 즉시 해줄 것을 강력히 요구하는 단기 보상을 선호한다. 전자의 문제는 목적을 달성하지 못하는 것이다. 후자의 문제는 시비를 걸게 될 가능성이 높다는 것이다. 이런 상황에서는 자기조절을 위해 주의분산 기법을 적용할 수 있다(그 상황에 대한 부정적 사고와 감정을 계속 떠올리지 않도록 주의를 분산시킴). 이런 기법은 예상되는 문제 상황에 앞서 미리 연습하거나 상상으로 연습해볼 수 있다. 표 6.4는 도움이 될 만한 다양한 주의분산 기법의 목록과 간략한 설명이다. 이 표 역시 보조 웹사이트에 유인물 형태로 제공된다.

외부 전략

내담자가 (가능한 경우에 한해) 부모, 배우자, 좋은 친구 등을 회기에 초대한다면 유용할 수 있는데, 이는 회기 밖에서 사용되는 기법을 관찰하고 강화할 수 있는 기회가 되기 때문이다. 친구나 가족은 내담자가 회기 중에 배운 기법을 상기시키고, 연습하게 하며, '실제'로 사용하기에 적절한 순간을 알려줄 수 있다. 예를 들어 내담자에게 CONTROL 과정을 사용하도록 신호를 주거나, 행동 변화 또는 개선을 모니터링할 수 있다. 칭찬이 성공적이거나 적절한 행동을 강화하듯이, 다른 사람의 긍정적 피드백도 '보상 체계'의 중요한 요소이다. 부적절하거나 수용할 수 없는 행동은 절대로 강화하면 안된다. '저래야 우리 정은이지, 재 약간 제정신이 아냐'라고 하면서 봐주거나 예외를 두지 말아야 한다. 피드백은 일관되고 건설적이어야 하며 비난받는 느낌이 들지 않게 하는 것이 아주 중요하다.

요약

충동조절을 더 발달시키기 위해서는 무분별하게 행동하기 쉬운 상황을 알아차리고, 그 상황에 대처하기 위한 다양한 인지행동기술을 활용하고, 성공적인 결과에는 보상해야 한다. 역기능적 사고 과정이 차단되면, 상황에 대한 보다 균형 잡힌 관점과 대처 방법을 개발하기 위해 보다 긍정적 또는 중립적 신념을 채택하고 검토할 수 있다. 내담자는 자기조절 기법 사용과 예상되는 결과에 익숙해지기 위해 상황을 미리 연습해볼 수 있다.

집단치료 : 충동성 모듈

집단치료를 준비하기 전에 이 장을 반드시 읽어야 한다. 아래에 집단 회기를 6회로 요약하였다. 회기의 횟수는 필요에 따라 늘리거나 줄일 수 있다.

계획

1회기	시작 활동
2회기	심리교육 – 억제조절기전의 실행기능 결함, 지연 혐오, 치료 전략(자기대화, 자기지시 훈련, 이중 확인, 주의분산)
3~5회기	연습
6회기	심리교육, 기법, 보상 검토 숙제 결과/경험 토론 – 무엇이 가장 효과적이었나? 장애물 및 극복 방안

시작 활동

충동조절을 잘 못하는 상황 또는 시간은 언제인가? 참가자가 상황을 찾게 한다(예 : 쇼핑할 때, 운전할 때, 줄 서서 기다릴 때 등).

(계속)

무엇 때문에 더 나빠지거나 좋아지는가? 참가자가 자신의 행동조절능력에 영향을 미치는 기분 상태를 찾아보게 한다(예 : 지칠 때, 불안할 때, 화날 때 등).
충동적 행동의 결과는 무엇인가? 이것이 당신의 삶에 어떤 영향을 미쳤는가? 내담자가 부정적인 결과를 찾아보게 한다(예 : 사고, 운전법규 위반, 경찰 단속, 다른 사람과 갈등 및 대립, 친구를 잃음, 가족에게 고통을 줌 등).
이것이 가족, 친구, 배우자 관계에 영향을 미쳤는가?
과거에 도움이 되었던 전략이 있었는가? 참가자가 기능적 전략과 역기능적 전략을 비교해보게 한다.
집단 토의. 토의를 위해 표 6.1 배부

심리교육

ADHD와 충동성에 대한 두 가지 이론을 설명하고, 이것이 치료 전략에 어떻게 영향을 미치는지 기술한다(억제조절기전의 실행기능 결함, 지연 혐오).

억제조절기전의 실행기능 결함
무언가 빨리 하려고 할 때 실수를 하게 된다면, 여유를 갖고 과제를 수행하는 시간을 좀 더 길게 잡는다. 이렇게 하면 정확도가 올라가고 충동성이 낮아진다.
치료 기회 : 멈추고 생각하는 법과 결과 예측 사고 과정을 배운다.

지연 혐오
당신은 지연을 혐오하기 때문에, 다시 말해 싫어하기 때문에 지연되는 것을 피한다.
당신은 장기적으로 만족을 지연시킬 수 없다. 즉각 또는 단기 보상을 선호한다.
치료 기회 : 과제를 작은 단계로 나누고, 보상받을 수 있는 여러 단기 목표를 정한다.

인지행동치료 전략
자기대화와 자기지시 훈련, 표 6.3
'이중 확인', 글상자 6.1
주의분산, 표 6.4

연습

참가자가 시작 활동에서 설명한 상황 또는 경험에서 적절한 사례를 고르거나 새로운 예를 소개한다(예 : 신용카드로 충동적인 소비를 하는 사례). 이러한 사례를 사용해서 연습을 반복한다(소집단으로 또는 전체 집단으로). 참조 : 기법에 따라 더 적합한 상황이나 경험이 있을 수 있다.

실행기능 기법 – 멈추고 생각하기, 결과 예측 사고
실제 연습으로 CONTROL 사고중지 기법 각 단계를 끝까지 해본다.

지연 혐오 기법
목표를 정하고, 작은 단계로 나눈다. 보상받을 수 있는 단기 목표로 나눌 수 있는가? 적절한 보상을 찾아보고 토론한다(성공적으로 작업에 집중할 수 있게 하는 즉각 또는 장기 보상).
도움이 될 만한 인지행동치료 전략에 대해 논의한다 – 각각 검토한다(자기대화, 자기지시 훈련, 이중 확인, 주의분산).
도움이 될 수 있는 특정 기법을 적는다.
적절한 역할극으로 여러 기법을 연습한다. 역할극에 대한 집단의 피드백을 듣는다(무엇이 좋았는지 또는 더

(계속)

나았는지, 상호작용이 어떻게 보였는지, 추가적인 제안 등).
성취를 방해하는 장애물과 극복 방안을 토론한다.

숙제

총동조절 부족으로 촉발되는 고치고 싶은 행동을 찾는다(예 : 가족에게 소리치기, 돈 낭비 등). 이 행동을 측정할 표를 만든다(예 : 매일 얼마나 자주 가족에게 소리지르는지, 하루에 얼마나 소비하는지 기록하기).
네 가지 전략(자기대화, 자기지시 훈련, 이중 확인, 주의분산) 중 이 행동을 줄이는 데 가장 도움이 될 것 같은 1~2개 전략을 선택한다. 한 가지 전략을 적용해서 '미니 실험'을 실시하고 효과 여부를 기록한다. 만약 그 전략이 효과가 없다면, 가장 효과적인 전략을 찾을 때까지 나머지 전략을 시도해본다. 가족이나 친구에게 도움을 요청해도 좋다.
가장 효과적인 전략을 찾고 나면, 행동을 계속 측정하여 개선 차트를 만든다. 때로는 변화가 작을 수도 있지만, 시간이 흐르면서 작은 변화가 큰 변화가 된다.
회기와 회기 사이에 기법을 적용하고 연습한다.

PART

03

공존질환 및 연관 문제 모듈

7

문제해결 모듈

성장이란 독립하는 방법을 배우는 것으로, 젊은이들이 자신의 미래에 관한 중요한 결정을 내리고 자기 행동에 점점 더 많은 책임을 지게 됨을 의미한다. 물론 젊은이는 실수를 한다. 중요한 것은 실수를 통해 배우고 어떻게 문제를 해결할지 체득하는 것이다. 그러나 문제를 겪거나 해결책을 구해본 적도 없는 것이 가장 큰 문제인 청소년도 있다. 이것은 가족이나 교사가 그들을 둘러싸고 있는 보호막, 즉 지지 체계가 완충 역할을 해서 어려움에 직면하는 것을 방해했기 때문일 수 있다. 예를 들어 어떤 아이는 소수 정예 사립학교를 다니면서 개별적으로 큰 관심과 피드백을 받고, 부족한 과목은 개인 과외를 받는 경우도 있다. 이들의 부모나 손위 형제는 숙제 할 시간을 정해주고 옆에서 숙제를 도와주기도 한다. 그들은 아이가 할 일을 대신 해주기도 하는데, 책가방과 운동가방을 챙겨주거나, 예컨대 벽걸이 차트 등을 사용해 아이의 정리와 준비를 돕는 체계를 만들기도 한다. 아이를 세심하게 돌보지 못하는 부모와는 달리 이들은 심지어 방과 후에 아이 친구들을 초대해서 같이 놀게 하거나 레저 활동(예 : 동물원이나 공원 나들이)을 계획하기도 한다.

젊은이들이 성장함에 따라 이런 지지 체계가 유지되기는 힘들다. 예를 들어 숙제는 점차 바로 다음 날이 아니라 일주일 정도 후에 제출하도록 바뀌고, 아이는 친구를 스스로 선택한다. 더욱이 이런 전략이 아이가 일상생활에서 더 잘 기능하도록 뒷받침하는 데는 도움이 되었지만, 청소년기의 중요 과제인 '독립성'을 키우는 데는 오히려 방해가 된다. 이것은 청소년이 둥지를 뛰쳐나오기 시작하면 분명해진다. 그들은 처음으로 개인적 책임을 지게 되며, 이는 여러 문제, 예컨대 독립, 자기학습, 입사 지원 및 면접, 친목 모임, 금전 관리, 이성관계 등을 직면하고 스스로 해결해야 한다는 의미다. 그들은 문제를 예상하거나 인지하는 경험이 부족하고, 그런 문제를 어떻게 효과적으로 해결해야 할지 잘 모른다는 사실을 알게 되면서, 과거에 받았던 보호가 불현듯 약점이 된다.

그러므로 치료의 1차 과제는 문제해결에 관한 내담자의 과거 경험을 평가하고(스스로 해야 하는 일에 어느 정도 도움을 받고 지내 왔는지), 일반적으로 문제를 어떻게 해결했는지, 무계획적 전략을 적용했는지 계획된 전략을 적용했는지, 이런 전략이 효과적이었는지 아닌지 알아보는 것이다. 치료자는 내담자가 문제해결은 배울 수 있는 과정이며 습득할 수 있는 기술이라고 확신할 수 있게 하는 것이 중요하다. 내담자가 문제해결을 위한 접근법을 어떻게 적용하는지 배움으로써 더 만족스러운 결과를 도출할 수 있다.

이 모듈은 ADHD 환자가 흔히 보고하는 문제해결 곤란을 검토한다. ADHD 환자는 적응능력과 대처기전, 성공적인 문제해결을 위한 단계적 접근에 어려움이 있다고 알려져 있다. 제시된 모델은 5단계 과정으로 문제 파악 및 정의, 해결책 생성, 해결책 평가, 선택된 해결책 적용, 성공 평가로 구성된다.

청소년과 성인의 기능 결함

ADHD 청소년 및 성인이 적절한 문제해결 기법을 적용하지 못하는 데는 여러 이유가 있다. 과거에는 자신의 문제를 스스로 해결할 필요가 없었을 수 있고, 문제가 발생하고 있음을 잘 알아차리지 못했을 수도 있다. 문제를 알아차린 후에도 해결책이나 결과를 숙고하지 않고 충동적으로 반응해버리기도 한다. 그들은 눈앞의 사소한 문제에 사로잡혀 전체를 놓치기도 하는데, 소위 '숲은 보지 못하고 나무만 보는' 격이다. 이것은 선택할 수 있는 여러 해결책을 만드는 데 어려움을 겪을 수 있다는 의미다. 그들은 과거 경험 때문에 예측되는 부정적 결과에만 집중할 수도 있다.

ADHD 환자는 반응 억제와 작업기억 및 주의력 결핍 같은 핵심 인지 장해에 의해 문제해결능력이 저하된다. ADHD의 인지적 근거를 규명하기 위해 신경심리검사를 이용하여 각 결함을 조사하였는데(예 : 하노이 타워 및 런던 타워 문제해결 검사; Riccio et al., 2004; Young et al., 2007), 반응 억제, 작업기억, 주의력을 포함한 몇몇 관련 영역에서 문제가 관찰되었다(이들 영역의 치료는 제II부 핵심 증상 모듈 참조).

어떤 문제에 직면했을 때 억제조절에 실패하면 ADHD 환자는 최적의 해결책이 만들어지기 전에 반응을 한다. 만족 지연에 어려움이 있을 경우 ADHD 내담자는 오랫동안 기다리고 더 많은 노력이 필요하지만 훨씬 큰 보상이 주어지는 장기 해결책 대신 즉각 보상 해결책, 즉 '지름길'을 선택하게 된다. Young 등(2007)은 컴퓨터 스크린에 '원반'과 '막대'가 나타나는 3차원 전산화 런던 타워 문제해결 검사를 이용하여 이 개념을 연구하였다. 참가자에게 다양한 난이도로 원반을 목표에 맞춰 재배치하는 문제를 풀도록 지시하였는데, ADHD 환자는 난이도가 높아질수록 계획 시간을 늘리지 못해 정확도가 떨어졌다. 난이도가 높아짐에 따라 계획 시간을 늘리지 못하는 것은 높은 충동성과 연관이 있었다. 이는 반응 억제 장해 또는 생각 없이 행동하는 경향이 문제해결 실패로 이어질 수 있음을 시사한다.

작업기억장애와 주의력장애는 ADHD 환자의 몇몇 문제해결 단계에 영향을 줄 수 있다. ADHD 환자는 앞서 제안된 아이디어를 잊어버리거나 주의가 산만해지기 때문에 해결책을 만드는 데 어려움이 있을 수 있다. 그들은 해결책의 장점과 단점에 관해 생각하면서 어떤 해결책이 가장 성공적일지 가늠하기 힘들 수 있다. 또한 작업기억 장애는 중요한 요소를 빠뜨리거나 순서를 뒤죽박죽으로 만들 수 있기 때문에 해결책을 시행하는 데도 문제를 초래할 수 있다. 예를 들면 중요한 정보를 누락하거나 서류를 동봉하지 않아 운전 면허를 갱신하지 못하거나 여권을 발급받지 못하기도 한다.

Young 등(2006)은 생태학적으로 검증된 측정도구를 이용하여 전산화된 시뮬레이션 골프 과제인 'The Executive Golf'(Morris et al., 1988)로 공간 작업기억을 측정하였다. 이것은 골프 선수가 어떤 홀에 공을 집어 넣을지 예상해보고, 맞았는지 틀렸는지 피드백을 받는 방식으로 진행된다. 이 과제의 목표는 이전에 선택했던 홀에 다시 돌아오지 않는 것이다. 참가자가 검색 시퀀스를 개발하면 수행이 개선될 수 있지만, ADHD 참가자는 아무런 전략도 세우지 못하는 경향이 있기 때문에 유의하게 낮은 수행을 보였다. 뿐만 아니라 이런 결함은 과제 난이도가 높아지면서, 즉 많은 수의 홀을 처리하기 위해 공간 작업기억이 필요할 때 더욱 두드러졌다.

ADHD 환자를 위한 문제해결 기법을 개발할 때는 이러한 인지 곤란을 잘 고려해야 한다. 치료자는 이들의 강점과 약점을 고려하여 어떤 영역에 더 관심을 기울여야 할지 판단한다. 예를 들어 충동적인 환자는 어떤 상황을 해결하기 위해 처음 떠오르는 아이디어에만 매달리지 말고 여러 해결책을 만들어보는 전략에 주력하게 해야 한다. 반면 부주의한 환자는 계획한 경로를 벗어나지 않으면서 해결책을 충실히 실행하는 전략을 강구하는 데 주력한다.

대처 전략

내담자의 적응적, 부적응적 대처 방식을 모두 평가해야 한다. 이들 대처 방식에 따라 적절한 문제해결 기법이 결정되고 그런 기법을 적용할 때 장애물과 성공 가능성을 판단할 수 있기 때문이다.

ADHD 청년은 그렇지 않은 사람에 비해 직면형(confrontational), 도피-회피형(escape-avoid), 무계획형(less-planned) 문제해결 같은 부적응적 대처 전략을 사용하는 것으로 나타났다(Young, 2005). 이 연구는 또한 청년이 스트레스 상황에 대처하는 방식은 그들의 인지능력에 따라 결정된다는 사실을 발견하였다. 실제로 실행기능 장해는 적절한 대처 전략을 택하고 적용하는 능력에 융통성이 부족한 결과로 이어질 수 있다. 예를 들어 충동조절에 어려움이 있는 내담자는 문제를 다룰 때 생각 없이 즉각 반응해버릴 수 있다. 이것은 그들이 공격적 또는 방어적 방식으로 반응한다는 의미일 수 있다. 만약 내담자가 분노나 불안에 휩싸여 감정대로 행동하게 되면 정서적으로 압도당해 문제 중심 전략을 채택하기 힘들 수 있다. 한편, 어떤 ADHD 환자는 과거 부정적 경험과 주의력 장애로 인해 스트레스나 문제를 인정하지 않거나 문제해결을 적극적으로 회피하는 방식으로 반응하기도 한다.

ADHD 환자가 채택하는 대처 전략은 스트레스 해소에 도움이 되는 사회적 지지 관계가 부족한 점도 영향을 준다. 친근하고 지지적인 대인관계는 문제에 대해 상의하고, 조언을 구하고, 다른 사람의 경험으로부터 이득을 얻고, 성공적 또는 성공적이지 못한 대처 기전을 모델링하여 배울 기회를 제공한다. 그러나 지인이나 친구들과 오랫동안 관계를 지속하지 못해 짧은 대인관계 경험만 있고 심지어 가족과도 관계에 문제가 있는 사람은 '현명한 조언'을 얻거나 적응적 대처를 하기 힘들다.

개인의 적응 기능 방식은 문제해결 성공 여부를 결정짓는 중요한 요소다. 기능적 대처 방식은 최적의 해결책을 만들고 적용할 수 있는 환경을 제공한다. 역기능적 대처 방식은 해결책의 질과 적합성을 떨어뜨릴 수 있고 부적절한 결정에 이르게 한다. Lazarus와 Folkman(1984)의 대처 모델에 따르면, 스트레스는 상황에 대한 개인의 인지적 평가와 스트레스를 처리하는 자신의 자원에 대한 통찰에 달려 있다. 또한 스트레스는 정서 중심 대처와 도구적 문제해결을 통해 완화될 수 있다. 정서 중심 대처는 예를 들어 가족 사망이나 관계 단절 등의 상황에서 발생한 감정 관리를 목표로 한다. 문제해결은 바꿀 수 있거나 통제할 수 있는 상황에 사용되는 일반적인 대처 전략이다. 문제해결은 개인의 통제감에 영향을 주고 상황에 대한 부정적 평가를 변화시킨다. 스트레스에 대한 효과적인 반응은 적절한 상황에서 정서 중심 대처와 문제해결을 이용하는 능력에 달려 있다.

정서 중심 대치 전략과 문제해결 대처 전략 중 어떤 전략을 채용하는지는 성별 간 차이가 있다. 여성은 정서 중심 대처를 사용하는 경향이 있는 반면, 남성은 문제해결 대처를 더 선호한다. ADHD 환자에게는 성별에 따라 도움이 더 많이 필요한 영역이 다른 것으로 보인다. ADHD 여성은 자주 불안이나 기분 불안정성 같은 정서 관련 장해를 보이며, 이는 스트레스 상황에 대처하는 능력에 영향을 준다. 또한 청소년기 ADHD 여성은 친구들에게 속마음을 잘 털어놓지 않고 젊은이들이 흔히 사용하는 자원인 사회적 지지도 덜 활용하는 것으로 나타났다(Young et al., 2005a). 한편 ADHD 남성은 적응적 문제해결 대신 고통을 밖으로 표출하고 공격적 또는 반사회적 행동으로 충동적인 반응을 할 가능성이 높다. 이러한 이유로 치료를 시작할 때는 먼저 각 대처 유형이 어떤 경우에 더 적절한지 심리교육을 해야 하며, 그런 다음 효과적인 기술과 기법을 가르친다.

만약 어떤 내담자가 완전히 통제불능인 상황에 처했다면(그리고 치료자는 이것이 재앙화 같은 인지왜곡에 의한 인식이 아닌지 확인할 필요가 있다면), 정서 중심 전략이 그들의 감정을 다스리는 데 더 적합할 수 있다. 이런 전략에는 단순한 상담 또는 친구와 공유하기 등도 포함되지만, 불안 모듈(제9장), 좌절 및 분노 모듈(제10장), 기분저하 및 우울 모듈(제11장)에서 제공되는 기분 중심 전략으로 확장될 수 있다. 그러나 내담자가 통제할 수 있는 상황이라면 아래에 제시된 문제해결 5단계를 사용해서 다룰 수 있다.

평가 및 인지행동치료

문제해결 5단계

남성과 여성 내담자 모두 자신의 문제를 분석하고 해결하는 도구적이고 구조화된 방법을 익히면 유익하다. '문제'란 일상생활에서 변화나 해결이 필요한 상황이나 과제라고 정의할 수 있다. 이것을 통해 인간은 적응적으로 기능한다. 문제는 명시적일 수도 있고(예 : 숙소가 필요함) 내재적일 수도 있다(예 : 매력적이지 못한 느낌). 낯선 경험, 애매모호함, 이해상충, 자원 부족 같은 장애물은 즉각적인 반응이나 해결책이 효과를 발휘하지 못하게 방해할 수 있다. 때때로 사람들은 이를테면 취업과 같은 목표 달성에 여러 번 실패한 후에야 비로소 문제가 있다는 사실을 알아차리기도 한다.

'해결책'이란 문제에 대한 어떤 반응 또는 반응 패턴으로, 인지적이거나 행동적일 수 있다. 해결책은 문제해결 과정에서 도출되며, 문제해결 목표를 달성한다(D'Zurilla & Nezu, 1999). 해결책 적용은 그 해결책을 특정 상황에서 수행하는 것으로서 문제해결 과정에서 중요한 부분이다. 마지막으로, 해결책이 설정된 목표를 달성하는 데 성공한 정도를 평가해야 한다. 문제해결에는 5단계가 있다.

1. 문제가 무엇인지 파악하고 정의하기
2. 그 문제에 대한 다양한 해결책 만들기
3. 각 해결책 평가하기
4. 선택한 해결책 적용하기
5. 성공 평가하기

ADHD 환자는 문제해결에 많은 어려움을 겪지만 중요한 강점도 있는데, 그것은 스트레스 상황을 긍정적으로 재평가하는 경향이다(Young, 2005). 이 기질은 충동성과 양의 상관관계가 있는 것으로 알려져 있다. 따라서 충동적인 환자는 자신의 문제에 골몰하기보다는 그들의 미래에 낙관적으로 치중하는 경향이 있다. 이는 매우 유리한 점이며, ADHD 환자에서 종종 보이는 창의적이고 기업가적인 성격 특성의 근거가 된다. 그러므로 치료자는 기회가 있을 때마다 이런 강점을 강조하고 인지 재평가 기법을 알려주어야 한다(예 : 상황을 다른 관점으로 볼 수 있는지, 친구나 가족들은 이 상황을 어떻게 볼지, 누군가의 행동에 대해 다른 설명이 가능한지, 자신의 추정인가, 사실인가, 아니면 의견인가 등).

1단계 : 문제 파악 및 정의

문제는 서서히 다가오기도 하고, 예상치 못하게 갑자기 발생하기도 한다. 문제는 어쩔 수 없이 발생하는 외부 장애물일 수도 있고(예 : 가게에 물건이 떨어져 숙제에 필요한 재료를 사지 못하는 경우), 다른 사람의 행동이나 간섭 때문에 생길 수도 있으며(예 : 직장 동료가 아파서 일주일 동안 일을 떠맡아야 하는 경우), 스스로 만들어내거나 걱정이 쌓여 생긴 것일 수도 있다(예 : '사장님은 나를 미워해', '파티에서 내 모습이 형편없을 거야'). ADHD 환자가 주로 겪는 문제 영역을 표 7.1에 제시하였다.

표 7.1 흔한 ADHD 문제 영역

영역	문제
교육	제출 기한을 놓침, 형편없는 결과, 부족한 교정기술
직업	경력 부족, 성취 부진, 승진 누락, 판매 목표 미달성
교통	기차나 버스를 놓침, 자동차 검사 준비를 미룸
재정	고지서 미납, 충동적 소비
지지 부족	탁아 서비스 등 적절한 지원을 얻지 못함
집안일	가구 조립 미완성, 청소나 빨래를 미룸
대인관계	대인관계를 맺거나 유지하기 어려움, 친구와 자주 다툼
낮은 자존감	실패자가 된 느낌, 실패를 예상함
수면	안절부절못함, 불면, 제시간에 일어나지 못함
무체계	엉망인 시간 계획, 시간낭비 함정, 두서없는 일상, 일과 여가시간 불균형
물질남용	약물이나 알코올 중독, 부적응적 대처 전략으로 물질사용
법적 문제	우발적 범죄, 분노 폭발, 재물 손괴

내담자가 현재 문제를 파악하는 데 어떤 안내나 도움이 필요할 수도 있다. 이때 네 가지 주요 질문을 통해서 내담자가 처한 문제가 '해결 가능한' 문제인지 아니면 전반적인 걱정이나 불안인지 파악할 수 있다. 이들 질문은 보조 웹사이트의 연습 양식에 포함되어 있다(글상자 7.1). 이들 질문은 그 문제가 정말로 씨름할 만한 것인지 판단하는 데 도움이 된다. 만약 그 문제가 내담자의 전반적인 태도나 불안 반응 양식에서 온 것이라면, 불안 모듈(제9장)에 설명된 불안 대처 기법이 더 도움이 될 것이다.

예를 들어 ADHD 환자인 형준 씨 경우를 보자. 그는 최근에 재인 씨와 사귀기 시작했

글상자 7.1 문제 파악

1. 왜 그것이 문제인가?
2. 그것이 내담자에게 어떤 영향을 미치는가?
3. 그 상황이 변화할 가능성이 있는가?
4. 그 문제가 해결되지 않으면, 무슨 일이 벌어지겠는가?

는데, 자신이 ADHD를 겪고 있다고 말해야 할지 확신이 서지 않았다.

1. **왜 그것이 문제인가?** 형준 씨는 그녀와 함께 있을 때 종종 약을 먹어야 할 경우가 있는데, 그럴 때마다 그는 몰래 약을 먹곤 했다. 약이 떨어져서 복용하지 못하면 그는 때때로 지치고 짜증이 났다.
2. **그것이 내담자에게 어떤 영향을 미치는가?** 형준 씨는 그녀가 이것을 알면 어떤 반응을 보일지 걱정했다. 거짓말을 하기는 싫었지만, 그녀가 자신을 미쳤다고 생각하거나 당황할까 봐 걱정했다.
3. **그 상황이 변화할 가능성이 있는가?** 만약 그녀가 형준 씨에게 ADHD가 있더라도 편하게 느낀다면, 그는 매우 안심할 것이다. 형준 씨는 더 솔직한 태도가 그녀와 관계를 더 친밀하게 할 것이라고 믿는다. 불리한 점이라면 그녀가 그 말을 듣고 불편해해서 헤어지게 되는 것이다.
4. **그 문제가 해결되지 않으면, 무슨 일이 벌어지겠는가?** 그녀와 관계에서 자유로움과 솔직함이 없어질 것이다. 재인 씨가 다른 사람을 통해 이것을 알게 된다면 화가 나고 형준 씨를 믿을 수 없게 될 것이다.

이 사례는 문제가 종종 복잡할 수 있음을 보여준다. 문제해결은 간단하지 않다. 간단하다면 애초에 문제가 되지도 않았을 것이다! 그러므로 문제해결 과정에는 면밀한 조사가 필요하다. 그 문제와 발생 원인에 대해 가능한 많이 알면 내담자가 적절한 해결책을 찾고 적용할 자신감을 갖는 데 도움이 될 것이다. 여기에는 과제 자체와 연관된 사실 수집뿐 아니라 개인 정보, 예컨대 자기 기대와 요구 검토 등도 포함된다. 만일 어떤 사람이 비현실적이고 불가능한 목표를 설정한다면, 이때 문제는 목표를 달성하지 못하는 것이 아니라 자신의 능력과 기술을 현실적으로 인정할 수 없는 것, 시간 관리 문제, 완벽주의 태도 등이다.

다음 세 가지 질문은 문제를 이해하는 데 도움이 된다.

1. 무엇이 문제 또는 문제 상황인가?
2. 내가 원하는 것은 무엇인가?
3. 내가 원하는 것을 얻는 데 장애물은 무엇인가?

표 7.2에 이러한 체계적인 방법을 적용한 예를 제시하였다. 이를 통해 문제를 더 명확

표 7.2 문제 이해하기

	문제 목록			
	여자친구에게 ADHD에 대해 말해야 할지 확신이 서지 않는다.	**종종 학교/직장에 지각을 한다.**	**아파트를 비워 달라는 통보를 받았다.**	**친구와 사이가 멀어졌다.**
1. 무엇이 문제 또는 문제 상황인가?	• ADHD에 대해 말할 것인지 정해야 한다.	• 보통 20~30분씩 늦는다.	• 한 달 안에 이사 갈 곳을 찾아야 한다.	• 내가 무심결에 친구의 비밀을 말해버려서 친구가 나에게 단단히 화가 났다.
2. 내가 원하는 것은 무엇인가?	• 그녀가 사실을 알고도 편하게 느끼는 것/그녀가 내 진단을 받아들이는 것	• 정시 또는 10분 일찍 도착	• 2주 내에 새 집 구하기	• 친구에게 다시 연락하기
3. 내가 원하는 것을 얻는 데 장애물은 무엇인가?	• 그 말을 할 적절한 시점 • 적절하게 말할 방법 • 그녀가 나를 멀리할 수도 있음	• 일찍 일어나기 힘듦 • 아침에 가방을 싸야 함 • 교통 정체	• 다음 주말에 약속이 있음 • 보증금을 올려주어야 함 • 낯선 곳에 세 들어 살 걱정	• 자존심 • 거절당할까 봐 두려움

히 정의하고 쉽게 이해할 수 있다. 표 7.2 유인물은 보조 웹사이트에 제공된다.

2단계 : 해결책 마련

해결책을 만드는 가장 좋은 방법은 브레인스토밍으로 가능한 모든 방법을 강구해보는 것이다. 브레인스토밍으로 대안을 만들 때 도움이 되는 세 가지 기본 원칙이 있다(D'Zurilla & Nezu, 1999).

1. 질보다 양이 우선이다 – 많은 해결책을 떠올릴수록, 더 좋은 아이디어가 떠오른다.
2. 판단 유예 – 더 나은 해결책을 도출하기 위해서는 성급하게 해결책을 선택하지 말아야 한다.
3. 다양성 – 해결책이 다양할수록 좋은 해결책이 나올 가능성이 높다. 폭넓게 생각하면

성공적이지 못한 방법을 선택하지 않을 수 있다.

그러므로 아무리 우스운 생각이더라도 해결책에 포함시키도록 내담자를 격려한다. 그림 7.1은 형준 씨가 여자친구에게 자신이 ADHD가 있다는 사실을 말하는 문제에 관해 브레인스토밍한 여러 해결책이다. 창의적으로 해결책을 만드는 데 흔한 장애물은 '습관'이다(Parnes, Noller, & Biondi, 1977). 습관은 내담자가 익숙한 방식으로 자동 반응하게 해서 문제해결을 방해한다. ADHD 환자는 아마 '부적응적 습관'을 발달시킨 습관적, 충동적 반응 이력이 있을 것이다. 이런 습관은 부적응적 대처 전략으로 이어진다. 예컨대 어떤 내담자는 위협이 느껴지는 상황에서 습관적 반응을 하는데, 상황을 뛰쳐나와 문제를 회피한다.

형준 씨는 여자친구에게 자신이 ADHD라는 사실을 말하려 할 때마다 불안해지고 말다툼을 하게 된다. 이런 말다툼은 형준 씨가 그녀에게 자신의 ADHD 상태에 대해 밝히려고 하는 의도를 실천하지 못하게 방해한다. 이런 습관은 치료 회기 때 함께 파악해볼 수 있는데, 내담자는 이런 습관이 튀어나올 때 알아차리고 미리 정해진 사고 또는 행동

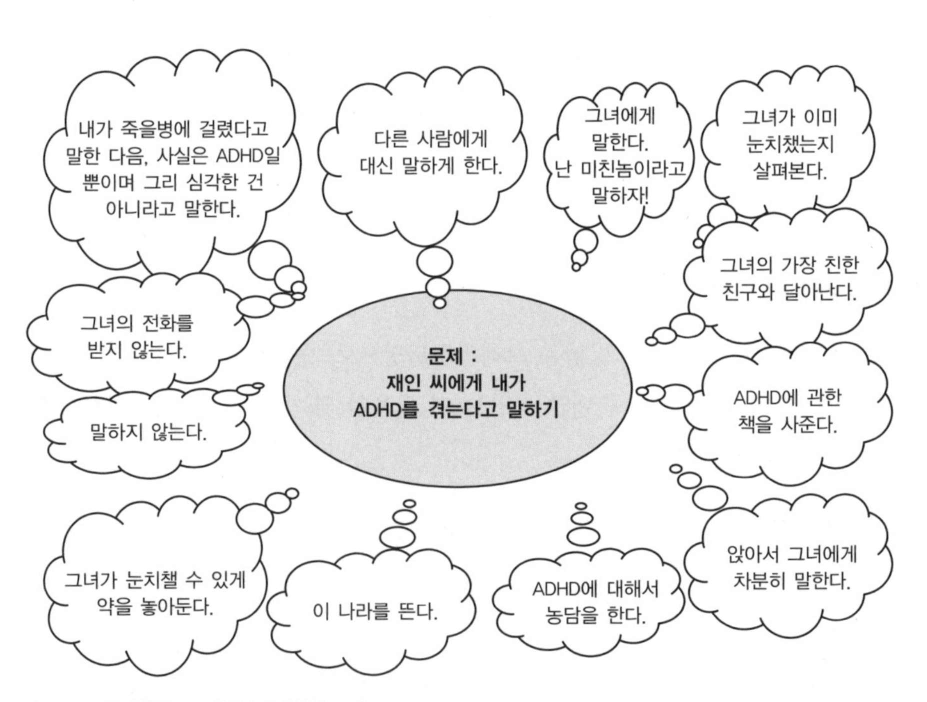

그림 7.1 해결책을 브레인스토밍하는 예

패턴대로 자동 반응하려는 충동을 억제할 수 있게 된다.

문제해결에 가장 효과적이지만 흔히 간과되는 방법이 있는데, 과거 비슷한 문제에 적용했던 해결책을 검토해보는 것이다. 치료자는 내담자에게 과거에는 문제를 대개 어떻게 다루었는지, 어떤 해결책이 효과가 있었는지(혹은 없었는지) 생각해보게 한다. 내담자는 또한 과거에 문제를 성공적으로 회피했던 방법도 조사해야 한다. 과거 결정 과정에 대한 비용-이득 분석을 실시한다. 내담자는 또한 어떤 요인과 사람이 도움이 되었는지, 무엇이 문제를 악화시켰는지 생각해본다. 내담자는 그 과정을 확인해서, 그들이 어떻게 그 결정에 도달했으며, 결과가 긍정적이었는지 부정적이었는지 등을 파악해야 한다. 또한 내담자가 과거 유사한 상황에 직면했던 사실을 알고 있는 주변 사람에게 조언을 구할 수도 있다. 이들은 효과적이었던 해결책과 덜 효과적이었던 해결책에 관해 훨씬 더 객관적일 수 있기 때문이다.

예를 들어 형준 씨는 친구들과 여자친구에게 자신이 ADHD를 겪고 있다고 말했던 경험을 생각해보았다. 첫 여자친구는 아무렇지 않게 받아들이고 인터넷에서 ADHD에 관한 정보를 찾게 도와주었다. 제일 친한 친구는 자기가 도와줄 것이 없느냐고 물었다. ADHD에 관해서 많이 물어본 친구도 있었다. 몇 주 후에 그는 여자친구와 헤어졌지만, 그것은 그녀가 대학 입학 전에 1년간 여행을 떠났기 때문이었다. 그의 어머니가 친척과 친구들에게 아들이 ADHD가 있다고 말한 적이 있었다. 이것은 덜 성공적이었다. 어떤 이모는 '쾌유 기원' 카드를 보내기까지 했다! 이 경험을 통해 형준 씨는 자신이 질환을 직접 설명하는 게 낫다고 판단했다.

3단계 : 해결책 평가

지금까지 내담자는 문제를 찾고 정의하며 대안적 해결책을 만드는 방법을 배웠다. 여러 해결책이 만들어지고 나면, 내담자가 결과에 대해 느끼는 만족도로 각 해결책을 평가한다. 이 과정을 돕는 방법에는 해결책에 필요한 노력 평가, 대안 검토, 해결책 시연, 역할극, 인지왜곡 공략 등이 있다.

노력 평가

ADHD 환자는 해결책을 수행하는 데 들이는 노력이 벅차게 느껴지면 적응적 문제해결을 회피하기 쉽다. 즉시 충족 욕구란 더 큰 목표를 달성하기 위해 더 많은 노력을 기울여야 하는 해결책보다 쉬운 방법으로 더 큰 보상을 얻는다는 의미다. 동기강화상담 기법은 내담자가 달성해야 할 목표나 과제에 집중하고 과제를 계속하도록 동기를 부여하며, 주의분산 요인을 피하고 목표를 성취하는 데 도움이 된다.

예를 들어 형준 씨가 재인 씨와 좋은 관계를 맺기 위해서는 그녀에게 ADHD가 있음을 설명할 계획을 세우는 데 노력을 들여야 한다. 그러나 노력이 필요하지 않은 다른 지름길도 있었는데, 그녀에게 솔직하게 말하지 않고 관계를 이어나가는 것이었다. 후자는 형준 씨가 자기 문제를 말해야 할지 고민할 때마다 느끼는 불안은 빠르게 완화할 수 있지만, 그 문제는 해결되지 않은 채 지속될 뿐이다. 다른 사람이 재인 씨에게 사실을 말하거나, 몰래 약 먹는 것을 그녀가 보기라도 한다면 이상한 약을 먹는다고 의심해서 관계가 더 나빠질 것이다. 형준 씨는 이 상황을 변화시키고 더 나은 관계를 맺으려 하는 자신의 동기를 검토하기 위해 '변화의 단계' 모델(Prochaska & DiClemente, 1982; 그림 2.1 참조)로 자신의 위치를 설명했다. 형준 씨는 숙고 전 단계와 숙고 단계 사이를 왔다 갔다 하고 있었다. 그는 재인 씨에게 ADHD에 대해 말하기를 기다려야 하는지('다음 주에 말해야지') 갈등하면서 결정을 내리지 못하고 '중간 지대'에 머무르려는 양가감정을 드러냈다. 이것은 지연 전략이었으며, 회기에서 공략되었다. 그러나 새로운 관계나 덜 친밀한 관계(예 : 그냥 아는 사람, 직장 동료 등)에서는 섣부른 공개를 피해야 할 수도 있다. 이것은 내담자에게 올바른 일인가 그리고 균형을 바로 잡는가의 문제이며, 반드시 계획을 미리 세우고 행동의 결과를 고려하게 해야 한다. 치료자로서 주된 과제는 내담자가 어떤 순간에 충동적으로 말하거나 행동하거나 반응하기 전에 생각하는 법을 익히게 하는 것이다. 만약 즐거운 파티에서 약을 복용하고 있음을 말한다면 문제해결에 도움이 되지 않는다. 형준 씨는 준비 단계로 여러 대안을 검토하고, 실행 단계를 준비하기 위해 선택한 해결책을 시연 및 역할극 해보기로 했다.

대안 검토

터무니없거나 가능성이 적은 대안을 모두 지우고 나면, 보통 '현실적인' 두세 가지 해결책이 남는다. 이들 해결책은 종종 매우 다른 행동 방식을 갖기 때문에 각 해결책의 '장점과 단점' 목록을 만든다. 한 해결책의 장점은 다른 해결책의 단점이 되기도 한다. 각 장점과 단점의 가중치는 그것이 내담자에게 얼마나 중요한가에 따라 달라질 수 있다. 중요도는 목표 달성 가능성, 정서적 평안, 시간 및 노력에 의해 결정될 수 있다.

표 7.3 장점과 단점 목록의 예

말하는 것의 장점	말하는 것의 단점
• 솔직한 행동이다. • 그녀가 별로 신경 안 쓸 수도 있다. • 그녀가 다른 경로로 이 사실을 알게 된다면, 내가 말하지 않은 사실에 더 화가 날 것이다. • 그녀는 나를 더 잘 이해하게 될 것이다. • 말하기를 미룰수록 말하기 더 어려워질 것이다.	• 그녀가 매우 놀랄 것이다. • 그녀가 나를 떠날 수도 있다. • 그녀를 걱정시키고 싶지 않다. • 관계가 끝날 수도 있다. • 그녀가 나를 비웃고 다른 사람에게 말할 수도 있다.

형준 씨는 재인 씨에게 직접 말하기('같이 앉아서 진지하게 말하기')와 말하지 않고 계속 관계를 이어나가기 중 무엇을 선택할지 결정했다. 표 7.3에 재인 씨에게 말하는 것의 장점과 단점을 제시하였다. 보조 웹사이트에서 유인물을 내려받을 수 있다.

형준 씨에게 장점과 단점 목록 중 가장 중요한 5개를 순서대로 뽑아보게 했다. 그는 다음과 같이 골랐다.

1. 그녀는 나를 더 잘 이해하게 될 것이다(장점).
2. 솔직한 행동이다(장점).
3. 그녀가 매우 놀랄 것이다(단점).
4. 그녀가 다른 경로로 이 사실을 알게 된다면, 내가 말하지 않은 사실에 더 화가 날 것이다(장점).
5. 그녀가 나를 떠날 수도 있다(단점).

중요도 목록에 단점보다 장점이 많고 장점의 순위가 더 높으므로, 말하는 게 낫다는 것이 명확해졌다. 그래서 형준 씨는 재인 씨에게 말하기로 결정을 내렸다. 다음 단계는 이 결정을 가장 잘 실행할 수 있도록 연습하는 것이다.

시연

시연은 어려운 대화나 상황을 준비하는 데 매우 효과적이다. 내담자는 예상되는 상황을 떠올리고 선택한 해결책을 실행하면 어떤 일이 생길지 상상한다. 상상 속에서 커튼 색, 바닥 형태, 음식 냄새 등을 묘사하며 주변 환경을 자세히 말하게 한다. 처음에는 상상 모드에 빠져들기 어려운 내담자도 있지만 연습을 하면 점점 쉬워진다. 상상 모드를 어려워하는 경우 치료자가 초반에 문제해결에 필요한 구체적인 단계를 설명하면 도움이 되기도 한다. 하지만 내담자는 치료자의 도움 없이 스스로 해결책을 시연하는 단계로 발전해야 한다. 또한 예기치 못하게 발생할 수 있는 장애물을 파악하고, 치료자와 함께 이를 극복하여 건설적으로 관리하는 방법을 모색해야 한다. 내담자는 이러한 과정과 그 결과에 대해 어떻게 느끼는지도 살펴봐야 한다.

예를 들면 형준 씨는 재인 씨에게 사실을 말하는 상황을 자세히 상상했다. 그는 재인 씨 집에서 함께 TV를 볼 때 말하는 것이 좋겠다고 생각했다. 하지만 상상 모드에서 이 장면을 시연했을 때 TV가 집중을 방해한다는 것을 알았다. 그래서 그는 주방에서 함께 커피를 마실 때 말하기로 결정하였다. 형준 씨는 그녀에게 무슨 말을 할지 시연했으며, 이 기법을 통해 그는 포기하지 않고 원하는 결과를 얻는 자신의 능력에 더욱 자신감을 느꼈다.

상상 모드로 작업을 하기 전에 내담자가 긍정적으로 느끼는 평온하고 행복한 심상 상태를 정해야 한다. 때때로 내담자는 상상 모드로 작업할 때 고통을 느낄 수 있으며, 부정적인 다른 결과를 상상할 수 있다. 이런 경우에 미리 정한 신호(예 : 손을 들어 신호하기)로 치료자에게 고통스러운 느낌을 알리면, 치료자는 중립적이고 조용한 장면을 상상하며 호흡 연습(제9장 불안 모듈 참조)에 집중하도록 내담자를 유도한다.

관점 전환 역할극

다음 단계는 형준 씨가 치료자와 함께하는 시나리오 역할극이다. 역할극은 면접이나 사직서 제출, 관계 정리하기 등 다른 사람과 연관된 문제의 해결책을 시연하는 데 매우 유용하다. 역할을 바꾸어서 치료자가 형준 씨(내담자) 연기를 하고 형준 씨가 여자친구(말을 듣는 상대) 연기를 해도 좋다. 이것은 자신의 문제해결책이 재인 씨에게 미칠 영향을 생각해보고 예컨대 ADHD를 설명할 때 더 사려 깊은 단어를 사용하거나, 부정확한 선입견을 없애줄 안내문을 활용하여 계획을 적절하게 보완하는 데 도움이 된다. 형준 씨는 또한 재인 씨가 물어볼 만한 질문도 생각해볼 수 있다(회기 중에 답변을 준비하고 상상 또는 역할극으로 시연해볼 수 있다).

이런 식으로 상황을 연습하면 실제로 상황이 벌어질 때 당황하지 않고 준비된 느낌을 가질 수 있다. 이것은 문제가 해결되고 변화될 수 있다는 신념과 자기효능감을 향상시킬 것이다.

인지왜곡 공략

치료 중 어떤 단계에서 왜곡된 생각이 문제해결 과정을 방해하기도 하는데, 부적응적이고 습관적인 반응을 선호할 때 특히 더 그렇다('나는 이런 건 절대 못해', '나는 실패할거야', '나는 멍청해', '그들은 나를 좋아하지 않아'). 내담자는 여러 해결책에 대한 자신의 생각이 생산적이고 실용적인지 검토해야 한다. 인지왜곡은 유용한 문제해결책을 무력화할 수 있고, 오히려 문제를 악화시키기도 한다(인지왜곡에 대한 추가 설명은 제11장 기분저하 및 우울 모듈 참조). 이런 환경에서는 다음과 같은 '잘못된 생각' 때문에 유용한 해결책이 버려질 수도 있다.

- 과잉일반화 : '내가 하는 일은 전부 잘못될 게 뻔한데 애써서 뭐해.'
- 흑백논리 : '100퍼센트 완벽하게 이해시키지 못한다면, 해봐야 아무 소용없어.'
- 속단하기 : '1부도 겨우 마쳤는데, 4부까지는 절대로 끝낼 수 없을 거야.'

형준 씨는 속단하기와 과잉일반화 경향이 있었다. 사실 그는 전 여자친구가 다른 친구와 유럽 여행을 갔기 때문에 헤어졌다. 그녀는 1년 예정으로 여행을 떠났기 때문에 그가 기다리기를 기대하지 않았다. 이 사건은 형준 씨가 ADHD가 있다고 밝힌 직후에 벌어졌지만, 타이밍이 좋지 않았을 뿐이었다. 그러나 형준 씨는 이 일로 인해 앞으로 ADHD가 있다고 밝히면 관계가 끝날 것이라는 신념을 갖게 되었고, 그런 생각 때문에 매우 불안했다. 형준 씨는 다른 가능성에 대해서는 한 번도 생각해보지 않았다. 여자친구가 이미 대학에 입학하기 전부터 1년 간 여행을 계획했고, 자신도 이 계획을 오래전부터 알고 있었으며, 그녀와 헤어진 것과 자신이 병이 있다고 말한 것은 전혀 상관이 없었다. 사실 여자친구는 계속 친구 사이로 지내고 싶다고 말했지만, 형준 씨는 자신의 왜곡된 생각과 반대되는 증거를 모두 무시했다. 여자친구는 여행을 가서도 계속 연락을 했고, 가는 곳마다 그곳에서 엽서를 보냈다. 게다가 형준 씨는 친구들도 자신을 거부하지 않았다는 사실은 고려하지 않았다. 이후로도 그는 친구들과 자주 모였으며, 심지어 제일 친한 친구는 ADHD에 관한 책을 읽기도 했다.

4단계 : 선택한 해결책 적용

이 단계에 이르면 내담자는 변화를 추구하고 문제를 해결하려는 동기부여가 되어 있어야 한다. 이 단계까지 내담자와 치료자는 문제에 대한 다양한 해결책을 만들고, 그중 가장 좋은 방법을 선택해서 회기 중 시연과 역할극으로 예상되는 결과에 대비했을 것이다. 다음은 해결책을 계획하고 적용하는 단계다. 적절한 해결책을 선택해서 시연했으면 미루거나 시간낭비 함정에 빠지지 않도록 주의하면서 해결책을 바로 적용한다. 예를 들어 파악된 문제가 부채이고, 내담자의 목표는 연말까지 신용카드 대금 200만 원을 갚는 것이라고 해보자. 적용된 해결책은 매주 5만 원씩 모으는 것이다. 이것은 목표를 달성하기 위해 달성 가능한 여러 작은 단계로 나누어 계획을 세우는 방법을 보여준다.

하지만 문제해결 곤란에 대인관계가 포함되는 경우에는 과정이 더 복잡해지기 마련이다. 이때는 문제를 다룰 적절한 시점과 상황을 고려하고, 상황을 '연출'할 수도 있다. 만약 궁극적인 해결과 목표 달성을 위해 달성 가능한 여러 작은 단계와 과제를 만들어야 한다면, 문제에 따라 조직화 및 시간 관리 모듈(제5장)에 소개된 시간 관리 원칙이 도움이 될 수도 있다. 이때 과제는 명확해야 하고 목표는 현실적이어야 한다. 형준 씨의 경우, 치료자는 그가 새 여자친구인 재인 씨에게 ADHD가 있다고 말하기에 가장 적절한 날짜와 장소를 구체적으로 계획하게 하고, 다음 회기에 이를 점검했다.

5단계 : 성공 평가

해결책을 적용한 다음 내담자는 자신의 성공을 평가해야 한다. 원하던 결과를 달성했는가? 만약 성공했다면 축하해준다. 치료자의 긍정적 피드백은 매우 강력한 보상이다! 내담자는 자신이 이룬 성취를 자랑스러워하고 성공이 가져온 이득에 집중해야 한다. 그리고 자신의 성공이 자신감과 기분, 원래 문제를 이해하는 데(그 문제가 처음에 생각했던 것처럼 죽을 만큼 힘든 문제였는가?) 끼친 영향을 되돌아봐야 한다. 긍정적인 피드백은 내담자가 앞으로 미루거나 꾸물거리지 않고 문제해결 과정을 시작할 가능성을 높이고 추가적인 목표를 추구하는 동기부여가 될 것이다.

마침내 형준 씨는 재인 씨에게 ADHD에 대해 고백했다. 재인 씨는 그가 자신을 믿고 말해준 데 대해 매우 기뻐했다. 재인 씨는 자신도 당뇨병이 있어 매일 인슐린 주사를 맞아야 한다고 했다. 그녀도 그 사실을 어떻게 말해야 할지 걱정하고 있었다. 그런 후에 형준 씨는 적절한 시점에 친구들에게도 동일한 모델을 적용해서 자신의 병을 공개했다. 형준 씨와 재인 씨는 서로의 관계를 더욱 확신하게 되었다.

내담자가 부분적으로 성공하거나 성공하지 못한 경우, 치료자는 드러난 장애물과 어려움을 체계적으로 평가하고, 이런 문제를 더 잘 다룰 수 있는 방법을 탐색하는 문제해결 과정을 다시 시작해야 한다. 성공적인 해결책에 대한 내담자의 감정, 예컨대 결과에 대한 두려움, 변화나 모호함에 대한 불안 등을 탐색하는 것이 좋다. 문제를 다시 평가하고, 다른 방식으로 해결해야 할 수도 있다. 예를 들어 형준 씨가 ADHD에 관해 말을 꺼내지 못했다면, 치료자는 장애물이 무엇이었는지 조사할 수 있다. 형준 씨를 방해한 외부 주의분산이 있었거나(예 : 옆에 다른 사람이 있었다), 자신의 해결책을 부정적으로 생각하고 있었는가?

보상은 내담자를 격려하고 동기를 부여하는 데 매우 중요한 요소다. 보상 체계에는 문제를 해결하려는 시도에 대한 보상과 그 문제를 성공적으로 해결했을 때 주어지는 더 큰 보상이 포함되어야 한다. 형준 씨와 재인 씨는 성공 후 근사한 식당에 가서 저녁식사를 했다.

요약

ADHD 환자는 종종 해결해야 할 여러 문제에 부딪히곤 한다. 어린 시절에 그들의 문제를 다른 사람이 대신 해결했거나 부적응적 대처 전략을 발달시켰기 때문에 문제를 어떻게 효과적으로 다루는지 배울 기회가 전혀 없었던 것이 그들의 어려움이다. ADHD 환자는 일상생활에서 발생하는 문제에 손해 보는 방식으로 반응하는 경우가 자주 발생한다. 예를 들면 목표 달성을 미루거나, 상황 또는 사람을 피하거나, 비합리적 또는 충동적 태도로 반응하는 것 등이다. 이는 문제해결능력을 떨어뜨릴 수 있는 인지 결함과 부적응적 대처 방식 때문일 가능성이 높다. 만약 환자들이 스트레스가 많은 다수의 또는 장기적인 문제 상황에 휩싸이게 되면 작은 문제가 계속 쌓여 큰 문제가 되고, 때로는 우울이나 불안 같은 임상문제로 발전하기도 한다. 그러므로 ADHD 환자는 시의적절한 방식으로 문제를 직면하고 해결하는 법을 배워야 한다. ADHD 청년은 일반적으로 낙천적이고 스트레스 상황을 긍정적으로 보는 경향이 있어 치료에 도움이 되는데, 이것은 실제적인 치료 기회이며, 치료자가 격려 등의 방법으로 이런 장점을 충분히 활용한다면 내담자는 실망과 어려움에서 회복하는 법을 빠르게 익힐 것이다.

이 모듈에서는 문제해결을 위한 주요 단계를 살펴보았다. 이들 단계에는 문제 피악 및 정의, 해결책 생성이 포함되며, 해결책을 적용한 후에는 성공 분석 및 평가와 성공에 대한 보상이 뒤따라야 한다. 이것은 추후 문제해결 과정에서 초기 단계를 알려주는 건설적 피드백 고리를 제공한다.

집단치료 : 문제해결 모듈

집단치료를 준비하기 전에 이 장을 반드시 읽어야 한다. 아래에 집단 회기를 6회로 요약하였다. 회기의 횟수는 필요에 따라 늘리거나 줄일 수 있다.

계획

1~2회기 시작 활동
3회기 심리교육 및 연습(예 : 당신은 헤어졌으며 100만 원을 모아야 한다)
숙제 할당
4~5회기 연습(내담자의 사례 포함)
숙제 확인
6회기 숙제에 관한 집단 토론(공개하는 것이 불편하지 않은 사람 대상)
장애물 및 극복 방안
심리교육 검토

시작 활동

무엇이 문제인가?
집단에서 문제를 정의한다(변화가 필요한 상황 또는 과제).
문제 사례를 선택해서 차트에 쓴다. 문제는 다음과 같을 수 있음을 강조한다.
명시적 문제 – 거주할 곳 찾기, 개선된 기법 배우기
내재적 문제 – 매력적이지 못한 느낌
과거에 그 문제를 어떻게 해결했는지 집단에 묻는다(좋은 방안과 나쁜 방안을 토론한다. 그것이 최선의 방안이었는가? 새로운 문제가 나타났는가? 필요한 시간보다 더 오래 걸렸는가?).
집단 토론

해결책은 무엇인가?
해결책을 정의한다(효과적 반응 또는 반응 패턴, 반응은 인지 또는 행동일 수 있다. '효과적'인 반응이란 무엇인가?).
문제에 대한 해결책을 찾기 힘든 이유는 무엇인가?(과도한 노력 또는 너무 적은 노력, 회피, 정서 반응성, 불충분한 시간)

빈약한 문제해결기술로 인한 결과는 무엇인가?
브레인스토밍 – 학교 또는 직장에서 문제, 나쁜 판단, 부채, 좌절, 짜증, 고통, 스트레스
결과가 실제적이거나 정서적 또는 둘 다일 수 있음을 강조한다.

문제가 닥치는 걸 어떻게 아는가?
경고나 신호는 무엇인가?
외부적(사람들이 당신에게 하는 말의 내용, 그들이 당신을 어떻게 보는지)일 수도 있고 내부적(당신의 느낌)일 수도 있음을 강조한다.

(계속)

집단 토론

심리교육

문제해결은 과정이자 당신이 익힐 수 있는 기술이다. 문제해결 5단계와 기법을 소개한다.

1. 문제 파악 및 정의
2. 문제에 대한 해결책 마련
3. 각 해결책 평가
4. 선택한 해결책 적용
5. 성공 평가

보조 웹사이트에서 받은 유인물을 배부한다.

연습

시작 활동에서 참가자가 설명한 상황이나 경험 또는 추천되는 시나리오(아래 참조) 중에서 적당한 예를 선택한다. 이 예를 사용하여 연습을 반복한다(소집단 또는 전체 집단). 연습마다 5단계 과정 중 1~3단계를 적용하고 유인물을 활용하여 해결한다.

문제를 파악하고 정의한다(글상자 7.1, 표 7.2 참조).
문제에 대한 해결책을 만든다(그림 7.1 브레인스토밍).
각 해결책을 평가한다(표 7.3 장점과 단점).
최선책은 무엇인가? 그 해결책이 최선인 이유는 무엇인가?

시나리오 :
돈이 떨어져서 100만 원을 마련해야 한다.
여동생 생일 때 식사하기로 한 약속을 잊어버려 가족들이 화가 났다.
많은 직장에 지원을 했지만 한 번도 면접을 보지 못했다.
상사에게 ADHD가 있다고 말해야 하는가?

문제해결을 방해하는 장애물과 극복 방안을 토론한다.
집단 피드백과 토의를 한다.

숙제

유인물을 활용하여 현재 직면한 문제를 해결한다. 5단계 과정을 사용하여 최선책을 정한다. 선택한 해결책을 적용하고 효과를 평가한다. 그 해결책이 효과가 없다면, 다른 해결책을 선택한다.

과제를 성공적으로 완수했다면 다른 문제에 착수하거나 다른 사람(집단 참가자를 제외한 가족이나 친구)과 함께 그들의 문제를 다룬다.

8

대인관계 모듈

ADHD 환자가 대인관계에 어려움을 느끼는 것은 흔한 일이며, 그것은 친구관계일 수도 있고 연인관계, 업무관계 또는 가족관계일 수도 있다. 사회적 관계를 협상하는 것은 잘 아는 사람이든 낯선 사람이든 어렵기는 마찬가지다. 대부분의 십대는 학교나 대학 같은 가까운 주변 환경에서 사회적 관계를 형성하고 발달시킨다. 이에 반해 젊은 ADHD 환자는 이웃이나 부모를 통해 아는 사람 또는 길에서 시간을 보내다 만난 사람들과 사회적 관계를 발달시키는 경향이 있다. 이는 환자들이 보다 넓은 사회적 네트워크를 형성하려 하며, 때로는 학교를 중퇴하거나 직업이 없는 또래와도 친구가 되려는 욕구가 있음을 반영한다(Young et al., 2005a).

이 모듈은 청소년 및 성인 ADHD 환자의 사회기술 결함을 찾고 이를 개선할 수 있는 기법을 설명한다. 회기마다 중점을 두고 발달시켜야 할 기술이 있는데, 언어적 의사소통(예 : 대화, 청취기술), 비언어적 의사소통(예 : 신체 언어, 몸짓, 자세), 정서 인식, 다양한 사회적 상황(예 : 직장, 파티)에서 사회적 행동 수정 및 조절이다. 이 모듈은 환자가 접할 수 있는 어려운 상황에 특히 관심을 둔다. 많은 ADHD 환자가 대부분의 사람들보다 더 많이 거절을 경험하므로, 거절에 대한 대처를 이 모듈에 포함시켰다. 이런 거절은 학령기 초기에 발생한다. 이 시기에 아동들은 사회적으로 고립된 느낌을 보고하며, 팀 활동에서 가장 늦게 선택받고, 학교 소풍 때 아무도 옆자리에 앉지 않으며, 음료수를 나눠 마시자는 배려도 받지 못한 채 운동장에서 혼자 놀던 시간을 떠올린다. 이러한 초기 경험을 한 환자가 성장하면서 어떤 사람과 시간을 보낼지 스스로 선택하고 통제할 수 있게 되면 사회적 상황을 회피해버릴 수 있다. 하지만 ADHD 환자는 열정적이고 사교적이며 다정다감하고 태생적으로 은둔생활을 하는 사람이 아니다. 그들은 사회적 수용을 원하고 이를 얻으려고 노력하지만, 역설적이게도 사람들 앞이나 사회적 상황에서 불안을 느끼고, 어떻게 행동할지 몰라 머뭇거린다. 환자들은 때로는 대단히 외향적이고 유별난 행동으로 과잉보상을 하곤 한다. 이것은 새로운 관계를 맺을 때 자신의 ADHD 상태를 공개하는 것에 대해 확신이 없고 불안하다는 의미다. 어떤 환자는 오히려 과도하게 공개하기도 한다. 공개문제는 집단치료 회기에서 가장 뜨거운 토론 주제이다.

청소년과 성인의 기능 결함

ADHD 소아는 보통 자신이 오해받고 있다고 여기거나, 다른 사람들과 무언가 '다르다'고 믿으면서 자란다. 아무리 노력해도 다른 사람들과 사이가 나빠지고, 의도하거나 예측한 대로 관계가 발전되지 않는다. ADHD 환자는 분노관리 및 충동조절문제로 깨지기 쉬운 불안정한 관계를 갖게 될 수 있다. 결국 그들은 친구관계를 비롯한 보편적인 사회적 행동을 시작하려는 노력을 중단하고 자신감을 잃는다. 자신의 사회적 어려움을 자각하는 것은 고통스러운 일이며, 때로는 방어적 태도를 초래한다. 때때로 이런 불쾌한 감정을 부모나 연인 등 사랑하는 사람에게 퍼붓기도 한다. 그들은 '자연스럽지 않은' 방식으로 반응하고 과잉보상하려 드는데, 예컨대 젊은 ADHD 환자는 종종 불안과 주의력 문제를 감추기 위해 사회적 상황에서 '익살스럽게' 행동해야 할 것 같이 느낀다고 한다. 관심이 집중되면 다른 사람에게 관심을 기울일 필요가 줄어들기 때문이다. 그리고 재미있고 다른 사람을 즐겁게 하는 사람이 되면 좀 더 매력있어 보일 것이라고 생각할 수도 있다. 그러나 파티에서 '제일 재미있는' 사람이 되더라도, ADHD 환자는 대개 외로움을 느낀다. 그들은 낮은 자존감에 더해 거절과 무시를 당한 과거 때문에 의미 있고 지속적인 관계를 형성하기 힘들다는 사실을 스스로 알고 있다. 또한 다른 사람들이 그들의 ADHD 증상을 견디지 못하는 것도 안다. 한편, 또래집단에서 인기를 얻고 환심을 사고 싶은 나머지 다른 사람에게 착취를 당하는 환자도 있다. 이들은 친구가 없는 것보다는 나쁜 친구라도 있는 게 낫다고 여기며 '나쁜 패거리'의 일원이 되기도 하는데, 다른 사람의 이익을 위해 불법 약물을 구해 주거나 상점에서 물건을 훔치는 일 같은 반사회적 행동에 가담하도록 회유되기도 한다. 특히 여성의 경우 의미 있는 관계를 발전시키기 위해 문란한 행동으로 보상하려 하기도 한다. 어떤 이들은 '빠르게' 친구관계를 만들려는 욕심으로 부적절한 자기공개(self-disclosure)를 하기도 한다. 슬프게도, 사회적 관계의 붕괴는 그들이 어린 시절 숱하게 겪은 일이다.

ADHD 환자는 상대에게 보여지는 방식이 상대가 자신을 대하는 방식에 영향을 준다는 사실을 알아야 한다. 여기에는 다른 사람에게 말하고 자신을 표현하는 방식(언어적 의사소통), 비언어적 자세와 행동(신체 언어), 그들이 드러내는 전반적 인상(정서 표현, ADHD 특성) 등이 있다. 그들은 사회적 행동에 대한 인식을 향상시키고 자기 행동의 일부 또는 전부가 상대 인식에 미치는 효과를 검증해야 한다. 예를 들어 ADHD에서 부주의 증상은 상대가 하는 말에 관심이 없는 것으로 받아들여진다. ADHD가 있는 사람은 이 사람 저 사람에게 돌아다니고 이 주제 저 주제 오락가락하며 대화하기 때문에 변덕스러운 사람으로 여겨진다. 이것은 다른 사람들에게 진정성이 없다고 받아들여진다. ADHD 환자는 충동성 때문에 순간적으로 결정하거나 성급하게 결론을 내리기 쉽다. 이는 그들이 첫인상과 고정관념에 의해 매사를 곧이곧대로 믿을 수 있다는 의미이다. 예를 들어 아는 사람이 복도를 걸어가는데 자신을 알아보지 못하면, 그들은 즉각 그 사람이 자신을 좋아하지 않는다고 믿고, 그 생각대로 행동함으로써 자기충족예언을 실현한다. 이때 자신을 알아보지 못한 다른 이유, 예컨대 그 사람이 바빴거나 급한 문제에 정신이 팔려 있었을 가능성은 고려하지 않는다.

이 모듈에서 다루는 기술은 친사회적 규칙과 규범으로 정해진 '적절한' 행동과 관련되는데, 내담자는 필요에 맞게 '선별 및 조합'해서 적용해야 한다. 하지만 문화마다 사회 규칙이 다를 수 있음을 주목할 필요가 있다. 예컨대 어떤 문화에서는 시끄럽고 활기찬 행동이 사회적이거나, 친근하거나, 행복하다는 신호로 보여질 수 있지만, 일부 문화에서는 무례하고 불쾌하게 받아들여질 수도 있다. 따라서 치료자는 문화적 이슈를 고려할 필요가 있다. 마찬가지로 내담자도 사회적 상황과 주변의 기대를 고려해야 하는데, 이는 그들이 어떻게 행동해야 하는지 알려주기 때문이다. 각각의 사회적 상황에는 사람들의 태도에 대한 다양한 기대 수준이 있다. 예컨대 면접 때 사회적 요구는 파티에서 친구들을 만날 때 요구되는 조건과 매우 다르다. ADHD 환자는 상황에 따라 변하는 사회적 요구에 적응하기가 매우 힘들기 때문에 일부 상황에서 효과가 있었지만 다른 면에서는 전적으로 부적합하고 부적절한 사회적 레퍼토리에 의지하기도 한다.

치료 회기는 미세 기술과 거시 기술 개발에 중요한 측면을 모두 포함하도록 구성되어야 한다. 미세 기술에는 적절한 눈 맞춤, 음량과 음색, 자세 같은 기술을 촉진하는 사회기술 훈련 기법이 도입된다. 거시 기술은 칭찬, 건설적 피드백, 화자 전환, 청취기술 같은 보다 복잡한 상호작용을 포괄한다.

사회적 문제 평가

어떤 내담자는 '수백 명'의 좋은 친구가 있다고 하지만, 자세히 물어보면 그저 가볍게 아는 사이에 불과하고 그 외 다른 '친구'들은 그와의 관계를 전혀 다르게 생각하고 있다. 사회적 관계의 어려움에 대한 내담자의 방어와 수줍음을 극복하는 것은 매우 중요하다. 내담자가 이 문제를 인식하고 인정하지 않으면 치료자가 돕기 힘들기 때문이다. 그러므로 사회적 관계를 개선하는 첫 단계는 자기평가를 통해 내담자가 대인관계에서 더 자신 있고 능숙해지고 싶은 치료 목표 영역을 찾는 것이다. 표 8.1은 파티와 같은 큰 모임에

표 8.1 사회기술 질문지

아래 항목을 얼마나 잘하는가?	전혀 못한다	거의 못한다	가끔 잘한다	대부분 잘한다	항상 잘한다	모르겠다
1. 친구들과 관계					V	
2. 낯선 사람과 관계		V				
3. 파티에서 처음 보는 사람에게 말 걸기	V					
4. 파티에 참석하기		V				
5. 술집에서 친구 만나기				V		
6. 사람들 말에 귀 기울이기				V		
7. 대화 시작하기			V			
8. 질문하기			V			
9. 질문에 답하기			V			
10. 이해되지 않는다고 솔직하게 인정하기		V				
11. 상대를 보며 말하기			V			
12. 꼼지락거리지 않기			V			
13. 분명하게 말하기		V				
14. 상대의 감정 알아차리기		V				
15. 나의 ADHD 진단에 대해 다른 사람에게 설명하기	V					

서 사람들과 어울리는 데 자신이 없는 한 내담자가 작성한 사회기술 질문지다. 이 질문지는 스스로 작성할 수도 있고, 친구나 가족이 작성할 수도 있다. 이 질문지를 작성하는 목적은 내담자가 기술을 발전시키기 위한 치료 목표인 그들의 약점 영역을 찾는 것이다. 만약 내담자가 많은 문항에 '모르겠다'고 대답한다면, 친구나 가족이 질문지를 완성하는 것이 나을 수 있다. 자신의 사회적 문제에 대한 통찰이 부족한 내담자는 이런 질문지 비교가 자신의 관점과 다른 사람의 관점을 비교하는 유용한 훈련일 수 있다. 관점 차이는 다른 사람들의 의도와 정서를 더 정확하게 해석하도록 논의하고 치료하는 기초자료로 활용될 수 있다.

언어적 의사소통기술을 위한 인지행동치료

심리교육

우리 스스로를 언어적으로 드러내는 것(목소리, 말, 대화)은 우리와 소통하는 것이 얼마나 즐겁고 편한지를 상대에게 알리는 방식이다. 말이 너무 없거나 지나치게 많으면 상대가 경청하거나 이해하기 어렵다. ADHD 환자는 종종 다른 사람들 대화에 끼어들거나 방해를 한다. 그들은 갑자기 대화 주제를 바꾸거나 '옆길'로 새기 때문에 상대는 그들이 무슨 말을 하는지 이해하거나 따라가기 힘들 수 있다. ADHD 환자는 흔히 끊임없이 정신활동을 하는 느낌이라고 말하는데, 이것은 환자 자신과 대화 상대 모두를 지치게 하는 원인이 될 수 있다. 그들은 특히 신기하고 자극적인 대상에 흥분하면 매우 빠르고 큰 목소리로 지나치게 말을 많이 하는 경향이 있는데, 그럴 때는 생각과 아이디어의 '홍수'를 열정적으로 표현하지만, 상대는 따라가기 힘들다. 관심사를 공유하지 않는다면 상대가 당황하거나 지루해할 수도 있다. 따라서 ADHD 환자는 자신이 지나치게 빠른 말투로 사람을 압박하거나 몰아붙일 때 이를 알아차리는 것이 중요하다. 이런 때 상대는 움츠러드는 반응을 보일 것이다.

언어적 의사소통 전략

발화 속도

'천천히' 말하는 데는 자기대화가 효과적일 수 있다. 자기대화를 연습하면 다른 사람에게 말할 때 더 조용하고 차분하며, 자신감 있고 절제된 인상을 줄 수 있다. 내담자는 몸의 생리적 변화에도 주의를 기울이는 법을 배워야 한다. 어떤 주제에 대해 들뜨고 흥분하면 몸이 뜨거워지고 심장 박동이 빨라질 수 있다. 신체 변화를 알아차리면 자신이 어떤 주제에 대해 너무 빠르거나 지나치게 열정적으로 말하는지 생각해볼 수 있다. 시연은 언어적 의사소통의 속도와 양을 개선하는 또 다른 유용한 방법으로, 처음에는 문장 구절을 읽거나 치료자가 하는 말을 따라해볼 수 있다. 그런 다음 내담자는 역할극 상황으로 옮겨 가는데, 이것을 녹화해서 회기 중에 토론하면 매우 효과적이다. 녹화 영상을 보는 동안 내담자는 관찰자 또는 청자가 되어 새로운 관점을 더 잘 취할 수 있다. 내담자는 자신의 수행을 표 8.2, 8.3, 8.4의 각 항목으로 자가 평정(또는 정보 제공자 평정)할 수 있다(보조 웹사이트 참조).

대화기술

ADHD 환자는 화자 전환이나 주제에 대한 청자의 관심도를 고려하지 않고 대화를 주도하거나 독점하려는 경향이 있다. 그들은 또한 다른 사람이 말하는 내용에 참여하기 힘들고 잠이 들거나 대화 맥락을 놓치기도 한다. 이로 인해 그들은 대화에 불쑥 끼어들거나 부적절한 언급을 남발할 수 있다. 대화가 매우 '일방적'으로 보일 수 있으므로, 내담자는

표 8.2 ADHD 화법 특징 및 개선을 위한 제안

양상	ADHD 특징	상대의 인식	기술 개선
속도	너무 빨리 말해서 상대가 따라갈 수 없다.	급한 성격, 대화하기 어려운 사람	말하는 속도를 줄이고, 문장 사이에 쉰다.
명료성	웅얼거린다.	자신감 부족	또렷하게 말하고, 발음을 정확하게 한다.
음조	고음으로 말한다.	흥분을 잘하는 성격, 비이성적인, 과장된	음성 톤을 낮춘다.
유창성	산만하고 주제를 벗어난다.	다른 사람에게 무관심, 진정성 부족	맥락을 유지하고 짜임새 있게 말한다.
음량	큰 소리로 말한다.	공격적, 위협적	적당한 크기로 목소리를 줄인다.
말화량	말이 너무 많다.	피상적, 자기애적	간결하게 말한다. 더 빨리 정보를 요약하고 요점을 말하는 법을 익힌다.

표 8.3 대화기술

양상	ADHD 특징	기술 개선
화자 전환	다른 사람에게 말할 기회를 주지 않는다.	동등한 발언 시간을 할당한다.
참견	대화에 불쑥 끼어든다.	적절한 타이밍에 말한다(예 : 다른 사람 말이 끝날 때까지 기다린다).
질문이 많음	상대방을 추궁한다.	대화를 촉진하는 정도로 질문한다.
대기 시간	질문을 받은 후 반응이 지연된다.	즉각 반응한다.
연관성	주제에서 벗어나 사람들을 혼란시킨다.	대화의 연관성과 요점을 벗어나지 않는다.
흥미로운 내용	대화가 ADHD 환자의 관심사에 의해 좌우된다.	대화의 초점을 상대에게 두고, 그들의 주의를 유지시킨다.
교정	실수로 인해 기분이 상한다(예 : 다른 사람이 실수로 당신의 이름을 틀리게 부를 때).	정중하게 고쳐준다.
과도한 열정	대화를 주도함. 상대에게 질문을 하거나 의견을 구하지 않고 자신의 말만 계속 한다.	청취 기술을 개발한다. 질문을 한다.

표 8.4 청취기술

양상	ADHD 특징	기술 개선
주의집중	대화에 집중하지 못한다.	주의력 모듈(제3장) 참조
표시	듣지 않는 것 같아 보인다.	말을 듣는 것처럼 반응한다(예 : '음', '맞아'라고 말해주거나 고개를 끄덕인다).
반응	질문을 알아차리지 못하거나 모르겠다고 말한다.	표시(예 : 고개를 끄덕임, '맞아'라고 말해주기) 의견을 말하거나 질문 형식으로 피드백한다(예 : '정말 그랬어?').
자기개방	사람들이 사생활을 캐물을까 봐 두려워한다.	선별적 정보 공개로 상대를 편하게 한다.
반영	상대방이 한 말을 잊어버린다.	대화를 요약하여 기억 확률을 높이고, 상대가 당신이 자기 말을 경청한다고 느끼게 한다.

말하는 것과 듣는 것의 균형을 맞추는 법을 배워야 한다. 상대에 대한 질문은 그 사람과 그의 인생에 대한 관심을 보여주고, 무엇을 말해야 할지 알려주므로 대화가 잘 이루어지게 한다.

회기 녹화나 상호작용 역할극은 적절한 기술과 부적절한 기술을 보여주는 유용한 기법이다. 내담자는 양자관계에서 각자 관점으로 이들 기법이 적절한지 토론한다. 표 8.3에 요약된 흔한 문제 영역의 개선 정도는 리커트 척도로 평정하는데(보조 웹사이트 참조), 스스로 진전을 평가하거나 녹화를 보고 자가 평정하거나 정보 제공자가 평가한다.

청취기술

전술한 것처럼 청취기술은 ADHD 환자에게 중대한 문제이며 치료의 1차 목표임이 분명하다. 내담자는 두 가지 이유로 적절한 청취기술을 갖지 못한다. 첫째, 상대에게 말할 기회를 주지 않는다. 그래서 그들은 다른 사람의 견해에 관심이 없는 것처럼 보인다. 이는 지나치게 흥분하거나(불안 또는 열정 때문에), 대화의 공백을 말로 메우려 하거나, 생각이 앞뒤가 안 맞고 어수선할 때 일어난다. 둘째, 상대의 말에 주의를 충분히 기울이지 않는다. 이는 아마도 소음이나 주변에서 일어나는 일로 인해 산만해졌거나, 다음에 무슨 말을 할지 생각하고 있기 때문일 것이다(또는 머릿속에 수많은 생각과 아이디어가 떠올라 산만할 수도 있다). 구체적인 청취기술은 표 8.4에 요약하였다(회기 중에 사용할 유인물은 보조 웹사이트 참조).

비언어적 의사소통기술을 위한 인지행동치료

심리교육

비언어적 의사소통은 음성언어(spoken language)를 사용하지 않고도 생각과 감정을 표현할 수 있다. 많은 정보가 비언어적으로 전달된다. 비언어적 의사소통에 유용한 연습을 위해 소리를 끄고 TV 프로그램을 본 후 내담자에게 무슨 말을 하고 있다고 생각하는지 그리고 말하는 사람과 듣는 사람이 어떤 감정인지 물어본다. 내담자에게 그렇게 해석을 한 이유를 물어보고 신체언어의 미세한 신호에 대해 생각해보게 한다. 이를 통해 ADHD 환자가 비언어적으로 소통하는 방법과 그들이 다른 사람들에게 어떻게 인식되는지 더 잘 알게 되고, 행동의 비언어적 단서를 정확하게 '읽는' 능력도 개선될 것이다.

ADHD 증상 자체로 인해서 환자에 대한 부정확한 정보가 전달될 수 있다. 예를 들면 주의력 결핍은 관심 부족으로 해석되기도 한다. 발로 또각또각 소리를 내는 것은 ADHD나 불안 때문에 가만히 있지 못하는 증상이지만, 참을성 없고 무례하다는 오해를 사기도 한다. 충동적인 참견이나 몸짓은 예의 없고 거칠어 보이며 상대에게 모욕적으로 받아들여질 수 있다.

비언어적 단서는 사회적 상호작용에서 매우 중요한 기능을 한다. 내담자에게 비언어적 단서를 해석해주면 사회적 상호작용에서 이를 좀 더 자주 사용하게 될 것이다.

비언어적 의사소통 전략

눈 맞춤

눈 맞춤은 상대에게 그들의 말을 듣고 있으며 흥미를 느끼고 있음을 알린다. 시선을 피하면 따분해하거나 대화에 관심이 없거나 듣고 있지 않다고 해석될 수 있으므로, 상대와 이따금씩 눈을 마주치려고 노력해야 한다. 반대로 눈길을 돌리지 않고 상대를 계속 응시하면 공격하거나 위협하는 것으로 오해받을 수 있다.

표정

표정은 다른 사람에게 감정을 전달한다. 행복할 때는 웃고, 불만스러우면 얼굴을 찡그린다. 어떤 표정은 다른 사람에게 원치 않는 반응을 유발할 수 있다. 인사를 할 때 웃지 않으면 불친절하다고 해석될 수도 있다. 치료자와 함께 잡지 사진을 보면 표정을 해석하는 데 도움이 된다. 표 8.5에 요약된 여러 감정을 이용하여 사진 속 인물의 표정과 감정 상태에 대해 내담자와 치료자가 얼마나 일치하는지 본다. 얼굴 표정만으로 감정에 대한 역할극을 할 수 있는데, 역할극에 자세와 신체언어를 추가하면 내담자가 사회적 단서 목록을 구축하는 데 도움이 될 것이다. 표 8.5는 '정서 목록'으로 치료자와 내담자가 한 정서를 선택해서 어떤 상황을 연기하거나 연기하는 정서를 추측해볼 수 있다(예 : 치료자가 식사를 하며 만족감을 느끼는 역할을 연기하고, 내담자는 '만족감'이라는 감정을 추측한다).

자세

자세는 태도를 나타낸다. 구부정한 자세는 게으르거나 무관심한 태도로 해석될 수 있다. 똑바로 선 자세는 주의를 기울이고 있음을 알려준다. 잡지 사진을 이용해서 이런 관점을 토론해볼 수 있다.

표 8.5 정서와 표정

긍정적 정서	부정적 정서
차분한	실망한
행복한	좌절한
들떠 있는	부끄러운
만족한	지루한
편안한	안절부절못하는
(성적으로) 흥분한	피곤한
사랑스러운	슬픈
자랑스러운	화난
집중하는	겁먹은
으스대는	혼란스러운

신체 움직임

신체 움직임은 말하는 바를 강조한다. 하지만 과하면 다른 사람을 화나게 할 수 있다. 예컨대 무엇을 만지작거리거나 꼼지락거리는 행동이다. 누군가를 손가락으로 가리키는 것은 협박이나 도발로 인식될 수 있다. 누군가 말하고 있을 때 머리를 끄덕이면 이해한다는 표시이며 당신이 그 말에 동의하고 지지한다는 뜻이다.

물리적 근접성

물리적 근접성은 상대에게 의도뿐 아니라 친숙함도 알려준다. 거리와 '개인 공간(personal space)'은 사람마다 다를 것이다. 당신은 낯선 사람보다 친구에게 더 가까이 다가설 것이다. 개인 경계는 대개 공격적이고 도발적으로 행동할 때 침범당한다.

그림 8.1은 의사소통을 할 때 유용한 '주의사항' 목록이다(유인물은 보조 웹사이트 참조).

그림 8.1 효과적인 의사소통 방법

정서 인식

사회적 상황에 대한 잘못된 판단은 사회적 단서를 잘못 해석해서 유발될 수도 있다. 이런 기초적인 사회 지각 기술(social perception skills)은 적절한 사회적 행동을 인식하고 실행하는 데 중요한 역할을 한다. 이런 기술은 역할극과 적절한 반응 모델링으로 시연해 볼 수 있다. 특히 ADHD 환자는 빈약한 주의통제력 때문에 정서 단서를 잘 인식하지 못할 가능성이 높다. 이로 인해 그들은 다른 사람의 기분 상태에 대응하여 자신의 행동을 적절하게 조정하기 힘들다. 언어적, 비언어적 단서에 근거한 사회적 정보는 항상 판독과 통합을 요한다. 변화하는 단서에 따라 반응이 바뀔 수 있어야 하며, 정서 인식은 이 과정에서 중요한 측면이다. ADHD 내담자가 상대를 더 잘 이해하기 위해서는 상대의 감정, 즉 기분상태에 관한 '단서'나 지표(미묘할 수도 있음)를 찾아볼 필요가 있다. 정서 단서는 여러 출처로부터 찾아볼 수 있으며, 보조 웹사이트에 얼굴 표정, 자세, 몸짓, 음질(voice quality) 같은 정서 단서를 치료에서 토론 자료로 활용할 수 있는 형식으로 게재했다(보조 웹사이트의 표 8.5).

표정

가장 중요한 점은 상대의 감정에 관한 단서를 찾기 위해 눈썹, 눈, 입의 다양한 움직임과 패턴에 집중하는 것이다. 어떤 ADHD 환자는 눈을 약간 찡그리고 이를 드러내는 행복한 얼굴을 화난 얼굴로 오인한다. 그들은 또한 주의력 저하로 인해 표정 단서를 놓쳐서 다른 사람의 변화된 기분을 알아차리지 못할 수 있다. 다음은 대표적인 정서 상태의 예다.

- 행복=눈썹은 그대로, 눈이 올라감, 입이 길어지면서 입꼬리가 올라감
- 슬픔=눈썹이 내려감, 눈이 내려감, 입꼬리가 내려감
- 분노=눈썹이 쳐짐, 눈을 크게 뜸, 입이 긴장되고 콧구멍이 벌렁거림

자세

신체 각 부위의 자세는 다른 사람에게 정서를 전달할 수 있는 일반적인 패턴이 있다. ADHD 환자는 종종 그들의 자세가 읽힐 수 있다는 사실을 잊어버리고, 적절한 대화를 위한 모든 노력을 무산시킬 수도 있는 불안하고 긴장된 자세로 상황에 임한다. 이들은 또한 확신에 찬 태도로 상대가 서 있으면 공격적인 자세로 오인할 수 있다. 다음은 자세

가 정서를 표현하는 예다.

😊 행복=손을 하늘로 향한 채, 흔들고, 펼침–'열린' 모습
😢 슬픔=몸을 구부림, 머리를 숙임, 손을 얼굴에 가져감–'닫힌' 모습
😲 분노=주먹을 움켜쥐고 들어 올림, 몸을 앞으로 기울임

몸짓

어떤 사람의 손, 팔, 어깨 움직임 패턴은 현재 감정에 대해 많은 것을 알려준다. ADHD 환자는 꼼지락거리고 재빠르게 움직이는 경향이 있는데, 상대는 이런 몸짓을 위협이나 방해로 오인할 수 있다. 게다가 이런 꼼지락거림은 상대를 자극하고 짜증나게 한다. 상대는 그런 행동을 중단시키고 싶을 것이며, 대화를 일찍 끝내게 될 것이다. ADHD 환자는 대화에 집중하지 않을 때 상대의 정서 몸짓을 오인할 수 있고 갑작스러운 움직임에 동요되어 부적절하게 반응할 수 있다. 다음은 몸짓이 정서를 표현하는 예다.

😊 행복=팔을 이리저리 흔듦, 박수를 침
😢 슬픔=움츠러듦, 손을 주머니에 넣음, 어깨가 처짐
😲 분노=주먹을 휘두름, 손가락을 흔들고 삿대질, 발을 구름

회기 중에 내담자와 역할극으로 정서를 연기하면서 사회적 행동과 정서를 표현하고 읽는 법을 재미있게 배울 수 있다. 치료자와 내담자가 교대로 표 8.5에 제시된 정서를 선택해서 연기하고, 관찰자는 표정뿐 아니라 몸짓까지 참고해서 표현되는 정서를 추측한다.

음질

말의 어조, 속도, 세기 패턴, 즉 음질은 일반적으로 정서에 따라 달라진다. 내용을 전혀 몰라도 음질만으로 누군가의 기분 상태를 정확하게 알 수 있다. ADHD 환자가 산만해지면 부적절하게 대화를 방해할 수 있는데, 예를 들면 상대가 자신이 얼마나 불행해졌는지 설명할 때 쾌활하고 경솔한 발언을 하는 것 등이다. 방해하지 않고 대화를 이어가는 한 가지 방법은 주제에 맞는 어조를 확립하는 것이다. 음질이 정서를 표현하는 예는 다음과 같다.

😊 행복=크고, 높고 가변적인, 빠른 목소리

😢 슬픔=약하고, 느리고, 낮은 목소리
😲 분노=크고, 높고, 거친 목소리

내담자와 함께 사회적 행동이 나오는 비디오(TV 연속극이 특히 적합)를 보고 정서를 분석해보면 유용한 연습이 된다. 내담자의 판단을 정적 강화하면 사회적 상황을 정확히 해석하는 데 대한 자신감을 키울 수 있다. 또한 중요한 부분에서 비디오를 일시 정지시키고 행동 또는 상호작용의 결과, 즉 그 행동을 했을 때 다른 사람은 어떻게 반응할지 토론하면 도움이 될 수도 있다. 이는 ADHD 환자가 부적절한 정보에 근거해 속단하거나 부정확한 가정을 하지 않으면서 행동의 결과를 생각하고 다른 가능성을 고려하게 할 것이다.

다양한 상황에서 사회적 행동 수정 및 조절

지금까지 언어적, 비언어적 의사소통 방법을 개선하는 사회기술 훈련 기법을 논의했다. 하지만 사회적 상호작용은 대개 빠른 상황 판단 전환과 적절한 방식으로 반응하는 능력이 요구되는 역동적 과정이다. ADHD 환자는 특히 자기통제에 어려움을 겪는다. 이것은 그들이 상대의 태도에서 미세한 변화를 읽기 힘든 것과 마찬가지로 복잡한 사회적 상황에서 그들의 행동을 수정하는 데 능숙하지 않다는 의미이다. 그들은 쾌활하게 행동하는 것 같이 어떤 상황에는 효과적이지만 모든 상황에 적용하기는 힘든 행동 방식에 익숙하기 때문에 사회적 상황에서의 다양한 요구에 대응하는 데 어려움을 겪는다.

젊은 ADHD 환자에게 문제가 될 수 있는 사회적 상황 유형은 친구를 사귀고 유지하기, 이성 교제 및 성행동, 양육, 익숙하지 않은 사회적 상황, 중요하거나 공식적인 대화, 또래 압력, 비판 대처하기, 실수 인정하기, ADHD 상태 공개하기 등이다.

친구를 사귀고 유지하기

모임에서 다른 사람들의 주목을 받고 활력소가 되는 ADHD 환자도 있지만, 실상 그들은 의미 있는 관계나 진정한 친구가 없을 수 있다. 대인관계의 시작점은 상호 간의 노력과 투자가 필요함을 인식하는 것이다. 하지만 소아기, 청소년기, 청년기를 지나면서 ADHD 환자는 친구를 사귀고 유지하기가 점점 더 어려워진다. 이것은 사회적 상호작용이 점차 개인 선호를 더 추구하게 되고, 학교에서 놀이 시간이 없어지는 것 같이 보다 보편적이고 협력적인 사회적 기회가 감소하기 때문이다. 그나마 학교나 추가 교육 과정에 있을 때는 최소한 자신의 사회적 행동 강화(정적이든 부적이든)를 위해 참고할 또래집단이 있다. 그렇지 않은 사람들은 추가 교육 과정을 계속하지 않고 직장생활을 하는데, 매우 다양한 관계와 직업적 계층 구조 사이에서 타협해야 한다. 더구나 직업이 없는 사람은 대인관계 영역이 상당히 협소해질 수 있다.

친구를 사귀고 유지하는 과정은 오랜 시간에 걸친 문제이다. 아동기 싸움과 말다툼은 청소년기에 또래 거부로 이어지고, 일부 환자는 성인기에 사회적 고립으로 이어지기도 한다. 어떤 청년들은 많은 친구가 있다고 말하곤 하지만, 자세히 물어보면 피상적으로 아는 사람들에 불과하다. 한 가지 문제는 이들이 사려 깊거나 재치 있지 못하고, 자신의 생각을 불쑥 내뱉거나 신의를 저버리는 것이다. 어떤 사람은 인내심이나 관용이 부족해서 금방 논쟁으로 치닫거나 이성을 잃기도 한다(제10장 좌절 및 분노 모듈 참조). 이들은 예컨대 상대에게 인정받지 못하거나 기대를 저버리는 느낌이 들면 충동적으로 관계를 끊어버리는 경향이 있다. 따라서 관계를 유지하기 위해서는 관용, 끈기, 타협, 유연성이 필요하다는 점을 강조해야 한다. 이들은 또한 사회적 상황을 정확하게 이해하는 법을 익힐 필요가 있다. 환자들은 주의력 문제 때문에 약속이나 연락을 잊어버릴 수도 있다. 시간 관리 전략(제5장 조직화 및 시간 관리 모듈 참조)은 친구와 만날 계획을 잡고, 약속을 상기시키며, 생일 같은 중요한 날을 기억하도록 도와줄 것이다. 전화 및 컴퓨터 기술은 점점 더 정교하게 시간 계획과 조직화를 도와주므로, 환자들이 사회관계망 기술이나 문자 메시지, 이메일 등을 일상적으로 활용하도록 격려해야 한다.

이성 교제 및 성행동

ADHD 환자는 열정적인 성향을 타고난다. 이로 인해 이성적으로 끌리는 대상을 만나면 지나치게 흥분할 수 있는데, 이는 난폭하거나 '으스대는' 행동으로 받아들여질 수도 있다. 이런 열정 때문에 한계를 넘어 상대의 예상이나 허용 정도보다 더 빨리 친밀감을 높이려 할 수 있다. 관심 있는 사람의 행동과 신체언어에 주목하고, 이것을 연결하고 묘사하도록 고안된 역할극은 ADHD 환자에게 유용한 연습이 될 수 있다. 이것은 주의를 집중하고 충동적 반응과 추측을 억제하는 훈련이다. 역할극은 또한 청소년이 상대가 너무 빠르게 다가올 때 '싫다'고 말하는 법을 익히는 데도 도움이 될 수 있다(아래 또래 압력,

제10장 좌절 및 분노 모듈의 자기주장 기법 참조).

청소년은 책임감 있는 성행동의 중요성과 성 건강에 관한 지식을 배워야 한다. 이런 문제에 구체적으로 조언하는 것이 치료자의 역할은 아니지만, 생각 없이 행동하는 경향은 청소년 자신과 상대를 무방비의 성관계 위험에 노출시켜 성병과 임신을 유발할 수 있다는 사실을 알게 하는 것이 중요하다. 이런 상황이 발생하면, 치료자는 내담자가 결과 예측 사고를 하고 자신을 위험에 빠트릴 가능성을 줄여주는 전략(예 : 미리 계획 세우기, 또래 '친구' 시스템 구축)을 개발하게 해야 한다. 또한 치료자는 피임법 등 중요한 문제를 좀 더 세밀하게 도와줄 수 있는 적절한 서비스를 안내해야 한다. 어떤 여성 청소년은 성을 우정의 '수단'으로 여기기 때문에 문란하게 행동한다. 그들은 '사랑하는' 관계를 만들기 위해 자신의 성을 이용해 소년들의 환심을 산다. 이러한 행동은 낮은 자존감과 사회적 고립에서 나오며, 문란한 행동을 하는 소녀는 친구를 사귀고 유지하며 자신감을 발달시키는 보다 실용적인 방법을 배울 필요가 있다. ADHD 환자는 매우 창의적인 경우가 많으므로, 이들이 잘하는 것(예 : 스포츠, 미술, 음악)을 찾고 발전시키는 데 에너지를 쏟을 수 있도록 격려하는 것이 가장 중요하다. 성취감은 그들의 자존감을 높여줄 것이다.

양육

대부분의 청소년은 어느 단계에 이르면 부모가 된다. 이는 ADHD 성인에게 더 많은 도전과 책임감을 가져다준다. ADHD 아동에 대한 많은 연구에서 높은 비율의 양육 스트레스와 부모 자녀 상호작용의 악순환이 보고되었다(자녀의 ADHD 유무와 상관 없었다). 이 아동들이 성장해서 자녀를 가지면, 자신이 경험한 부모 자녀 상호작용의 악순환을 대입하게 된다. 그들은 일관성 없는 양육기술, 체계적인 보육과 경계 설정의 어려움, 체계와 규칙 적용 문제, 반항행동과 대인관계 갈등 대처 곤란 등으로 인해 아이를 위한 가정환경을 최적화하기 곤란하다. ADHD 부모는 흔히 자녀에 대한 인내심이 부족하다. 그들은 도전이나 관심 추구 행동을 참지 못하고 분노폭발로 과잉반응한다. ADHD 성인은 흔히 결혼 불만족과 고통을 겪으므로, 치료자는 이러한 불화와 갈등을 평가하여 추가적인 지원을 받도록 적절히 연계해야 한다.

치료자는 ADHD 성인의 자녀에서 ADHD 및 관련 질환 위험성이 높다는 점을 알아야 한다. ADHD 부모의 자녀 역시 ADHD를 겪을 확률은 50%다. 따라서 ADHD 소아는 ADHD 자녀를 감당해야 할지도 모르는 ADHD 성인이 된다. 이런 경우 양육 및 결혼 스트레스가 몇 배로 증폭되므로, 공존질환(예 : 불안, 우울, 물질남용)과 심리적 문제를 별도로 평가하고 관리해야 할 가능성이 크다(구체적 기법은 관련 모듈에서 제공). ADHD 부모는 또한 ADHD 자녀를 관리하는 기법을 습득하는 데도 애를 먹는다. 예를 들어 이들은 행동적 부모 훈련 프로그램(behavioural parent training programmes; Sonuga-Barke, Daley, & Thompson, 2002)을 잘 해내지 못할 가능성이 높은데, 이는 자신의 ADHD 증상을 관리하는 법을 먼저 배워야 함을 시사한다.

익숙하지 않은 사회적 상황

아는 사람이 없거나, 있더라도 아주 적은 사회적 상황에서는 대부분의 사람이 어느 정도 불안을 경험하지만, ADHD 환자는 이런 사회적 상황에 대처하는 자신의 능력에 대해 매우 불안해하는 경우가 많다. 이것은 과거에 자신이 틀리게 말했거나, 원치 않은 관심을 끌었거나, 무안했거나, 상대에게 무관심과 거절을 당했을 때 흔히 부정적 피드백을 받았기 때문이다(추가 정보는 제9장 불안 모듈 참조). 사교 행사는 위협적일 수 있으므로, 내담자는 사전에 주의 깊게 계획하고 사회적 행동을 적절하게 시연해보는 것이 좋다. 치료자는 이전 회기에서 문제해결에 성공적으로 사용했던 전략, 예컨대 주의분산과 부정적 사고 공략 등과 더불어 과거에 내담자에게 유용했던 전략을 검토해야 한다. 회기에서 내담자가 관심을 갖는 주제의 뉴스(예 : 신문 또는 잡지 기사)로 대화를 시연한다. 내담자는 화자 전환과 자세 같은 상호작용 '규칙'을 관찰하도록 안내된다. 사교 행사에 앞서 내담자는 최근 뉴스나 재미있는 개인 경험으로 대화 주제를 준비할 수 있다. 만약 내담자가 할 말이 없거나 부적절한 말을 불쑥 내뱉어 멍청해 보일까 봐 걱정한다면, 이런 준비가 내담자를 '무장'시켜줄 것이다. 회기에서 이렇게 준비 작업을 하면 사회적 상황에서 자신감이 증가할 수 있지만, 내담자는 내내 자기 말만 늘어놓거나 대화를 독점하지 않도록 주의해야 한다. 내담자가 익혀야 할 중요한 기법은 상대에게 질문하고 답변을 경청해서 상대가 자신에 대해 말하게 하는 것이다. 그리고 상대가 하는 말에 진정 관심이 있다고 하더라도 상대가 심문받는다고 느끼게 하지는 말아야 한다. 회기 중 역할극은 내담자가 대화에서 적절한 균형을 잡는 데 도움이 될 것이다.

중요하거나 공식적인 대화

ADHD 환자는 때때로 격식 결여나 충동조절 부족 또는 불안 때문에 지나치게 편해 보일 수 있다. 이는 상대에게 문제나 상황을 심각하게 여기지 않는 것으로 받아들여질 수 있으며, 피상적이고, 무심하고, 책임감 없는 사람으로 보일 수 있다. 어떤 상황의 격식에 맞는 행동을 하는 것은 매우 중요하다. ADHD 환자는 경찰 조사와 같이 권한을 가진 사람을 대하는 상황에서는 격식이 없는 것보다 오히려 과도하게 격식을 차리는 게 낫다. 경칭을 사용하면 존중감을 높이므로 일부 상황에서는 상대의 이름을 부르지 않도록 주의해야 한다. 직장에서 동료나 상사를 대할 때는 어느 정도 전문성을 갖추어야 한다. 내담자는 권한을 가진 사람(예 : 경찰이나 직장 상사 등)을 대하는 태도 등 다양한 인상 관리 기법(impression management techniques)을 개발할 필요가 있다. 어떤 단어는 공식적인 상황에서 부적절하고 심지어 불쾌감을 줄 수 있기 때문에 내담자가 자주 사용하는 속어나 욕설은 적합성을 검토해야 한다. 또한 진지하고 중요한 대화는 느리게 진행될 가능성이 높으므로 상황에 맞게 말하는 속도를 다르게 해야 한다.

취업 면접은 흔히 경험하는 '공식적 상황'이다. ADHD 환자는 이런 면접 상황에서 산만하거나 질문을 끝까지 듣지 않고 충동적으로 반응하거나, 불안 때문에 가만히 앉아 있지 못하고 꼼지락거리는 ADHD 증상이 심해져서 종종 불이익을 받는다. 이런 일에 잘 대비하는 것이 ADHD 환자에게 특히 중요한데, 첫 단계는 시간계획을 세워 면접 장소까지 경로를 짜는 것이다. 늦게 도착해서 헐레벌떡 뛰어오느라 열이 나고 얼굴이 화끈거리면 시작부터 쓸데없이 불안할 것이다. 질문을 반복하거나 바꿔서 질문해 달라고 요청하는 연습은 치료 기간에 시연해볼 만한 유용한 기술일 수 있다. 불안 관리 기법 또한 환자의 면접 능력을 키우는 데 도움이 될 수 있다(제9장 불안 모듈 참조).

또래 압력

ADHD 환자는 종종 다른 사람이 좋아해주기를 바라는 욕구에 의해 대인관계를 구축하려고 하는데, 이것은 그들이 계속 다른 사람들과 어울리는 데 어려움을 갖고 있기 때문이다. 그들은 다른 사람을 기쁘게 하려는 열의 때문에 가끔 불합리한 요구에 응할 수도 있는데, 어떤 환자는 다른 사람에게 착취를 당하기까지 한다. 이것은 그들이 달성할 수 없는 수준까지 어떤 역할이나 기능을 이행하도록 스스로를 압박해서 오히려 환심을 사고 싶은 상대를 실망시키게 된다는 의미일 수 있다. 그들은 자신을 사랑하는 사람에게 상처를 주는 방식으로 행동하기도 한다. 내담자는 이러한 상호작용 패턴을 인지하고 해소할 필요가 있다. 사회적 관점 취하기(예 : 부정적 사고 및 가정 공략, 약점과 실패에 대한 역기능적 가정 찾기, 양자관계에서 서로 상대 역할 해보기), 실수를 인정하는 상황 시연, 사과하기에 초점을 맞춘 회기를 통해 내담자가 '실전'에서 이것을 훈련할 준비를 한다. 어떤 환자는 예컨대 도둑질이나 마약 배달 같은 불법적인 요청을 따르라는 요구를 받을 수도 있다. 그들은 또한 음주 운전처럼 위험하고 무모한 행동을 하라는 또래 압력을 받을 수도 있다. '반대자'의 의미에 관한 부정적 사고를 공략하면 이런 상황에 유용한 연습이 될 수 있다.

제10장 좌절 및 분노 모듈에 기술된 자기주장 기법은 내담자가 자신 있게 자기주장하는 능력을 향상시키고, 부적절감을 줄이고, 친사회적 행동 방침을 선택하는 데 도움이 될 것이다. 치료자는 내담자가 상대의 요구에 순응했을 때 장점과 단점 목록을 작성해서 그 요구의 타당성을 평가해보게 한다. 이것은 종이에 구체적으로 써보는 것이 좋다. 물론 이것은 사회적 상호작용을 하는 도중에는 가능하지 않으므로, 역할극을 통해 판단을 연기하는 전략을 연습해야 한다. '좋아, 생각해보고 알려줄게', '나 지금 가야 하니까 바로 대답 못하겠어, 나중에 전화할게' 같은 말을 연습하면 도움이 된다. 내담자가 이 기법을 적용하는 데 익숙해지면, 쓰지 않고 인지 과정으로 기법을 적용하여 즉시 반응할 수 있도록 연습해야 한다. 그러나 쓰여진 글도 강력한 효과가 있으므로 과소평가해서는 안 된다. 중요한 선택은 항상 조건별 장단점을 글로 써보고 나서 결정해야 한다. 치료자와 내담자는 상대의 요구에 '싫다'고 말하며 거절하는 시나리오를 역할극으로 연습하면서 추가적인 책임이나 요구를 거부하는 전략을 개발할 수 있다.

비판 대처하기

ADHD 환자는 비판에 익숙하다. 그들은 집에서는 부모, 학교에서는 교사, 사회적 상황에서는 청소년 복지사로부터 비판을 받았다. 몇 가지만 예로 들자면 그들은 고집스럽다, 행동이 과하다, 제멋대로다, 파괴적이다, 반항적이다, 공격적이다, 무례하다, 제멋대로다, 도움이 안 된다, 게으르다는 꼬리표가 붙었다. 사람들은 비판은 건설적이어야 한다고 배우지만 이런 비판 기법이 항상 적용되지는 않는다. 설령 건설적인 비판이라 하더라도, ADHD 아동과 청소년이 듣는 것이라곤 비판뿐이다. ADHD 아동은 더 잘하려고 노력하고 어머니와 선생님, 청소년 복지사, 이웃, 친구를 기쁘게 하려고 노력해보지만 제대로 되는 것이 없다. 애초에 그들의 의도는 좋았지만, 무언가가 그들의 행동 방침을 방해하거나 산만하게 만들기 때문에 목표를 달성하지 못한다. 그들이 항상 비판을 받았고,

비판에 익숙하므로 상처 받지 않는다는 뜻은 아니다. 시간이 지나면서 그들은 맹렬한 비판으로부터 자신을 방어하기 위해 '허세' 부리는 법을 배우게 된다. 그들은 자신의 행동이나 태도가 가족이나 친구들에게 미치는 영향에 관심이 없어 보인다. 그들은 비판을 받을수록 점점 더 그 비판을 무시함으로써 스스로를 보호하려 한다. 이는 유용한 피드백조차도 무시될 수 있음을 의미한다. 내담자는 늘 비판받으며 자랐기 때문에 비판에 대해 잘 안다. 그들은 위에서 설명한 악순환을 배워야 하며, 방어기제인 부정적 태도가 어떻게 상대의 부정적 행동과 비판적 태도를 유도하는지도 알 필요가 있다. 피드백에는 중요한 충고가 있을 수도 있으므로 내담자는 비판 속에서 '건설적'인 부분을 경청하는 법을 배우고, 비판 메시지의 한 부분 때문에 지나치게 민감해지지 않을 수 있어야 한다. 비판에 대처하는 구체적인 기법은 제10장 좌절 및 분노 모듈에서 다룬다.

실수 인정하고 사과하기

미안하다고 말하는 것은 오류를 인정하는 의미까지 포함하기 때문에 어려운 기술이다. 이로 인해 어떤 사람은 노출되는 기분을 느끼기도 한다. ADHD 환자는 아동기에 책임감을 느낄 필요가 없는 일도 자기 탓이라고 생각하곤 했다. 이들은 종종 자신이 저지른 비행이 무엇인지 제대로 알지 못한 채 사과부터 한다. 예를 들면 성냥 가지고 놀기, 도로나 기찻길에서 담력 겨루기 같은 위험한 놀이에 몰두할 때, 그들은 주어진 상황의 결과를 충분히 생각할 능력이 없었고, 아무도 이것을 자세히 설명해주지 않았다. 청년기에 일부 환자는 박식한 척하고 따지기를 좋아한다. 그들은 어떤 주제를 다른 관점에서 생각해보기보다는 자신의 논점을 설명하고 '옳다'는 것을 입증하려는 동기가 강하다. 그러나 항상 옳을 수만은 없으며, 타협적인 대인관계에는 절충능력이 중요하다. 치료자는 내담자가 — 다른 의견이 존재한다는 점을 인정하지 않더라도 — 공통점과 타협점을 찾도록 도와야 한다. 그러나 일부 ADHD 환자는 방어적인 태도를 가지고 있고, 자신과 다른 태도를 용납하지 않기 때문에 다른 사람에게 상처를 주는 방식으로 행동할 수 있다. 그들은 이런 대인관계 패턴이 있음을 인정하고 이를 해결할 필요가 있다. 사회적 관점 취하기(예 : 부정적 사고 및 가정 공략, 약점과 실패에 대한 역기능적 가정 찾기, 양자관계에서 서로 상대 역할 해보기)에 초점을 맞춘 회기에서 실수를 인정하고 사과하는 상황을 시연해보면 '실제' 상황에서 더 쉽게 실천할 수 있을 것이다. 치료 회기에도 연습할 수 있는 상황이 생길 수 있다. 예를 들어 내담자가 과제를 잊어버리거나 회기에 지각할 때 치료자는 회기에 늦어서 화가 난다거나 이 치료에 우선순위를 두지 않는 느낌을 받았다고 말하면서 자신의 생각과 감정을 표현한다. 만약 내담자가 회기에 오지 않는다면, 치료자는 환자의 안녕에 관해, 예컨대 내담자가 사고를 당하지 않았는지 깊은 우려를 표현해야 한다. 치료자의 걱정과 고민을 표현한 다음, 이를테면 차가 막혀서 늦는다고 전화하는 것같이 치료자의 걱정을 줄여주기 위한 시도를 해야 한다고 분명하게 말하는 것이 중요하다.

ADHD 상태 공개하기

ADHD 환자에게 힘든 사회문제 중 하나는 자신의 병을 지인이나 동료, 친구, 가족에게 알리는 것이다. 만약 공개하기로 결정했다면, 관계의 어느 단계에서 알릴지, 가장 적당한 시간은 언제일지 검토해야 한다. 이는 ADHD 환자에게 매우 중요한 문제이자, 극심한 불안의 원천이다. 그래서 이 주제는 문제해결 모듈(제7장)에서도 다루었다. 어떤 사람은 예상되는 결과를 개의치 않고 만나는 모든 사람에게 말하여 이 문제를 해결한다. 가까운 가족에게조차 말하지 않는 매우 신중한 사람도 있다.

그들이 ADHD를 겪는다고 공개할 때 가장 큰 걱정은 주변 사람들의 반응이다. 그들은 이 질환에 대한 낙인이나 부정확한 이해를 걱정하며 이로 인해 예컨대 직장에서 차별을 당하는 등 자신의 미래에 영향을 미칠 것이라고 믿는다. 슈퍼마켓에서 관리자로 일하던 한 내담자는 이 문제가 특히 걱정이었는데, 자신이 ADHD를 겪고 있으며 약을 복용 중임을 사장이 알게 될까 봐 노심초사했다. 그는 일을 잘했고 승진도 했지만, 이 문제 때문에 더 높은 관리직으로 승진하지 못할까 봐 걱정했다. 이 내담자는 또한 자신이 ADHD를 겪는다는 사실이 부하 직원에게 알려지면 조롱거리가 되고 정신과 약이나 먹는 '미친놈' 취급을 받을 것이라고 걱정했다. 그는 ADHD를 '숨기려고' 애쓰느라 불안과 스트레스에 시달렸다. 이 내담자는 자기 모습 그대로 지낼 수 없고 고립된다고 느꼈다. 이것은 이해받지 못해 외롭고 다른 사람들과 다르다고 느꼈던 어린 시절 감정을 되살렸다.

상당히 다른 방식으로 반응하는 ADHD 환자도 있다. 그들은 잘 모르는 사람에게도 자신의 ADHD 상태를 포함한 많은 사적인 정보와 불필요한 세부사항을 모두 말한다. 이것은 사람들을 불편하고 움츠러들게 하는데, 이를 두고 ADHD 환자는 거절당했다고 받아들인다. 한편 ADHD 환자의 사회적 불안정을 빌미로 이들을 착취하여 이득을 취하는 사람들이 있다(예 : 반사회적 또는 범죄 활동에 가담하도록 조장함).

ADHD 환자들은 '나는 누구인가', 'ADHD는 무엇인가' 같은 고민을 풀기 위해 많은 시간을 보내지만, 결론에 도달하는 사람은 거의 없다. 이 과정은 대개 진단과 약물치료 뒤에 일어난다. 사실상 이 과정은 고통의 원인이 되는데, 환자들이 그들의 인격은 오로지 ADHD와 연관될 뿐이고 한 개인으로서 온전히 존재하고 있지 않다고 느끼기 때문이다. 치료를 하면서 이러한 선입견은 더욱 뚜렷해지는 것으로 보이며, '나는 어떤 사람인가'에 관한 스토리나 설명을 작성하여 자기인식을 높이는 것이 도움이 된다. 여기에는 ADHD와 관련된 일반적인 특성이 당연히 포함되겠지만, 내담자 개인과 관련된 사례별 특성도 포함될 것이다. 이 과제에서 내담자는 자신의 긍정적 측면을 되도록 많이 포함시키는 것이 좋다. 다음으로 내담자는 무인도에서 6개월을 지낸다고 상상하고, 그 기간 동안 친구, 가족, 직장동료, 애인 중 어떤 사람이 자신을 그리워할지 생각해본다. 자기(self)에 대한 자각을 높이면(긍정적, 부정적 모두) 내담자는 다른 사람과 관계를 맺는 방식을 더 잘 개선할 수 있을 것이다. 이로 인해 내담자는 더 큰 자신감을 가지고 자신의 ADHD 상태를 다른 사람에게 설명하며, 그들에게 영향을 미치는 정도를 결정하고, 누구에게 언제 설명할지를 선택할 것이다.

많은 사람들이 ADHD를 잘못 알고 있다. ADHD를 겪는 것이 어떤지 알려줄 수 있는 최고의 정보원은 내담자 자신이다. 일단 누군가에게 자신의 ADHD 상태를 알리기로 마음먹었다면 ADHD에 관해 적혀 있는 자료를 주고, 자신에게 도움이 될 수 있는 방법과 자신의 수행을 최적화하는 환경을 만들기 위해 바꿔야 할 것, 예를 들면 정확하고 간결한 지침 및 상호작용, 과도하게 열정적이거나, 다른 사람 말에 끼어들거나, 너무 가까이 다가서거나, 너무 크게 말하는 것 등에 대한 피드백, 많은 정보를 기억하는 대신 '할 일' 목록이나 쇼핑 리스트 작성하기 등을 직접 설명하는 것이 좋다. 그럼에도 불구하고 어떤 환자는 자신에게 ADHD가 있다는 사실을 누구에게도 공개하지 않고, 영원히 비밀로 지키고 싶어 한다. 사회지원망에 도움을 구하는 것은 좋은 대처 전략이다. 만약 공개적으로 자신의 질환을 드러내고 싶어 하지 않다면 ADHD 지원 서비스에 접속하여 도움을 받을 수 있다. 이들 지원 서비스는 실용적인 정보와 정서적 지지를 제공하는 중요한 매체로서 익명으로 접속할 수 있는 인터넷 채팅 게시판을 제공한다.

ADHD가 있음을 공개하고 나면, 어떤 사람은 분명 어떤 식으로든 평가받고 거절도 경험할 수 있을 것이다(실제든, 느낌이든). ADHD 상태를 공개하는 데 영향을 미치는 여러 요소가 있음에도 불구하고, 이런 인식은 꾸준히 지속될 확률이 높다. 치료자는 내담자 스스로 이것이 정확한 인식인지 검증하고 자신의 생각에서 기인한(또는 생각을 유발한) 역기능적 가정을 알아내도록 도울 수 있다.

요약

사회적 관계의 어려움은 불안, 우울, 낮은 자존감, 물질남용 등 ADHD와 연관된 많은 문제의 원인일 수 있다. 더구나 이런 공존문제는 ADHD 핵심 증상에 더하여 부주의, 충동조절 저하, 가만히 있지 못하고 꼼지락거림 등으로 사회적 행동에 영향을 준다. ADHD 환자는 역설적이게도 사회적 상황에서 종종 사교적이고 자기 확신에 차 보이지만, 그들은 공통적으로 고립되고 이해받지 못한다고 느낀다. 내담자의 사회적 능력에 대한 자신감은 언어적, 비언어적 의사소통기술에 관한 심리교육으로 개선될 수 있다. 이 모듈은 내담자가 자신의 사회적 강점과 약점을 판단하는 데 도움이 되는 몇 가지 연습과 함께 자기인식과 상대의 사회적 의도를 파악하는 능력을 증대시키는 전략을 제시하며, 특히 얼굴 표정, 자세, 몸짓을 정확히 읽고 정서를 인지하는 능력을 향상시키는 기법도 소개한다. 사회적 상황은 속성상 일시적이고 가변적일 때가 많으므로 사회적 화법에는 빠른 변화와 신속한 대응이 필요한데, 이는 부적응적인 대화기술을 보유한 내담자에게는 상당한 난관이다.

집단치료 : 대인관계 모듈

집단치료를 준비하기 전에 이 장을 반드시 읽어야 한다. 아래에 집단 회기를 6회로 요약하였다. 회기의 횟수는 필요에 따라 늘리거나 줄일 수 있다.

계획

1~2회기	시작 활동
	사회기술 질문지
3회기	심리교육
4~5회기	연습(내담자의 사례 포함)
6회기	숙제에 관한 집단 토론(공개하는 것이 불편하지 않은 사람 대상)
	장애물 및 극복 방안(필요 시 역할극)
	심리교육 검토

시작 활동

어떤 사람과 대인관계를 맺는가?(부모, 배우자나 연인, 친구, 교사, 관리자, 이웃, 인척, 치료자)

(계속)

이 사람들과 얼마나 자주 상호작용해야 하는지 묻는다.
이런 관계가 편한가? 어떤 관계가 더 어려운가? 이유가 무엇인가?
관계의 어려움은 특정한 상황, 개인적 특성, 이해 부족에서 올 수 있음을 강조한다.
관계에 어려움을 초래하는 행동이 있는가?(상대의 행동, 상대가 하지 않는 행동, 기질 또는 반응성)
역기능적 대인관계의 결과는 무엇인가?
집단 토론
사회기술 질문지(표 8.1) 배부 및 작성
집단 토론(개인차와 강점 및 약점 비교)

심리교육

나를 드러내는 방식은 사람들이 나에 대해 갖는 인상에 영향을 준다.
언어적 의사소통 및 비언어적 의사소통

다른 사람들은 아래의 행동을 어떻게 인식하는가?

언어적 의사소통(상대의 인식)
너무 빠르게 말함(급한 성격, 갈피를 잡지 못함, 혼란스러움)
웅얼거림(자신감 부족)
높은 음조(과도한 흥분)
주제를 벗어남(무관심)
너무 크게 말함(공격적, 위협적)
너무 많이 말함(피상적, 자기애적)
상대의 말을 중단시킴(무례함)
비언어적 의사소통(상대의 인식)
눈 맞춤이 부족함(무관심, 지루함)
구부정한 자세(게으름, 무관심)
꼼지락거림(무례함, 무관심, 떠나고 싶음)
손가락질(도발적, 위협적)
너무 가깝게 다가섬(도발적, 위협적)
상대가 어떤 감정인지 정확히 아는 것이 중요하다.
상대의 감정을 어떻게 아는가?
상대의 감정을 잘못 알았던 적이 있는가?
무슨 일이 일어났는가?
결과는 어땠는가?
집단 토론 : 우리의 사회적 행동을 조정해야 하는 상황 또는 환경은 무엇인가?
이것을 어떻게 실천하는가?(가족 · 친구 · 지인 · 교사에게 하는 행동, 집 · 공공장소 · 파티 · 구직 면접에서 행동의 차이)
과거에 행동을 잘못 조정했던 적이 있는가?
무슨 일이 일어났는가?
결과는 어땠는가?
집단 토론 : ADHD 상태 공개하기

(계속)

거절에 대한 우려-공개하지 않는다.
막무가내로 알리는 것은 상대를 불편하게 만들 수 있다.
당신의 행동에 대해 건설적인 피드백을 요청한다.

연습

역할극 시나리오 : 무슨 일이 일어났는지 토론한다. 연기자는 그 일을 어떻게 느꼈는지, 연기 중 무슨 생각을 했는지 토론한다. 당신이 알게 된 내용을 말한다(예 : 긍정적인 언어 및 비언어적 행동, 더 잘할 수 있었던 것, 정서가 어떻게 표현되었는지). 시나리오가 어떻게 개선될 수 있는지 토론한다. 구체적인 지침을 준다(예 : 조금 더 떨어져 서기, 할 말을 준비하고 메모하기, 자기주장하기, 좀 더 천천히 말하기). 역할극을 다시 하되 연기자가 새로운 자료를 대입하고 집단에서 논의된 제안을 수용한다. 새 역할극이 연기자에게 어떻게 느껴졌는지 토론한다. 연기가 달라진 긍정적인 부분을 말한다.

시작 활동에서 논의되었던 흔한 문제 중 역할극을 해볼 수 있는 문제를 선택한다. 다른 방법으로 아래에 제시된 상황 중에서 선택할 수도 있다.

파티에 참석했는데 당신이 아는 사람이 아무도 없고, 그중 두 사람과 대화를 시작했으나 자꾸만 그들의 말을 끊는다.
당신은 구직 면접을 하고 있다.
새 여자친구 또는 남자친구에게 당신이 ADHD가 있다고 말한다.
시내에서 만나기로 한 약속을 잊어버려 친구를 화나게 했다. 친구는 비를 맞으며 한 시간을 기다렸다. 전에도 이런 일이 여러 번 있었기 때문에 친구는 매우 화가 났다. 너무 미안하고, 화해하고 싶다.
아주 좋아하는 사람이 대마초를 피자고 하는데, 당신은 그러고 싶지는 않다.
직장에 또 지각해서 사장에게 야단을 맞는다. 당신은 사장을 좋아하지 않으며, 당신을 괴롭히는 것 같아 매우 화가 난다.

숙제

관계와 행동은 상호적이다. 내가 당신에게 '안녕'이라고 말하면 당신도 '안녕'이라 말할 것이다. 만약 내가 손을 내밀며 '안녕'이라 말한다면, 당신은 악수를 하기 위해 손을 내밀며 반응할 것이다.

'행동 실험' 개념을 소개한다. 이것은 어떤 행동을 의도적으로 바꿔 그것이 상대의 반응에 어떤 영향을 주는지 보는 것이다(상대에게 이것이 '연습'이라고 알려주면 안 된다). 예를 들면 다음과 같다.

1. 당신이 좋아하는 사람(부모, 친구, 배우자나 연인)을 다음에 만나면 칭찬을 다섯 번 한다.
2. 그동안 '힘든' 관계에 있었던 사람을 다음에 만나면 반드시 대화를 한다. 자기 말만 하지 말고 중립적인 주제에 대해 대화한다. 그들의 직장, 주말 계획, 다음 휴가에 관해 질문한다.
3. 매일 보지만 그냥 지나쳤던 사람들에게 웃으면서 인사해본다.
4. 친구나 배우자에게 당신이 정말 좋아하는 그들의 장점을 말해준다.
5. 배우자나 부모님에게 당신을 위한 그들의 헌신 또는 과거의 헌신에 대해 얼마나 감사하고 있는지 말한다.
6. 파티 같은 상황에서 모르는 사람에게 말을 걸고 여가시간에 어떤 취미를 즐기는지 알아본다.
7. 신문에서 관심 있는 뉴스 세 가지(정치와 종교를 제외한 중립적인 주제)를 찾아서 만나는 사람들과 그 뉴스에 관해 토론한다.

회기에서 정했던 숙제 결과를 토론한다. 만약 숙제를 할 수 없었다면, 원인을 찾아 해결하는데, 가능하다면 회기에서 역할극에 포함시킨다.

9

불안 모듈

ADHD가 없는 사람도 흔히 불안을 겪지만, ADHD 환자의 불안 공존율은 소아에서 약 25%(Biederman, Newcorn, & Sprich, 1991), 성인에서는 50%까지 증가한다(Biederman et al., 1993). ADHD의 공존질환으로 나타나는 불안은 자존감을 낮추고, 작업기억 손상 같은 인지적 문제와 스트레스 과민성을 악화시킨다(Tannock, 2000). 공존 불안장애의 진단기준을 충족시키는 사람 이외에도 장애로 분류될 정도는 아니지만 특정 활동에 영향을 주는 경도에서 중등도 불안을 경험하는 사람은 많다. 이는 대개 과거 경험, 자신감 결여, 빈약한 자기효능감에서 온다.

ADHD와 불안의 공존율은 ADHD 증상과 불안 증상의 유사성(안절부절못함, 부주의, 끊임없는 정신적 에너지)을 인위적으로 끼워 맞춘 결과라는 논란이 있을 수 있다. 그러나 지역사회 및 클리닉 연구(Anderson et al., 1987; Biederman et al., 1991; Millstein et al., 1997)에서 25% 공존율이 보고되었는데, 이것은 적어도 전체 증례의 1/4 정도는 ADHD와 불안 증상이 공존하며, 단순히 유사 증상이 중복 계산된 비율이 아님을 시사한다. 일부 사례에서는 중추신경자극제 부작용으로 불안이 보고되었다. 이런 부작용이 발생하면 정신의학적 검토를 해야 하며, 가능하면 비중추신경자극제로 변경하는 것이 좋다.

불안장애는 범불안장애, 사회공포증, 단순공포증, 광장공포증, 공황장애, 강박장애, 외상후 스트레스장애 등 여러 형태로 나타난다. 우리의 임상 경험상 ADHD 환자는 범불안장애를 겪을 확률이 높지만, 사회공포증, 공황장애, 강박장애 또한 보고되고 있다. 물론 이들은 서로 배타적인 범주의 질환이 아니며 ADHD 환자는 이들 질환 중에서 한 가지 또는 여러 가지를 가지고 있을 수 있다. 불안문제는 사회적, 학업적, 직업적 요구와 생애 과정에 따라 더 두드러지기도 한다. 예를 들어 어떤 내담자는 범불안장애와 함께 주어지는 상황에 따른 사회공포증을 겪을 수 있으며, 스트레스가 클 때마다 공황 증상을 경험하기도 한다.

ADHD 증상과 불안 증상은 겹치기 때문에 불안과 연관된 문제를 철저하고 종합적으로 평가해야하며, 어떤 상황에서 과제를 완수하거나 능숙하게 처리할 수 있는 자기 능력에 대한 환자의 사고, 신념, 감정, 행동 간의 관계를 확인하는 것이 중요하다. 그러고 나서 일반적인 불안 인지행동치료와 마찬가지로, 불안 모델과 인지와 행동 관계를 설명하는 심리교육을 실시한다.

청소년과 성인의 기능 결함

현대 사회에서 사람들은 성공 여부, 하는 일, 살고 있는 집, 소유한 자동차 등에 의해 평가받는다. 이러한 상징은 성취를 나타낸다. 또한 현대 사회는 엄마, 아빠, 아내, 남편, 딸, 아들, 친구, 모임 회원, 청소년 지도자, 멘토, 관리자, 직원, 간부 같은 많은 역할을 하면서 다중 업무를 처리하고 여러 가지 책임을 지는 능력에 대한 요구가 많다. 이런 역할은 마치 곡예를 하듯 공중에 많은 회전 접시를 돌리고 있는 것처럼 느껴질 수 있다. 사회가 빠르고 바쁘게 돌아가고, ADHD 환자도 정확도보다 속도를 선호하다 보니 급하게 작업하다 실수를 하고 실패한다.

불안감은 모든 일을 걱정하고 더 열심히 노력하게 한다. 불안은 상황을 평가하고 판단하는 데 영향을 미쳐 인지 과정을 변화시키므로, 초점을 내부로 이동시키고 자기감찰과 자기통제를 심화시킨다. 불안은 주의력 문제와 충동성을 증가시키고 합리적으로 추론하는 능력을 억제한다. 따라서 애초에 인지적 취약성을 가진 ADHD 환자는 불안 유발 상황에서 능숙하지 못한 수행 때문에 한층 더 취약해진다. 불안이 공존하는 내담자는 최대한 집중해야 할 때 ADHD 증상이 훨씬 더 두드러지곤 하기 때문에 '2배'로 인지장애를 겪는다고 할 수 있다.

이로 인해 ADHD 증상(주의력 및 충동성)에 대한 신경심리 평가는 쉽지 않다. 내담자가 검사 환경에서 매우 불안해질 수 있기 때문이다. 강점과 약점의 개인차를 평가하기 위한 많은 인지검사는 매우 쉬운 항목부터 시작하며 점점 더 어려워진다. 내담자는 질문에 답하지 못하거나 문제나 퍼즐을 해결할 수 없는 단계에 도달하게 된다는 뜻이다. 이것은 그들의 장애를 부각시키고, 자신이 '멍청하다'는 신념을 강화시키거나 부정적인 학교 경험을 되살릴 수 있다. 내담자가 매우 불안해지면, 수행을 제대로 하지 못하고 과제를 쉽게 포기해서 결과적으로 자신의 잠재력을 발휘하지 못하고 평가자가 잠재적 수행능력을 과소평가하게 된다. ADHD와 불안이 공존하는 아동은 단기기억이나 작업기억을 요하는 수행, 즉 정보를 능동적으로 처리하고 일시적으로 저장하는 작업(Baddeley, 1986)에 더 큰 장애를 보였다(Pliszka, 1989). 불안은 작업기억 시스템이 정보를 처리하고 저장할 때 일부 자원을 분산시킬 수 있다. 반면, 불안은 각성을 증가시켜 주의통제를 향상시키는 측면이 있기 때문에 동기유발 기능을 하는 것으로도 알려져 있다. 이것은 정보저장(예 : 기억처리)이 필요 없고 반응억제가 요구되는 작업, 예컨대 연속수행과제나 정지 과제에서 발생할 가능성이 높다. 이런 작업은 불안이 공존하는 ADHD 아동이 더 잘 수행하기도 하는데(Pliszka et al., 1993), 아쉽게도 ADHD와 불안이 공존하는 성인에서는 연구가 수행되지 않았다.

특히 ADHD 가족력이 없는 사람에서 불안과 ADHD가 공존하게 되는 선행 요인은 임신 후기 문제, 분만 문제, 신생아기 문제 등 주산기 합병증이라고 보고된다(Sprich-Buchminster et al., 1993). 따라서 많은 사람이 불안하고 역기능적인 대처 전략을 발달시킬 소인을 안고 세상에 태어난다. 이런 소인은 대개 다른 사람으로부터 지속적인 사기 저하와 비난(실제 비난과 지각된 비난 모두)을 당했을 때 발현되는데, 이는 업무 수행이나 상황에 대한 두려움을 유발하기 때문이다. ADHD 청년이 학업 성취에 대한 불이익, 직장에서 실패, 대인관계 어려움을 경험하면 과거에 실망이나 실패를 겪었던 사건에 대한 '예기 불안'을 갖게 된다. 불안과 ADHD가 공존하는 환자는 미래 사건과 대인관계 수행에 대한 걱정에 더해, 자신의 과거 행동이나 수행에도 집착한다. 이런 경우, 내담자가 예를 들어 자신의 수행이 잘못되었다고 믿을 때, 사람들이 자신을 남들과 비교하고 '수준 미달'로 판단한다고 믿을 때, 과거 판단 오류나 부적절한 행동에 대해 부끄러움을 느낄 때 부정적 경험을 다시 떠올리곤 한다.

ADHD 청소년 및 성인은 다양한 방식으로 불안을 표현할 수 있다. ADHD 환자는 어린 시절에 겪은 당혹감, 굴욕감에 대한 선명한 자의식 또는 감수성으로 고통 받을 가능성이 크다(Keller et al., 1992). 대부분의 ADHD 환자의 불안은 학교에서 '수행불안'으로 시작하는데, 예를 들면 수업 시간에 일어서서 크게 소리 내어 읽어야 할 때 등이다. 그들은 실수를 하거나 단어를 놓치거나 문장을 건너뛰었을 수 있는데, 이 때문에 친구들에게 괴롭힘을 당하거나, 웃음거리가 되거나, 놀림을 당했을 수 있다. 이런 상황 속에서 그들은 위축되거나 충동적으로 화를 내고 달려들었을지도 모른다. 어느 쪽이든 이것은 사회적으로 부정적인 결과를 가져오고, ADHD 아동은 또래와 자신 있게 어울리는 능력이 결핍되기 시작한다. 어떤 아동은 지나치게 다른 사람을 기쁘게 하거나 다른 아이를 괴롭혀서 과잉보상을 하기도 하며, '광대 시늉'으로 보상하는 아동도 있다. 그들은 학교에서 또래집단 밖의 아동, 즉 자신보다 나이가 많거나 어린 아동과 친구를 맺거나 성인집단을 선호할 수도 있다. 시간이 지나면서 작은 불안은 더 큰 불안으로 변하고, 특히 학업과 사회적 요구가 커지는 청년기 교육 과정을 거치면서 불안이 더 심해진다. 불안한 ADHD 아동은 자신이 있는 곳이 어떤지 알기도 전에 불확실성과 불안정성에 기반해 세상과 상호작용하는 방식을 발달시킨다. 불안이 일반화되면 그들이 시도하는 바가 성취될 것이라는 신념과 자신감에 영향을 미친다. 이로 인해 그들은 흔히 다양한 역할과 기능을 수행하는 자신의 능력 수준을 의심하거나 지나치게 걱정하게 된다.

만나는 모든 사람과 상황에 대해 전반적으로 불안을 느끼는 ADHD 환자의 성향은 사회불안으로 차츰 구체화된다. 어떤 환자에서는 또래와 다르다는 감정이 다른 사람과 자신을 불리하게 비교하는 성향으로 이어지는데, 부정적으로 인식되는 자신의 특성과 타인의 긍정적 특성에만 선택적으로 주의를 기울인다. 어떤 환자는 사회적 상황에서 예컨대 '내가 잘하고 있나? 눈치 없이 군 것 같은데?' 같은 재확인을 자주 한다. 그들은 사교모임에서 다른 사람들에게 관찰당할까 봐 걱정하고, 남의 시선을 의식하며 어색해진다. 어떤 사람은 파티에서 바보같이 행동하거나 '제일 재미있는 사람'이 되어 과잉보상한다. 이런 경우, 불안의 치료 목표는 불안한 인지, 감정, 행동을 줄이는 것뿐 아니라 지나치게 흥분된 태도로 반응해서 특이하거나 부적절한(다른 사람에게 유치하게 보이기도 하는) 행동으로 이목을 끌게 되는 일도 자제시키는 것이다. 이것은 ADHD 환자의 타고난 창의력과 열정을 약화시키는 것이 아니라 보다 더 조절되고 성숙하게 행동하도록 격려하는 것이다.

투렛 증후군 환자는 ADHD 유병률이 높고, ADHD 환자 역시 투렛 증후군 유병률이 높으므로, ADHD 환자의 높은 강박장애 유병률에는 ADHD와 투렛 증후군의 연관성이 영향을 미쳤을 수 있다(Pauls & Leckman, 1986). 강박장애 증상은 또한 기능 자원을 강박사고로 분산시켜 주의력 곤란을 악화시킬 수 있다. 반면 강박장애와 연관된 증상은 ADHD 환자가 자신의 실수나 잊어버릴 수 있는 물건을 자주 확인하여 주의력 결핍을 보상하는 전략일 수 있다. 그럼에도 불구하고 어떤 환자는 점점 불안이 악화되어 확인행동을 더 의례적이고 강박적으로 할 수도 있다. 내담자는 자신의 은밀한 강박사고나 강박행동을 부끄러워하기도 하며, 평가 시간에 이를 치료자에게 말하지 않을 수도 있다. 그들은 ADHD를 치료함으로써 강박장애 증상이 사라지기를 바란다. 그들은 또한 강박적 또는 반복적 과잉집중 때문에 사소한 측면에 치중하여 업무를 빨리 끝내지 못할 수 있다. 이런 어려움을 겪고 있는 이들은 부정확하게 일을 하느니 아예 아무것도 하지 않으려 하기도 한다. 의례적 확인 행동을 줄이는 체계적 탈감작 이외에 강박사고를 탐색하고 공략하는 것도 유용한 치료 전략이다.

불안 평가

내담자가 지난 일주일 동안 경험한 불안 관련 문제 유형을 찾고 분류하는 데 도움이 되는 불안 체크리스트는 보조 웹사이트에 제공된다. 불안 체크리스트는 표 9.1에 제시되어 있는데, 이 리스트는 내담자가 진료실에서 불안의 원천(예 : 전반적 불안, 사회불안, 공황, 강박문제)으로 자주 거론하는 주제를 중심으로 고안되었으며, 내담자와 치료자가 공존하는 불안문제의 아형을 구분하는 데 사용하기 위해 만들어졌다. 표 9.1은 전반적 불안이 있고 직장에서 마감 기한을 지켜야 한다는 중압감 때문에 급성 공황을 경험한 내담자가 작성한 불안 체크리스트이다. 비록 불안의 범주가 상호 배타적이지는 않지만, 이 불안 체크리스트는 불안문제가 전반적인지 아니면 명시적인지 확인하는 데 유용한 지침을 제공하고, 치료자가 적응적 접근법을 취해 개념상으로 치료를 계획하고 고안하기 위한 토론과 탐색의 토대를 만든다.

보조 웹사이트에 제공되는 불안 체크리스트는 내담자의 반응이 편향되지 않도록 범주 이름(범불안장애, 사회불안, 공황장애, 강박장애 등)을 의도적으로 제외했다. 이들 범주는 설명을 위해 표 9.1에 수록되었다.

인지행동치료

ADHD와 불안이 공존하는 환자의 치료는 ADHD가 없는 불안 환자 치료와 비교할 때 두 가지 주요 차이점이 있다.

표 9.1 불안 체크리스트

지난 일주일간, 다음 증상을 얼마나 자주 겪었는가?	전혀	가끔	때때로	자주	매우 자주	항상
전반적 불안						
돈에 대해 걱정했다. (예 : 청구서와 부채를 지불할 수 있을지)					V	
직장이나 학교에서 잘 대처하지 못할까 봐 걱정했다.				V		
건강을 걱정했다.						V
미래에 일이 잘못되어 실망하거나 실패하게 될까 봐 걱정했다.					V	
좋은 부모, 직원, 자녀가 될 수 없을까 봐 걱정했다.						V
사회불안						
다른 사람의 시선을 의식했다.			V			
파티와 같은 사교성 이벤트를 피했다.		V				
사람 많은 곳을 피했다.	V					
수행을 걱정했다.				V		
새로운 사람을 만나기 두려웠다.		V				
공황						
가슴이 조여드는 느낌이 들었다.						V
심장이 빨리 뛰는 것을 느꼈다.						V
심장 발작이 온다고 생각했다.						V
어지럽고 현기증이 났다.					V	
머리에 피가 쏠리는 것 같이 느꼈다.				V		
강박장애						
집이 깨끗하게 정리되어 있지 않으면 불편했다.	V					
제대로 되었다는 확신이 들 때까지 매사를 여러 번 확인했다.		V				
늘 하던 대로 하지 않으면 불안했다.	V					
침습적 사고가 있었다.	V					
무언가에 과하게 집중하는 경향이 있었다.		V				

1. 불안과 ADHD 증상의 중복을 인정하고, 치료 회기에서 다루는 주의력 증진, 기억력 향상, 충동성 감소 기법으로 더 잘 다룰 수 있는 증상을 구분해야 한다[예 : 주의력 모듈(제3장), 기억력 모듈(제4장), 충동성 모듈(제6장) 참조].
2. ADHD 청소년 및 성인은 만족 지연에 어려움이 있으므로, 일반적인 빈도보다 훨씬 더 자주 성공과 성취를 정적 강화하는 즉각 보상 시스템을 도입해야 한다.

제안된 인지행동치료 모델의 치료 과정에는 네 가지 기본 단계가 있는데, 인지행동 관점으로 본 불안 모델에 대한 심리교육, 부정적 사고 대처법 학습, 자기통제 발달, 행동 변화다.

심리교육

심리교육은 치료 과정의 중요한 부분이다. 내담자가 불안하거나 걱정할 때 그들에게 무슨 일이 일어나는지 설명하고, 이것을 그들의 불안 유발 경험에 적용해보는 것이 중요하다. 여기에는 불안이 사고, 감정, 행동에 미치는 영향과 이들 요소 간의 상호관계에 관한 설명이 포함된다. 이는 또한 기능적 과정으로서 불안이 어느 정도는 정상이라는 의미다. 누구나 살면서 불안하거나 걱정할 때가 있다. 이것은 정상이고 건강한 반응이다. 불안이나 걱정은 대개 스트레스나 위험에 처했을 때 발생한다. 불안은 투쟁 또는 도피, 즉 버티거나 도망칠 준비를 하게 한다. 사람들이 호랑이와 함께 우리 속에 갇힌다면 불안해질 것이다. 불안은 사람들이 임박한 위험을 분명하게 인식하고 스스로를 보호할 준비를 하게 한다. 그러나 호랑이 우리에 갇히지 않았을 때, 이를테면 친구 생일 파티에 가야 할 때 이 과정이 활성화된다면 불안은 역기능적으로 작용한다. 이렇게 설명하면 대개 내담자가 완벽하게 이해한다.

보조 웹사이트에 '불안하면 당신에게 무슨 일이 일어나는가?'라는 불안 차트가 있다. 이 차트는 불안을 일으키고 유지하는 핵심 요소인 사고, 감정, 신체 반응, 행동을 소개한다. 내담자에게 이 핵심 요소를 구분하여 불안 차트를 작성해보게 하면 불안 모델을 소개할 때 도움이 되는데, 내담자가 자신의 경험을 이 모델에 이론적으로 연결시켜볼 수 있기 때문이다. 글상자 9.1은 업무 프로젝트를 제시간에 끝내는 데 대한 불안이 있는 사람이 작성한 불안 차트이다. 보조 웹사이트에 빈 양식이 제공된다.

불안의 인지행동모델, 즉 불안을 일으키고 유지하는 사고, 감정, 행동의 상호관계를

글상자 9.1 불안 차트 : 불안하면 당신에게 무슨 일이 일어나는가?

사고	감정
• 나는 집중할 수가 없어. • 난 집중력을 잃을 거야. • 이 일을 할 수 없다면 나에게 틀림없이 뭔가 안 좋은 일이 생길 거야. • 모든 사람이 나를 비난할 거야. • 난 미쳐버릴 거야. • 난 이 일을 해낼 수 없어. • 난 쓸모없는 인간이야.	• 무섭다. • 공황 상태에 빠졌다. • 이성을 잃은 것 같다. • 공포감에 휩싸인다. • 불안하고 화가 난다. • 불편하다.

신체 반응	행동
• 안절부절못한다. • 손에 땀이 난다. • 심장 박동이 빨라진다. • 주요 장기로 혈액이 몰려 피부가 창백해진다. • 말을 더듬는다. • 초조하게 왔다 갔다 한다. • 긴장한다.	• 외출하지 않는다. • 사회적 상황을 회피한다. • 변명한다. • 안정을 위해 담배, 술, 안정제, 먹고 싶은 음식을 찾는다. • 누군가가 있을 때만 외출한다. • 외향적으로 과잉보상하거나 압도되어 쩔쩔맨다. • 바보같이 굴거나 무모한 행동을 한다.

내담자의 지적 수준에 맞춰 설명하면 대체로 잘 이해한다. 예를 들어 직장 상사가 정한 마감기한을 놓칠까 봐 불안을 느끼면 **사고**에 영향을 미치고(예 : '나는 쓸모없어, 제대로 할 리 없어, 이제 승진은 물 건너 갔어), 불안 **신체 반응**(예 : 메스꺼움, 입마름)과 함께 흥분과 공황 **감정**을 느낄 것이다. 이는 결국 **행동**에도 영향을 미친다(예 : 포기, 변명, 상황 회피, 집에서만 지냄).

내담자는 사고, 감정, 행동의 상호관계를 배우고, 이 요소들이 어떻게 역동적으로 함께 작용해서 기능 저하를 유발하는지도 이해해야 한다. 이것은 불안을 증가시키는 순환 또는 하향 부정 나선(downward negative spiral)이 되는데, 사고, 감정, 행동이 서로를 악화시켜 더 심각해지게 된다. 그림 9.1은 불안 나선을 시각적으로 표현한 것으로, 보조 웹사이트에 유인물로 제공된다. 그림 9.2는 완성된 '말풍선 불안 나선'으로 보조 웹사이트에 회기에 작성할 수 있는 빈 양식이 제공된다.

불안은 세 다리 탁자로 묘사할 수 있다(그림 9.3 참조). 만약 한 다리가 제거되면, 불안

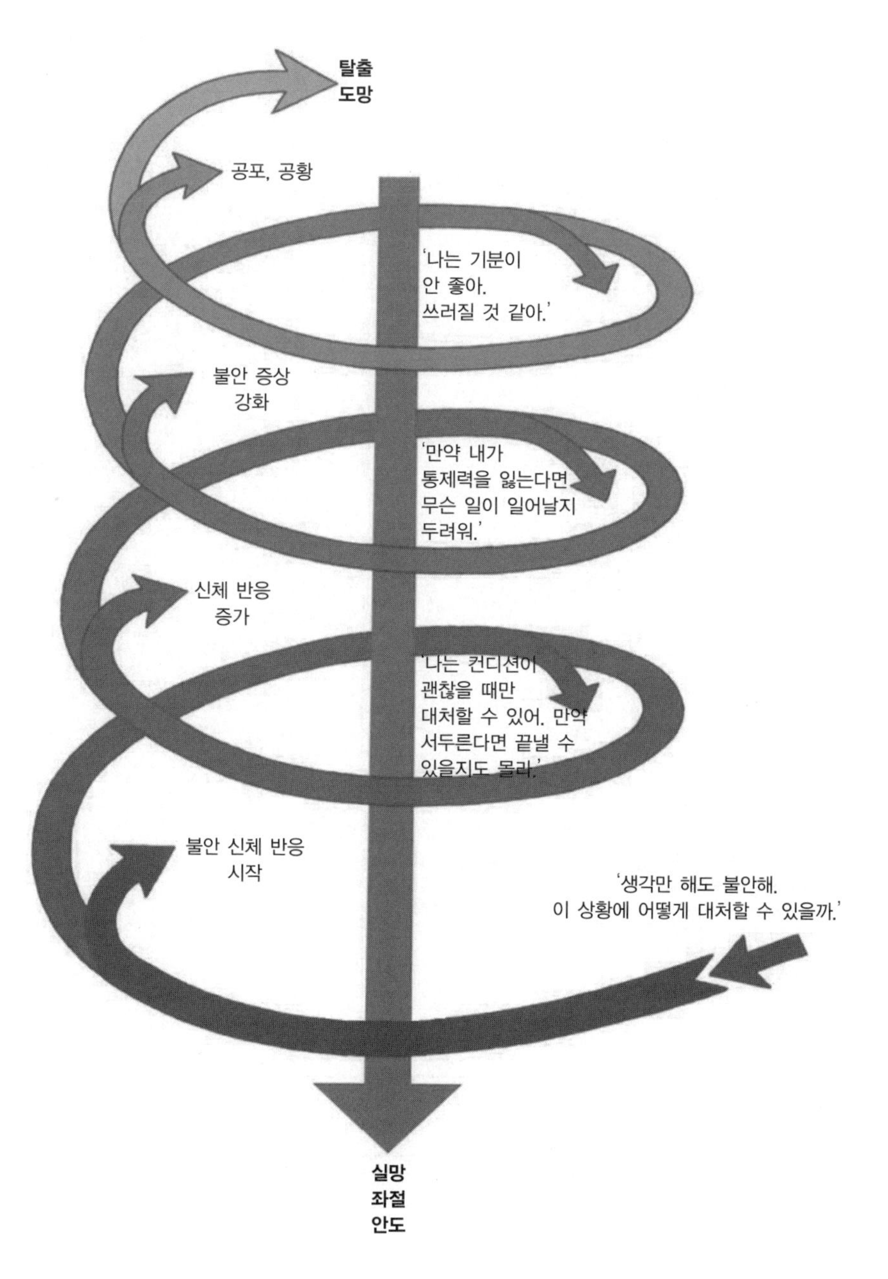

그림 9.1 불안 나선

탁자는 흔들리고 쓰러져서 사라지게 될 것이다. 불안은 인지 결함을 악화시킨다. 만약 내담자가 불안을 줄이는 법을 배운다면 불안을 촉발하는 환경과 상황에 대처할 가능성

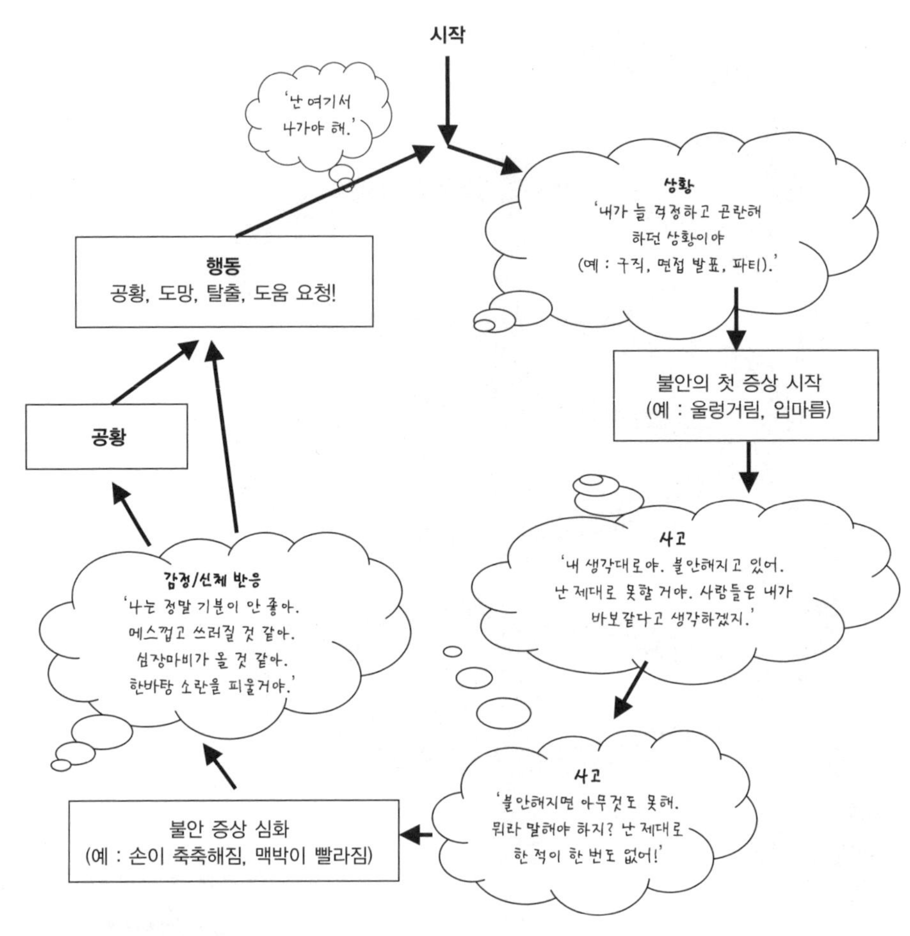

그림 9.2 말풍선 불안 나선

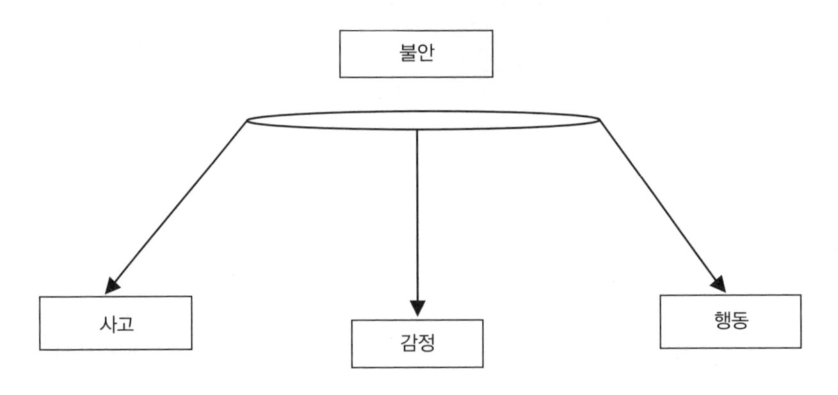

그림 9.3 세 다리 불안 탁자

이 커진다. 탁자의 '세 다리'는 각각 사고, 감정, 행동으로 다음 단락에서 논의된다. 내담자는 '세 갈래 공격'으로 각 다리를 제거하는 방법을 배울 것이다.

불안 관리 전략

부정적 사고 대처

불안은 불쾌한 부정적 사고와 연관된다. 부정적 사고는 자동적이며, 불안 유발 상황에서 마음속으로 스쳐 지나간다. 예를 들어 다른 사람들이 자신을 어떻게 생각할지 걱정하는 사람은 잘 알지 못하지만 좋은 인상을 주고 싶은 사람과 대화할 때 불안을 느낄 수 있다. 그들은 다른 사람의 평가를 피하기 위해 대화에 끼지 않는 식으로, 행동을 변화시켜 불안감을 줄이려고 시도할 수 있다. 내담자가 보고하는 흔한 부정적 사고는 다음과 같다.

- 자신에게 큰 문제가 있다는 생각
- 자신이 어리석다는 생각
- 다른 사람들이 자신을 비난한다는 생각
- 자신이 정신적으로 건강하지 못하다는 생각
- 자신이 형편없는 사람이라는 생각
- 스스로를 비하하는 생각
- 자신이 실패자라는 생각

내담자는 그들의 사고와 신념이 어떻게 감정과 행동에 영향을 미치는지 알아야 한다. 만약 어떤 사람이 한밤중에 시끄러운 소리를 듣고 도둑이 들었다고 믿는다면 두려움을 느끼고 경찰에 신고할 것이다. 그러나 만약 창문을 열어 두어서 바람에 무언가가 떨어진 소리라고 믿는다면, 그들은 두려워하지 않고 나가서 물건을 올려놓은 후 다시 잠들 수 있을 것이다. 이처럼 동일한 상황에서 다르게 생각하면 다른 감정을 경험하고 다르게 행동하게 된다.

불안을 유발하는 부정적 사고는 여러 가지 이유로 식별하기 어려운데, 우리가 깨달을 새도 없이 습관적으로 빠르게 마음속을 스쳐 지나가기 때문이다. 부정적 사고는 자동적이고 애쓰지 않아도 떠오른다. 어떤 생각은 불안을 지속시키는데, 예를 들면 다음과 같다.

- '나는 웃음거리가 될 거야.' (예언)

- '나는 더 이상 이 문제를 감당할 수 없어.' ('난 못해' 증후군)
- '나는 숨을 쉴 수 없어, 질식할 것 같아.' (신체 반응의 잘못된 해석)
- '나는 여기서 벗어나야 해.' (도피 사고)

'사고 일지(Thought Diary)'는 내담자가 부정적 사고를 식별하는 데 흔히 사용되는 기법이다. 이것은 그들이 처해 있던 상황, 그때 마음속에 스쳐 지나간 생각, 느꼈던 감정을 기록한 것이며, 그런 생각을 얼마나 믿는지도 평정할 수 있다. 표 9.2는 직장에서 문제를 겪고 있는 어떤 내담자의 사고 일지다. 내담자는 마감기한을 지키라는 상사의 압박을 느끼며 동료들과 어울리는 데 대한 사회불안이 있다. 보조 웹사이트에 빈 양식이 제공된다.

내담자가 부정적 사고를 공략하는 인지 기법을 배우고 나면, 사고 일지를 부정적 사고에 대한 공략을 기록하고 그 생각에 대한 믿음을 재평가하는 용도로 사용할 수 있다. 이 방법을 사용하면 내담자의 신념 체계가 약화되는 정도를 확인해서 인지 공략의 성공 여부를 확인할 수 있다. 표 9.3은 사고 일지에서 부정적 사고를 공략하는 예이며, 보조 웹사이트에 빈 양식이 제공된다.

그림 9.4는 부정적 사고에 대처하는 세 가지 기법을 보여준다 —(1) 부정적 사고 공략 —5일(화요일), (2) 긍정적 사고로 부정적 사고 덧씌우기 —4일(월요일), (3) 부정적 사고 분산 —6일(수요일). 실제 내담자가 적용하는 기법은 상황과 개인적 선호에 좌우된다. 그림 9.4는 보조 웹사이트에 유인물 형식으로 제공된다.

회기에서 치료자는 내담자에게 기법을 가르치고 시연하면서 어떤 기법이 언제 가장 효

표 9.2 사고 일지 예

날짜와 시간	상황	감정	사고	믿음 정도(%)
4일(월요일) 오전 8 : 15	출근 준비	초조하고 약간 속이 안 좋음	나는 이번 주에 버틸 수 없을거야.	40
4일(월요일) 오전 10 : 15	상사가 사무실로 부름	두려움	해고될 것 같아.	50
5일(화요일) 오후 6 : 15	동료들과 술집에 감	그 자리에 어울리지 않는 느낌	할 말이 없어.	70
6일(수요일) 오후 12 : 00	마감시간 직전	완전한 공황 상태	난 해낼 수 없어. 모든 게 끝났어.	50

표 9.3 사고 일지에서 부정적 사고를 공략하는 예

날짜/시간	상황	감정	사고	믿음 정도(%)	인지 공략	지금은 그 생각을 얼마나 믿는가(%)
4일(월요일) 오전 8 : 15	출근 준비	초조하고 약간 속이 안좋음	나는 이번 주에 버틸 수 없을거야.	40	지난 주 월요일에도 비슷한 느낌이 들었지만 잘 지나갔어.	20
4일(월요일) 오전 10 : 15	상사가 사무실로 부름	두려움	해고될 것 같아.	50	해고될지는 확실히 몰라. 지난 금요일에도 상사가 불러서 갔더니 지난 번 프로젝트가 아주 잘 진행되고 있다고 했어.	20
5일(화요일) 오후 6 : 15	동료들과 술집에 감	그 자리에 어울리지 않는 느낌	할 말이 없어.	70	당연히 할 말이 있지. 나는 벙어리가 아니야. 나는 사람들에 관해 물어보기만 하면 돼. 주말에 뭐할 건지 물어봐야지.	40
6일(수요일) 오후 12 : 00	마감시간 직전	완전한 공황 상태	난 해낼 수 없어. 모든 게 끝났어.	50	할 수 있어. 나는 최악의 결과만 생각하고 있어. 좀 쉬고 진정해야 해. 전에도 압박을 받았지만 해냈잖아.	30

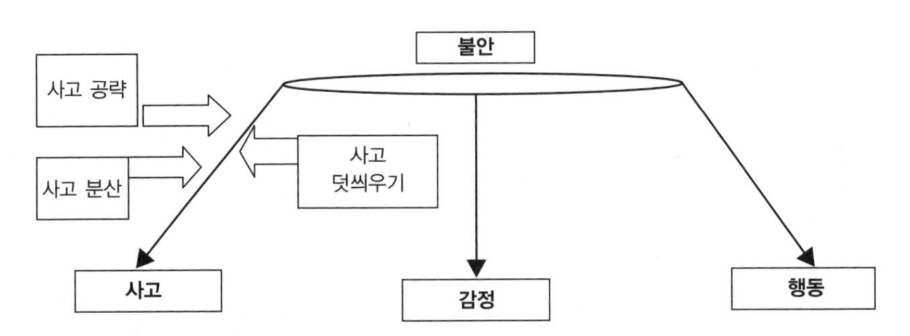

그림 9.4 세 다리 불안 탁자 : 부정적 사고 공략

과적인지 확인한다. 예컨대 미래 성과에 대한 반추 사고는 인지 공략으로 가장 잘 대처할 수 있다. 긍정적 사고로 부정적 사고를 덮으면 과제를 마치도록 동기를 부여할 수 있다. 부정적 인지를 분산시키면 사회불안에 대처할 때 많은 도움이 된다. 불안을 경험하는 것은 일종의 **과정**이며, 이 과정의 어떤 단계에서 기법을 적용하는지에 따라 효과가 달라진다. 표 9.4는 불안의 각 단계에 적합한 몇 가지 기법에 관한 요약이다.

부정적 사고 공략

생각은 불안을 키우고 기분저하를 심화하거나 완화할 수도 있다. 같은 상황에서 다르게 생각하면 다른 감정이 들고 다른 행동을 한다. 이는 생각을 통제하면 내담자의 행동을 변화시킬 수 있다는 뜻이다. 이것은 숙달하기 어려운 기술이다. 치료자는 내담자가 불안하거나 고통스러울 때 '사고 오류'에 특히 취약하다는 사실을 미리 설명해야 한다. 이것

표 9.4 불안 과정과 인지 기법

불안 시작	부정적 자동사고 식별 인지 공략 사고 오류 발견
불안 중간	대처적 자기진술 자기지시 플래시 카드 분산 기법
불안 감소	자기칭찬 보상

은 본질적으로 내담자가 왜곡된 안경을 통해 세상을 보고 있기 때문이다. ADHD 환자가 가진 흔한 사고 오류는 재앙화와 속단하기다('전혀 가망이 없어, 절대로 성공하지 못해, 나는 결국 망할 거야, 사람들이 다시는 나에게 말을 걸지 않을 거야'). 표 9.5는 몇 가지 흔한 사고 오류에 관한 설명이다. 이것은 내담자가 연습할 수 있는 양식으로 보조 웹사이트에 제공되며 토론의 기초로 사용될 수 있다. 가장 흔한 사고 오류 범주가 표 9.5에 제공되지만 이들은 서로 배타적이지 않다. 일반적으로 내담자가 이러한 자료를 사용해서 사고 일지에 기록한 사고 오류를 검토하면 자신에게 흔한 사고 오류를 알게 된다.

악순환을 깨기 위해서는 낡은 사고방식을 바꾸는 법, 즉 생각과 가정에 대한 공략을 배워야 한다. 가정이란 '만약 …하다면, 나는 …이다' 형식의 진술로서, 예를 들면 '회의에 제출할 보고서를 제시간에 완성하지 못한다면, 나는 완전히 실패하는 거야' 같은 생각이다.

내담자가 자신의 생각을 공략하는 한 방법은 능숙한 변호사처럼 자신의 생각에 '반대심문'을 하는 상상을 하는 것이다. 예를 들면 다음과 같은 질문을 할 수 있다.

1. 이렇게 생각하는 증거가 있는가?
2. 내가 대처할 수 없다는 증거는 무엇인가? 과거에 성공적으로 대처했을 때를 생각해 보라.
3. 이 사건이 발생할 가능성을 과장하고 있지 않은가?
4. 일어날 수 있는 최악의 상황은 무엇인가?
5. 그 일에 어떻게 대처할 수 있는가?

이 질문은 표 9.6에 나열된 흔한 부정적 사고와 인지 공략 예는 유인물 형식으로 보조 웹사이트에 제공된다(표 9.6b 참조).

ADHD 청년은 스트레스 상황을 긍정적으로 재평가하는 경향이 있다. 다행히도 ADHD 성격은 '인지 공략 과정'을 사용하게 하는 것으로 생각된다(Young, 2005). 이는 그들이 상황을 인지적으로 재구성하려고 노력하고 문제를 다른 방식으로 생각하는 데 수용적이라는 의미다. 이러한 특성 때문에 ADHD 환자는 문제해결에 실패하더라도 실망하지 않고 회복탄력성을 바탕으로 다시 시도할 결의를 한다.

생각을 공략하는 두 번째 방법은 다른 사람의 관점을 취하는 것이다. 내담자는 종종 다른 사람에게 기대하지 않는 것을 스스로에게 기대하기 때문에, 사회적 관점 취하기는

표 9.5 사고 오류

사고 오류	정의
흑백논리	모든 것을 흑 아니면 백으로 보고 그 중간 영역이나 '회색 지대'를 인정하지 못함. 예 : '나는 전혀 집중할 수 없어.'
과잉일반화	한 가지 사건을 근거로 일반적인 결론을 도출함. 단 한 번 발생했을 뿐인데도 항상 그 일이 일어날 것이라고 생각함. 예 : '나는 다음에도 일을 망칠 거야.'
재앙화	최악의 상황을 예상하여 사건의 가능성을 과장하거나 과대평가함. 잘못될 수 있는 일은 다 잘못될 것이라고 생각. 예 : '제때 가스요금을 내지 않았으니 나는 쫓겨날 거야.'
개인화(personalization)	모든 불쾌한 일에 대해 스스로를 비난함. 사람들이 하는 말이나 행동이 자신에 대한 반응이라 믿음. 모든 것을 자신의 잘못으로 추정함. 예 : '그녀가 방에서 나가버린 건 내가 그녀를 화나게 했기 때문이야.'
부정적 초점(negative focus)	상황의 긍정적 측면을 무시하거나 잘못 해석하여 '어두운 측면'을 보는 경향이 있고 비관적임. 예 : '직무 평가에서 나에게 새로운 기술을 배울 필요가 있다고 한다. 나는 내 일에 쓸모가 없는 게 분명해.'
속단하기	아무 일도 일어나지 않았음에도 불구하고 자동적으로 사건을 부정적으로 해석함. 이러한 예측을 뒷받침할 만한 증거가 없을 때도 부정적으로 미래를 예측하거나 다른 사람의 마음을 읽음. 예 : '나는 지금까지 너무 느렸어. 그래서 그녀는 내가 이 일을 하지 못할 것이라고 생각할 거야.'
강박적 부담('shoulds' and 'oughts')	기준과 기대가 합리적이거나 현실적인지 고려하지 않고 자신이 그것을 충족시키지 못한다고 생각함. 항상 모든 일에 정확해야 한다고 믿음. 예 : '나는 항상 시간을 잘 지켜야 해'.

연습

다음은 어떤 사고 오류인가?

1. 나는 최악이었어. 그 일을 왜 또 한 거야?'
답 : 부정적 초점
2. '내가 불쑥 험담을 꺼내서 그녀를 화나게 했어. 나는 끔찍한 사람이야.'
답 : 과잉일반화
3. '나는 계획했던 일을 모두 끝내야 했어.'
답 : 강박적 부담
4. '모든 것이 잘못되고 있어.'
답 : 재앙화

표 9.6 부정적 사고와 인지 공략 예

사고 오류	인지 공략 예
나는 별로 잘하지 못했어.	난 완벽하지 않아. 다른 사람들과 마찬가지로 잘하는 것도 있고 못하는 것도 있어.
이걸 해서 뭐해?	시도하지 않으면 알 수 없어. 시도하는 자체가 내 경험과 기술을 넓힐 거야. 내가 완벽하기를 기대하는 사람은 아무도 없어.
실수하면 어떡하지? 끔찍할 거야.	누구나 실수를 해. 실수하는 건 괜찮아. 실수는 배울 수 있는 가장 좋은 길이니까.
할 말이 없어. 난 지루한 사람이야.	나에게도 의견이 있고, 생각과 감정이 있어. 난 독서를 좋아하고 놀러 나가는 것도 좋아해. 나를 표현하는 능력을 향상시킬 필요는 있지만, 연습하면 돼.
아무도 나를 좋아하지 않아.	나를 좋아하는 사람이 있어. 과거에 좋은 관계를 맺었던 적이 있고 앞으로도 그럴 거야.
다른 사람들은 모두 나보다 잘 지내. 모두 행복해 보여.	사실인지 알 수 없어. 다른 사람들이 바빠 보인다고 해서 그들이 더 만족스러운 것은 아니야.
나는 대인관계가 서툴기 때문에 사람들을 가까이하지 않는 게 나아.	사람들을 가까이 하지 않으면 스스로 기회를 상실해. 긴장을 풀면 아마 괜찮을 거야.
사람들 앞에서 감정 조절이 안 되고 우스꽝스럽게 될 거야.	내가 화날 만한 충분한 이유가 있어. 사람들은 내 생각보다 훨씬 이해심이 깊어. 세상이 끝난 게 아니야. 감정을 드러내는 게 뭐 어때서?
나는 아무런 희망이 없어. 이 일을 절대로 해결하지 못할 거야.	한 번에 한 가지씩 하자. 스스로를 무조건 비난하는 건 말도 안 돼. 이보다 훨씬 힘든 일도 이겨낸 적이 있잖아.

매우 유용한 기법이다. 치료자는 내담자에게 친구가 같은 문제로 찾아오는 상상을 하게 한다. 그들이 친구에게 무슨 말을 하겠는가? 그 문제를 같은 방식으로 보는가? 다시 말해 아무런 해결책이 없으므로 친구가 결국 실패할 것이라고 믿는가? 대안적 설명이나 대안적 결과를 검토하는 기법이 도움이 된다. 예컨대 '나는 대처할 수 없어'는 '어렵지만, 한 번에 한 가지씩 한다면 할 수 있어'로 대체한다.

긍정적 사고로 덧씌우기

ADHD 환자의 또 다른 문제는 그들이 삶에서 겪은 낙망을 상쇄시키기에 충분한 '성공' 경험이 없다는 것이다. 그들은 대개 열심히 일하지 않고 다른 일로 산만해지거나, 일이 어려워지면 포기하거나, 끝내는 데 시간이 오래 걸린다. 이처럼 애초에 저울이 기울어져 있기 때문에 그들이 어떤 아이디어가 있건 어떤 프로젝트를 시작하건 수포로 돌아갈 수 밖에 없다. 그들의 부정적 자동사고가 근거를 가진 측면이 있기 때문에 내담자가 이를 '사고 오류'로 공략하기가 더욱 힘들다. 한 가지 해결책은 예컨대 긍정적이고 동기를 유발하는 자기진술로 부정적 사고와 가정에 긍정적 인식과 신념을 덧씌우는 것이다.

부정적 사고를 식별하고 이를 공략하면 효과적으로 불안의 발생과 악화를 억제할 수 있다. 그러나 본격적으로 불안 발작이 시작되면, 인지 공략을 적용하는 것이 쉽지 않다. 이런 경우에는 특히 더 적합하고 효과적이었던 몇 가지 인지 공략을 적은 작은 '플래시 카드'를 지갑이나 가방에 지니고 다닌다. 내담자가 대안 사고 과정(alternative thinking process)을 할 수 없을 정도로 매우 불안하더라도 플래시 카드를 보는 것만 기억하면 정신을 차리고 대안 사고 과정을 시작하게 될 것이다.

ADHD 환자의 회복탄력성과 포기하지 않는 경향 때문에 부정적 사고 공략보다 긍정적 사고로 덧씌우기가 그들에게 더 유용한 기법일 수 있다. 부정적 사고를 찾자마자 미리 준비한 더 긍정적이고 동기를 유발하는 생각으로 덧씌우는 것이 부정적 사고에 대처하는 보다 더 '자연스러운' 방법일 수 있다. 예를 들어 내담자가 '나는 이 상황에 대처할 수 없어, 나는 통제력을 잃을 거야'라고 생각한다면, 그 생각을 '나는 대처할 수 있어, 나는 이 상황을 통제하고 있어'로 대체한다.

긍정적 자기진술과 자기지시 형태의 '대처적 자기대화'는 불안 과정 중 진행된 불안 단계에서 쉽게 사용할 수 있는 유용한 전략이다. 부정적 사고 대체도 다른 기법과 마찬가지로 연습과 인내가 필요한 과정이지만, 반복하면 '기존'의 사고방식만큼 자동화되므로 시간이 지날수록 더 쉬워진다.

부정적 사고를 대체하는 데 도움이 되는 긍정적 진술은 매우 다양하다. 글상자 9.2에 몇 가지 예를 제시하였으며(보조 웹사이트에 '지갑 크기'의 유인물 양식으로도 제공된

글상자 9.2 긍정적 자기진술

- 불안은 해롭지 않아. 정상적인 반응일 뿐이야.
- 나는 이 감정에 잘 대처할 수 있어.
- 이 상황에서 벗어나거나 회피하지 않아도 돼. 시간이 지나면 불안은 사라질 거야.
- 휴식을 취하는 동안 불안은 차츰 가라앉을 거야.
- 진정하고, 천천히 호흡하면서 온몸의 긴장을 풀어보자.

다), 불안 탁자의 나머지 다리를 '제거'하는 데 도움이 되는 다른 기법을 사용하는 지시도 기록해두어야 한다.

부정적 사고 분산

인지 분산 기법은 급격하게 불안이 고조되었을 때 적용해볼 수 있는 추가적인 인지 기법으로서, 불안을 증폭시키는 부정적이고 해로운 생각이 들 때 내담자의 주의를 분산시키는 것이다. 이 기법이 효과적이기 위해서는 휴식을 취하며 신문을 읽기보다는 암산이나 항목 세기 같이 구체적이고 통제된 능동 과정을 포함해야 한다. 내담자가 기사를 읽더라도 어떤 정보도 눈에 들어오지 않을 가능성이 높다. 능동 과정은 인지적이거나 물리적일 수도 있다. 만약 내담자가 격렬한 신체 활동(예 : 달리기, 단체 운동 등)으로 주의를 분산시킨다면 부정적 사고가 줄어들 뿐 아니라 안절부절못함과 초조함도 완화될 것이다.

불안 감정 다스리기

불안이 우리에게 미치는 영향을 이해하려면 불안이 유발할 수 있는 신체 감각을 알아야 한다. 이런 신체 감각에는 호흡 곤란, 메스꺼움, 심계항진, 현기증, 발한, 흉통 등이 있다. 극심한 불안을 겪는 사람은 자신의 건강에 심각한 문제가 있다고 믿거나 믿었던 적이 있을 것이다. 이들은 이런 신체 증상이나 징후를 관상동맥 심부전으로 해석하고 심장발작이 왔다고 믿기도 한다. ADHD 내담자가 표현하는 흔한 감정은 다음과 같다.

- 두려움과 공황
- 통제력을 상실하는 느낌
- 혼란스러움과 어떤 작업이나 생각에 집중하기 어려움
- 생각과 아이디어 '폭주'
- 끊임없는 정신적 에너지
- 짜증나거나 화나는 느낌
- 초조함과 긴장감
- 불행한 느낌
- 지나치게 감정적이고 불안정한 느낌

그림 9.5는 불안의 흔한 신체적 표현을 논의하는 데 사용될 수 있으며, 보조 웹사이트

에 사본이 제공된다. 이 그림은 과거에 경험한 신체 증상을 알아내고 이런 불안의 조기 징후를 자가 조절하는 데 효과적이다. 불안의 조기 지표를 찾을 수 있다면, 내담자는 초기 단계에서 불안 처리 기법을 사용할 수 있으므로 성공적으로 불안을 조절할 가능성이 높다.

불안에 의한 신체 반응은 신체적 건강문제로 받아들여지고 내면의 심리적 문제나 장애로 인한 증상으로 인식되지 못할 수도 있다. 공황을 동반하는 급성 불안 사례에서 어떤 내담자는 심장마비가 온다고 생각해 응급실로 오기도 한다. 이것은 내담자의 문제가 업

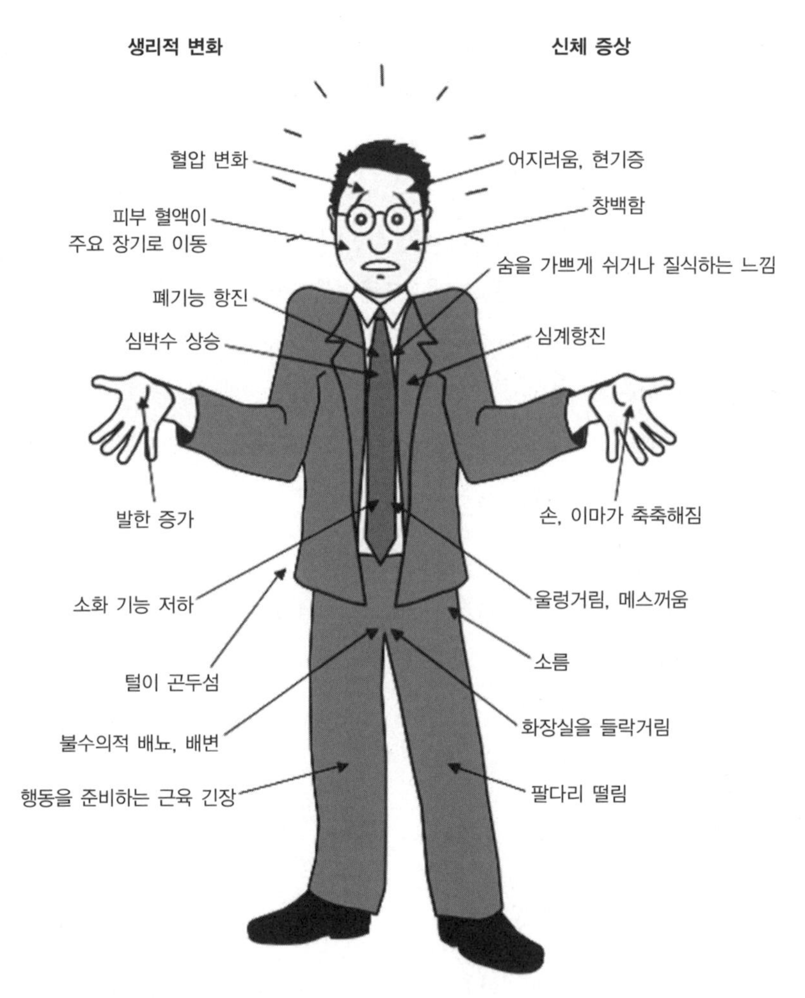

그림 9.5 불안의 신체 반응

무, 스트레스, 수행 불안(예 : 정시에 작업을 완료하지 못하고 마감기한을 놓친 경우)과 관련될 때 특히 더 잘 나타날 수 있다. 불안의 신체 반응, 즉 신체 증상은 상대적으로 식별하기 쉽다. 내담자는 이 모듈에서 설명된 여러 치료 옵션을 사용할 수 있도록 신체 지표를 활용하는 법을 익혀야 한다.

글상자 9.3은 공황에 대처하는 방법 목록이며, 보조 웹사이트에도 제공된다.

역설적 치료(paradoxical treatment) 기법은 내담자가 공황에 효과적인 기법을 동원하여 스스로 공황을 조절할 수 있다는 사실을 깨닫는 데 도움이 된다. 이를 위해 먼저 빠르고 얕은 호흡으로 과호흡을 유도한다. 몇 분 후 얼굴이 뜨겁게 달아오르고, 가슴이 두근거리기 시작하며, 어지럽고 땀이 날 것이다. 내담자는 이런 증상을 공황 상태에서 경험했던 증상으로 인지할 것이다. 이 상태에 이르고 나면, 천천히 깊게 호흡하면서 눈을 감고 호흡과 폐에 공기가 차는 느낌에 집중해서 상태를 반전시킨다. 그런 다음 이전 회기에서 찾은 대처적 자기진술로 자기대화를 하면서 마음을 진정시킨다. 치료자는 만약 내담자가 자신의 의지대로 이런 상태를 유도할 수 있다면 공황도 스스로 완화할 수 있음을 알려준다. 이것은 자기통제에 중요한 교훈이다.

편안한 상태에서 어떤 신체 감각을 느끼는지 이해하면 긴장 징후를 더 잘 알아차릴 수 있다(즉 신체의 변화를 일깨워 치료할 수 있는 문제가 있음을 알린다). 신체가 이완되면 심박수가 낮고, 호흡이 느리고 규칙적이며, 근육 긴장이 줄어든다. 내담자는 이 상태에서 심리적으로 평온하며 신체적으로는 마치 부드럽게 공회전하는 엔진 같이 '차분한' 느

글상자 9.3 공황에 대처하는 10가지 규칙

1. 공황은 스트레스에 대한 신체의 정상 반응이 과장된 것이다.
2. 공황은 불쾌하지만 해롭거나 위험하지 않다. 더 나쁜 일은 일어나지 않는다.
3. 공황을 악화시키는 두려운 생각을 중단하라.
4. 두려워하는 일이 일어날지 걱정하지 말고, 자신의 몸에 '실제로' 일어나고 있는 일에 집중하라.
5. 공포가 지나가기를 기다리고, 받아들이라. 싸우지도 도망가지도 말라.
6. 두려운 생각을 멈추면, 공포는 서서히 사라진다.
7. 훈련의 핵심은 공포를 피하는 것이 아니라 다루는 법을 배우는 것이다. 이것은 발전할 수 있는 기회다.
8. 지금까지 이룬 것을 돌이켜보라. 당신은 성공을 향해 나아가고 있다.
9. 기분이 좀 나아지면 다음에 할 일을 계획하라.
10. 준비가 되면 쉽고 편한 방법으로 천천히 시작하라. 서두르거나 애쓸 필요는 없다.

낌이다.

불안 '감정' 다스리기는 평온한 느낌과 행복감을 유도하는 기법을 사용하여 불안 탁자의 '다리'를 제거하는 것이다(그림 9.6 참조). 이는 근육 긴장을 줄이고 신체적 평온 상태를 유도하는 이완 기법으로 달성될 수 있다. 불안 유발 상황에서 이완 기법을 응용하면 불쾌한 감정을 다스리고 줄이는 법을 익힐 수 있다. 이를 통해 내담자는 더 큰 통제감을 느낀다. 그러나 이완 기법이 자동화될 때까지는 연습이 필요하다. 아침과 저녁(가능하면 잠자리에 들기 전)에 이완 기법을 연습하는 것이 좋다. 내담자가 예컨대 따뜻한 목욕을 하고 나서 이완을 연습할 수 있는 조용한 공간이 있다면 효과를 극대화하는 데 도움이 될 것이다. 만약 가능하다면 점진적으로, 내담자가 하루 중 불안을 느낄 때 이 기법을 더 짧은 형태로 연습해보게 한다.

이완 훈련에는 다양한 종류가 있는데, ADHD 환자에게는 호흡 연습과 점진적 근육 이완법이 가장 효과적이다. 회기에서 두 기법을 내담자에게 소개하고 집에서 연습하게 한다. 초기에는 구체적으로 숙제를 내주지만, 궁극적인 목표는 이완이 내담자의 일과표에 규칙적으로 포함되게 하는 것이다. 점진적 근육 이완법은 내담자가 편안한 기분을 유지하는 데 도움이 되는 '예방적' 이완에 특히 좋다. 이들 기법은 불안 유발 상황에서는 유용하게 쓰이지만, 직원회의 같은 상황에서 연습하면 동료들이 의아하게 생각할 수 있으므로 부적절하다. 이런 상황에서는 눈에 띄지 않게 연습할 수 있는 호흡 연습이 이완 훈련 못지 않게 효과적이다. 이 모듈에서 설명하는 이완 훈련은 내담자가 회기 밖에서 훈련할 수 있도록 보조 웹사이트에도 제공된다.

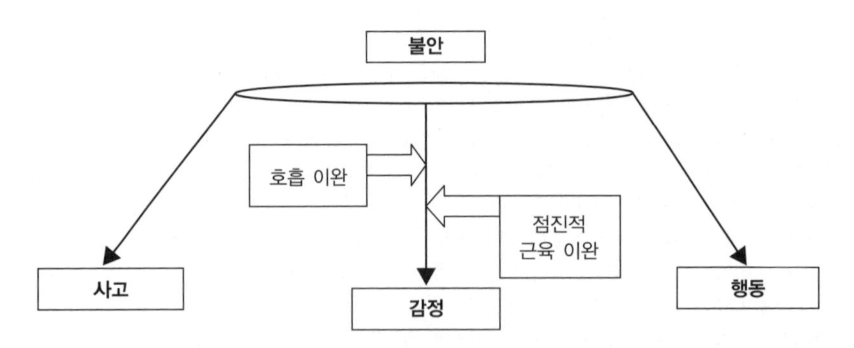

그림 9.6 세 다리 탁자 : 불안 감정 다스리기

글상자 9.4 호흡 연습

연습 1

1. 등을 대고 편안하게 누워서 한 손은 배 위에, 다른 한 손은 가슴 위에 놓는다.
2. 천천히 호흡한다. 숨을 '들이쉬고', '내쉰다'고 혼잣말하면서, 부드럽고 규칙적으로 분당 7~8회 호흡한다. 너무 오래 숨을 멈추지 말고, 천천히 '들이쉬고', '내쉰다'. 호흡이 폐에 차 올랐다 빠져나가는 느낌에 집중한다.
3. 숨을 내쉬는 동안 몸이 깊게 이완되는 상상을 한다. 숨을 내쉴 때마다 점점 더 깊은 이완 상태로 빠져든다.
4. 매일 10분씩 연습한다. 호흡이 쉽고 편안하게 느껴지면 연습 2로 넘어간다.

연습 2

이번에는 앉은 자세로 연습 1을 반복하고, 익숙해지면 선 자세로 연습한다. 적어도 3주 동안 하루 중 여러 번 당신의 호흡을 살펴보고 교정한다.

이완 전략 : 호흡 연습

이것은 올바른 호흡을 돕는 연습이다. 이 기법을 배우기 위해, 호흡 연습 초기에는 내담자가 평온하고 안정된 상태일 때 실시해야 한다. 글상자 9.4에 치료 회기에서 사용될 수 있는 두 가지 호흡 연습이 제공되며, 내담자가 집에서 사용할 수 있도록 보조 웹사이트에 지침이 제공된다.

치료자는 내담자가 새로운 기법을 배우고 있음을 상기시켜야 한다. 처음에는 이런 식의 호흡이 이상하게 느껴지거나 불편할 수 있지만, 연습을 계속하면 차츰 개선될 것이다.

이완 전략 : 점진적 근육 이완

점진적 근육 이완법, 호흡법, 심상으로 심신의 완전 이완 상태를 유도할 수 있다. 연구에 의하면 점진적 근육 이완법은 불안치료 이외에 긴장과 두통 및 편두통을 감소시키고 혈압을 떨어뜨리며, 만성 통증이나 생리 증상을 완화하고, 수면도 개선하는 것으로 나타났다(Roth & Fonagy, 1996).

글상자 9.5(보조 웹사이트에도 제공)는 몸의 부위별 근육을 차례로 이완시키는 심부 근육 이완법 지침이다. 훈련은 10분 이내에 끝날 수도 있고 더 길어질 수도 있다. 내담자는 침대에 눕거나 의자에 앉아서 연습할 수 있다. 내담자는 글상자 9.4의 연습에서 배운 호흡 기법으로 시작해서 점진적 근육이완법으로 진행할 수 있으며, 신체 각 부위에 집중

글상자 9.5 점진적 근육 이완

근육을 매번 5~7초간 긴장시키고 30초간 이완한다. 조용하고 편안한 환경에서 연습한다.

1. 오른손 주먹을 꽉 쥐고 나서, 이완한다.
2. 오른쪽 팔꿈치를 의자 쪽으로 밀면서 팔 근육을 가슴 쪽으로 당긴 후, 이완한다.
3. 왼손 주먹을 꽉 쥐고 나서, 이완한다.
4. 왼쪽 팔꿈치를 의자 쪽으로 밀면서 팔 근육을 가슴 쪽으로 당긴 후, 이완한다.
5. 눈썹을 크게 치켜 뜨고 나서, 이완한다.
6. 양쪽 눈을 세게 감고 코에 주름이 생기도록 찡그리고 나서, 이완한다.
7. 이를 꽉 다물고 입꼬리를 당겨 과장되게 웃은 후, 이완한다.
8. 이를 벌린 채 입술을 꼭 다문 상태에서 혀로 입천장을 강하게 밀고 나서, 이완한다.
9. 턱을 가슴에 닿을 듯이 끌어당기면서 머리를 뒤로 밀고 나서, 이완한다.
10. 숨을 깊게 마신 후, 양쪽 견갑골을 서로 닿을 듯이 뒤로 제낀 후, 이완한다.
11. 숨을 깊게 마신 후, 배 근육이 딱딱하고 팽팽해지도록 힘을 주고 나서(또는 배 근육을 집어 넣거나 내밀면서 긴장시킨 후), 이완한다.
12. 양쪽 발꿈치로 바닥을 세게 밀고 나서, 이완한다.
13. 양쪽 발가락을 위로 당긴 후, 이완한다.
14. 양쪽 발을 아래로 향한 채 발을 안쪽으로 돌리면서 발가락을 아래로 구부린 후, 이완한다.

해서 긴장이 '풀리는' 상상을 하는 정신적 이완을 포함하기도 한다. 치료자는 예를 들면 내담자에게 고요한 장소에 있는 상상을 하게 하는 평온한 시각 심상을 사용할 수도 있다. 내담자는 흔히 하얀 모래사장에 야자수가 있는 아름다운 해변을 상상한다. 치료자는 그 장면에서 색깔을 찾고, 바람이 살랑대는 소리를 듣고, 물 위에 부서지는 햇살을 보라고 지시한다.

이완 순서를 배우고 방법을 기억해야 하므로 처음에는 혼자서 점진적 근육 이완 기법을 연습하기가 힘들 수 있다. 이는 연습 중간에 지시사항을 읽느라 여러 차례 중단하는 것이 이완 과정을 방해하기 때문이다. 이 회기를 녹음해서 집에서 사용하면 매우 유용하다. 이때 내담자는 이완 과정 말미에 이전 회기에서 성공적이었던 시각 심상을 도입하는 등 개인별로 적절하게 응용할 수도 있다.

행동 변화

탁자의 세 번째 다리는 행동 회피 치료를 수반한다(그림 9.7 참조). 회피는 아마도 불안이 행동에 미치는 가장 크고 부정적인 영향일 것이다. 우리는 불안을 느낄 때 심리적 위

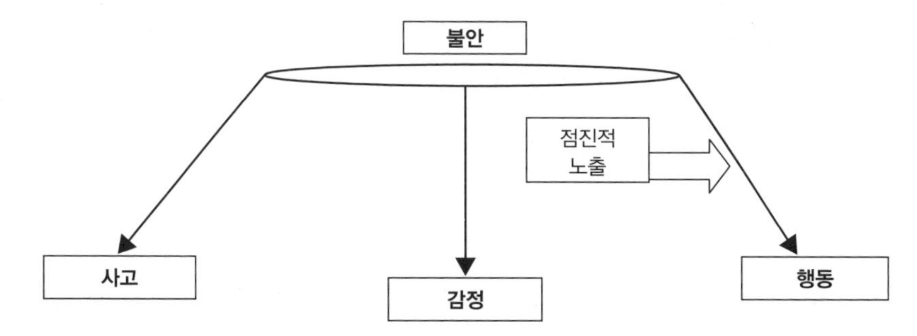

그림 9.7 세 다리 탁자 : 행동 변화

협으로 인식하기를 피하는 경향이 있다. 불쾌한 상황을 피하는 것은 인간의 자연스러운 반응이다.

내담자의 흔한 행동은 다음과 같다.

- 외출을 싫어함
- 주의산만, 집중을 못함, 과제 미루기
- 사회적 상황을 피하기
- 일을 하지 않는 핑계 대기
- 스스로를 방어해야 할 때 하지 않기
- 흡연, 음주, 마약, 음식으로 과민한 신경 진정시키기
- 같이 갈 사람이 있을 때만 외출
- 과로, 지나친 활동, '고양된' 에너지
- 생각, 아이디어, 걱정에 사로잡힘

단기적으로 보면 회피는 자신을 보호하고 불안을 완화하는 가장 빠르고 유용한 방법이다. 물론 이것은 기능적이지 않다. 그러나 내담자는 출근이나 파티 참석, 중요한 업무 마무리 같은 불안 유발 상황을 회피하여 대처하도록 배운다. 이는 부정적 사고 악순환을 가중시킨다(그림 9.1의 불안 나선 참조). 불행히도 회피는 습관이 되므로 내담자는 불안을 유발하는 상황에 직면할 때마다 회피 과정에 들어간다. 예를 들면 '나는 못해. 지난번에도 할 수 없어서 포기했어. 나는 포기하고 그 일을 하지 않았어'라고 생각하는 것이다. 이 인지 및 행동 과정은 자기강화를 한다. 내담자는 문제를 직면하고 해결하는 대신 문제를 회피하여 다음에 직면하기 더욱 힘들게 만든다. 두려움은 회피로 이어지고, 이는

더 많은 두려움을 불러오며, 더 많은 회피를 초래한다. 상황을 피할수록 내담자의 불안은 더 심해진다. 불안은 점차 악화되며 다른 상황과 환경으로 일반화된다. 마침내 회피 행동은 내담자의 자신감과 자존감을 떨어뜨리게 된다. 자신감은 성취를 통해 발달하며, 두려움에 대한 직면을 시작하고 불안 유발 상황에 대한 회피를 중단하는 것이 불안 관리의 중요한 부분이다. 이는 매우 어려운 과정이므로 내담자(그리고 치료자)는 서둘러 많은 것을 기대하거나 비현실적인 목표를 세우지 말아야 한다. 치료자는 내담자에게 도전이 되는 과제에 점진적으로 노출하는 계층적 스케줄을 구성한다. 이 접근법으로 내담자는 자신감을 키우기 위해 점진적 방식을 계획하는 법을 배우고 이전에 회피했던 활동을 재시도하여 성취한다. 글상자 9.6은 자신감을 키우고 과제를 달성하기 위해 따라야 하는 점증 단계를 설명한다. 이것은 보조 웹사이트에도 유인물 형태로 제공한다.

예를 들어 신영 씨는 예전에 슈퍼마켓에서 딴생각을 하다가 계산도 하지 않고 쇼핑 바구니를 들고 나갔던 적이 있어서 슈퍼마켓에 가기를 매우 두려워했다. 당시에 안전요원이 그녀를 데려가서 조사를 했지만, 신고는 하지 않았다. 신영 씨는 직원들이 그녀를 알아보고 출입을 금지시켜 당황하게 될까 봐 불안했다. 글상자 9.7은 그녀가 회피하는 상황 목록이다.

그런 다음 신영 씨는 각 상황이 얼마나 어렵게 느껴지는지 0~10점 척도로 평정했다

글상자 9.6 회피를 극복하고 자신감 높이기

1. 당신의 감정 때문에 회피하는 상황의 목록을 *작성한다*.
2. 각 상황을 0~10점 척도로 *점수를 매긴다*(0=불안하지 않음, 10=심한 불안).
3. 난이도에 따라 상황을 *배열*한다 – 가장 쉬운 상황을 맨 위에, 가장 어려운 상황을 마지막으로 배치한다.
4. *행동을 취한다* – 각 상황에 맞닥뜨린다. 가장 쉬운 상황부터 시작한다. 각 단계를 끝낼 때마다 자신에게 보상하라. 가장 쉬운 과제를 달성하는 데 성공하면 다른 두려움에 직면하기 쉬워지고 가장 어려운 상황을 준비하는 데 도움이 될 것이다.
5. 무슨 일이 일어났는지, 자신이 어떻게 발전했는지 *기록한다*(예 : 일기 쓰기).
6. 자신의 대처를 *평가한다*. 자신이 달성한 것을 자축한다. 초기에 가장 중요한 성공 요소는 그저 상황에 '직면'하는 것이다. 점차 자신이 감정을 얼마나 잘 다루고 있는지 평가하게 될 것이다.
7. 매 단계마다 작은 *보상*을 하고 이 프로그램을 종결하면 더 큰 보상을 한다.
8. 연습하라. 계속 연습하라. 상황을 더 많이 직면할수록 더 나아지고 자신감이 더 커진다. 한 번에 한 단계씩 두려움에 직면하면 점차 자신감과 자존감을 회복할 수 있다.

주의 : 성급하게 너무 많은 것을 기대하지 말고 작은 발전이라도 자랑스럽게 여긴다!

글상자 9.7 1단계 예 : 회피 상황 목록

당신의 감정 때문에 피하게 되는 상황의 목록을 작성한다.

- 안전요원을 지나 슈퍼마켓 들어가기
- 바구니를 들고 슈퍼마켓 돌아다니기
- 계산대에서 직원에게 지불하기
- 가까운 신문가판대 가기
- 바로 옆 미용실 가기
- 슈퍼마켓을 지나 도로를 걸어 내려가기
- 약국 가기

(글상자 9.8 참조). 그리고 이 목록은 글상자 9.9와 같이 난이도 순서대로 다시 정렬했다.

다음으로 신영 씨와 치료자는 난이도에 따른 각 단계를 계획했다. 그들은 잘못될 수 있을 만한 사항을 신중하게 논의하고 이러한 문제에 대해 계획을 세웠다. 그들은 안전요원이 신영 씨를 막을 경우 뭐라고 말할지 역할극을 했다. 그녀는 각 단계를 마친 후 자신에게 보상하기 위해 가판대에서 초콜릿바를 사고, 약국에서 새 샴푸를 사고, 미용을 하며, 슈퍼마켓에서 CD를 사기로 결정했다. ADHD 환자는 단기 보상이 있을 때 특히 동기부여가 된다. 불안 완화 자체가 내적 보상일 수 있지만, 외적 보상을 추가할 때 동기부여가 향상된다. 신영 씨는 빠른 진전을 보였고, 슈퍼마켓을 향해 걸어갈 때 예상만큼 불

글상자 9.8 2단계 예 : 회피 상황 목록에 점수(0~10점) 매기기

각 상황을 0~10점 척도로 점수를 매긴다(0=불안하지 않음, 10=심한 불안).

상황	점수
• 안전요원을 지나 슈퍼마켓 들어가기(안전요원이 나를 붙잡거나 내가 충동적으로 튀는 행동을 할까 봐)	10
• 바구니를 들고 슈퍼마켓 돌아다니기(안전요원이 나를 알아볼까 봐)	8
• 계산대에서 직원에게 지불하기(직원이 나를 알아보고 줄 서 있는 사람들에게 말할까 봐)	9
• 가까운 신문가판대 가기(직원과 아는 사이인데 나에 대해서 들었을까 봐)	2
• 바로 옆 미용실 가기(슈퍼마켓 직원이 창문을 통해 나를 보고 있을까 봐)	6
• 슈퍼마켓을 지나 도로를 걸어 내려가기(안전요원이 내가 무엇을 훔쳤다고 생각하고 따라올까 봐)	5
• 약국 가기(상점털이범 수배자 명단을 가지고 있을까 봐)	3

글상자 9.9 3단계 예 : 회피 상황 목록에 순위(0~10점)를 매기고 보상 정하기

난이도에 따라 상황을 배치한다. 가장 쉬운 상황을 맨 위에, 가장 어려운 상황을 마지막으로 배치한다.	난이도	보상
• 가까운 신문가판대 가기	2	초콜릿
• 약국 가기	3	샴푸
• 슈퍼마켓을 지나 도로를 걸어 내려가기	5	잡지
• 바로 옆 미용실 가기	6	미용
• 바구니를 들고 슈퍼마켓 돌아다니기	8	목욕
• 계산대에서 직원에게 지불하기	9	케이크
• 안전요원을 지나 슈퍼마켓 들어가기	10	CD

안이 심하지 않았다.

요약

많은 ADHD 환자가 불안장애의 공식 진단기준을 모두 충족하지는 않더라도, 어느 정도 불안문제를 갖고 있다. 불안은 공황장애, 사회불안장애, 범불안장애. 강박장애 등 주요 범주와 연관된 다양한 방향으로 발생할 수 있다. 그러나 안절부절못함과 주의산만 같은 불안 증상의 현상학과 ADHD 핵심 증상은 다소 중복될 수 있다. 따라서 이러한 문제를 주의 깊게 평가하고, 필요하다면 적절한 기법을 사용해 중재하는 것이 중요하다. '세 다리 탁자 비유'를 이용한 심리교육부터 시작하는 인지행동치료 접근법이 제공된다. 불안문제를 해결하기 위해 내담자와 치료자는 각 다리(사고, 감정, 행동)를 차례로 '제거'할 수 있다. 사고는 인지 공략 전략과 긍정적 사고로 덧씌우기를 사용하거나 분산 기법을 개발해서 해결한다. 불안 감정은 다양한 이완 기법으로 교정하며, 회피행동에는 점진적 노출이 효과적이다. 이런 전략은 불안장애 환자를 대하는 임상가에게 익숙하지만, ADHD 환자의 특성을 고려하여 조정할 것을 추천하며, 이 모듈에 제시된 예들은 이를 어떻게 달성하는지 보여준다.

집단치료 : 불안 모듈

집단치료를 준비하기 전에 이 장을 반드시 읽어야 한다. 아래에 집단 회기를 6회로 요약하였다. 회기의 횟수는 필요에 따라 늘리거나 줄일 수 있다.

계획

1회기 시작 활동
불안 체크리스트
2회기 심리교육–불안 나선, 세 다리 탁자, 보상
3회기 연습–다리 1 : 부정적 사고
4회기 연습–다리 2 : 불안 감정
5회기 연습–다리 3 : 회피행동
6회기 심리교육, 기법, 보상 검토
숙제 결과/경험 토론–무엇이 가장 효과적이었나?
장애물 및 극복 방안

시작 활동

무엇이 당신을 불안하게 하는가?
참가자들이 특정 사건과 상황을 떠올려보게 한다.
과거 경험에 대해 논의하고, 이로 인해 비슷한 상황에 처할 때 어려움을 예상하게 된다는 것을 이해하게 한다.
불안해질 때 당신에게 어떤 일이 일어나는가?
사고, 감정, 신체 반응, 행동을 찾아보게 한다(글상자 9.1 불안 차트와 그림 9.5 불안의 신체 반응 참조).
불안을 감지하고 중재가 필요하다고 알려주는 '조기 경보 신호'는 무엇인가?
표 9.1 불안 체크리스트를 배부하고 각자 완성한다.
집단 토의(각자의 차이점, 강점 또는 약점 비교)
공황이란 무엇인가? 경험해본 적이 있는가? 불안과 어떻게 다른가?
집단 토론

심리교육

불안의 인지행동모델, 즉 부정적 사고, 신체 반응, 회피행동을 설명한다. 이들의 관계를 설명한다.

그림 9.1 불안 나선
세 다리 불안 탁자를 설명한다.
불안은 세 다리(사고, 감정, 행동) 중 하나를 제거하면 쓰러진다.
그림 9.3
목표 달성에 이르는 단계마다 적절한 보상을 정하고, 목표 달성에 대해서는 더 큰 보상을 정한다.
다리 1 : 부정적 사고
그림 9.4 부정적 사고 공략
세 가지 기법 : 사고 공략, 사고 분산, 긍정적 사고 덮씌우기(각 기법을 설명한다)
불안 과정의 단계 – 각 단계에서 사용되는 인지 기법(표 9.4 참조)

(계속)

다리 2 : 불안 감정

그림 9.6 불안 감정 다스리기

이완 전략 : 호흡 연습과 점진적 근육 이완

글상자 9.3 공황에 대처하는 10가지 규칙

다리 3 : 회피 행동

점진적 노출 기법을 설명하고 사례에 적용한다.

글상자 9.6 회피를 극복하고 자신감 높이기

연습

참가자가 시작 활동에서 설명한 불안 유발 상황 중 적당한 사례를 선택하거나 새로운 예를 소개한다(예 : 모듈에서 설명한 신영 씨). 이 예를 이용하여 연습을 완료한다.

다리 1 : 부정적 사고

표 9.5 사고 오류를 연습한다.

예시 중 하나를 사용해서 불안을 증가 또는 유지시키는 부정적 사고를 찾는다.

부정적 사고 공략을 연습한다 – 이 모듈에서 제공하는 질문을 사용하여 능숙한 변호사처럼 부정적 사고에 대해 반대 심문을 한다. 짝을 지어 역할극을 연기하는데, 한 사람은 '생각나는 대로' 말하고 다른 쪽은 변호사 역할을 한다.

긍정적 사고 덧씌우기와 긍정적 자기진술을 연습한다(글상자 9.2 참조) – '생각나는 대로' 말하기로 역할극을 연기한다.

분산 기법이 유용할 수 있을지 토론한다.

다리 2 : 불안 감정

그림 9.5 불안의 신체 반응에 자신이 경험한 신체 반응을 표시한다.

공황 연습 – 빠르고 얕게 숨 쉬게 하고 어떤 느낌이 드는지 묻는다(안면 홍조 및 열감, 심계항진, 현기증, 발한).

이것은 공황 때와 같은 느낌이라고 설명한다. 만약 당신이 공황을 유도할 수 있다면, 호흡에 집중하고 느리고 깊게 호흡하여 공황을 사라지게도 할 수 있다.

이완 전략 : 호흡 연습과 점진적 근육 이완(회기 중 실시)

다리 3 : 회피행동

글상자 9.6 회피를 극복하고 자신감 높이기를 이용하여 점진적 노출 기법을 복습한다.

회피 상황 목록을 만들고, 각 상황의 불안 점수와 순위를 매겨 시작점과 최종 목표를 정한다.

성취를 방해하는 장애물과 극복 방안을 토론한다.

숙제

글상자 9.4와 9.5(이완 기법)를 숙제로 할당한다.

회기와 회기 사이에 기법을 적용하고 연습한다.

10
좌절 및 분노 모듈

누구나 때때로 분노할 수 있으며, 이것은 자연스러운 정서다. 대부분의 사람은 부당하거나 권리를 침해당했다고 느낄 때 분노한다. 그러나 ADHD 증상으로 인해 불안정하고 쉽게 폭발하는 기질을 가지고 있는 ADHD 환자는 어릴 때부터 화가 나면 이를 부적절하게 표현하고, 부적응적 방식으로 대처했을 수 있다. 이들은 자제력이 부족하고 지루함을 못 참고 쉽게 짜증을 내기 때문에 분노를 안으로 억제하기보다 밖으로 표현할 가능성이 크다. 그러나 분노를 부정하고 억제하는 경우도 드물지 않은데, 특히 순응적인 환자가 그렇다.

ADHD 환자가 공공연하게 분노를 표현하면 사람들은 이를 부정적 성격 특성으로 여기며, 그들을 예측할 수 없고 심지어 무섭고 위험한 사람으로 생각할 수 있다. 젊은 ADHD 환자는 좌절을 견디기 어려울 수 있는데, 특히 성취 결여와 과업 달성 실패로 인해 짜증이 날 수 있다. 이들은 자라면서, 좋은 뜻에서 계속 방향을 잡아주고, 인생을 정리해주고, 책임감과 의욕이 없다고 다그치는 가족들 때문에 좌절하고 화가 나며, 독립하고 싶어 한다. 이런 악순환은 ADHD 아동과 부모, 특히 엄마와의 관계에서 흔히 보고된다(Barkley, 1998). 소아 ADHD 연구에서 이런 악순환이 ADHD로 인해 아동이 부모에 대해 부정적 태도로 반응하는 것과 그 아동에 대한 부모의 행동방식이 상호작용한 결과임이 입증되었다. 이렇게 학습된 반응 방식은 성인기에 친밀한 친구관계와 이성관계로 쉽게 확장된다. 환자는 ADHD가 없고 별 어려움 없이 성공적인 삶을 사는 것 같은 사람에게 분노를 느낀다. 분노관리 곤란은 관계 파탄, 퇴학, 추가 교육 및 고용 중단, 법적인 문제 등 수많은 부정적 결과를 일으킬 수 있다.

성인이 될 때까지 ADHD 진단을 받지 못한 환자는 흔히 정신건강 서비스에 대한 분노가 쌓여 있다. 이는 진단과 치료 과정을 거치면서 서비스가 자신의 요구를 충족시키지 못한다는 불만으로 자주 표출된다. 환자들은 대개 아동 및 성인 정신건강 서비스를 오랫동안 이용한 기록이 있다(Young, Toone, & Tyson, 2003). 이들은 의사가 자신의 문제를 심각하게 다루지 않았으며, 부모와 친구들 역시 자신을 이해하지 못했다고 느낄 수 있다. 어떤 환자는 우선 이 질환을 발견하지 못했다는 것과 적절한 지원을 제공하지 않았다는 점에 대해서 다른 사람을 비난할 수도 있다. 만약 자신이 이전에 잘못 진단되거나 부당하게 분류되거나 잘못 평가되었다고 믿는다면 그들은 좌절과 분노를 느낄 것이다. 이런 경험이 있는 환자와 협력적 치료 동맹을 만들기란 쉽지 않을 것이다. 임상가는 라포 형성과 신뢰 구축을 위해 치료 초기에 이러한 문제를 인식하고 분노관리 기법을 조심스럽게 도입해야 할 수도 있다.

이 모듈은 ADHD 환자가 자신의 분노를 이해하기 위해서는 정상 정서로서 분노가 가진 기능을 교육하는 것이 얼마나 필요한지 설명한다. 그리고 즉시 충족 욕구 등 ADHD 환자가 분노하는 이유를 검토하고, 분노를 지나치게 통제하거나 전혀 통제하지 않는 것 같은 역기능적 분노관리 방법도 다룬다. 치료에는 분노의 단계에 관한 심리교육이 포함되는데, 인지행동모델을 따르며, 신체언어와 같은 신체 징후 관찰에 특히 중점을 둔다. 모욕과 비판에 대처하는 방법도 다루어지는데, 모욕과 비판의 차이를 인지하고, 건설적 비판을 인정하며, 비판을 수용하는 법을 배우는 내용이 포함된다. 충동조절 부족 측면에서도 자기주장적 표현(assertive expression) 개발과 공격적 행동과 자기주장적 행동의 차이를 인지하는 내용을 다룬다.

청소년과 성인의 기능 결함

분노는 모든 사람이 경험하는 정상 정서다. 그러므로 치료의 목적은 분노를 '멈추는' 것이 아니라 분노를 조절하고 적절하게 사용하는 데 있다. 분노는 특히 변화의 동기를 이끌어내는 기능을 가지고 있다. 분노는 문제를 해결하고, 규제를 가하고, 상황을 변화시키게 하는 건강한 정서다. 분노의 두 번째 측면은 경보 기능이다. 분노는 잠재적 위험을 알리고, 위해로부터 우리를 보호한다. 공포나 슬픔 등 다른 정서가 활성화된 상황에서 분노가 유발되는 경우는 드물지 않다. 부당함을 느끼거나 실제로 부당한 상황도 분노를 촉발하기 쉬운데, 이는 불만스러운 환경에 대한 적응적 반응으로 볼 수 있다. 분노관리는 내담자가 자기 자신이나 타인을 괴롭히지 않으면서 불만을 표현하는 효과적인 방법을 찾는 것이다. 사람들이 화를 내는 데는 아주 많은 이유가 있다. 다음 몇 가지 주제는 많은 ADHD 환자가 화를 내는 공통적인 이유들이다.

인신공격으로 받아들임

ADHD 환자는 위협이나 비난을 자신에 대한 모욕으로 해석하는 경향이 있고, 이런 느낌 때문에 화를 낼 가능성이 높다. 예를 들어 잃어버린 물건을 찾고 있는 가족이 그 물건을 보거나 사용한 적이 있는지 물으면, 그들은 (물어보지 않고 빌려가거나 훔쳤다는) 의심을 받는다고 생각할 수 있다. 그들은 부당하게 비난받는다고 느끼기 때문에 기분이 나쁘고 화가 난다.

자제력을 잃어버림

ADHD 환자는 성공하지 못하고 있다고 느끼면 쉽게 포기하는 경향이 있다. 어떤 과제를 계속 붙잡고 고군분투하며 절망감과 무능감을 느끼느니 차라리 포기하는 게 낫다고 생각하기 때문이다. 성취 부진은 내면의 분노를 키우고, 포기는 좌절감을 불러일으킬 수 있다. 쉽게 포기하면 다른 사람도 환자에게 짜증이 날 것이며, 결국 갈등으로 이어질 수 있다. 감정이 고양되면 주의가 분산된다. 따라서 이런 환경에서 분노는 주의분산을 일으키는 부차적인 작용을 한다. ADHD 환자는 자신의 감정에 집중함으로써 과제 미완성 같은 상황을 벗어나거나 회피할 수 있다.

위협적으로 느낌

직접적으로 도전을 받거나 위협을 당하는 상황은 누구나 감당하기 힘들 것이다. 그러나 ADHD 환자는 성취부진으로 인한 학습된 열등감 때문에 건설적인 비판조차 극단적으로 받아들이고 과잉반응할 가능성이 크다. 만약 누군가 괴롭히거나 위협하며 화를 돋운다면, 이들은 자신의 행동이 가져올 결과에 대한 고려 없이 충동적으로 행동하고 공격적으로 반응할 수 있다.

학습된 행동

ADHD 환자는 좌절과 분노를 다스리기 위해 오랜 기간에 걸쳐 부적응적 반응 패턴을 발달시켰을 수 있다. 그들은 특별히 화가 나지 않아도 화난 듯 행동하는데, 이렇게 행동하도록 학습되었기 때문일 수 있다. 이것은 다른 사람들에게 환자가 '까칠하고' 지나치게 예민하다는 잘못된 인상을 준다.

충동조절 부족

이 핵심 증상은 분노감을 악화시켜 ADHD 환자가 타인이나 자기 자신, 혹은 물건을 향해 공격적이거나 폭력적인 방식으로 분노를 터뜨릴 가능성을 높인다. 따라서 그들은 심한 말다툼에서 물러나기보다는 물리적 공격으로 반응할 가능성이 크다. 이는 자주 싸우거나 물건을 부수는 양상으로 나타날 수 있다. 어떤 사람은 충동적으로 자해하거나 물질을 남용하기도 한다.

억울해함

ADHD 환자는 타인이 자신을 좋지 않게 보거나 오명을 씌운다고 느끼면 분노가 서서히 커질 수 있다. 그들은 편하게 사는 것 같은 사람을 보면 분노를 느낄 수 있다.

주의력 결핍에 따른 좌절감

ADHD 환자를 평가하면 확실히 주의집중 또는 유지를 할 수 없는 것 때문에 스스로에게 짜증이 나 있다. 이들은 실수를 하고, 지시를 잊어버리고, 끝맺음이 느려서 좌절한다. 또한 그들은 부정확한 반응을 하고, 자신의 실수를 깨달은 후에 고치는 모습이 자주 관찰되는데, 이는 자신의 문제를 통찰하고 있음을 나타낸다. 그러나 분노는 종종 주의력 문제를 악화시킬 수 있는데, 분한 생각에 주의를 뺏겨 하고 있는 일에 집중하지 못하기 때문이다.

서비스 부족에 대한 좌절

ADHD 환자는 교육, 사회복지, 보건의료 서비스를 받으면서 ADHD를 임상적으로 유효한 질환으로 고려할 가치가 없다고 무시하거나, 이 질환과 환자의 특별한 요구에 대한 지식과 이해가 부족한 전문가를 만났을 가능성이 크다. 이런 경험은 교육 서비스, 사회서비스, 보건의료 서비스에서 되풀이된다. 이들은 다양한 소아 및 성인 서비스를 전전하면서 자신의 스토리를 되풀이해서 말했을 것이다. 이러한 좌절감은 환자의 진전을 가로

막을 수 있으며, 치료자가 극복해야 할 장애물이다.

다른 감정을 처리하기 위한 회피기제로서 분노

분노감은 괴로움과 울음 같이 '나약한' 정서로 인식되는 표현을 피하기 위해 다른 정서보다 우선적으로 표현될 수 있다. 이는 남성 ADHD 환자에서 좀 더 나타나는 것 같다.

흥분을 위한 자극

높은 각성 상태에서는 높은 자극 상태를 경험하며, 어떤 사람은 흥분 상태에 들어가기도 한다. 이는 지루함과 단조로움을 벗어나 '전율'과 '자극'을 추구하는 욕구를 만족시킬 수 있다. 예를 들어 과장되게 소리치고 몸짓을 하고 문을 쾅 닫는 공격적인 언쟁은 아드레날린의 분출(adrenalin rush)을 일으킨다. 아드레날린 분출이 '보상'으로 작용하여 이러한 행동을 정적 강화하므로 같은 행동이 반복될 가능성이 커진다. 만약 환자가 분노로 불편하거나 지루한 상황을 피할 수 있다면, 분노도 보상이 될 수 있다.

의사소통수단

많은 ADHD 환자는 사회기술이 부족하고, 자신의 생각과 감정을 소통하고 표현하는 데 어려움이 있다. 이는 오랫동안 또래 또는 형제들과 역기능적으로 상호작용하여 부적 강화된 자신감 결여와 기술 결함 때문일 수 있다. 환자는 두 가지 이유로 분노하는데, 사회적 상황과 타인의 의도를 잘못 판단하여 공격적으로 반응하거나(사회기술 결함), 세상이 자신에게 가혹하고 편파적이라는 생각에 접하는 사람들에게 억울함과 분노를 느낀다.

우월성 확립

ADHD 환자는 흔히 자존감이 낮은데, 이것은 아마도 초기 소아기에 형성되었을 것이다. 이들이 나이가 들면서 자존감이 더 낮아지고, 실패는 자기충족예언이 된다. 그들은 자신의 취약성을 방어하고 숨기기 위해서 분노를 이용해 '내가 너보다 나아'라는 메시지를 전달하기도 한다. 치료자가 치료에서 이를 입증하기 때문에 (사실상 분노를 느끼지 않을 때조차) 이 과정을 단순히 건드리기만 해도 의인성 효과로 '실제' 분노감을 일으킬 수 있다.

운전 중 분노

운전을 하다 보면 너무 빨리 혹은 느리게 운전하거나, 갑자기 끼어들거나, 방향지시등을 켜지 않거나, 양보하지 않거나, 급정거를 하거나, 전조등을 번쩍거리거나, 경적을 울리거나, 위협적인 몸짓을 하는 사람들 때문에 분노가 치밀어 오를 때가 많다. 가장 좋을 때도 피크 타임에 혼잡한 도로에서 운전하는 것은 스트레스인데, 화나거나 불만스러울 때 운전을 한다면 누구나 스트레스를 느낄 것이다. 하지만 ADHD 환자는 운전 중 난폭한 행동을 하거나, 교통사고를 일으킬 위험성이 더 높다(Barkley, 2002; Barkley et al., 1993). 이는 집중하지 않고 조심성 없이 운전하거나, 운전 중에 경치를 보거나 동승자와 대화하느라 산만해지거나, 무모하게 운전하기 때문이다. 또 다른 가능성은 대부분의 사람에게는 별 일 아닌 상황에도 흥분하고 감정을 조절하지 못하고 행동을 자제하지 못하는 것이다. 이 때문에 ADHD 환자는 신호를 무시하고 차에서 뛰쳐나와 다른 운전자를 위협하는 등 도발적으로 행동하기 쉽다.

역기능적 분노관리

ADHD 환자는 다음 두 가지 부적응적 방법으로 분노를 다스린다. 첫 번째는 과도하게 공격적인 표현을 써서 상황을 악화시키는 것이고, 두 번째는 분노를 억제하는 것이다.

상황을 악화시키기

'상황을 악화시키는' 경향이 있는 사람은 분노를 노골적으로 표현하기로 유명할 가능성이 크다. 그들은 짜증을 내는 역치가 매우 낮고, 기질적으로도 불안정할 수 있다. 이런 사람은 충동적 증상이 많고, 행동조절 부족과 정서조절 곤란으로 인해 스트레스 상황이나 도전적 상황에서 폭발적으로 반응하기 쉽다. 예를 들어 어떤 사람이 앞에서 새치기를 하거나 인신공격을 하면 이들은 공격적으로 반응하려는 충동을 억제하지 못해 말로 받아치거나 비언어적인 표현(예 : 상대를 쏘아보거나 바짝 다가섬)으로 반응하기 쉽다. 이는 반응 강도, 감정 표현 태도, 상대 반응에 따라 상황을 미묘하게 혹은 급격하게 악화시킬 수 있다. 어떤 환자는 상대를 고의로 도발하고 위협하여 강자가 된 느낌과 흥분을 느끼는데, 이는 즉각 보상으로 작용하여 행동을 강화하는 속성을 가진다. 또한 이런 공격적 반응은 두려움과 불안 같은 다른 정서가 드러나거나 취약성을 내보이지 않게 한다는 면에서는 기능적일 수도 있다. 그리고 공격적 행동으로 상대가 물러나면 이로 인한 정적 강화도 생길 수 있다. 상대가 물러나는 것은 과도한 위협과 도발에 대한 '정상' 반응이지만 이 행동은 환자에게 복종적 태도로 인식되고, 위협으로 이런 지위를 얻을 수 있다는 사실로 공격적 행동이 강화된다. 물론 이런 행동은 장기적으로 퇴학, 추가 교육 중단, 실직, 친구관계 파탄, 재물 손괴, 상해, 범죄 전과 등 부정적인 영향을 미친다.

억제하기

두 번째 형태의 분노는 잠재되거나 억제된 분노다. 이들은 흔히 분노감을 부인하고, 분노를 느끼거나 화가 났을 법한 상황을 인정하지 않는다. 분노를 억제하는 경향이 있는 사람은 이런 감정을 은밀하게 표현한다. 그들은 수동공격적이기 때문에 고분고분해 보일 수 있다. 그러나 스트레스 상황에 잘 대처하는 것처럼 보이지만 내면에는 억울함과 분노가 서서히 쌓이며, 아무것도 아닌 일에 분노를 터뜨릴 수 있다. 따라서 그들은 사건에 비해 반응이 지나치다는 비판을 들으며, '어디로 튈지 모르는 사람'이라는 평판을 얻을 수 있다. 억제된 분노가 드러나는 또 다른 방식은 해소되지 않은 채 남아 있던, 즉 당시에 처리되지 못한 경험에 의해 분노가 생겼던 환경에서 나타나는 것이다. '억눌렸던' 분노는 환자의 초기 경험과 감정을 상기시키지만 실제로는 전혀 관련 없는 상황에서 표출될 수도 있다. 그러므로 이것은 부적절한 분노이며, 주변 사람을 혼란에 빠트릴 수 있다. 이런 유형의 분노를 부적절하게 표출하지 않기 위해서는 자신의 삶에서 경험한 힘든 상황을 충분히 이해하고, 상황에 대한 적절한 감정 표현을 배우고 나서 다음 단계로 이동한다.

분노 및 자기주장 평가

분노

분노를 이해하는 'ABC' 3단계는 분노를 촉발하는 선행 사건, 분노를 느낄 때 행동(분노 표현), 분노의 결과다. 부적절한 분노를 표현하는 개인 패턴 또는 '청사진'을 확립하면 도움이 된다. 어떤 내담자는 처음부터 자신의 분노 행동을 검토하기보다는 (TV에서 본 장면도 포함해서) 최근에 본 다른 사람의 분노에 대해 먼저 생각해보는 것이 덜 위협적일 뿐 아니라 효과적일 수 있다. 환자들은 다른 사람의 예를 다루고 나서 자신의 분노 단계에 대해 이야기하는 것을 더 편하게 느낄 수 있다.

선행 사건(antecedents)

예컨대 어떤 장소에 특정한 대상과 있는 상황(예 : 가족 행사, 업무 평가)은, 흔하게 분노를 일으키는 촉발 요인이다. 자신이 분노하는 상황에 어떤 공통점이 있는지 찾는다면, 그런 상황을 피하는 전략이나 적절히 대처하기 위한 대비 전략을 개발할 수 있다. 여기에는 평정을 유지하기 위한 자기진술을 마련하고 사전에 할 말을 연습하는 과정이 포함되며, 상황을 진정시키는 타협안을 만드는 과정도 포함될 수 있다.

IT 프로그래머인 덕영 씨는 집중해서 일할 때 다른 사람이 방해하면 쉽게 화가 난다. 그는 자신을 방해하는 사람에게 공격적인 말을 하는 경향이 있는데, 그러고 나면 금방 동료에게 무례하게 대한 것을 후회하고, 남들이 자신을 어떻게 생각할지 걱정하며 하루 종일 일이 손에 잡히지 않아 업무를 마무리하지 못한다. 덕영 씨는 문제해결 기법을 사용하여 한 가지 시스템을 개발했다. 동료들의 협조로 그는 하루 중 특정 시간 동안은 업무에만 집중하고, 대신 다른 시간대에 동료들의 업무를 도와주기로 했다.

행동(behaviour)

분노의 신체 징후를 알아차리는 법을 배우고, 통제력을 잃지 않고 분노를 적절히 드러내도록 행동하고 사고하는 방식을 만들어야 한다. 이 주제와 관련된 기법은 분노관리 단락에서 논의될 것이다.

예를 들어 덕영 씨는 다른 사람이 그에게 와서 무언가를 요청하면 짜증이 밀려오는데, 이것이 분노의 초기 지표임을 깨달았다. 그는 대체로 열심히 도와주고 개념을 설명하지만, 얼굴이 뜨거워지고 속으로 도움을 요청한 사람에게 욕을 하기 시작한다. 덕영 씨는 이런 지표를 확인한 후 자신만의 고유한 분노의 초기 징후를 인식하게 되었고, 화를 참지 못해 동료들을 속상하게 만드는 일을 피할 수 있었다.

결과(consequences)

내담자가 그 상황에서 어떻게 행동하고 대처하였는지 되돌아보도록 질문한다. 긍정적인 결과와 부정적인 결과를 모두 검토해볼 수 있다. 예를 들어 희정 씨는 교통 체증에 갇힐 때면 화가 나서 침착하게 기다리지 못하고 어디로 연결되는지도 모르는 샛길로 빠져나

가곤 한다. 이렇게 하면 긴장감은 풀리겠지만, 길을 잃고 더 늦게 도착할 때가 많다. 2주간 두 가지 경로로 운전해보고 나서 각각 얼마나 걸리는지 기록해본 결과, 교통 체증을 피하기 위해 샛길로 빠져나가는 경로보다 가던 길로 계속 갔을 때 목적지에 더 빨리 도착한다는 사실을 알았다. 회기에서는 샛길로 빠지고 싶은 유혹을 뿌리치고 교통 체증에 갇혀 있는 동안 시간을 때울 방법을 강구하여 그녀가 기존 경로를 바꾸지 않게 하는 데 초점을 맞췄다(주의분산 기법 참조).

자기주장

앞서 일부 ADHD 환자는 분노를 억제한다는 사실을 언급한 바 있다. 이들은 순종적인 태도를 보이며 정상적이라면 거절해야 할 타인의 요청이나 제안을 수락할 수 있다(Gudjonsson et al., 2008). 따라서 시간이 흐르면 이들의 내면에는 강한 억울함이 쌓인다. 이들은 좋지 않게 생각하는 상대의 태도나 행동에 동조했다 나중에 분노하기보다는 적극적으로 자신의 바람이나 요구를 주장하는 방법을 배우는 것이 좋다.

분노문제가 있는 사람이 자기주장에 어려움을 겪을 수 있다는 사실이 이상하게 들릴지 모른다. 그러나 이들 문제는 양립할 수 없는 것이 아니다. 그들은 자존감이 부족하기 때문에 항의하거나 변화시키고자 노력하는 대신 상황을 수용할 가능성이 크다. 그들은 (a) 남에게 좌지우지되고 자립하지 못하는 자신에게 화가 나고 (b) 자신을 이용하는 것 같은 타인에게 화가 나기 때문에 안으로 분노가 쌓인다. 어떤 환자는 분노를 서서히 고조시키다가 예측하지 못할 때 폭발한다.

자기주장적인 태도는 공격적이거나 수동적인 것과 다르다. 공격적인 사람은 다른 사람과 대화할 때 지나치게 강압적인 반면, 수동적인 사람은 지나치게 순종적인 경향이 있다. 그들은 잠재적인 욕구가 충족되지 못하므로 항상 억울함과 분노를 느낀다. 자기주장적이란, 상대에게 상처 주거나 깎아내리지 않고(공격적 태도), 상처받거나 스스로를 깎아내리지 않으면서(수동적 행동), 당신의 감정을 직접적이고 솔직하게 표현할 수 있는 것이다.

표 10.1은 자기주장 특성 목록으로, 다른 사람에게 자신이 진정으로 원하는 것이나 느낌을 말하는 데 어려움이 있는 내담자가 작성하였다. 이 표를 검토해서 내담자의 강점과 약점을 파악할 수 있으며, 내담자의 향상 정도와 성과를 평가하기 위해 치료 전, 치료 중, 치료 후에 각각 작성할 수 있다(보조 웹사이트에 표 10.1a 자가 보고 버전, 표 10.1b

표 10.1 자기주장성 척도

당신은 아래 항목을 얼마나 잘할 수 있는가?	전혀	드물게	가끔	대부분	항상	모름
1. 상대가 나를 이용하려 할 때 스스로를 지키기	V					
2. 다른 사람의 생각과 다른 의견 제시하기				V		
3. 다른 사람에게 '아니요'라고 말하기		V				
4. 동의하지 않는다고 말하기			V			
5. 원치 않는 일에 동조하라는 압력에 저항하기	V					
6. 명확하지 않은 경우에 설명을 요청하기			V			
7. 불만족스러운 느낌 표현하기		V				
8. 상대에게 실수했다고 말하기	V					
9. 어렵거나 도전적인 상황을 받아들이기		V				

정보 제공자 버전으로 제공된다).

인지행동치료

분노문제를 가진 환자의 치료는 심리교육으로 시작한다. 치료자는 환자에게 인지행동치료 체계를 바탕으로 분노 감정, 생리 반응, 사고, 행동을 구분하는 법을 가르치며, 분노의 단계인 선행 사건, 행동, 결과를 파악하게 한다. 그러고 나서 주의분산, 자기대화, 이완법 같은 구체적인 분노관리 기법을 소개한다.

심리교육

다소 우습게 들릴지 모르지만, 내담자는 분노를 인식하는 법을 배워야 한다. 심리교육의 목적은 내담자가 무언가에 분노하기 시작하거나 분노하는 상황이 발생하는 징후나 신호에 주의를 기울이게 하는 것이다. 일단 분노에 완전히 빠져들게 된 후에는 인지하더라도 소용이 없으며, 그때는 상황을 안정시키기 위한 적극적인 시도를 하기 힘들어진다. 따라서 분노 주기에서 훨씬 더 일찍 징후와 신호를 포착해야 한다.

다른 정서와 마찬가지로 분노는 서로 밀접하게 연관되는 신체, 인지, 행동 3요소로 구

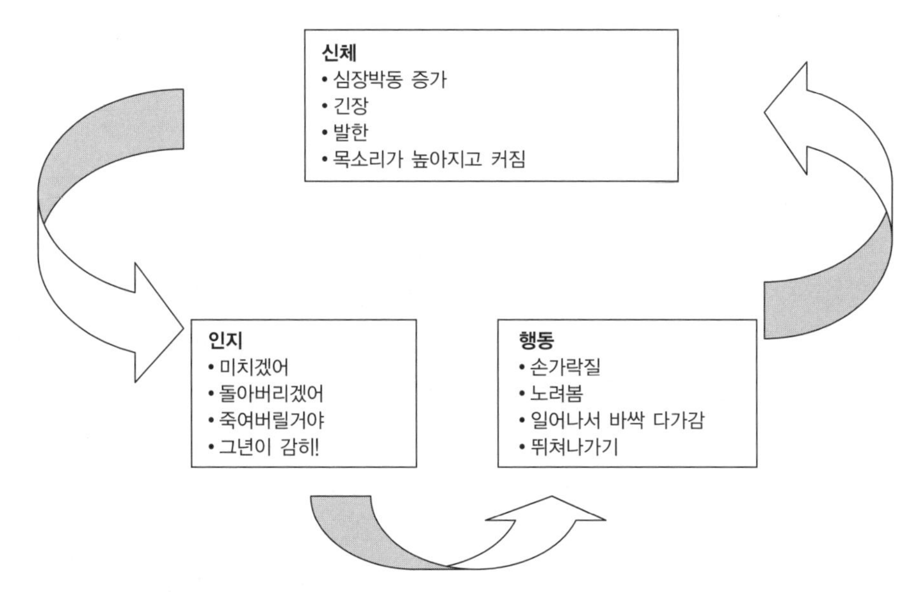

그림 10.1 분노의 신체, 인지, 행동 요소

성된다(그림 10.1 참조. 보조 웹사이트에 이 표의 유인물이 제공됨). 내담자에게 최근에 화가 났던 때를 떠올려보게 한다. 화가 났을 때 신체의 어느 부분에 변화를 인지하는가? 이러한 변화는 우리 몸이 위협을 직면하기 위해 준비하는 동안 아드레날린 증가로 인해 유발된다. 신체적 증상이 생긴 후에는 부정적이거나 공격적인 생각이 저절로 들면서, 신체적 분노 증상이 증가하는 데도 관여할 수 있다. 부정적 사고는 예컨대 '저 인간 미워 죽겠어', '죽여버리고 싶어' 등일 수 있다. 부정적 사고는 주먹을 불끈 쥐거나, 맞서거나, 상대에게 바짝 다가가는 것 같은 분노행동으로 이어질 수 있다. 역할극 녹화는 중재 대상 행동을 찾는 데 유용한 방법일 수 있다. 그러나 분노에 사로잡힐 때는 부정적 사고가 너무나 빠르게 지나가기 때문에 단지 감정이나 초기 '본능적 반응' 정도만 알아차릴 수 있다. 이런 환경에서는 내담자가 멈추고 자동적으로 반응하지 않게 하는 것이 중요하다. 잠깐 멈추고 살펴보게만 해도, 즉 행동하기 전에 잠시 멈추게만 해도 분노가 악화되어 폭력으로 이어지는 것을 충분히 방지할 수 있다.

내담자는 분노의 중요한 초기 지표인 신체언어에 각별한 주의를 기울여야 한다. 그리고 자신과 다른 사람들이 분노할 때 드러나는 비언어적 신체 징후를 찾아보게 한다. 자신의 분노 징후를 잘 인지하는 사람은 아마도 다른 사람의 분노 징후도 잘 찾을 것이다. 어떤 상황이 통제되지 않음을 빨리 알아차릴수록 흥분 반응을 보이기 전에 이성적으로 생각할 시간을 더 확보할 수 있다. 이는 또한 상황을 진정시키고 벗어나는 기법을 익힐 기회이기도 하다.

분노관리 전략

분노를 다스리는 기법을 배우기는 쉽지 않은데, 특히 내담자가 충동적으로 반응하는 성향이 있을 때 더욱 그렇다. 이는 그들이 분노를 터뜨리고 폭언을 자제하지 못한다는 의미일 수 있다. 회기에서 분노관리 기법을 연습한다고 해서 실제로 화가 나고 흥분했을 때 이를 쉽게 적용시키기는 힘들다. ADHD 환자는 불안정한 기질과 함께 분노조절에 심각한 어려움이 있기 때문이다.

역할극

'그 사람 자체가 문제다'라는 인식에서 '그의 행동이나 가진 것이 문제'라는 관점으로 옮겨 가는 것이 중요하다. 내담자는 과거에 자신을 화나게 했던 상황이나 사람들에 관한 생각에 의해 내면에서 분노를 느낄 수 있는 것처럼, 분노를 덜 느끼는 것도 가능하다. 이것이 분노조절이다. 내담자는 주도적으로 자신의 분노를 조절할 수 있다고 느껴야 한다. 회기에서 이 과정을 실제로 입증할 때 내담자가 심상으로 분노 유발 시나리오를 '재현'하고 묘사해보면 도움이 될 수 있을 것이다. 내담자가 분노를 느끼기 시작할 때, 치료자는 내담자 스스로 이런 느낌을 유도하고 있으며, 신체적, 인지적 상태도 근본적인 변화를 겪는다는 사실을 상기시킨다. 치료자는 신체 변화를 알려주면서 내담자가 자신에게 일어난 변화(손에 땀이 남, 가슴 두근거림, 얼굴이 화끈거림)를 적어보게 한다. 그러고 나서 거울을 보고 보이는 대로 말하게 한다(안면 홍조, 찡그린 미간).

만약 내담자가 분노를 유발하는 이전 경험을 재현할 수 없거나 분노의 신체 증상을 동반하지 않은 채 경험을 재현한다면, 내담자에게 의미가 있고 관련이 있는 시나리오를 찾아서 역할극을 해보는 것이 좋다. 도운 씨 예를 들어보자. 도운 씨는 한 집에 같이 사는 시원 씨가 매일 출근할 때마다 아이팟를 빌려가는 것 때문에 매우 화가 나 있었다. 시원 씨는 자동차 수리공인데 자기 것이 고장났다고 했다. 시원 씨는 세 번이나 아이팟을 방전된 채로 돌려주었다. 도운 씨는 퇴근 후에 긴장을 풀기 위해 음악을 들으면서 목욕하기를 즐기는데, 아이팟을 충전하느라 음악을 못 들었다. 그러나 시원 씨는 그에 대해 아무런 사과도 없었다. 도운 씨는 남을 배려하지 않고 고마운 줄 모르는 시원 씨에게 진저리가 나기 시작했다. 회기에서 치료자는 시원 씨 역을, 도운 씨는 자기 자신 역을 맡아 역할극을 하였다. 도운 씨는 시원 씨에게 심하게 화를 내며 배려라고는 눈곱만큼도 없고, 자신을 이용하기만 한다고 말했다. 치료자는 도운 씨에게 쩨쩨하고 유치하다고 소리치면서 상황을 고조시켰다. 치료자는 도운 씨에게 바짝 다가가 손가락질하며 부정적 신체언어를 사용하였다. 그러고 나서 치료자는 '**중지**'라고 크게 말하며 상황을 진정시켰고, 도운 씨에게 이것은 역할극이고 여기는 치료실이라 상기시켰다. 치료자는 그가 어떻게 느꼈는지 말하게 하고, 생리적 각성에 대해 생각해보고, 거울에 자신이 어떻게 보이는지 설명하게 했다. 그리고 치료자가 그에게 소리 지를 때 무슨 생각이 들었는지 말하고, 그 다음에 무엇을 했을지 생각해보라고 했다. 싸울 것인가 아니면 도망칠 것인가? 그러고 나서 도운 씨는 평온하고 긍정적인 심상을 떠올리며 이완을 했다(제9장 불안 모듈 참조).

이상의 과정을 통해 내담자는 분노를 느낄 때 자신이 어떻게 행동하는지, 자신의 신체언어가 상대에게 어떻게 인식되는지 알아보는 법을 배울 수 있다. 역할극 혹은 '재현하기'는 비디오와 같이 한 장면씩 검토할 수 있으며, 치료자와 내담자는 악화 요인과 완화 요인을 함께 논의할 수 있다. 예컨대 치료자가 손가락질하거나 바짝 다가설 때 내담자가 어떻게 느꼈는가? 치료자의 얼굴과 몸의 변화를 알아차렸는가? 그러나 무엇보다 가장 중요한 교훈은 회기 중에 의도적으로 분노가 유도된다면, 내담자가 스스로 분노를 조절한다는 의미이며, 회기 밖에서도 분노를 다스릴 능력이 있다는 것이다.

물론 치료자는 회기에서 분노 유발 시나리오로 역할극을 진행하기 위해 상황에 맞는 적절한 판단을 내리도록 훈련받아야 한다. 어떤 사례에서는 도움을 줄 수 있는 제삼자를 역할극에 참여시키는 것이 현명한 판단일 수 있다.

내담자가 자신의 분노를 인식하고 나면, 분노를 다스리는 연습을 할 수 있다. 다음 단계는 내담자에게 분노관리를 돕는 전략을 가르치는 것인데, 세 가지 기본 기법은 주의분산, 자기대화, 이완이다.

주의분산 기법

상황이 악화되고 대립하게 되면 일반적으로 내담자에게 한 가지 선택이 남는데, 그것은 바로 그 상황을 벗어나기로 결정하는 것이다. 만약 내담자가 분노의 초기 징후를 알아차린다면, 그 상황을 벗어남으로써 주의를 분산시키고 중립 과제(neutral task)와 비관련 과제(unrelated task)에 몰두할 수 있다. 그러나 상황을 벗어나서 여러 사람에게 그 말을 하며 스스로 화를 돋우는 것은 도움이 되지 않는다. 사회적 지지를 구하고 친구에게 견해를 물어보는 것과 여러 사람에게 불평을 늘어놓고 분노를 표출하는 것은 다르다. 예를 들어 도운 씨가 시원 씨와 언쟁을 벌인 후 그를 때리고 싶었지만 참고 그 상황을 벗어났다면, 이는 긍정적인 반응일 수 있다. 그러나 그가 모든 친구에게 전화해서 고함을 지르면서 시원 씨 욕을 한다면 점점 더 화가 나고 괴롭기만 할 것이다. 그리고 다시 돌아와서 시원 씨를 도발해 상황을 더 악화시킬 수도 있을 것이다. 더욱이 그는 친구들까지도 화나고 짜증나게 할 수 있다. 그러므로 상황을 벗어날 때는 긍정적이거나 중립적인 활동에 주의를 분산시켜야 한다. 분노를 더 부추기거나 타인에게 분노를 돌리는 것은 파괴적인 결과를 가져오므로, 치료자는 내담자가 분노 유발 상황에서 벗어날 때 건설적으로 행동하도록 격려해야 한다. 이는 예컨대 직장 같이 무기한 벗어날 수 없는 상황에서 특히 그렇다. 그 상황으로부터 한 발 벗어나면 생리적 반응이 잦아들고 내담자는 이성적으로 차분하게 생각할 수 있다. 그러고 나서 보다 건설적인 반응을 강구하여 더 나은 기분으로 그 상황에 돌아갈 수 있다.

자기대화

마음을 진정시키는 자기대화는 스스로에게 긍정적으로 말하는 능력을 개발하는 것이다. 내담자는 치료자와 함께 분노를 조절하기 위해 자신에게 말할 수 있는 문구를 고안한다. 어떤 사람은 이를 '긍정적 사고'로 일컫지만, 자기대화는 사고방식에만 국한되지 않는다. 자기대화는 내담자가 스스로를 격려하고, 상황을 헤쳐나가는 자신의 능력을 재확인하며, 자기통제를 연습하기 위해 긍정적 자기진술을 인지적으로 시연하는 것이다. 사람마다 표현이 다를 수 있지만, 대개 '나는 이 상황을 헤쳐나갈 수 있어', '이 사람에게 내가 화난다는 사실을 드러내지 않을 거야', '난 이보다 더 나은 사람이야'와 같은 말이 포함된다. 자기대화는 분노 경험 재현 또는 역할극으로 연습할 수 있다. 심상 모드로 연습할 때, 내담자는 화가 났던 과거 상황을 떠올린 뒤, 그 상황에 더 잘 대처하여 더 긍정적인 결말에 이르도록 스스로를 격려하는 상상을 한다. 자기대화문은 치료자가 신호를 줄 수도 있지만, 내담자는 자기대화문을 스스로 사용할 수 있을 때까지 여러 차례 시연해야 한다. 이때 건설적으로 상황에 대처하여 자신의 감정을 통제하고 긍정적 결과를 이끌어내는 모습을 상상하는 것이 매우 중요하다.

이완

이완 기법은 제9장 불안 모듈에 자세히 기술되어 있다. 그러나 불안뿐 아니라 분노에 대처하는 데도 매우 효과적인데, 자신에게 초점을 맞추게 하기 때문이다. 내담자는 단지 호흡 조절만 배우는 것이 아니라, 자신의 내적 상태에 집중하고 외부 관심사로부터 거리를 둘 수 있다. 이완은 명상의 형태로 전 세계에 걸친 여러 문화권에서 오랫동안 시행되어 왔다. 물론 이완 기법은 불안정한 기질을 가진 사람이 분노 유발 상황에 대해 실제 반응하는 것을 조절하는 데는 크게 도움이 되지 않지만, 이면에 억제되어 있는 분노를 조절하는 데는 도움이 될 것이다. 내담자는 호흡법으로 이완 상태를 유도하고, 신체 근육의 긴장과 이완을 반복하며, 평온한 심상을 떠올려 어디서 왔는지 또는 왜 생겼는지 알 수 없지만 늘 느끼는 억울함과 불만 같은 '일반화'된 분노를 다룰 수 있다. 내담자는 규칙적으로 이완 기법을 연습하고, 일과 또는 주간 과제의 일부로 적절히 배치해야 한다. 이 연습을 하는 동안 마음을 안정시키는 음악을 들으면 도움이 될 수 있다.

상황 재구성하기

내담자는 자신과 타인의 분노 감정을 인식하고, 갈등이나 대립이 점점 통제를 벗어나는 징후 또는 유발 인자를 파악하며, 자기통제를 통해 흥분을 진정시키고 상황을 가라앉히는 법을 배우기 시작할 것이다. 갈등과 대립을 관리하는 추가적인 방법은 문제 상황이 위협적 상황 또는 분노를 유발하는 상황으로 발전할 가능성을 떨어뜨리는 법을 가르치는 것이다. 이는 상황을 인지적으로 재구성하고 의사소통 방식을 향상시켜 상황을 조절하는 것으로, 'ADHD 공식'을 적용한다(글상자 10.1 참조).

A=상황에 대해 말하기(Address the situation)

먼저 내담자는 상황을 사실 그대로 말한다. 이것은 그 문제에 대한 간단한 평가를 단순

글상자 10.1 ADHD 공식

A=상황에 대해 말하기
D=자기 감정 설명하기
H=상대를 이해시키기
D=결과를 분명히 하기

하고 중립적으로 표현하는 것이다.

도운 씨 : 시원아, 어제 저녁에 아이팟를 돌려줬을 때 배터리가 완전히 방전돼 있었어.

D=자기 감정 설명하기(Describe your feeling)

그러고 나서 자신이 어떤 기분이었는지 말한다. 여기서도 똑같이 사실만 전달하는데, '너 때문에 내 기분이…'라고 말하면 비난으로 들려 반감을 일으킬 수 있으므로 '내 기분은…'이라고 말해야 한다.

도운 씨 : 그래서 정말 짜증이 났어.

H=상대를 이해시키기(Help them understand)

세 번째 단계는 상대에게 어떻게 그 상황을 개선할 수 있는지 이해시키는 것인데, 이전 단계와 마찬가지로 원하는 해결책이나 결과를 제시하면서 명확하게 말한다. 이는 매우 중요한 단계지만 해결 과정에서 종종 빼먹기 쉽다. 상대방은 '독심술사'가 아니다. 원하는 것이 무엇인지 상대가 알게 하는 것이 중요하다.

도운 씨 : 다음부터 배터리가 닳으면 충전해주면 좋겠어.

D=결과를 분명히 하기(Define the conseguence)

끝으로 상대방이 요구되는 행동을 하지 않으면 어떤 결과가 생길지 분명히 한다. 이때도 실용적이고 분명하게 말한다.

도운 씨 : 여기에 동의하지 않으면 앞으로는 아이팟을 빌려줄 수 없어.

ADHD 공식을 적용하면서 시원 씨는 도운 씨가 어떤 기분이었는지, 왜 그렇게 느꼈는지, 어떻게 고쳐야 할지, 만약 동의하지 않으면 어떤 일이 생길지 알게 되었다. 간단하지만 명쾌한 설명이었다. 시원 씨는 직장에서 매우 바빴다. 너무 정신이 없어 배터리 충전을 잊어버렸다. 시원 씨는 도운 씨의 입장에서 그 상황을 생각해보지 않았으며, 자신의 행동이 반감을 불러일으켰다는 사실을 깨달았다. 입장이 명확해졌고, 시원 씨가 사과하고 배터리 충전을 약속함으로써 상황은 즉시 완화되었다. 도운 씨는 자신이 원하는 결과를 얻었고, 더 이상 친구가 자신을 이용한다는 생각과 억울함을 쌓아두지 않게 되었다.

모욕과 비판 다루기

ADHD 환자는 모욕과 비판에 특히 화를 내기 쉽다. 이는 아마도 그들이 일생 동안 부모, 선생님, 친구, 형제에게 신랄한 지적과 피드백을 받아 방어적인 태도를 보일 가능성이 높고, 나이가 든 지금은 자존감을 지키려고 하기 때문일 것이다. 또한 그들은 상대가 무슨 말을 하는지 끝까지 듣지 않거나 충분히 이해하지 않은 채, 상대의 의도를 정확히 파악하지 않은 채 무조건 악의적 의도를 가진 것으로 추측하여 비판에 충동적으로 반응할 가능성이 크다. 그러나 내담자가 모욕과 비판의 차이를 구별하는 법을 배울 수 있다면, 두 가지 종류의 말에 모두 적절하게 반응할 수 있을 것이다.

모욕

모욕은 짜증을 불러일으키는 말인 반면 비판은 행동에 관한 언급이다. 모욕적 언사는 본질적으로 상대방을 기분 나쁘고 화나게 하려는 의도가 있다. 모욕에 대처하기 위한 준비로 자신을 화나게 했던 가장 모욕적인 말에 대해 물어본다. 그러고 나서 다음과 같이 질문한다.

- 그 말을 듣고 왜 기분이 나빠졌는가?(예 : 그 말이 가족이나 당신의 남성성을 위협하였는가?)
- 그 말과 관련하여 무엇이 당신을 화나게 하였는가?(예 : 당신을 화나게 한 것이 단지 말의 내용이었는가, 아니면 말하는 방식도 해당되었는가? 그들의 어조였는가? 상대의 태도였는가? 특정 신체언어였는가?)
- 상대가 왜 이런 말을 하였다고 생각하는가?

한 걸음 물러나서 모욕이 화가 나게 만들 의도로 하는 말이라는 걸 이해하면, 그것이 자신을 화나게 했던 이유를 알 수 있을 것이다. 그러나 보다 더 중요한 것은 모욕 뒤에 숨겨진 상대의 동기를 추측할 수 있다는 것이다. 모욕적인 말은 부적절하고 모질게 표현된 상대의 정서라는 사실을 이해하면 분노를 다스리는 데 도움이 될 것이다. 이를 통해 내담자는 모욕의 본질이 무엇인지 알고 그 말을 사실로 받아들이지 않게 된다. 만약 모욕을 당했다고 느끼면, 진정시키는 문구 형태로 자기대화를 하면 감정을 조절하고 공격적으로 응수하려는 충동을 제어할 수 있다. 예를 들면 다음과 같다.

- '그가 날 약 올리려고 하는 말일 뿐이야. 말려들지 않을 거야.'
- '저 사람이 우리 가족에 대해서 뭘 알겠어.'
- '나 정도면 괜찮은 사람이야. 중요한 건 바로 그거지.'

비판

비판은 종종 도움이 되는 필수적인 피드백이다. 비판이 건설적으로 표현되면 훨씬 더 좋지만, 부정적으로 표현되면 받아들이기 힘들 수 있다. 다음 예는 긍정적이고 건설적인 비판과 부정적 비판의 차이를 보여준다.

부정적 : 이 보고서는 정말 읽기가 어렵군요. 보고서의 구성이 엉망이라 당신이 무슨 말을 하려는 건지 이해하기 힘들어요. 보고서를 제대로 작성하는 법을 배울 필요가 있겠습니다. 그렇지 않으면 절대로 다른 사람에게 요점을 이해시키지 못할 거예요.

건설적 : 보고서 잘 썼어요. 흥미로운 의견도 많고요. 그런데 소제목을 사용해서 좀 더 짜임새 있게 만들면 훨씬 더 좋겠네요. 여기 당신이 보면 도움이 될 만한 아주 잘 만든 보고서가 있습니다. 참고하세요.

과거 실패와 잠재력에 미치지 못하는 성취 때문에 ADHD 환자는 불행하게도 자주 비판받고 모욕당했다. 이들은 아무리 세심하고 건설적으로 전달된다고 하더라도 비판에 과민하기 때문에 긍정적이지 않고 듣기에 좋지 않으면 어떤 피드백도 인정하기 힘들다. 그들은 어떤 형태든지 비판적 피드백이라고 인식하는 순간, 위협을 느끼고 짜증을 내거나 분노한다. 이는 비판 내용을 무시하거나 비판을 지나치게 (대개 끝까지 듣지 않거나 비판에 대해 충분하고 적절하게 논의하지 않은 채) 일반화하여 해석하기 때문이다. 그들은 인지된 비판에 다음 두 가지 방법 중 하나로 반응하는데, 모두 과잉반응이다 —(1) 공격적으로 화를 내거나 (2) 지나치게 감정이 상하고 상처 받는다. 두 번째 경우에서 그들은 다른 사람의 지적을 변화시킬 수 있는 행동과 관련된 비판으로 받아들이지 않고, 변화할 수 없는 자신의 인격적 결함으로 내면화한다.

비판에 대처하기 위해 ADHD 환자는 상대가 하는 말을 경청하고, 자신이 문제를 완전히 이해했는지 반드시 확인해야 한다. 주의력 결핍으로 상대가 하는 말의 앞부분을 놓치고 뒷부분만 들을 수 있는데, 이로 인해 그들은 놓친 정보와 부정확한 평가와 해석에 근거해서 반응하게 될 수도 있다. 건설적인 비판은 대개 긍정적인 언급으로 시작되기 때문에 앞부분을 놓치면 지적이나 피드백을 모욕으로 해석할 가능성이 커진다. 이제 내담자는 자신의 감정을 모니터링하고, 부적절하거나 후회할 반응을 촉발할 수 있는 짜증과 분노가 높아지는 징후를 더 잘 인식할 수 있어야 한다. 그러고 나면 부정적이거나 위협적으로 느껴지는 피드백이나 지적 또는 비판을 받을 때 내면에서 일어나는 '경고 징후'를 인식할 수 있을 것이다. 이 시점에서 내담자는 상대에게 그 문제 또는 지적을 보다 더 자세히 설명해달라고 요청하면서 분노 과정을 차단할 수 있어야 한다. 상대가 그 지적을 다시 말해주면 이전에 놓친 부분을 들을 수 있고, 그 문제를 더 잘 이해하고 상대의 동기를 파악하게 될 것이다. 물론 모욕당했다는 사실이 분명해질 수 있으나, 내담자를 비판하는 사람이 훌륭한 충고와 건설적 피드백으로 그들을 도우려 한다는 사실이 확실히 드러날 수도 있다. 다소 흥분되고 짜증이 나더라도 비판을 정중하게 받아들이도록 내담자를 격려한다. 회기에서는 상대에게 (성급하고 직설적인 표현을 피하면서) 건설적 비판을 하는 역할과 비판을 받는 역할을 모두 연기한다. 건설적 비판을 주고받는 양상은 상호 과정이며, 양측의 역동을 이해하면 차후에 비판적 피드백을 수용하는 데 도움이 되므로 두 측면을 모두 연기하는 것이 중요하다.

건설적으로 비판하는 것은 유익한 방식, 즉 긍정적 측면을 강조하고, 개선을 위한 제안을 하고, 변화와 교정을 지지하면서 비판을 표현하는 것이다. 건설적 비판을 적절하게 수용하는 것은 문제를 인정하고, 오해를 풀고, 공유하게 된 이해를 설명하고, 문제를 해결할 계획을 세우는 것이다. 어떤 환경에서는 오류나 실수를 사과하는 것이 적절한 대처일 수도 있다.

그림 10.2는 모욕과 비판을 다루는 방법을 요약한 순서도이다. 이것은 보조 웹사이트에 유인물 형태로 제공된다.

자기주장 훈련

자기주장 훈련은 내담자에게 자기주장과 공격성의 차이를 이해시키는 심리교육부터 시작한다. 자기주장은 차분하고 정중하게 자신을 옹호하는 것이다. 사람들은 상대의 화나 공격을 유도하지 않으면서 자신의 최대 이익을 위해 행동한다. 자기주장과 공격성은 둘 다 분노를 내포할 수 있지만, 자기주장은 상대를 화나게 하거나 상처 주지 않고 자신의 분노와 괴로움을 표현하는 능력이 필요하다. 예를 들어 자기주장적인 사람은 상대를 위협하거나, 모욕하거나, 응징하거나, 비꼬지 않고 자신이 화가 났음을 전달할 수 있다. 이

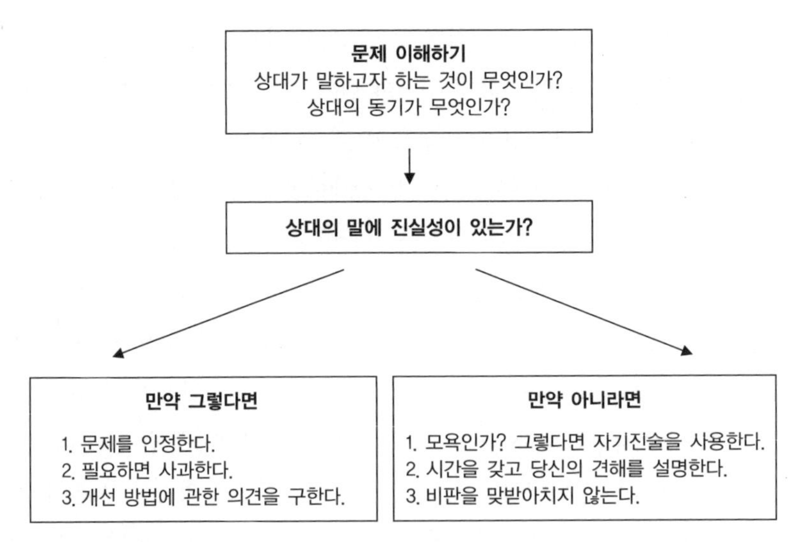

그림 10.2 모욕과 비판 다루기

를 내담자에게 가르치는 방법은 그들이 얻고자 하는 결과가 무엇인지 생각해보게 하는 것이다. 다른 사람과 상호작용을 통해 그들이 진정으로 얻고자 하는 것이 무엇인가? 그러고 나서 내담자에게 ADHD 공식에 요약된 단계를 사용해서 자기주장을 달성하는 방법을 알려준다. ADHD 공식의 단계는 상대에게 그들이 어떤 감정인지, 무엇을 원하는지, 결과가 어떠할지 말하는 것이다. 이것을 침착하게 표현하고, 사실에 기반하여 명료하게 말한다. 그런 다음, 내담자에게 자기주장적이지 않을 때 결과를 알아보게 한다. 그들은 자신이 진정으로 원하는 것을 얻거나 바라는 결과를 이룰 가능성이 작다는 것을 알게 될 것이다.

표현 방식도 중요하다. '나는 지금 매우 화가 났다'와 같은 '나' 메시지가 감정 전달과 자기주장에 효과적이므로, 1인칭 문장으로 표현하도록 격려한다. 반대로 '너는 나를 매우 화나게 한다'와 같이 '너'로 시작하는 메시지는 공격이나 응징으로 인식될 가능성이 크다.

어조와 표현 방식을 회기에서 역할극으로 다룰 수 있다. 또한 치료자는 치료 기간 중에 내담자의 자기주장행동을 인식하고 긍정적으로 강화할 기회를 찾아야 한다. 이런 상황과 역할극에서는 공격성이 아닌 자기주장적인 인상을 주는 말과 신체언어의 기능적 특징에 주목한다.

1. 한 발 물러난다 – 상대의 개인 영역을 침범하면 위협으로 받아들여지거나 '투쟁-도피' 반응을 유발할 수 있으므로 너무 가까이 다가서지 않는다. 이는 상황을 악화시켜 부정적 결과를 초래할 가능성을 극대화할 수 있다. 상대가 공격적으로 반응할 수 있고, 그에 따라 내담자의 분노도 증가할 것이기 때문이다.
2. 눈을 계속 맞추고 단호한 표정을 짓는다 – 이렇게 하면 상대는 내담자가 심각하게 말하고 있음을 알아차릴 수 있다. 거울을 보며 '험악한' 표정이 아닌 단호한 표정을 연습하도록 도와준다. 회기에서뿐만 아니라 집에서도 연습하게 한다.
3. 목소리 크기와 말하는 속도를 안정되게 유지한다 – 소리치거나 속삭이지 않도록 한다. 목소리가 커지고 말의 속도가 빨라지면 상대가 위협을 느낄 수 있으며, 결국 화를 내고 상황이 악화될 가능성이 커진다. 상대가 이미 화가 나 있다면, 평소와 같은 목소리로 차분히 말하면 상대를 진정시키는 데 도움이 될 수 있다. 반대로, 너무 조용히 말하거나 아예 말을 하지 않으면 '수동공격적'으로 보이거나 상대가 듣고 이해할 수 있는 기회를 박탈하게 되어 상대를 화나게 할 수 있다.
4. 앞서 설명한 ADHD 공식을 사용한다.

요약

이 모듈에서는 분노의 본질과 적응적인 기능을 강조하고, ADHD 환자가 분노와 자신의 민감한 영역에 어떻게 반응하는지 알아본다. 분노관리기술을 배우기 위해서는 인지행동치료 체계 내에서 분노 징후를 알아차리는 능력과 분노의 선행 사건, 행동, 결과에 대한 인식을 높이는 것이 매우 중요하다. 이 모듈은 또한 모욕과 비판의 차이를 논의하고 각각에 대처하는 기법을 제시한다. 끝으로, 자기주장과 공격성의 차이를 설명하고, 자기주장적 행동을 증가시키는 전략에 관해 알아보았다. 이전에 분노를 유발했던 치료 경험이 치료 동맹 형성을 방해할 수 있으므로, 치료자는 이를 잘 인식하고 있어야 한다. 또한 내담자의 분노를 자극하는 주제를 다룰 때는 치료자 자신의 안전을 반드시 확보해야 한다.

집단치료 : 좌절 및 분노 모듈

집단치료를 준비하기 전에 이 장을 반드시 읽어야 한다. 아래에 집단 회기를 6회로 요약하였다. 회기의 횟수는 필요에 따라 늘리거나 줄일 수 있다.

계획

1.~2회기 시작 활동
자기주장성 척도
3회기 심리교육 – 인지행동모델, ABC 과정, 분노관리 기법 및 자기주장 훈련
4~5회기 연습
6회기 심리교육 및 기법 검토
숙제 결과/경험 토론 – 무엇이 가장 효과적이었나?
장애물 및 극복 방안

시작 활동

구체적인 사건과 상황을 떠올리면서 다음 질문에 답한다.

무엇이 당신을 화나게 했는가?
좌절과 짜증을 느낄 때 대개 어떻게 반응하는가?
매우 화가 났을 때 대개 어떻게 반응하는가?
집단 토론
좌절과 짜증이 어떻게 분노 폭발로 옮겨 가는가?

상황 악화와 분노 억제에 대해 토론한다.

과거에 분노를 터뜨린 결과가 어떠했는가?
일어날 수 있는 최악의 일은 무엇인가?
화가 나면 당신에게 어떤 변화가 생기는가?

참가자들에게 사고, 감정, 신체 반응, 행동을 파악해보게 한다. 그들이 알아차릴 수 있으면서 어떤 중재를 적용하도록 알려주는 '초기 경고 징후'는 무엇이 적당한가?

자기주장성 척도(표 10.1)를 배부하고, 각자 작성한다.
집단 토론(개인차와 강점 및 약점 비교)

심리교육

분노의 인지행동모델을 설명한다 – 분노 사고, 신체 반응, 도발행동의 연관성을 설명하고, 이 요소들이 어떻게 분노를 악화시키는지 알려준다.
그림 10.1 분노의 신체, 인지, 행동 요소
ABC 과정 3단계를 설명한다 – 선행 사건, 행동, 결과
분노관리 기법을 설명한다 : 분노 사고로부터 관심을 돌리기 위한 주의분산 기법, 마음을 진정시키는 자기대화, 호흡법과 이완 기법(제9장 불안 모듈 참조), 상황 재구성하기
앞서 논의했던 상황에서 이런 기법이 언제 도움이 되는지, 어떤 기법이 더 나은지 토론한다.

(계속)

연습

시작 활동에서 참가자가 언급한 분노 유발 상황 또는 경험 중에서 적절한 사례를 선택하거나 새로운 예를 소개한다(예 : 이 모듈에서 소개한 도운 씨와 시원 씨 사례). 이런 예를 이용하여 연습을 완성한다.

분노와 중재 시점 인지하기
 선택한 장면을 역할극으로 연기한다.
 참가자가 관찰한 것을 토론한다(신체 반응과 행동, 어조, 신체 근접성 등)
 역할극 상대가 어떻게 느꼈는지, 무엇이 분노를 악화시켰는지 토론한다.
 '초기 경고 징후'와 중재의 적절한 시점을 토론한다.
 참가자 스스로 '실제' 분노 감정을 일으킬 수 있음을 지적한다. 만약 이것이 가능하다면, 분노를 가라앉히는 방법도 배울 수 있다.
상황을 진정시키는 방법(말과 행동)에 대해 집단의 동의를 얻는다. 주의분산 기법과 자기대화를 사용하여 몇 차례 다시 역할극을 한다.
시작 활동에서 참가자가 언급한 분노 유발 상황 또는 경험 중 적절한 예를 선택하거나 새로운 예를 소개하고, 어떻게 그 상황을 재구성할 수 있는지 토론한다.
 ADHD 공식을 사용한다.
 역할극을 한다(적절하다면).
 화내지 않고 자기주장하는 방법에 대해 토론한다.
 이완 전략을 설명한다 – 호흡 연습, 점진적 근육 이완(회기 중 실시).
시작 활동에서 참가자가 언급한 분노 유발 상황 또는 경험 중 적절한 사례를 선택하거나 새로운 예를 소개하고, 모욕과 비판의 차이를 보여준다 – 건설적 비판을 주고받는 역할극을 한다(샌드위치처럼 긍정적 정보와 부정적 정보를 번갈아 구성하여 듣는 사람의 충격을 완화한다. 어조와 신체언어에 주의를 기울인다). 토론한다.
성취를 방해하는 장애물과 극복 방안을 토론한다.

숙제

글상자 9.4와 9.5(이완 기법)를 숙제로 배부한다.
회기와 회기 사이에 기법을 적용하고 연습한다.

11

기분저하 및 우울증 모듈

주요우울증이나 기분장애(기분부전증)의 동반이환에 관한 문헌을 검토하면 소아 ADHD에서 15~75% 범위의 공존율을 보였으며 최대 1/3은 주요우울증을 겪었다(Biederman, Newcorn, & Sprich, 1991). ADHD 성인에서도 유사한 비율이 보고되며, 이는 주요우울증과 기분부전증이 흔한 공존질환으로서 지속됨을 의미한다(Biederman et al., 1993; Murphy & Barkley, 1996). 기분부전증은 기분저하가 주된 특징으로, 더 가벼우며 지속적인 형태의 우울증이다. 청소년 및 성인 ADHD 환자는 기분저하를 매우 쉽게 경험한다. 그러므로 내담자에게 기분저하가 보다 영구적인 우울 상태로 악화되지 않게 방지하는 기술을 가르치는 것이 중요하다.

우울증 환자는 기분저하, 활력 및 동기 상실, 미래에 관한 절망감 등의 증상을 보인다. 이러한 증상이 ADHD에 동반될 때, 환자는 더욱 심각한 집중력 문제와 무기력감 같은 추가 증상을 경험하게 된다. 비록 내적으로는 안절부절못하더라도, 동기 및 활력 부족은 그들이 우울 반추의 부정적 순환에 '갇혀' 타고난 낙천성과 창의성을 발휘하지 못함을 의미한다.

성인기에 처음으로 ADHD 진단을 받은 환자들의 우울 정도를 10년 단위 연령집단으로 나누어 비교한 연구(Bramham et al., 인쇄 중)에서 나이와 우울증 점수가 양적 상관성을 보였다. 이는 진단이 늦어질수록 우울증이 심해진다는 의미다. 그러므로 임상의가 성인 ADHD 환자를 볼 때는 기저에 우울 증상이 있을 가능성에 유의해야 한다. 특히 성인이 된 이후에 진단을 받은 환자는 더욱 주의해야 한다. ADHD 진단과 치료 경험에 관한 질적 연구에서 ADHD 환자들이 진단, 치료 및 증상 개선 후에 우울 반추에 빠지기 쉽다는 사실이 드러났다(Young et al., 2008). ADHD 환자는 특히 우울증 상태에 있을 때 자살시도 가능성이 높으므로 가벼운 우울증이라도 중요하게 다루어야 하며 우선적으로 치료해야 한다(Weiss et al., 1985). 만약 ADHD 환자가 자살에 대해 생각한다면, 자살 사고를 충동적으로 실행할 수도 있다.

ADHD와 심한 우울증이 공존하는 환자를 치료할 때는 항우울제 처방과 심리중재를 함께 실시해야 한다. 메틸페니데이트(methylphenidate) 같은 전통적인 중추신경자극제는 우울증에 도움이 되므로 이중 중재로 작용할 수 있다. 그러나 이 치료제는 부작용으로 불안을 유발할 수 있다(Vance et al., 1999). 아토목세틴(Atomoxetine) 같은 노르에피네프린 재흡수차단제는 ADHD에 대한 치료 효과가 입증되었으며(Pliszka, 2003), 항우울제로도 사용될 수 있으므로 이 두 가지 진단을 받은 환자를 위한 최우선 치료로 사용될 수 있다.

이 모듈은 기분문제가 동반된 ADHD 환자에 대한 심리치료를 제안한다. ADHD 환자의 우울 및 ADHD 사고방식을 다루는 중재는 우울증 인지모델이 적용될 수 있다. 이 모듈에서는 ADHD 성인에게 흔한 부정적 사고와 사고 오류를 검증하며, 부정적 사고 공략과 활동계획 수립 등 인지 및 행동 중재를 제안한다.

청소년과 성인의 기능 결함

성인 ADHD 환자가 우울증에 이환될 위험성이 클 수 있는 이유는 몇 가지 설명이 가능하다. 첫째, 그들은 초기 소아기에 혐오사건을 경험했을 가능성이 크다. ADHD 아동의 부모도 그들 자신의 문제가 없지는 않을 것이다. 아주 좋은 시기에도 부모 되기란 쉬운 일이 아닌데, 권위에 저항하고, 규칙을 어기며, 안정된 가족생활을 방해하는 ADHD 아동의 양육은 더욱 관리하기 힘들다. 더구나 많은 부모가 진단받지 않은 ADHD 환자다. 이는 그들의 양육방식이 비조직적이고 혼란스러울 수 있으며, 그들의 자녀에게 적절한 체계와 안정성을 제공할 수 없다는 의미이다. 그래서 ADHD 아동은 가정이나 학교에서 과도한 비난을 받을 가능성이 크다. 가령 낮은 학업 성취는 ADHD 증상과 연관된 문제로 받아들여지기보다는 '게으름'으로 인식된다. 인간관계의 어려움은 지속적인 문제로 보인다. 그들은 어린 시절에 지지적 관계를 형성하지 못하고, 또래 사이에서 인기가 없으며, 성인이 되어서도 우정을 유지하기가 어렵고, 친밀한 관계가 부족하다. 따라서 그들은 자존감이 낮아질 수 있다. 이러한 경험이 어느 시기에 기분저하와 우울증을 일으킬 수 있다는 사실은 크게 놀라운 일이 아니다.

ADHD 환자는 기분이 저하되면 더 짜증스럽고 참을성이 없어진다. 그들은 자신을 사랑하고 보살피는 사람들에게 충동적인 말이나 행동으로 상처를 준 것에 대해 죄책감을 느끼기도 한다. 주의력 결핍 또한 악화될 수 있으며, 이로 인해 과제 완수가 더욱 힘들어지고 성취감을 느끼지 못하게 될 수 있다. 환자들은 건설적 활동을 할 때 산만해지고 우울증 특유의 내적인 부정적 자동사고에 사로잡히게 된다. 이는 불면과 조기 각성 같은 수면장애로 이어진다. 안절부절못하는 느낌과 동기 결여 사이에서 겪게 되는 내적 갈등은 불편함과 정서적 탈진의 원인이 될 수 있다. 이렇게 어두운 안경을 통해 세상을 보며 절망에 사로잡히면 어떤 사람은 과도한 음주나 약물 복용으로 대처하기도 하지만, 이런 대처 기전은 일시적으로 효과가 있을 뿐이다. 술은 '슬픔을 잊게' 하고 약은 짧은 해방감을 준다(선호하는 물질의 종류에 따라 일시적인 증상 개선도 가능할 수 있다). 그러나 이 전략의 단기 후유증은 숙취와 기분저하 등 금단 증상이며, 장기적으로는 심리적 · 신체적 의존이라는 값비싼 대가를 치른다. 이 문제는 물질남용 모듈에서 논의된다(제13장).

성인 ADHD 환자에게 기분 조절은 중요한 문제인데, 정서 불안정성의 증가로 인해 우울하거나 기분이 저하되면 기분 조절 능력이 약화된다. 환자들은 뚜렷한 이유 없이도 순식간에 눈물을 흘리기도 하며, 화를 잘 내고 퉁명스러워질 가능성이 매우 높다. 그들은 종종 저하된 기분을 분노로 표현하곤 해서 다른 사람들에게 고약한 성격으로 받아들여지기도 한다. 이는 그들이 다른 사람들에게 그들의 절망감과 공허감을 숨겨야 할 필요가 있다는 의미다.

ADHD 환자의 정서 불안정성은 양극성장애로 오진되기도 한다. 조증은 지나친 흥분, 말이 많아짐, 끊임없는 생각, 이상 행복감(euphoria), 증가된 에너지 등이 특징이다. 이런 증상은 모두 성인 ADHD 환자에서도 나타나며, 때로는 이 두 질환을 현상학적으로 분리하기 힘들다. 두 질환을 구별하는 한 방법은 고양된 기분의 발생 속도와 지속성을 밝히는 것이다. ADHD에서는 기분 변동이 매우 빠르게, 예컨대 한 시간 또는 하루 만에 사라진다. 반면 조증 삽화에서 기분 변동은 전구기를 거치고, 점진적으로 고조되며, 더 오래, 이를테면 몇 주에서 몇 개월까지 지속될 가능성이 높다. 발병 연령 역시 유용한 지표로 사용되는데, 대부분의 양극성장애는 후기 청소년기 또는 청년기까지 나타나지 않는 반면, ADHD는 유아기에 발병한다. 7세 아동이 양극성장애로 진단되는 사례는 흔치 않다.

Beck(1976)이 확립한 우울증 인지모델은 우울 증상을 보이는 성인 ADHD 환자의 경험을 설명하는 데 적용될 수 있다. ADHD 환자는 아마 다양한 생애 초기의 부정적 경험을 상세히 설명할 수 있을 것이다. 그들은 대개 부모나 선생님으로부터 게으르다, 어리석다, 배울 능력이 없다는 비난을 받았던 경험이 있다. 그들은 또래와 비교할 때, 예컨대 시험 성적 같은 객관적 증거가 있을 수 있는데, 이로 인해 스스로를 다른 아이들보다 무능하게 여기고, 위상이 저하된 느낌을 내재화할 수 있다. 이 전형적인 소아기 ADHD 경험을 통해 환자는 열등감과 연결되는 도식을 형성했을 것이다. 우리의 경험상, 흔한 도식은 "나는 다른 사람들과 '다른' 독특한 면이 있다", "다른 사람들은 더 유능하고 성공적이며 더 호감이 간다" 등이다. 이런 도식에 의해 여러 역기능적 가정이 형성되는데, 대개 '만약 ~라면, ~할 것이다(if … then)' 형태이다. 이런 가정은 자기가치감(sense of self-value)과 자아존중감(sense of self-worth)을 유지하는 데 기여하는데, 예컨대 "내가 익살을 떨면서 사람들을 즐겁게 하지 않는다면, 그들은 나를 만나려 하지 않을 것이다", "만약 이번 주까지 일을 마무리하지 못한다면, 상사는 나를 무능하게 생각하고 해고할 것이다" 등이다. 이러한 가정이 의식 수준에서는 알 수 없지만 ADHD 환자가 다른 사람과 상호작용하는 방식과 자신에 대한 기대에 계속 영향을 주었을 가능성이 있다. 이런 기대는 흔히 비현실적이고 지나치게 높기 때문에, 그들은 그 기대를 달성하기 위해 완벽주의적이고 현학적인 태도를 취하게 한다. 이는 스트레스로 작용하며, 어떤 ADHD 환자는 스트레스를 줄이기 위해 달성하기 쉬운 활동에 안주한다. 그러나 그들은 자신이 부진한 성취를 하고 있고 전력을 다해 잠재력을 발휘할 자신이 없음을 알고 있으며, 이로 인해 불행하고 불만족스럽다. 그들은 타인의 비난을 무비판적으로 받아들이는 도식이 있어 다른 사람들과 학대적 관계에 빠질 수도 있다.

부주의함과 충동성 모두로 인해, ADHD 환자는 예컨대 실직하거나(충동적인 사직 또는 해고로 인한), 이혼을 하거나, 사고를 당하는 등 중대한 인생 사건을 초래할 가능성이 크다. 이런 사건이 발생하면, 이는 과거에 형성된 역기능적 도식의 활성화를 촉진하고 그들 자신에 대한 부정적 자동사고를 증가시킨다[그림 11.1 참조, Beck(1976) 인용, 보조 웹사이트에 그림 11.1a 유인물 제공]. 이 과정의 이전 단계와 달리, 이 단계에 이르면 환자의 가정이 의식화되며, 환자는 머릿속에 떠오르는 자신에 대한 다양한 부정적 사고를 알아차릴 수도 있다. 이런 생각은 너무 빠르고 강력하므로 환자는 완전히 압도당하고 고통을 느낀다. 인지와 정서를 조정하지 못할 때 환자는 여러 증상을 보일 수 있는데, 예컨대 저하된 기분과 분노가 오가는 불안정한 기분 변동, 절망감과 미래에 대한 통제력

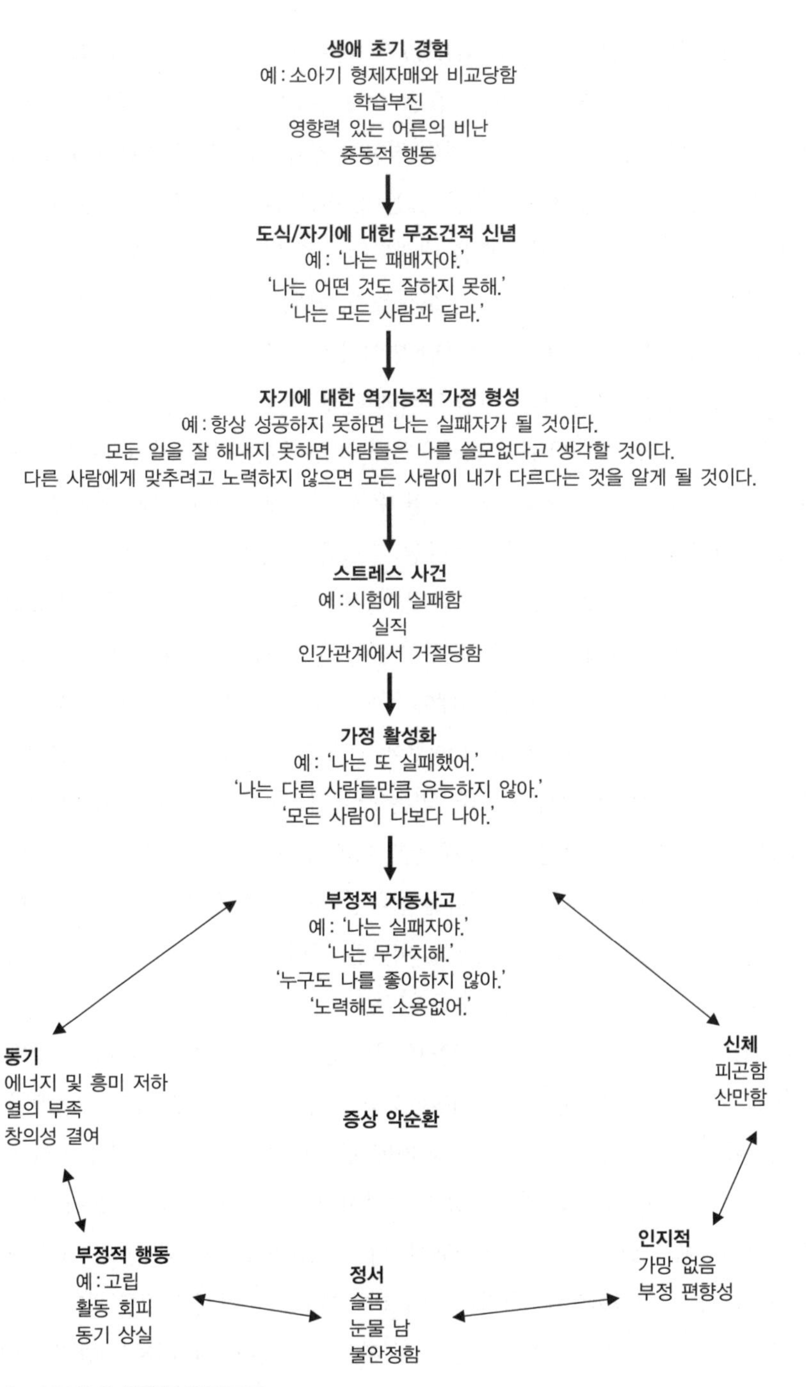

그림 11.1 ADHD의 우울증 인지모델

출처 : Beck(1976) 인용

을 상실한 느낌, 주의산만 및 집착, 환자가 즉각 동원할 수 있었던 창의적 자질과 흥미 및 에너지 상실 등이다. ADHD 환자는 상황이 가장 좋을 때에도 업무에 집중하기가 쉽지 않지만, 그들 자신의 생각과 감정이 '내부 방해자극(internal distractor)' 또는 극복해야 할 장애물이 되면 특히 더 힘들다. 저하된 기분이 급격히 우울증으로 진행되면, 환자는 고립되고 우유부단하며 자포자기에 빠질 수 있다. 결국 이로 인해 기저의 도식이 드러나며, 자신에 관한 역기능적 가정이 활성화된다. 이는 다시 행동을 강화하고 환자는 우울증 악순환에 갇힌다.

한편, ADHD 성격에는 임상적 우울증의 급격한 진행을 방지할 수 있는 긍정적 측면이 있어 보인다. 이는 사회적 문제와 실망을 인지적으로 재구성하는 능력과 회복탄력성을 말한다. 사실 ADHD 환자 면담에서 나타난 공통적인 특징은 다시 회복하고 도전하는 능력인 것 같다. 기분 불안정성은 그들의 기분 상태가 (때로는 빠르게) 변하고 있다는 의미이며, 이런 변동성이 그들의 창의성과 삶에 대한 열정을 '자극'할 수도 있다. 이는 어떤 방안에 대해 다른 사람들이 불가능하다고 할 때 다시 시도하고 싶은 충동으로 설명될 수 있다. 주의력 문제는 부정적 결과가 미칠 영향을 추론하고 미래의 문제를 예측 또는 예상하는 능력을 제한하게 되는데, 이로 인해 오히려 회복탄력성이 커질 수도 있다. 그러나 이런 특징이 어떤 사람에게는 보호 요소로 작용할 수 있는 반면, 또 다른 사람에게는 우울증 성향을 갖게 할 수도 있는데, 이런 특징으로 인해 더 많은 부정적 사건과 실패를 경험하기 때문이다. 더 이상 회복탄력성으로 긍정적 상태로 되돌아올 수 없을 때 이런 경험이 합해져서 임계점에 도달하고, 그들은 극복하기 힘들어 보이는 실패와 후회에 빠져 헤어나지 못할 수 있다.

기분저하 및 우울증 평가

ADHD 환자는 대개 자신의 부정적 인생 경험과 문제에 관한 설명을 원한다. 인지모델은 그들을 이해시킬 수 있는 이론이다. 그림 11.1에 제시된 인지모델을 살펴보고 각 항목에 자신의 경험을 적어본다면(보조 웹사이트 그림 11.1b 참조), 그들의 내적 혼란을 이해하는 데 중요한 진전을 이룰 것이다. 과거 문제와 현재 요구에 대한 통찰과 이해를 통해 '문제가 해결'될 것 같아 보이지만 여전히 남는 문제가 있는데, 부적절한 느낌과 자신과 다른 사람의 기대에 부응하지 못할 것이라는 불안 등이다. 이러한 걱정은 그들이 열등한 인간이라는 핵심 신념과 자기가정(self-assumption)을 뒷받침한다. 사고 오류는 '사고중지' 및 결과 예측 사고 과정을 진행할 능력이 떨어지기 때문에 성급하게 귀인 오류를 범하는 ADHD 성인의 경향과 추가적으로 관련이 있을 수 있다. 삶에 대해 이렇게 '되는 대로 하는' 무계획적인 접근은 ADHD 성인이 합리적인 단계별 처리 과정으로 추론하는 능력이 발달하지 못했기 때문이다. ADHD 환자가 범하는 가장 일반적인 사고 오류는 결론을 속단하는 경향이며, 이는 충동조절 부족에서 기인한다. 상사가 자신을 싫어한다고 생각하는 재호 씨의 예를 들어보자. 어느 날 그는 상사와 면담을 하라는 지시를 받았다. 그러자 그는 자신이 해고될 것이라고 속단하고, 그 생각에 따라 행동했다. 그는 상사의 사무실에 들어가자마자 소리를 지르고, 상사의 면전에 사표를 던지고 나와버렸다. 그러나 그가 해고될 것임을 암시하는 어떠한 정보도 없는 상황이었다. 그는 자신이 승진 대상이었다는 사실을 나중에 알게 되었다. ADHD 환자의 공통적인 사고 오류는 표 11.1에 제시되어 있다(보조 웹사이트에서도 확인할 수 있다).

내담자가 스스로 (치료자의 도움 없이) 자신의 사고 오류를 찾아보도록 격려하기에 앞

표 11.1 ADHD 환자의 전형적인 사고 오류

오류 유형	설명
속단하기	사실을 확인하지 않고 부정적으로 해석함 예 : 미래를 예측하기 또는 다른 사람의 마음을 읽기
흑백논리	중간이 없고 모든 것을 '흑' 아니면 '백'으로 구분함 예 : 나는 전혀 집중할 수 없어.
과잉일반화	한 가지 사건으로 극단적인 결론을 내림 예 : 나는 다른 사람들과 대화할 때 항상 재치가 없고 그들의 기분을 상하게 해.
재앙화	결과를 과장하고 과대평가함 예 : 나는 마감기한을 지키지 못했으니 해고될 거야.
개인화	잘못되거나 불쾌한 모든 일에 대해 스스로를 비난함. 다른 사람들이 행동하거나 말하는 모든 것을 자신에 대한 반응으로 믿음. 예 : 모든 것은 내 잘못이야.
부정적 초점	학습된 무력감으로 인해 긍정적 측면을 무시하거나 오해함. 언제나 최악의 결과를 가정함. 예 : 컵이 반이나 채워져 있다가 아니라 반이나 비었다.
강박적 부담	어떤 기준이나 기대가 합리적이거나 현실적인지 고려하지 않은 채 달성하지 못했다고만 믿음. 예 : 나는 언제나 완벽해야 해.

글상자 11.1 사고 오류 연습

다음의 예문에 포함된 사고 오류는 무엇인가?

1. 나는 그 일을 엉망으로 처리했어. 모든 걸 망쳐버렸어.
답 : 재앙화

2. 내가 무심코 남의 뒷담화를 해서 그녀를 화나게 했어. 나는 나쁜 사람이야.
답 : 개인화

3. 나는 계획했던 모든 일을 끝냈어야 해.
답 : 강박적 부담

4. 모든 것이 실패야.
답 : 흑백논리

5. 그는 나와 악수하지 않았어. 나는 분명 채용되지 않을 거야.
답 : 속단하기

6. 그녀가 나의 전화를 받지 않았어. 나를 좋아할 여자는 아무도 없어.
답 : 과잉일반화

서, 치료자와 함께 사고 오류를 찾고 평가하는 연습을 해볼 수 있다(글상자 11.1 참조). 보조 웹사이트에서 빈 양식을 내려받을 수 있다(표 11.2a 참조). 사고 오류의 종류는 상호 배타적이지 않으며 한 가지 이상의 사고 오류가 있을 수 있다. 내담자가 사고 오류의 종류를 정확하게 파악하는지는 전혀 중요하지 않으며, 그들이 사고 오류를 범하고 있음을 인식하는 것이 중요하다. 만약 그들이 멈추고 자신의 생각을 평가한다면, 같은 오류를 범하지 않게 될 것이다.

인지행동치료

심리교육

부정적 사고방식은 기분과 직접 관련되며 사회적 위축으로 이어진다. 따라서 인지행동치료는 부정적 자동사고(negative automatic thoughts, NATS) 감소와 활동 증가를 목표로 한다. 기분이 오락가락하는 것은 ADHD 환자에게 일반적인 현상인데, 이럴 때 그들의 인지 역시 변동하며, 이로 인해 환자는 당황스럽고 불안하며 고통스럽다. 또한 우울한 ADHD 환자는 더욱 까다롭게 굴거나 짜증을 내기 쉬운데, 이로 인해 부정적 사회 접촉이 증가할 가능성이 높다. 그들은 짜증나게 할 것 같은 사람이나 상황을 회피함으로써 사회적 위축이 이어질 수 있다. 그러나 이는 그들 스스로를 '호감이 가지 않는' 사람으로 판단하게 할 수 있다.

'인지 삼제(cognitive triad)'란 자신과 세상과 미래의 부정적 측면에 주목하는 것이다(Beck, 1963). 사람들이 자신이 어리석고 쓸모없으고(자신), 다른 사람들은 자신을 게으르고 짜증나는 사람으로 생각할 것이고(세상), 자신의 미래는 암담하고 변하지 않을 것(미래)이라는 도식을 갖고 있을 때 이런 태도가 어떻게 형성되는지 쉽게 알 수 있다. ADHD 환자가 임상적 우울증에 완전히 굴복하지 않도록 막아주는 것은 아마도 마지막 요소일 것이다. 근본적으로 그들은 세상을 변화될 수 있는 도전 대상으로 보기 때문이다. 그들은 자신이 잠재력을 발휘하지 못하고 있음을 느끼기 때문에 더 나은 결과가 가능하다고 본다. 이는 그들이 비록 이것을 모두 이해하지는 못하더라도 그들 자신에게 잠재력이 있음을 믿는다는 의미다. 이런 신념은 인지적 공략과 대안 사고를 위한 '자양분'으로서, 새로운 과제에 대한 ADHD 환자의 타고난 흥미와 호기심을 발달시킴으로써 획득할 수 있다. 그들은 자신의 재능을 찾고 활용해야 한다.

ADHD 사고방식은 속도의 영향을 받는다. ADHD 환자는 행동적, 인지적으로 모두 부지불식간에 반응한다. 환자들은 그들이 어떤 일에 집중하려 할 때 생각이 불쑥 떠오르고 여러 생각이 스쳐 지나가기 때문에 산만해지곤 한다고 말한다. 이런 생각이 부정적이면 특히 더 힘들다. 부정적 사고의 특징은 다음과 같다.

- 자동적 – 의식적으로 만들어지지 않고 갑자기 떠오른다.
- 왜곡됨 – 부정적인 측면만 부각한다.
- 도움이 안 됨 – 기분저하 악순환을 지속시킨다.
- 그럴듯해 보임 – '진실'처럼 보이기 때문에 의심하지 않는다.
- 비자발적 – 의식적으로 떠올린 생각이 아니며 중단하기 어렵다.

ADHD 환자는 결과를 고려하고 생각을 평가하는 데 장애가 있다. 그래서 그들은 NATS의 타당성을 더 쉽게 받아들이는 경향이 있고 부정적 사고를 자주 진실로 받아들인다. 우울증에 대한 치료에서 NATS의 특성에 관한 심리교육은 중요하다. 그러나 이는 ADHD 환자에서 특히 더 중요한데, 그런 부정적 사고에 매우 익숙하기 때문이다.

ADHD 환자는 열정적인 사람이기 때문에 기분이 저하되면 심각하게 우울해질 것이다. NATS를 찾는 방법을 익히기는 쉽지 않으며, 치료 회기에서 반복된 연습과 지도가 필요하다.

ADHD 청소년과 성인은 대처할 수 없는 문제로 여겨지는 일에 자주 압도감을 느끼고 그로 인해 너무 일찍 또는 너무 쉽게 포기한다. 어디에서부터 문제해결을 시작할지조차 모를 수 있는데, 특히 동기가 부족하고 그 과제에 각별한 관심이 없다면 더 그렇다. 이는 내담자를 더욱 힘들게 할 수 있다. 왜냐하면 그들이 과제를 달성할 가능성이 훨씬 더 떨어지고 과제를 완수하기 전에 집중력을 잃어버릴 가능성이 더 크기 때문이다. 이러한 상황이 발생하면 시스템에 '활력'을 불어넣을 필요가 있다. 활동을 하면 사람들은 기분이 좋아지고 정신이 맑아지며 더 활동하려는 동기가 생긴다. 즉 활동을 많이 할수록 더 하고 싶어진다. 그러나 이는 납득이 잘 되지 않을 수 있다. 많은 사람들이 그저 '하고 싶지 않아서' 활동하지 않기 때문이다. 그래서 (비록 처음에는 원하지 않더라도) 활동을 먼저 시작하고 나면 그 활동을 하고 싶어질 수 있다는 행동-동기 지연(behaviour-motivation lag) 현상을 이해할 필요가 있다. 그러나 환자들은 주의력 결핍으로 인해 기분이 우울할 때는 고사하고 아무리 상황이 좋더라도 과제를 끝내기 힘들다. 그러므로 과제를 여러 작은 단계로 나누고 한 번에 한 단계씩 해내는 것을 목표로 해야 한다. 이 방법을 익히면, 의욕이 없고 동기가 부족하고 우울한 내담자도 해당 단계의 목표를 완수할 뿐 아니라 시간이 흐름에 따라 다른 단계를 달성하려는 동기가 생기고, 결과적으로 전체 과제를 달성할 수 있다.

기분조절 전략

부정적 사고 공략하기

ADHD 환자는 그들의 주의력 문제와 개념파악 장애 때문에 부정적 사고를 공략하는 데 더 많은 연습과 시연이 필요하다. 그러나 그들은 지레 못한다고 판단해서 충동적으로 포기할 가능성이 높다. 그러므로 숙제를 감당하기 쉽게 내주는 것이 중요하다. 초기 실패는 부정적 도식을 강화하고 치료 탈락으로 이어질 수 있기 때문이다. 사고 기록지 작성률을 높이려면 요령이 필요하다. 예를 들면 음성메시지를 남기거나 녹음장치를 이용해 생각을 기록하는 것이다(녹음장치는 대개 휴대전화나 컴퓨터에 장착되어 있다).

생각이 기분저하를 가중시킬 수 있는 것처럼 생각을 기분 개선에도 활용할 수 있다. 내

글상자 11.2 브레인스토밍 기법

1. 해당 문제에 관해 가능한 많은 해결책을 생각해본다. 비록 우스꽝스러운 생각이라도 버리지 않는다.
2. 실용적이지 않은 해결책은 모두 제외한다.
3. 남아 있는 해결책들을 검토해서 각각의 유용성을 0~10점 척도로 평정한다(0=전혀 쓸모없음, 10=매우 유용함).
4. 해결책을 선택한다.

담자에게 악순환을 어떻게 반전시킬 수 있는지 설명하면 강하게 동기부여가 될 수 있고 희망을 갖게 된다. 동일한 상황에서 더 긍정적인 다른 생각이 긍정적 감정경험으로 이어지고 긍정적 행동을 낳을 수 있다는 사실을 이해하면 기분을 개선할 수 있다. 내담자가 오랫동안 통제하지 못한다고 믿었던 불안정성을 다스려야 하므로 이것은 숙달하기 쉬운 기술이 아니다.

치료자는 내담자가 다른 해석이나 결과를 검토해보게 하는데, 예를 들어 '나는 대처할 수 없어'라는 생각을 '좀 힘들겠지만 한 번에 한 가지씩 하면 될 거야'로 바꿔보게 한다. 그러나 ADHD 환자는 실행기능 장애와 유연성 부족으로 원래 생각을 대체할 다른 생각을 찾기 힘들 가능성이 높다. 이는 그들의 매우 창조적인 재능을 감안할 때 모순되게 보인다. 여기서 문제는, 그들이 많은 독창적 아이디어를 만들 능력이 있지만 자발적이지 않다는 것이다. 이는 그들이 한 가지 관점에 완고하게 집착해서 다른 생각이나 해결책을 전혀 고려하지 않거나, 완성하지 못한 과제나 해결되지 못한 문제를 남겨둔 채 포기하고 완전히 다른 주제로 넘어가기 때문이다. 내담자가 이완을 익히게 해서 이런 완고함을 극복하고 새로운 생각을 떠올리게 한다. 새로운 생각을 떠올리는 데 브레인스토밍 기법이 도움이 된다(글상자 11.2 참조).

여기에 설명된 브레인스토밍 기법 외에도, 치료 시간에 내담자와 함께 자신에게 질문하는 표준 질문 세트를 만드는 것도 유용할 수 있다. 이 질문들은 자신의 부정적 사고에 대처할 수 없다는 신념을 공략하거나, 대안을 만들거나, 창조적 사고 과정을 시작하는 데 도움이 될 수 있어야 한다(글상자 11.3과 11.4 참조). 표 11.2는 ADHD 환자의 여러 부정적 사고를 공략하는 예를 보여준다(보조 웹사이트 참조).

ADHD 환자를 대상으로 작업할 때 한 가지 긍정적인 측면은, 그들이 일단 브레인스토밍과 관점 취하기 기술을 습득하고 나면 기술을 빠르게 발전시켜 일상생활에 사용한다

글상자 11.3 연습 : 부정적 사고 공략하기

1. 이 문제에 대처할 수 없다는 증거는 무엇인가? 과거에 성공적으로 대처했던 경험을 적어보자.
2. 친구가 이 문제를 상의하러 왔다고 상상해보자. 그에게 어떻게 말해줄 것인가? 해결책이 없다는 신념을 동일한 방식으로 생각해보라. 해결책이 없다고 믿어버리는 당신의 관점을 고수할 것인가?
3. 일어날 수 있는 최악의 결과는 무엇인가? 그 가능성을 과대평가하고 있지 않은가?

글상자 11.4 부정적 사고 대체하기

연습

부정적 사고를 떠올린다.
나는 이 서류를 작성할 수 없어. 너무 어렵고 길어.
긍정적 자기진술로 대응한다.
나는 지금까지 훨씬 더 많은 서류를 작성했고 어떤 것은 이것보다 훨씬 더 길었어.

는 점이다. 이는 아마도 이들 기법이 그들의 창의성과 독창성을 활용한다는 것과 그들이 일단 대안 사고 기술을 익히고 나면 이 과정을 사용하는 데 어려움이 없음을 반영할 가능성이 매우 크다. 중요한 점은 자신의 생각이나 아이디어에 대한 자동적 수용을 중단하고 결과 예측 사고 과정 또는 대안 사고 과정을 진행하는 법을 배우는 것이다. 치료자는 이를 여러 차례 유도해야 할 수도 있다. 내담자에게 유도 질문(prompting questions)을 적은 카드를 지니고 다니게 하는 것도 도움이 될 수 있다. 이 질문 목록은 복사할 수 있는 형태로 보조 웹사이트에 제공된다. 이 과정을 시각적 이미지, 예컨대 새로운 아이디어, 붉은색 플래시, '정지' 신호 등과 연결시킴으로써 내담자가 보다 근본적인 수준에서 자동적으로 반응하지 않게 할 수 있다.

부정적 사고가 굳어서 사고 과정이 멈춘 내담자에게는 부정적 사고를 보다 긍정적 사고로 대체하는 기법이 도움이 될 수 있다. 이는 보상뿐 아니라 동기부여도 될 수 있다. 부정적/긍정적 사고 목록을 작성하면 도움이 될 수 있는데, 한 장의 종이를 2개의 열로 나눈 후, 한쪽에 부정적 사고를 나열하고 다른 쪽에는 긍정적 자기진술(공략)을 기입한다. 기입하는 내용은 '포괄적'인 추상적 사고나 도식이 아니라 그 순간에 떠오르는 구체적인 생각이어야 한다. 치료자는 긍정적 사고와 그 결과가 부정적 결과를 훨씬 상회하도록 세심하게 유도해야 한다. 긍정적 진술 쪽만 보이도록 페이지를 접으면 내담자가 스스

표 11.2 부정적 사고와 공략 예

부정적 사고	공략
나는 다른 사람들만큼 유능하지 않아.	내가 모든 걸 잘할 수는 없어. 다른 사람들처럼 나도 잘하는 일이 있고 그렇지 못한 일도 있어.
그 과제를 완성할 수 있는 방법이 없는데, 시도하는 게 무슨 의미가 있어?	해보지 않으면 알 수 없어. 과제를 더 작은 부분으로 나누면 끝낼 수 있을 거야. 시도하는 것 자체가 나의 경험과 기술을 확장시킬 거야. 내가 한 번에 해낼 것이라고 기대하는 사람은 아무도 없어.
나는 틀림없이 뭔가 빠트리거나 실수를 할 거야.	사람은 누구나 실수를 해. ADHD가 없는 사람도 실수할 때가 있어. 나는 내가 실수한 걸 확인하는 방법을 알고 다른 사람에게 도움을 청할 수도 있어. 실수를 하는 게 좋을 때도 있어. 실수를 통해 배우는 게 제일 좋아.
나는 결국 헛소리를 지껄이고 아무도 내 이야기를 듣고 싶어 하지 않아.	나도 의견과 생각이 있고 감정도 있어. 많은 사람들이 대중 앞에서 말하기 힘들어하고 내가 오히려 그들을 안심시키기도 해. 나는 분명 그들의 흥미를 끌 만한 이야기를 할 수 있어.
모두 나를 싫어하고 내가 기분 변화가 심한 사람이라고 생각해.	나를 있는 그대로 좋아하는 사람들이 있을 거야. 누구나 기분이 좋지 않을 때가 있는 법이야.
ADHD가 없는 사람들은 나보다 행복할 거야.	이게 사실인지 내가 어떻게 알아. 어떤 사람은 행복할 수 있겠지만 나보다 더 불행한 사람도 있을 수 있어. 겉으로 괜찮아 보인다고 해서 모두가 만족스럽게 사는 건 아냐.
나는 사람들에게 무례하고 기분을 상하게 할 거야. 그러니 사람들을 피하는 게 상책이야.	사람들에게 가까이 가지 않는다면 나 스스로 기회를 박차는 격이야. 내가 사람들 기분을 상하게 하는 경우보다는 사이 좋게 어울리는 경우가 훨씬 더 많아.
나는 기분 변화가 너무 심해서 모든 사람 앞에서 울어버릴지도 몰라.	때로는 냉정을 잃을 수도 있어. 나도 다른 사람이 우는 걸 보면 이해를 하고 그 사람을 나쁘게 생각하지 않잖아. 세상이 끝나는 것도 아닌데, 감정을 드러내는 게 뭐가 문제야?
나는 매사에 절망적이야. 지금까지 늘 그랬어. 평생 동안 나아지려고 노력했지만 아무런 소용이 없었어.	나도 잘할 수 있는 일이 많아. 난 지금까지 내 삶의 많은 부분에서 큰 성취를 거뒀어.

로 작성한 긍정적 자기진술 목록이 되며, 치료에 유용하게 사용할 수 있다. 표 11.2는 부정적 사고와 긍정적 자기진술 및 인지 공략 예를 보여준다.

활동계획 세우기

치료자의 첫 번째 임무는 내담자와 함께 해야 할 과제를 분류해서 과제 목록을 만드는 것이다. 과제 목록을 만드는 방법은 반드시 해야 하는 중요하고 필수적인 과제와 하기를 원하는 과제로 분류한 목록을 만드는 것이다(글상자 11.5 및 보조 웹사이트 참조). 성취를 체계적으로 배치한 프레임 또는 계획을 바로 확인하기 때문에 내담자는 이 작업에 직감적으로 흥미를 느낄 것이다. 일반적으로 ADHD 환자는 활동적이므로 활동계획을 거부할 가능성은 낮다. 그러나 그들의 전반적인 생활 태도가 혼란스럽고 체계적이지 못할 수 있기 때문에 이런 계획과 초안을 활용하는 일이 생소할 것이다. 만약 그들이 유사한 기법을 사용하는데도 지금까지 계속 실패했다면, 아마도 다음 두 가지 이유 때문일 것이다 —(1) 과제를 충분히 작은 단계로 나누지 않았다, (2) 활동계획에 보상 체계를 포함시키지 않았다.

보상은 대상인 사람에게 즐거움을 주고 기분을 고양시키는 무언가를 말한다. 그러나 어떤 사람이 매우 우울하다면, 과제 회피나 사회적 고립이 오히려 '보상'으로 작용할 수도 있다. 그런 경우에 치료자는 내담자가 정적 강화인자(positive reinforcer)로 작용할 보상을 선택하도록 안내해야 한다. 물론 보상은 개인마다 다를 수 있다. 어떤 사람에게는 약이 되어도 다른 사람에게는 독이 될 수도 있다! 만약 내담자가 매우 우울한 상태라면, 즐거움을 주는 일을 생각해내기 힘들 수도 있다. 이럴 때는 내담자에게 다른 사람에게 권할 만한 보상을 찾아보게 하는 것이 도움이 될 수 있다. 내담자가 기분이 불편한 상태에서 당장 '보상'이 될 만한 일을 찾기 힘들다면, 과거에 기쁨을 주곤 했던 활동이나 일

글상자 11.5 과제 목록 작성하기

1. 해야 하는 과제
   - 학교에서 아이들 데려오기
   - 쇼핑하기
   - 버스 정액권 충전하기
2. 내담자가 하고 싶은 과제
   - 영화관에서 최신 영화 보기
   - 미용실 가기
   - 친구 만나기
3. 보상
   - 잡지 읽기
   - 조깅하기
   - TV 시청하기

이 무엇이었는지 물어본다. 큰 보상뿐 아니라 작은 보상도 모두 찾아본다. 목욕하기, TV 시청하기, 수영하기, 영화 보러 가기, 운동하기, 체육관 가기, 친구 만나기, 산책하기, 친구에게 전화하기, 케이크 한 조각 먹기, 음악 듣기, 휴일 등 보상이 될 수 있는 일은 무수히 많다.

과제와 보상이 정해지면, 내담자는 활동계획 일지를 사용해서 하루를 시간 단위로 나누어 계획을 세울 수 있다(보조 웹사이트의 표 5.3 참조). 이때 한 번에 너무 많은 과제를 달성하려는 유혹에 빠지지 말아야 하며, 감당할 수 있을 정도의 작은 분량으로 계획한다. 어떤 ADHD 환자에게는 초기에 계획 단계가 벅차게 느껴질 수 있으므로 계획을 완성하면 자신에게 보상을 주게 한다. 음료를 마시는 시간이나 산책하기 같은 규칙적인 휴식도 일정에 포함시켜야 한다. 휴식 시기는 그들의 집중력이 지속되는 시간을 감안해서 정해진다. 시행착오가 필요하겠지만, 일정을 작은 성취에 대한 보상만으로 채우지 않게 해야 한다. 아침부터 저녁까지 나머지 시간은 앞서 작성한 과제 목록의 활동으로 채울 수 있다. ADHD 환자는 '만족 지연'에 장애가 있기 때문에 보상을 기다리기 힘들다. 따라서 보상 간격을 길게 정하지 말아야 한다. 과제나 예정된 활동을 완료한 후에는 반드시 보상이 따라야 한다. 보상은 짧은 휴식을 활용할 수 있지만, 오히려 강한 자극이 사용될 수도 있다. 육체적 운동 같은 매우 자극적인 활동은 안절부절못하는 느낌을 완화하는 데 도움이 된다.

활동계획의 목표는 내담자가 미루거나 회피하던 과제를 완수할 때마다 보상하는 시스템을 만드는 것이다. 보상은 과제 요구도나 복잡성에 따라 정해질 수 있다. 예컨대 보고서 작성 같이 많은 생각과 지속적인 집중력이 요구되는 과제를 수행할 때는 음료나 간식을 위한 짧은 휴식을 여러 차례 포함시킨다. 계획된 과제를 모두 완수하면, 마지막에 영화 보러 가기나 조깅하기 같은 더 큰 보상을 줄 수 있는데, 이는 활동 수준을 극대화하고 만족도와 성취감을 높이기 위해서다.

과제를 완료하며 생산성을 높이는 동안 내담자는 사고, 감정, 행동 순환을 계속 상기해야 한다. 활동성이 증가하면 행동이 기분을 개선시켜 이 순환이 역전될 수 있다. 이는 내담자의 삶과 성취에 대한 통제감을 증가시킬 것이다. 활동계획은 미루거나 끝내지 못해 뒤엉켜 있는 과제 더미를 우선순위를 가진 처리될 수 있는 (끝낼 수 있는) 목록으로 추려준다. 내담자는 과제를 완료할 때마다 만족감과 성취감을 높이기 위해 해당 항목을 체크하거나 지운다. 어떤 내담자는 형광펜으로 자신의 성취를 강조하기도 하는데, 형광

색이 칠해진 과제 목록을 보는 자체가 보상이라고 한다.

하루를 마무리할 때마다 달성된 과제를 검토하고 다음 날 일정을 살펴봐야 한다. 치료자는 내담자가 해낸 일에 초점을 맞추고 달성하지 못한 일을 자책하지 않게 한다. 그래봤자 침대에 드러누워 있을 뿐 아무것도 해결되지 않기 때문이다. 내담자가 과제를 끝내는 데 필요한 시간을 너무 길게 잡거나 짧게 잡았을 경우 불가피하게 계획을 일부 수정할 수 있다. 앞서 언급했듯이, 초기 단계에서는 성공 가능성을 극대화하기 위해 간단한

글상자 11.6 활동계획을 세우기 위한 과제 목록 예

지훈 씨가 해야 하는 과제

- 세금 환급받기
- 잔디 깎기
- 딸에게 생일 선물 사주기
- 일주일 치 장보기
- 집안일 하기
- 고지서와 계산서 준비하기
- 견적서 준비해서 새 고객 방문하기
- 현재 하고 있는 작업 마무리하기
- 은행일 보기
- 빌린 도서 반납하기

지훈 씨가 하고 싶은 과제

- 영화 보러 가기
- 읽던 책 마저 읽기
- 등록할 근처 체육관 알아보기
- 친구 문병 가기
- 시력검사 받기
- 마라톤 대회에 참여하는 방법 알아보기

보상

- 조깅하기
- 신문 읽기
- TV로 축구 보기
- 빌려온 영화 보기
- 친구 만나서 술 마시기
- 포장 음식 먹기

과제를 더 오래 수행하도록 계획하는 것이 좋다. 만약 계획이 지켜지지 않는다면, 어떤 과제가 언제 잘못되었는지 확인해야 한다. 이런 정보를 활동계획 일지의 여백에 적어두면 유용할 것이다. 예를 들어 내담자가 아침에는 계획을 지킬 수 있지만 점심 후에 지킬 수 없다면, 오후에는 '해야 하는 과제' 목록으로 옮겨 가기 전에 먼저 '하고 싶은' 활동을 시작하도록 계획을 수정한다. 정기적으로 하는 일뿐 아니라 즐거움을 주는 과제를 포함하는 것이 중요하다.

표 11.3은 조경사인 지훈 씨의 일주일 활동계획 일지다(빈 양식은 보조 웹사이트 참조).

지훈 씨는 활동 계획 일지를 만들기에 앞서 과제 목록을 만들었다(글상자 11.6 참조). 그가 달성하려고 하는 과제 중 일부는 몇 개의 작은 과제로 분리되어야 했다. 예를 들어 '해야 하는 과제' 목록에 쓴 '집안일 하기'는 청소기 돌리기, 물건 정리하기, 세탁하기, 다림질하기 등인데, 이런 과제는 분리해서 기록해야 한다. 전화를 먼저 걸어봐야 하는 과제도 있는데, 예를 들면 체육관 다니기와 마라톤 대회 참가하기, 견적서를 작성하기 위해 필요한 재료 가격 알아보기 등이다.

지훈 씨가 집중을 유지할 수 있는 시간은 2시간 정도였다. 따라서 최대한 과제를 완수하기 위해서는 그의 활동계획을 이 시간에 맞춰 짰다. 그는 규칙적으로 배치된 휴식을 이용해서 점심이나 저녁을 먹었다. 15분간 짧게 휴식할 때는 차나 커피를 마시거나 산책을 했고, 길게 휴식할 때는 보통 편하게 쉬면서 신문을 읽거나 TV를 봤다.

표 11.3은 지훈 씨의 일정이다. 강조 표시된 부분은 휴식과 보상을 나타낸다.

요약

이 모듈에서는 많은 ADHD 환자가 기분저하나 우울증을 함께 경험하는 이유를 논의한다. 또한 ADHD의 어떤 특성이 어떻게 기분저하나 우울증을 악화시키는지 밝히기 위해 전통적인 인지모델을 상세히 설명한다. ADHD 증상을 진단받고 치료한 후에도 위험 기간이 이어질 수 있는데, 이때 환자들은 과거에 대한 우울성 반추와 분석에 몰두하는 모습을 보인다. 사고 패턴의 예와 사고 오류를 치료 회기에 내담자와 치료자가 함께 할 수 있는 연습과 함께 제공한다. 단기 보상이 우울한 ADHD 환자에게 얼마나 중요한지 강조하면서 활동계획에 대한 제안을 설명한다.

표 11.3 활동계획 일지

기간 ________ ~ ________							
	월	화	수	목	금	토	일
9~10	일하기	일하기	세금 계산서	고지서 및	잔디 깎기	수면	수면
10~11	일하기	일하기	세금 계산서	계산서 작성	잔디 깎기	독서	청소
	휴식	**휴식**	**휴식**	**휴식**	**휴식**	**휴식**	**휴식**
11 : 15~12	일하기	일하기	세금 계산서	전화하기	서류 작업, 통신문 보내기	상점에 가기	다림질
12~1	일하기	일하기	**조깅하기**	청소하기	편지 써서 보내기	선물 사기	다림질
1~2	**점심식사**	**점심식사**	**점심식사**	**점심식사**	**점심식사**	**점심식사**	**점심식사**
2~3	일하기	일하기	집안 정리	견적서 작성	상점에 가기	체육관 가기	**조깅하기**
3~4	일하기	일하기	세금 계산서 발송, 고객 방문	견적서 발송, 병원 가기	은행 업무	귀가	**TV로 축구 보기**
	휴식	**휴식**	**휴식**	**휴식**	**휴식**	**휴식**	**휴식**
4 : 15~5	일하기	일하기	새 고객 방문	병문안 가기	안경점 가기	독서	**TV로 축구 보기**
5~6	귀가	귀가	귀가	귀가	귀가	산책하기	**독서**
6~7	**휴식**	**휴식**	**휴식**	**휴식**	**휴식**	**휴식**	**휴식**
7~12	**포장 음식**	**TV로 축구 보기**	**TV**	**영화 보기**	**영화관**	**친구 만나기**	**가족들 만나기**

집단치료 : 기분저하 및 우울증 모듈

집단치료를 준비하기 전에 이 장을 반드시 읽어야 한다. 아래에 집단 회기를 6회로 요약하였다. 회기의 횟수는 필요에 따라 늘리거나 줄일 수 있다.

계획

1회기 시작 활동
2회기 심리교육 – 우울증의 인지행동모델, ADHD의 부정적 사고 유형, 활동계획 세우기, 보상
3~5회기 연습
6회기 심리교육, 기법, 보상 검토
숙제 결과/경험 토론 – 무엇이 가장 효과적이었나?
장애물 및 극복 방안

시작 활동

기분저하와 우울증의 차이는 무엇인가?
기분이 저하되는 이유는 무엇인가? 우울한 이유는 무엇인가? 참가자에게 구체적인 사건이나 상황을 생각해 보게 한다.
집단 토론
우울해지면 당신에게 어떤 일이 일어나는가? 참가자들에게 부정적 사고 유형과 행동(회피)을 찾아보게 한다. 그들이 알아차릴 수 있고 치료 중재가 필요함을 시사하는 '조기 경보 징후'는 무엇인가?
당신이 우울함을 느낄 때, 기분이 나아지게 하는 것은 무엇인가? 당신 스스로 할 수 있는 것은 무엇인가? 다른 사람은 무엇을 할 수 있는가?
기분을 고양시키고 활동에 대한 동기를 부여할 만한 보상을 찾는다.
집단 토론

심리교육

우울증의 인지행동모델 설명
부정적 사고 유형과 행동(회피)
각 요소의 관계를 설명한다.
그림 11.1 ADHD의 우울증 인지모델
ADHD의 부정적 사고 유형

인지 삼제 – 자신과 세상과 미래에 대한 부정적 초점

부정적 사고 특징
사고 오류, 표 11.1
부정적 사고 공략하기, 표 11.2와 글상자 11.3
부정적 사고 대체하기, 글상자 11.4

활동계획 세우기
과제 목록 만들기, 글상자 11.5
활동계획 세우기, 표 11.3

(계속)

보상과 휴식

연습

사고 오류 연습을 완료한다(글상자 11.1).
참가자가 사고 오류를 찾아낼 수 있는가?
각자의 경험을 말하고 토론한다(사고 오류와 실제 경험을 연결 짓는 것이 중요하다).
이들 경험에서 예를 선택해 부정적 사고를 공략한다.
부정적 사고 공략을 연습한다(표 11.2와 글상자 11.3).
토론한다.
이 모듈에서 제공하는 질문을 사용하여 능숙한 변호사처럼 부정적 사고에 대해 반대 심문한다–짝을 지어 역할극을 연기하는데, 한 사람은 '생각나는 대로' 말하고 다른 쪽은 변호사 역할을 한다.
긍정적 사고로 부정적 사고 대체하기에 대해 토의하고 대체 사고 목록을 만든다(글상자 9.2와 글상자 11.4 참조).
긍정적 사고 덧씌우기와 긍정적 자기진술을 연습한다–'생각나는 대로' 말하기로 역할극을 연기한다.
활동계획 세우기
이 연습을 위해 집단과 함께 작업할 지원자를 선택한다.
한 주간의 과제 목록을 작성한다(글상자 11.5 참조).
보상을 정한다.
참여자가 하고 싶은 활동을 추가한다.
휴식의 길이와 빈도를 토의한다.
한 주간의 활동계획 일지를 만든다(표 11.3).
다른 지원자와 이 작업을 반복한다.
숙제를 할당하고 달성된 것을 다음 회기에 확인한다. 달성하지 못했다면 그 이유를 알아본다.
성취를 방해하는 장애물과 극복 방안을 토론한다.

숙제

그림 11.1 ADHD의 우울증 인지모델로 자신의 인지모델을 만든다.
한 주간의 과제 목록을 작성하고 우선순위를 정한다. 참가자가 하고 싶은 활동을 포함시킨다. 활동계획 일지에 기입하고 실행한다!
회기와 회기 사이에 기법을 적용하고 연습한다.

12
수면 모듈

많은 ADHD 환자가 수면장애를 보고한다. 연구에 의하면, ADHD 환자 중 혼합형은 더 적게 자고 부주의형은 수면욕구가 훨씬 더 강한데, 특히 낮 시간에 두드러진다(Gau et al., 2007; Mayes et al., 2008; van Veen et al., 2010). 그러나 ADHD와 수면장애의 관련성은 명확하지 않다. 수면장애는 그 자체로 전전두엽 피질의 기능 저하를 초래할 수 있고 ADHD가 없는 사람에서 짧은 주의집중 시간과 충동성 같은 증상을 유발할 수 있다. 따라서 수면장애는 기존의 ADHD 인지문제를 악화시킬 가능성이 높다. 수면장애는 우울증, 불안, 물질남용 같은 ADHD 공존질환에서 발생하기도 한다. ADHD는 각성계(arousal system) 조절 부족에 의해 주의력 문제와 과잉행동을 유발하므로, 수면문제가 ADHD 증후군의 증상으로 나타날 수도 있다. 어떤 환자는 자신이 '끊임없이 움직이는' 듯하고 긴장을 풀 수 없는 불안정한 느낌이 들어 잠들지 못한다고 말한다. 이러한 수면문제는 각성계 장애와 관련될 수 있다. 따라서 ADHD의 신경생리학적 원인이 수면장애 발생에도 기여한다.

수면-각성 영역 조절과 주의력 및 정동 조절에 관여하는 뇌 체계 사이의 밀접한 연관성으로 인해 수면장애와 주의력 문제가 연관됨을 시사하는 증거가 있다(Owens, 2005). 수면(야간)과 주의/각성(주간)은 동일한 연속선의 양극단 개념으로 볼 수 있다. 주간 주의력 및 각성장애는 야간 수면에 영향을 미칠 수 있고, 그 반대도 마찬가지다. 각성계 조절장애는 ADHD 환자가 충분한 각성과 깊은 수면에 이르지 못하게 하며, 낮이든 밤이든 반각성 상태에서만 기능하게 할 수 있다.

안절부절못함은 ADHD의 핵심 증상이며 휴식과 충분한 수면을 방해할 수 있다. ADHD 아동은 대조군에 비해 더 높은 수준의 야간 활동성을 보였다(야간 상·하지 운동으로 측정). 그러나 이 활동성은 수면 연속성에 유의한 영향을 미치지 않는 것으로 드러났다. 즉 그들을 잠에서 깨울 수준은 아니었다(Konofal et al., 2001). 그럼에도 불구하고, ADHD 아동이 청년으로 성장하면 끊임없는 정신 활동으로 인한 어려움을 흔히 보고하며, 이 문제가 밤 늦게까지 지속되어 수면을 방해할 수 있다. 그들은 수면 박탈로 인해 '백일몽'에 빠지기 쉬우며, 이는 주간에 그들의 집중 능력을 방해하는 연쇄반응을 일으킬 수 있다. 게다가 ADHD 환자는 조직화와 우선순위 설정에 미숙해서 밤늦게까지 마치지 못한 일을 하느라 제때 잠을 자지 못하곤 한다. 그들은 잠자리에 들 때도 완성하지 못한 작업에 집착할 수 있다. ADHD 증상 치료에 사용되는 약물의 부작용도 수면장애를 유발할 수 있는데, 치료제가 흔히 입면 곤란을 일으킬 수 있는 중추신경 자극제이기 때문이다.

이 모듈은 불면증, 수면 무호흡, 악몽, 기면증, 하지불안 등 ADHD 환자에게 흔한 수면장애에 관해 기술한다. 수면문제를 치료하기 위해서는 수면의 기능과 과정, 수면문제가 수면을 방해하는 방식에 관한 심리교육 정보를 내담자에게 제공해야 한다. 수면문제 모니터링 및 관리 전략도 간략히 설명된다. 기분 및 수면의 연관성에 대해서도 검토하는데, 이는 정동장애가 입면 및 수면유지 곤란을 지속시킬 수 있기 때문이다.

청소년과 성인의 기능 결함

소아의 ADHD에 대한 여러 연구에서 이들이 일반 아동보다 불면증, 코골이, 하지불안, 주간 졸음을 겪을 가능성이 더 높다는 증거가 있다(Owens, 2005). 그러나 이런 문제가 어느 정도까지 성인기로 이어지는지는 아직 연구가 거의 이루어지지 않아 명확하지 않다. 이 단락에서는 수면문제가 ADHD 환자에게 어떻게 영향을 미칠 수 있는지 설명하고, 불면증, 수면 무호흡, 악몽, 기면증, 하지불안 증후군의 특징을 기술한다.

불면증

ADHD 환자는 대개 다음 세 가지 범주 중 하나 이상에 속하는 수면문제를 보고한다(Brown & McMullen, 2001).

1. 잠들기 힘들다 – 잠이 들지 않고 깨어 있는 상태로 몇 시간 동안 누워 있는다.

2. 아침에 일어나지 못한다 – 스스로 잠자리에서 일어나는 추진력을 얻을 수 없다.
3. 낮 동안 각성 상태를 유지하기 힘들다 – 특히 자극이 없을 때 졸린다.

많은 ADHD 환자가 세 가지 수면문제(입면, 기상, 각성 유지)를 모두 경험하는데, 그 이유는 이들 문제가 서로 밀접한 연관을 갖기 때문이다. 그들은 저녁 시간에 완전히 깨서 집중적으로 공부하고 일하고 사람들과 어울리는 등 자극을 주는 활동을 하는 경향이 있으므로 잠드는 데 곤란을 겪는다. 그들은 입면 곤란으로 인해 결국 잠을 설치게 되고, 피로가 풀리지 않기 때문에 아침에 일어나기 힘들다. 그들은 밤 사이 충분한 수면을 취하지 못하기 때문에 낮 시간에 졸리고 깨어 있기 힘들다. 그러나 그들은 해가 지면 점점 더 각성되고 활발해질 준비가 된다. 그들이 더 깨어 있다고 믿는 저녁 시간에 이룬 성취는 이 주기를 부적 강화하는 것으로 보인다. 결국 이 부적 강화 주기는 역기능적 패턴, 즉 수면장애가 된다(그림 12.1 참조, 보조 웹사이트에서 유인물로 제공).

ADHD 환자는 흔히 입면과 수면 유지에 어려움이 있음을 호소한다. 그들의 문제는 '잠이 늦게 든다', '수면 시간이 불충분하다', '자주 깬다', '일찍 깬다' 중 한 가지 이상일 수 있다. 그러나 불면을 호소하는 대부분의 내담자는 잠드는 데 걸리는 시간을 **과대평가**하고 실제로 잠을 잔 시간은 **과소평가**한다.

어떤 ADHD 환자는 오후로 갈수록 더 안절부절못하기 때문에 저녁 때 운동이나 컴퓨터 게임, 인터넷 검색 같은 수면을 방해하는 활동을 하게 된다. 한편, 저녁 시간에 과다한 활동을 하는 사람도 있는데, 이는 저녁 시간이 더 조용하고 주의분산 요인이 적어

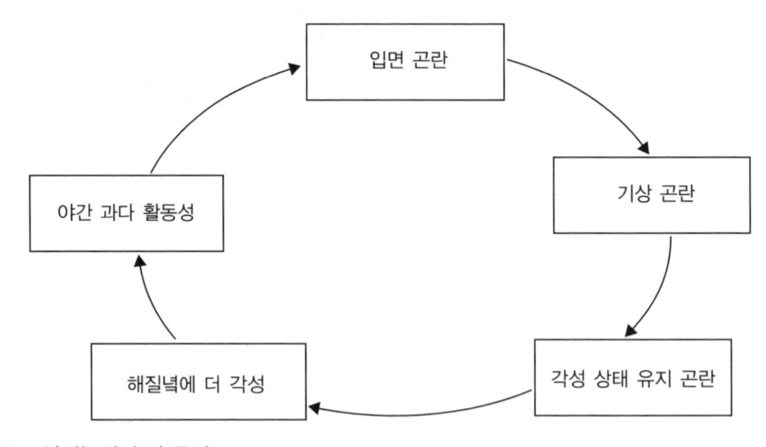

그림 12.1 역기능적 수면 주기

(예 : 아이가 잠자는 시간) 집중하기 좋기 때문이다. ADHD 환자는 온종일 할 일을 미루는 경향이 있으므로 밤 늦게까지 보충 근무를 해서 과제를 마쳐야 할 수 있다. 따라서 그들에게 다소간의 저녁 활동은 피할 수 없다. 어떤 환자는 아침에는 나태한 느낌이 들다가 시간이 지날수록 점점 더 각성되고 활력이 생긴다고 한다. 예건대 학생인 지혜 씨는 대개 과제 제출 하루 전에야 과제를 해야겠다는 동기가 생겼고, 과제를 끝내기 위해 결국 밤을 새워야 했다.

아침에 일어나기 힘든 문제는 흔히 밤에 일찍 잠들지 못하는 것과 관련이 있다. 많은 ADHD 환자가 출근이나 등교 때문에 아침에 일찍 일어나야 하는데도 자정이 넘도록 전혀 잠이 오지 않는다고 한다. 따라서 아침 기상 문제는 늦은 입면에 따른 지연 반응일 수 있다. 일부 '올빼미족'은 자신의 수면-각성 주기에 맞춰 다른 사람들보다 늦게 일과를 시작하도록 활동계획을 조정할 수 있다. 이는 특히 자영업을 하는 환자에게는 도움이 되겠지만, 오히려 체계를 무너뜨려 시간 관리가 힘들어질 수 있다. 자영업자처럼 유연하게 일할 수 없는 환자는 잠이 부족한 상태에서 일하느라 애쓴다. 그들은 결국 정신이 '혼미하고' 예민해지는데, 특히 아침에 심하다. 이는 피로감을 유발해 ADHD에 동반되는 인지 결함을 악화시킬 수 있다. 지각과 피로는 당연히 학업 및 업무 진행에 부정적 영향을 미친다. 이 수면문제는 가정 불화를 일으킬 수도 있는데, 만약 아침에 할 일을 적절하게 분담하지 않는다면, 예를 들어 ADHD 환자가 아침 늦게까지 자는 동안 자녀를 깨워서 학교 갈 준비를 시켜야 하는 배우자는 매우 화가 날 것이다. 승리 씨는 카펫 설치 기술자로 자영업을 하고 있다. 그는 아침에 일찍 일어나지 못했기 때문에 업무상 첫 약속을 낮 12시에 잡곤 했다. 그래서 그는 작업을 끝내기 위해 저녁 8시가 넘도록 일해야 했다. 이로 인해 아이들과 지내는 시간이 거의 없었다. 승리 씨가 집에 오면 자녀들은 대개 자고 있고, 아이들이 아침에 일어나서 준비할 때는 그가 자고 있기 때문이다. 그래서 아이들 돌보는 일은 대부분 배우자의 몫이었다.

ADHD 환자는 대부분 지속주의력에 장애가 있지만, 어떤 환자는 자극을 주는 정신 활동 또는 신체 활동을 수행하지 않을 때 충분한 수준으로 각성을 유지하는 능력에도 장애가 있다. 그들은 계속 졸리고 하품을 할 수 있다. 강의나 회의 때 잠들어 버릴 수도 있는데, 어떤 경우는 밤에 충분한 수면을 취했음에도 그럴 수 있다. 다시 말하지만, 이것은 그들의 교육과 직업, 사회적 관계에 막대한 영향을 미칠 수 있다. 준석 씨는 회사가 파산하는 통에 정리해고를 당했다. 그는 모아둔 돈이 금방 떨어졌고, 다음 실업급여가 나올 때까지 버틸 수 있을지 걱정스러웠다. 그는 자주 밤에 누워서 앞으로 그에게 닥칠 일에 대해 걱정했다. 그 결과 그는 잠을 잘 수 없었고 낮 동안 계속 졸리고 하품을 했다. 그는 몇 차례 면접을 보았지만 무관심하고 무기력해 보였기 때문에 합격하지 못했다.

수면 무호흡

수면 무호흡은 수면 중 호흡이 막히는 질환으로, 흔한 형태는 근육이 이완될 때 기도가 막히는 폐쇄성 수면 무호흡이다. 수면 중 호흡이 막히면 뇌가 반응하여 환자를 깨우기 때문에 기도를 열고 숨을 몰아 쉬거나 헐떡인다. 무호흡은 밤새 수백 번 일어날 수 있다. 수면 무호흡은 비만이나 근긴장 소실로 인해 발생하는데, 시끄러운 코골이를 유발할 수 있다. 수면 무호흡은 종종 과도한 주간 졸림, 피로감, 주의력 저하, 특히 각성도와 연관된다(Mazza et al., 2005).

Chervin 등(1997)은 수면장애와 ADHD가 공존하거나 어느 한쪽을 가진 아동에 대한 연구에서 습관성 코골이가 ADHD 아동에 더 흔했으며, 코골이는 대개 더 심한 부주의 및 과잉행동과 관련된다는 사실을 발견하였다. 그들은 수면 관련 호흡장애가 ADHD 증상의 원인이 될 수 있으며, 이런 문제는 수면장애를 치료하면 개선될 것이라고 했다. 수면 무호흡을 치료받은 3명의 ADHD 성인에서 ADHD 증상이 개선되었다고 보고된 바 있다(Naseem, Chaudhary, & Collop, 2001).

악몽과 야경증

야경증은 악몽이 극단적으로 활성화된 형태이다. 수면 중인 사람은 이때 극심한 위험을 느끼고, 몸짓이나 소리로 고통을 나타낼 수 있으며, 자신을 방어하려는 시도를 한다. 야경증은 기억될 가능성이 적다는 점에서 악몽과 구분될 수 있다. 그리고 이것은 환자를 매우 놀라게 하는데, 한밤중에 공황 증상과 유사한 심계항진과 기타 증상을 느끼면서 깨어나지만 촉발 요인을 모르기 때문이다. 이는 건강에 관해, 이를테면 심장마비 같은 재앙적 해석을 유도하곤 한다. 소아에서 일부 약물, 특히 덱스암페타민 계열 물질이 악몽 빈도를 높일 수 있다고 알려져 있다(Efron, Jarman, & Barker, 1997). 고통이나 집착은 수면과 꿈의 내용에 부정적인 영향을 미칠 수 있는데, 성인 내담자의 악몽은 주간에 경험한 불안의 맥락일 가능성이 높아 보인다.

기면증

기면증 환자는 야간에 충분한 수면을 취했더라도 하루 중 아무 때나 수시로 잠든다. 그들은 수면의 첫 4기를 건너뛰고 바로 렘(REM)수면에 들어간다(렘수면은 심리교육 단락에서 설명된다). 이러한 발작은 수 초에서 20분 이상까지 지속된다.

기면증 환자는 또한 탈력발작(강한 감정을 느낄 때 나타나는 근육 조절력 상실), 잠에서 깰 때 환각과 일시적 마비를 경험하기도 한다.

ADHD 성인과 소아가 낮 동안 현저히 더 졸린 것은 사실이다. 그러나 얼마나 많은 ADHD 환자가 실제 기면증을 앓는지, 주의력 장애가 백일몽이나 가수면 상태를 유발하는 것인지 분명하지 않다.

하지불안증후군

하지불안증후군(Restless Legs Syndrome, RLS)은 발과 다리에 스멀거리거나 쑤시거나 저리는 불쾌한 감각이 느껴지고 이를 완화하기 위해 다리를 움직이고 싶은 견딜 수 없는 충동이 동반되는 질환이다. RLS는 낮 동안 끊임없는 다리 움직임과 야간의 반복적인 각성을 초래할 수 있다. ADHD 아동은 대조군에 비해 수면 중에 더 많이 움직이고 불안정하였다(Cortese et al., 2005; Sadeh, Pergamin, & Bar-Hamin, 2006). Wagner, Walters, Fisher(2004)는 RLS를 겪는 성인의 1/4 이상이 ADHD 증상을 보인다고 했다. 그러나 RLS로 인한 불편감이 수면의 질을 떨어뜨려 집중력과 과잉행동에 영향을 미치는 것인지, 아니면 RLS와 ADHD가 두 질환 모두 관련되는 도파민 결핍에 의한 증후군의 일부인지는 아직 불분명하다.

수면문제 평가

수면장애에 대한 중재는 이 문제에 대한 철저한 모니터링으로부터 시작되는데, 이는 차후에 변화를 측정하는 기준점을 얻기 위함이다. 모니터링에는 활동 수준, 식이 요법, 카페인, 알코올, 약물치료 등 수면에 영향을 줄 수 있는 여러 요인이 포함된다. 또한 수면에 대한 환자의 기대를 충분히 분석하는 것도 중요하다. 예를 들면 그들이 필요로 하는 수면 시간이 어느 정도인지, 그 시간만큼 자지 못하면 어떤 결과가 생길 것이라고 믿는지 알아본다. 어떤 환자는 8시간 잠을 자지 못하면 다음 날 제대로 일을 할 수 없을 것이라고 믿는다. 불면증에 관한 많은 문헌에 따르면, 수면문제를 겪는 사람은 필요한 시간보다 더 많은 수면을 기대한다고 한다. 수면 요구는 개인차가 있을 뿐 아니라 나이가 들면서 감소한다. 그러나 40세인 내담자가 자신이 18세였을 때만큼 자야 한다고 생각할 수도 있다. 그러므로 치료자는 이 쟁점에 대해 내담자를 교육하고 최적의 수면 시간을 설정하도록 도울 수 있다.

수면장애 관리법은 대부분 수면문제 모니터링과 행동 패턴 변화에 기반한다. 인지적 기법이 포함될 수도 있는데, 이는 기분 요소가 수면의 질에 영향을 미치는 경우에 보다 효과적이다. 이들 접근법은 다음 단락에서 설명된다.

수면장애 치료의 첫 단계는 수면문제를 일으키고 있는 특성을 파악하기 위해 수면을 주의 깊게 모니터링하는 것이다. 표 12.1 수면 일지(회기에서 사용하기 위한 유인물은 보조 웹사이트에 제공됨)는 수면 양상을 기록하는 전략으로, 중재 전 조사에 필수적이다. 역설적이게도, 모니터링 과정이 오히려 수면문제를 악화시킬 수도 있는데, 수면문제 자체가 초점 대상이 되기 때문이다. 따라서 적절한 기준점을 확보하기 위한 모니터링 과정은 수일 또는 수 주간에 걸쳐 일정 기간 동안 적용되어야 한다. 표 12.1은 대학생인 지혜 씨의 수면 일지다. 그녀는 실습 과제 마감과 시험이 임박했다. 그녀는 과제 정리에 문제가 있어 며칠 동안 밤 늦게까지 작업했으며, 시험을 통과할 수 있을지 매우 불안한 상태였다.

수면 일지에는 13가지 영역과 관련된 정보를 기록한다.

1. **주간 수면** : 낮잠은 야간 수면을 방해하고 일주기 리듬에 혼동을 일으킨다.
2. **카페인 섭취** : 카페인은 중추신경계를 자극해 심박동을 증가시키고 각성하게 한다. 카페인을 섭취하는 사람은 대부분 일시적으로 에너지가 증가하고 기분이 좋아지는 경험을 한다. 카페인에 대한 민감도는 다양하며 어느 정도는 체질량에 좌우된다(즉 작은 체격의 사람은 큰 체격의 사람과 동일한 효과를 내는 카페인의 양이 적다). 그러나 카페인 민감도는 카페인 사용에 특히 더 영향을 받으므로, 꾸준히 마시는 사람은 민감도가 떨어지게 된다. 그럼에도 불구하고 카페인은 반감기가 길고, 섭취 후 소변으로 빠져나갈 때까지 최대 16시간 동안 체내에 남아 있다. 따라서 오후에 마신 커피 한잔은 저녁 이후에 뚜렷한 효과가 사라지더라도 수면 패턴을 방해할 수 있다. 수면장애를 겪고 있는 사람은 낮 동안 깨어 있기 위해 카페인 섭취량을 늘리기도 한다. 그러나 이는 결국 수면에 지연 효과를 미친다.

표 12.1 수면 일지

	낮잠을 잤는가? 얼마나 잤는가?	카페인 음료를 언제, 얼마나 마셨는가?	술을 언제, 얼마나 마셨는가?	마지막으로 언제, 무엇을 먹었는가?	약을 언제 복용했는가?	취침 전 기분 상태는?	취침 전 무엇을 했는가?	취침 시간은 언제였는가?	실제로 잠이 든 것은 언제였는가?	수면 중 몇 차례, 얼마 동안 깼는가?	아침에 몇 시에 일어났는가?	총 수면 시간	수면의 질 (0~10점)
월	X	10 : 30 p.m. 커피	1 : 15 a.m. 취침 전 위스키 한잔	1 : 00 a.m. 파스타	6 : 00 p.m.	스트레스	숙제 완료	1 : 30 a.m.	3 : 45 a.m.	5 : 10~ 5 : 55 a.m.	8 : 15 a.m.	4 1/2	4
화	2 : 30~ 3 : 30 p.m.	6 : 00 p.m. 차	와인 1병, 브랜디 한잔	10 : 30 p.m. 카레	잊어버림	불안	친구들과 어울림	1 : 00 a.m.	2 : 45 a.m.	4 : 30 a.m., 5 : 10 a.m., 6 : 00 a.m.	9 : 30 a.m.	6	3
수	X	11 : 00 p.m. 커피	X	10 : 00 p.m. 샌드위치	9 : 00 p.m.	학위 과정에 대한 걱정	내일 있을 세미나 대비	11 : 45 p.m.	3 : 00 a.m.	4 : 00 a.m., 4 : 30 a.m., 5 : 00 a.m.	6 : 30 a.m.	3 1/2	2
목	X	4 : 30 p.m. 차	X	6 : 30 p.m. 고기 파이	4 : 00 p.m.	지침	연속극 시청	10 : 15 p.m.	10 : 30 p.m.	X	10 : 30 a.m.	12	8
금	3 : 00 p.m. 수업 도중	4 : 00 p.m. 커피	와인 2병	1 : 00 a.m. 피자	잊어버림	취함	친구와 수다	3 : 00 a.m.	3 : 05 a.m.	6 : 00 a.m.	6 : 00 a.m.	3	2
토	오후 내내	X	X	6 : 00 p.m. 수프	5 p.m.	우울	영화 시청	11 : 00 a.m.	2 : 00 a.m.	3 : 15~ 4 : 30 a.m.	10 : 00 a.m.	6	4
일	X	1 : 00 a.m. 커피	와인 1병	1 : 00 a.m. 샌드위치	11 p.m.	스트레스	월요일 발표 준비	3 : 20 a.m.	6 : 30 a.m.	X	7 : 00 a.m.	30분	0

3. **알코올 섭취** : 알코올은 잠들기 위한 '한잔 술'로 사용될 수 있지만, 실제로는 수면장애를 지속되게 한다. 알코올은 졸음을 유발하지만, 역설적이게도 더 깊은 회복기 수면에 들어가는 것을 방해한다. 사람들이 술을 마시고 밤새 잤더라도 아침에 일어나면 피곤하다고 불평하곤 하는데, 수면의 대부분이 3, 4기 회복성 수면(restorative sleep)이 아니라 뇌파가 느려지는 1, 2기 수면이기 때문이다(표 12.2 참조).
4. **음식 섭취** : 음식은 종류에 따라 다양한 방식으로 수면에 영향을 줄 수 있다. 단백질 함량이 높거나 당분이 많은 부담스러운 음식(heavy food)은 전반적인 각성 수준을 높이고 소화기관을 오랫동안 활성화시킨다. 반면에 탄수화물이 많고 단백질과 당분이 적은 음식(예 : 시리얼, 파스타)은 세로토닌과 멜라토닌 등 이완을 유도하는 신경전달물질을 방출시킨다.
5. **약물** : 처방약과 비처방약 모두 수면을 방해하는 부작용이 있을 수 있다. 중추신경자극제는 ADHD의 가장 중요한 치료로서 각성에 관여하는 '망상활성계(reticular activation system)'에 작용한다. ADHD 환자가 때때로 약을 뒤늦게 복용하면 잠드는 데 어려움을 겪을 수 있다. 이는 아마 약물이 각성 수준에 계속 작용하기 때문일 것이다.
6. **정동 상태** : 행복, 흥분, 슬픔, 스트레스, 불안은 모두 수면을 방해할 수 있다. 환자들은 예컨대 되풀이되는 걱정 같은 수면을 방해하는 요인을 확인하기 위해 감정 및 사고를 계속 기록해야 한다. 이 사안은 뒤에서 다룬다.
7. **취침 전 활동** : 몸이 활동성을 떨어뜨려 잠을 잘 시간이 되었다는 신호를 받게 하는 것이 중요하다. 운동이나 정신적으로 자극되는 일, 스트레스를 유발하는 대화 등은 피해야 한다. ADHD 환자는 온종일 분주할 가능성이 높으며 저녁도 예외가 아니다. 만약 잠자기 전까지 막바지에 쫓긴 업무를 한다면 수면을 방해할 수 있다. 차분한 음악을 듣거나, 카페인이 없는 음료를 마시거나, 잡지를 읽는 등 '긴장을 푸는' 활동을 하는 것이 수면에 더 바람직하다.
8. **취침 시간** : 잠이 들고 깨는 시간 범위는 수면을 기록하는 데 중요한데, ADHD 환자는 규칙성이 없을 수 있고, 낮 동안 활동이나 잠자리에서 갑자기 떠오르는 일에 대한 걱정 등에 의해 취침 시간이 달라질 수 있기 때문이다. 취침 시간을 일정하게 고정하면 규칙적인 수면 패턴을 유도하고 입면 곤란을 줄이는 데 도움이 된다. 만약 새벽 2시가 지날 때까지 잠을 자지 못하는 경우가 많은 사람이 부족한 잠을 '보

충'하기 위해 저녁 9시 30분부터 잠을 자려고 한다면, 잠들기 힘들 수 있다.

9. **입면 시간** : 정확히 기록하기는 힘들지만, 사람들은 자신이 잠든 시간을 대충 짐작하는데, 어떤 시간 이후에 알람시계를 본 기억이 없기 때문이다.
10. **밤 사이 깨는 횟수** : ADHD 환자는 가만히 있지 못하고 침대에서 빠져나와 (충동적으로) TV를 보거나 컴퓨터 게임 같은 활동을 하기 쉽다. 이런 활동은 흥분을 일으켜 다시 잠들기 힘들게 하는 반면, 잠에서 깨면 누워서 이런저런 생각을 하느라 다시 잠들지 못하는 사람도 있다.
11. **아침 기상 시간** : 환자들은 취침 시간과 기상 시간에 일관된 패턴이 없기 때문에 너무 많이 자거나 일찍 깨기도 한다. 아침 일찍 깨고 나서 잠자리에 누워 생각을 되새기는 것은 기분저하나 우울증과 관련될 수 있다. 그러나 때때로 그들은 밤 사이에 너무 오랫동안 깨어 있으면 아침에 일어나기가 너무 힘들다고 느끼고 누워 있는다.
12. **총 수면 시간** : 수면 개선(또는 악화)을 양적으로 측정하는 유용한 방법이다. 치료자는 이를 통해 환자가 생각하는 하루당 수면 시간에 대한 기대를 탐색할 수 있다. 위에서 설명한 대로, 때로는 수면에 대한 기대치가 너무 높을 수 있다. 정상 수면 시간에 대한 표준화는 환자가 자신이 너무 많이 자고 있음을 깨닫는 데 도움이 될 수 있다.
13. **수면의 질** : 0점(최악)~10점(매우 편안하고 상쾌한 아침) 리커트 척도로 매일 밤 수면의 질을 평가한다. 이것은 내담자가 가장 많이 불평하는 영역이지만, 오히려 내담자가 자신의 개선 정도를 가장 잘 확인할 수 있는 영역이다.

표 12.1에 제시된 예는 지혜 씨의 낮잠이 저녁 취침 시간을 얼마나 늦추고 수면 시간을 줄이는지 보여준다. 또한 카페인과 알코올 또한 그녀가 잠드는 시간과 수면의 질을 방해했다. 예컨대 친구들과 늦게까지 와인을 마신 금요일은 겨우 3시간 동안 선잠을 잤을 뿐이었다. 밤 늦게 음식을 먹는 것도 수면을 방해하는 것으로 나타났다. 그러나 지혜 씨의 수면 시간과 질은 실습 과제 막바지 준비 같은 취침 전 활동과 이로 인한 불안에 밀접하게 관련되었다. 지혜 씨의 수면 질이 가장 좋았던 때는 그녀가 일찍 잠자리에 들었던 목요일 밤이었으며, 그날은 오히려 늦게까지 잤다. 이는 규칙적인 시간에 취침하고 아침 일찍 일어나는 수면-각성 리듬을 유지하는 것이 얼마나 중요한지 보여준다.

인지행동치료

심리교육

수면문제의 원인과 개선 방법을 찾기 위해서는 수면 과정과 기능을 이해해야 한다. 수면 주기를 알면 수면이 하나의 정지된 상태가 아니라 여러 단계를 거치는 과정이며, 취침 중에 정상적으로 깰 수 있다는 사실을 이해하는 데 도움이 된다. 내담자와 수면의 기능을 함께 검토하면 충분한 수면을 취하지 못하거나 수면의 질이 떨어질 때 일어나는 결과에 대한 오해를 바로잡을 수 있다. 더불어 수면장애의 원인에 대해서도 설명해야 하는데, 이는 내담자가 수면장애 패턴을 신속히 인지하고 그들의 수면을 개선하기 위한 적절한 전략을 세우는 데 도움이 된다.

수면 주기

정상 수면의 특징과 주기를 이해하면 수면장애 개선에 도움이 된다. 한때 수면은 뇌가 '멈춰서' 아무 일도 일어나지 않는 수동적 과정으로 생각되었으나, 지금은 수면이 매우 활동적인 상태라는 사실이 입증되었다. 수면은 빠르게 깊은 회복성 수면으로 들어갔다가 각성 상태로 돌아왔다 다시 깊은 수면으로 돌아가는 주기적 과정이다. 수면이 주기성을 띠는 것은 진화론적 이유 때문으로 생각되는데, 뇌가 완전히 '멈추면' 취약성이 증가하여 오히려 위험에 처할 수 있기 때문이다. 수면 중 간간이 깨기 쉬운 상태로 돌아오는 것은 사람들이 위험이 감지될 때 깨어날 수 있는 반각성 상태로 들어가게 하는 중요한 역할을 한다.

수면에는 렘수면(REM sleep)과 비렘수면(non-REM sleep) 두 가지 상태가 있다. REM은 Rapid Eye Movement의 약자로, 렘수면 때는 안구가 빠르게 움직이며, 비렘수면 때는 안구가 움직이지 않는다. 수면 중에 사람들은 비렘수면에서 1~4기를 거친 후 다시 역순으로 돌아왔다가 렘수면에 들어간다(표 12.2 참조. 보조 웹사이트에도 유인물 형식으로 제공됨). 뇌파 측정에 의하면 각 수면 단계는 다른 뇌 활성도 패턴을 보인다.

비렘수면은 깨어 있을 때보다 느린 전기생리적 파장을 보인다. 즉 뇌의 전기적 활성도가 두드러지지 않는다. 비렘수면이 진행되면서 몸의 근육이 이완되고 깨어나기 힘든 깊은 수면에 빠진다. 이때 자던 사람을 깨우면 단편적이거나 정지된 시각 이미지를 보고하기도 한다. 몽유병과 야경증은 비렘수면 때 일어날 가능성이 가장 높다.

표 12.2 수면의 단계

단계	특징
1기	졸리움이 시작되는 반수면 상태로서 중등도 각성 및 이완 뇌파 패턴을 보인다. 약 5~10분 동안 잠이 살짝 들지만 쉽게 깨어날 수 있다.
2기	뇌파가 약 5~8Hz로 느려지고 안구 운동이 멈춘다. 심박수가 느려지고 체온이 떨어진다.
3기	작고 빠른 뇌파에 섞여 매우 느린 델타파가 나타나기 시작한다.
4기	델타파가 가장 많이 나타난다. 3, 4기는 깊은 수면이라고 하며, 이 단계에서는 깨어나기 힘들다. 안구 운동이나 근육활동은 나타나지 않는다.
REM	렘수면은 짧은 뇌파와 연관된다. 이 수면은 비렘수면 1~4기를 역순으로 거친 후 나타난다. 렘수면 동안 호흡, 맥박, 안구 근육이 불규칙하게 변화하며, 호흡에 관련하지 않는 몸의 다른 근육은 마비된다.

비렘수면은 4기를 지나 3기와 2기를 거쳐 다시 1기에 도달한다. 이 단계는 때때로 'stage one emergent'로 불리기도 하지만, 흔히 렘수면이라고 한다. 비렘수면에서 렘수면으로 전환되면 호흡이 빨라지고, 불규칙하고 얕아지며, 안구가 여러 방향으로 급속하게 움직이고, 사지 근육은 일시적으로 마비된다. 심박수와 혈압은 상승된다. 렘수면은 짧은 전기생리적 파장과도 관련된다. 호흡기계, 맥박, 안구 근육은 불규칙하게 변동한다. 더불어, 호흡에 관여하지 않는 신체 근육은 마비된다. 렘수면 중 깨어난 사람이 꿈을 기억할 확률은 80%다.

이들 수면 단계는 주기에 따라 깊은 수면에 이르렀다가 다시 1기로 되돌아간 후 렘수면에 들어간다. 그런 다음 주기가 처음부터 다시 시작되면서 깊은 수면으로 돌아간다(그림 12.2 참조. 보조 웹사이트에 유인물 형식으로 제공됨).

사람들은 나이가 들수록 렘수면 시간이 늘어난다. 일반적으로 하룻밤에 수면 주기가 4~5회 지나가며, 각 주기는 약 90분 정도 걸린다. 수면 주기는 점차 얕아지므로, 깊은 수면인 4기의 대부분은 수면 전반기에 나타난다. 총 수면 시간의 약 50%는 2기 수면, 20%는 렘수면, 나머지 30%는 기타 단계 수면으로 구성된다. 유아는 수면 시간의 반이 렘수면이며, 일반적으로 하루 16시간 잔다. 수면 요구는 소아기 동안 감소하지만, 청소년은 여전히 하루 9시간 이상 수면이 필요하다. 이는 이 시기에 많은 성장이 일어나기 때문이다. 사람마다 다르지만 성인은 대부분 하루 7~8시간 정도 수면이 필요하다. 이보다 많이 또는 적게 자는 사람은 질병에 이환될 위험성이 증가할 수 있는데, 수면이 면역 체계 회복 같은 일상 기능을 수행하지 못하기 때문이다.

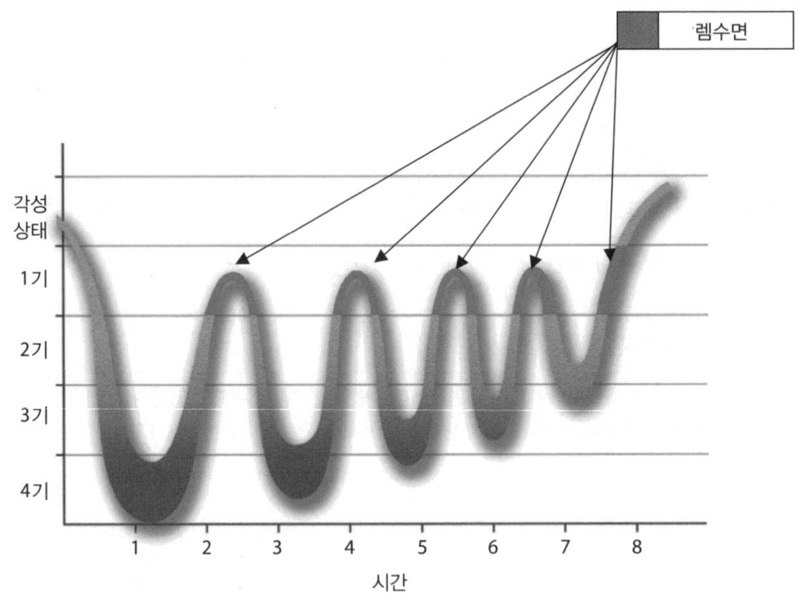

그림 12.2 수면 주기

수면의 기능

수면은 우리 삶의 중요한 부분을 차지하지만, 왜 그렇게 필요한지는 아직 밝혀지지 않았다. 수면의 기능은 충분한 수면을 취하지 못했을 때 나타나는 영향을 통해 추측해볼 수 있다. 수면 부족은 신경계, 면역 체계, 세포 성장 및 재생에 영향을 미친다. 잠을 자지 않으면 신경 세포의 에너지가 고갈되거나 정상 세포 활동의 부산물로 신경 세포가 오염될 수 있다. 신경 세포는 낮 동안 효과적으로 작동하기 위해 스스로 회복하는 데 수면이 필요하다. 그 밖에 수면은 뇌가 새로운 정보를 부호화하고 저장할 수 있게 한다. 아동과 청년은 깊은 수면과 함께 성장 호르몬 방출이 일어난다. 또한 수면 중에는 단백질 생산이 증가하고 분해가 감소한다. 단백질은 세포의 성장과 재생에 필요한 신체 구성 단위다. 수면 박탈은 판단력과 반응 시간을 떨어뜨리고 알코올의 영향을 강화시킬 수 있는데, 극단적인 경우 환각과 기분 변동을 유발할 수 있다.

많은 ADHD 환자가 낮 동안 활동 수준이 높기 때문에 수면이 매우 중요하며, 하루 동안 소비한 에너지를 완전히 회복하기 위해서는 정상인보다 더 많은 수면이 필요할 수 있다.

수면장애 원인

심리, 행동, 환경, 생물학 요인을 포함하는 다양한 요인이 수면에 영향을 미친다. 심리 요인에는 안절부절못함 같은 ADHD 관련 증상뿐 아니라 기타 기분장애도 포함된다. 행동문제, 특히 부적응적 수면 패턴은 야간에 수면을 방해할 수 있다. 뻔한 사실이지만, 환경적 외부 요인이 환자를 깨워 수면장애를 유발할 수 있다. 생물학 요인은 특히 ADHD 환자에게 중요할 수 있는데, 약물치료뿐 아니라 기타 생활방식도 수면의 질에 영향을 미칠 수 있다. 표 12.3에 다양한 요인을 설명했다(보조 웹사이트에 유인물 형식으로 제공됨).

표 12.3 ADHD 환자의 수면을 방해하는 요인

심리/행동

- **안절부절못함/끊임없는 정신 활동**
  이 ADHD의 핵심 증상은 정상 수면 패턴을 방해할 수 있는데, 환자가 취침 시간에도 여전히 '바쁘고' 안정과 이완을 취하기 매우 힘들기 때문이다.
- **수면 자체에 대한 걱정**
  수면을 충분히 취하지 못하거나 아침에 피로할까 봐 걱정하는 것이 오히려 잠들 가능성을 떨어뜨릴 수 있다.
- **취침 시간 중 부적절한 활동**
  예를 들어 침대에서 컴퓨터 게임을 하면 정신이 더 또렷해져 잠들기 힘들 수 있다. 침실에서 일하는 것 역시 영향을 미치는데, 잠자고 휴식을 취하는 침실의 기능을 교란시킨다.
- **만성 불안 또는 우울증**
  낮에 있었던 일이나 낮은 자존감 같은 사안을 반추하면 정신 활동이 증가하며 각성되기 때문에 잠들지 못할 수 있다.
- **활동-휴식 주기 교란**
  불규칙한 취침 및 기상 시간 때문에 수면 패턴이 불규칙해질 수 있다. 이것은 ADHD 환자의 무체계성으로 인해 업무를 막바지까지 미뤘다가 밤 늦게까지 잠 못 자고 마무리하는 경향 때문일 수 있다. 그 외에도 주야 교대, 시차 등이 영향을 미칠 수 있다.
- **낮 동안 과도한 수면**
  아침에 일어나지 않고 점심시간이 지날 때까지 잠자리에 누워 있는 ADHD 환자에게 흔한 문제로, 야간에 수면을 방해할 수 있다. 마찬가지로 낮잠은 단기적인 해결책이 될 수는 있지만 결국 야간에 숙면을 방해한다.
- **야간 공황**
  ADHD 환자는 자주 꾸물거리고 막바지까지 일을 미룬다. 이 때문에 다음 날 마감시간까지 작업을 마치지 못하여 밤 늦게 공황 상태에 빠질 수 있다. 그들은 밤 늦게까지 일을 계속 하거나, 마감시간을 무시하기로 결정하고는 밤새 걱정과 악몽으로 잠을 설치기도 한다.

환경

- **예측 불가능한 감각 자극(소음, 빛 등)**
  ADHD 환자는 산만하기 때문에 잠들 때 외부 소음에 더 민감하다. 예를 들어 창 밖에서 들리는 목소리, 교통 소음, 다른 사람이 방 밖에서 불을 켜고 끄거나 심지어 텔레비전을 켜놓고 잠들 때도 민감하게 반응한다.

(계속)

표 12.3 ADHD 환자의 수면을 방해하는 요인(계속)

- **의미 있는 신호**
  ADHD 환자는 산만하기 때문에 아침 햇살이나 아이가 깨는 것과 같은 예측 가능한 의미 있는 신호에 더 민감할 수 있다. ADHD 소아는 부모의 수면을 명백히 방해하는 수면장애가 있을 가능성이 크다.
- **강렬한 감각 자극**
  온도나 습도가 높거나 낮으면 수면에 과도한 영향을 미칠 수 있다.

생물학

- **중추신경자극제**
  메틸페니데이트(Ritalin, Concerta) 같은 중추신경자극제는 ADHD 증상을 개선하고 불안을 완화하지만 중추신경자극제 때문에 잠들지 못하는 사람도 많다.
- **건강 문제나 정신질환으로 복용하는 약물의 부작용**
  항우울제 같은 약도 수면을 방해할 수 있다.
- **과도한 카페인 섭취**
  일부 ADHD 환자는 ADHD 증상의 자가치료 또는 잠자지 않고 더 각성하기 위한 목적으로 낮 동안 다량의 카페인을 섭취한다. 카페인은 긴 반감기(수 시간 동안 체내에 남아 있음)를 가지므로, 늦은 오후나 이른 저녁에 섭취하면 수면을 방해할 수 있다.
- **취침 직전 부담스러운 식사**
  소화 작용으로 인해 신체가 활성화되므로 수면에 도움이 되지 않는다. 많은 ADHD 환자가 낮 동안 식사하는 것을 잊어버리는데, 아마도 중추신경자극제가 식욕을 억제하기 때문일 것이다. 그러고 나서 저녁에 심한 허기를 느껴 잠자리에 들기 직전에 음식을 먹곤 한다.
- **취침 직전 격렬한 신체 활동**
  어떤 ADHD 환자는 과잉행동으로 인해 하루가 끝날 무렵 잉여 에너지를 '소진'하려고, 예컨대 달리기나 스쿼시를 하기도 한다. 이런 신체 활동으로 몸이 각성되면 적절한 수면을 취하지 못할 수 있다. 그러나 아침 일찍 운동하면 수면에 도움이 된다.
- **신체 건강 문제**
  공존하는 건강 문제, 특히 통증은 ADHD 환자의 입면과 수면 유지를 방해할 수 있다. 그들은 예를 들어 수 주 동안 치과에 가는 계획을 세우지 않아 만성 치통에 시달리기도 한다.
- **배뇨 욕구**
  밤 늦게 술을 마시면 밤중에 소변이 마려워 깰 수 있다.
- **호흡 곤란**
  폐쇄성 수면 무호흡 같은 질환은 수면을 방해하고 ADHD 증상처럼 보이는 인지 결함을 유발할 수 있으며, 기존의 주의력 장애를 악화시킬 수 있다.

수면 전략

내담자가 거의 매일 밤 잠드는 데 30분 이상 걸린다면, 먼저 수면 일과(sleep routine)를 검토한다. '수면 위생'은 수면을 유도하는 환경 및 행동 요인을 조정하는 것이다. 불면증이 있는 사람에게는 침대와 그 주변 환경 자체가 잠들 수 없다는 신호일 수 있으며, 그와 연관된 걱정과 좌절을 촉발하는 신호로 작용할 수 있다. 이 연관성을 '끊어' 침대에서는 잠을 자게 하고 수면을 일종의 보상으로 인식하게 학습할 수 있다.

이를 위해 침실에서는 수면과 부부생활을 제외한 어떤 활동도 하지 말아야 한다. 잠잘 때 외에는 침대와 시각적, 신체적으로 접촉하지 않아야 한다. 즉 침실에서는 작업이나 독서, TV 시청, 컴퓨터 게임 같은 활동을 하지 말아야 한다. 때로는 가구를 다시 배치하면 불면증과 연결되지 않는 새로운 '환경'을 조성하는 데 도움이 된다.

역설적으로, 수면장애는 낮 동안에 활동과 음식 섭취, 흡연, 음주를 조정하면 가장 잘 관리될 수 있다. 잠자리에 들기 위한 준비는 수면 일과를 만드는 데 중요하다. 이는 규칙적인 신호를 통해 환자의 몸이 잠들 준비를 하게 한다. 내담자는 잠자리에 들면 비록 깨어 있더라도 이완하려고 노력해야 한다. 만약 불편하거나 잠이 오지 않으면 잠자리에서 일어나야 한다. 때때로 환자들은 제시간에 일어나지 못하는 경우에 잠드는 것을 불안해할 수 있다. 그러므로 수면장애에 대한 중재의 완성은 기상 전략을 수립하는 것이다. 표 12.4는 적절한 시기에 시도해볼 수 있는 행동 전략 목록이다. 보조 웹사이트에 내담자에게 도움이 될 만한 여러 전략이 제공된다.

표 12.4 행동 수면 전략

낮 시간
• **낮잠을 피하고 눕지 않는다.** 피곤함을 느끼면 '낮잠'의 유혹을 받는다. 이것은 단기 이득을 주는 신속한 해결이기 때문에 ADHD 환자에게 매력적이지만, 밤에 수면을 방해하기 쉽다. 낮에 심하게 피로감을 느낀다면 눕지 않고 휴식을 취하거나 더 열정적인 일에 몰두해서 주의를 분산시킨다.
• **필요하다면 독서나 음악 감상으로 휴식을 취한다.** 낮잠을 자는 대신 (침실이 아닌 곳에서) 책을 읽거나 음악을 듣는 것이 좋다. 피곤한 느낌이 들 때 독서나 음악 감상을 하면, 이런 활동이 피곤한 느낌과 연결되어 조건화된다. 그래서 잠을 자야 하는 저녁 시간에 이런 활동을 하면 피곤한 상태를 유도하게 된다.
• **다음 날 활동 목록을 작성한다.** 잠들기 전에 다음 날 할 일을 머릿속으로 연습하거나 잊어버리지 않기 위해 애쓰지 않아도 된다.
• **음식과 음료 섭취** 취침 전에 부담스러운 음식을 먹으면 각성도가 높아지기 때문에 피해야 한다. 맵거나 신 음식은 소화 불량을 일으켜 수면을 방해할 수 있다. 그러나 탄수화물이 풍부하고 당분이 적은 간식은 수면에 도움이 될 수 있다. 취침 전에 물이나 음료수를 많이 마시면 밤에 화장실을 가느라 깨게 되므로 저녁 늦게 물이나 음료수를 마시지 말아야 한다.

(계속)

표 12.4 행동 수면 전략(계속)

- **흡연**

  니코틴은 카페인, 중추신경자극제와 유사한 자극제이므로 취침 전에는 피해야 한다. 흡연자는 렘수면이 감소하고 매우 얕은 잠만 잔다. 심한 흡연자는 니코틴 금단 때문에 잠든 후 몇 시간 만에 깰 수 있다. 밤에 자주 깨는 사람은 흡연을 피하는 게 좋다.
- **음주**

  알코올이 수면에 미치는 영향은 상식과 다르다. 술을 마시면 졸리지만 실제로는 렘수면과 숙면을 방해한다. 알코올은 얕은 수면만 유도하므로 회복 과정이 일어날 수 없고 쉽게 깰 수 있다. 수면장애를 치료할 때는 알코올 섭취를 피하거나 최소로 줄여야 한다.

취침 전

- **일정한 취침 시간을 유지한다.**

  ADHD 환자는 흔히 주변에서 일어나는 일로 인해 취침 시간이 불규칙해진다. 예컨대 밤늦게 영화 보기나 함께 술 마시러 가자는 제의 등이다. 일정한 시간에 취침해야 정해진 시간에 수면을 준비하는 것이 일상화되므로 수면 중재 중에는 이런 불규칙성을 최소화해야 한다.
- **정상적인 취침 시간으로 변경한다.**

  예를 들어 어떤 내담자가 하룻밤에 4시간만 자고 있다면, 잠자리에 있는 시간을 4시간만 허용한 후 하루에 15~30분씩 점차 늘려 나간다.
- **수면 일과를 따른다.**

  내담자는 취침 한 시간 전에 '마무리' 시간을 갖는데, 이것을 수면 일과에 포함시킬 수 있다. 예컨대 재미있는 잡지나 책 읽기, 음악 듣기, 목욕하기 등이다.
- **취침 준비를 한다.**

  이것은 내담자가 피곤해지거나 마무리 순서를 시작하기 전에 마쳐야 하는데, 내담자가 이로 인해 깨는 것을 피하기 위해서다. 예컨대 양치나 세수, 샤워 등은 아침에 하는 활동이므로 환자를 깨울 수 있다.
- **피곤할 때만 잠자리에 든다.**

  침실과 신속한 입면을 연결시키려는 목적이다.

침실에서

- **수면을 방해하는 활동을 피한다.**

  침대에서 TV를 보거나, 라디오를 듣거나, 음식을 먹거나, 책을 보는 것은 모두 피해야 한다. 침대는 수면과 부부생활 이외에 어떤 일도 연관되지 말아야 한다.
- **오랫동안 깨어 있지 말라.**

  만약 30분 이내에 잠들 수 없다면, 침대에서 나와서 다른 방으로 가야 하며, 잠들 준비가 될 때만 다시 침실로 간다. 옮긴 방이 침실과 온도 차이가 크지 않게 한다. 침대로 돌아갔지만 여전히 잠들 수 없다면 이 단계를 반복한다. 이는 침대에서 수면 부족을 반추하는 시간을 최소화하기 위한 목적이다.

기상

- **규칙적인 알람**

  매일 같은 시간에 알람을 울려 기상해야 한다. 주말도 마찬가지다.
- **2개의 알람시계**

  알람시계를 2개 맞춰 두면 도움이 될 수 있다. 첫 번째 알람을 듣고 일어나면 집중력을 개선시켜 아침 일과에 집중하기 위해 약을 복용한다. 두 번째 알람은 약의 작용이 시작될 무렵에 맞춘다. 침대에서 나와야만 이 알람을 끌 수 있는 거리에 시계를 둔다.

표 12.4 행동 수면 전략(계속)

- **알람시계 숨기기**
  잠에서 깬 직후 밝은 빛이나 햇빛을 받으면 자연스럽고 상쾌하게 깰 수 있다. 타이머가 있는 램프를 이용할 수도 있다. 환자보다 일찍 일어난 배우자가 커튼을 걷어도 좋다. 이것은 생체시계를 조절하는 데 도움이 된다.

치료자는 지혜 씨의 수면(표 12.1 참조)을 개선하기 위해 낮 시간에는 절대로 자지 못하게 했다. 그녀는 또한 수면 일과를 만들었는 데, 오후 4시 이후에는 차나 커피를 마시지 않고, 저녁식사는 오후 7시에 먹었으며, 주중에는 술을 마시지 않았다. 밤 11시에 잠옷으로 갈아입고 양치를 한 후, 거실에서 30분 동안 편안한 음악을 들으며 잡지를 읽었다. 그런 다음 11시 30분에 잠자리에 들었다. 그녀는 처음 며칠 동안은 여전히 잠들 수 없었다. 치료자는 다시 졸음이 올 때까지 거실에서 독서를 하거나 가만히 앉아 있으라고 조언했다. 그녀는 매일 아침 7시 30분에 알람을 맞춰 약을 복용하고 두 번째 알람이 울리기 전까지 라디오를 들었다. 두 번째 알람은 그녀가 일어나야 하는 8시에 맞췄다. 그녀의 수면 시간은 점차 7~8시간 이상으로 늘었으며 수면의 질도 좋아졌다. 또한 하루 종일 집착하던 수면 시간에 대한 걱정도 줄었다.

수면과 반추

아이러니하게도 ADHD 환자는 흔히 잠들 수 없을까 봐 끊임없이 걱정하며 누워 있는다고 말한다. 걱정과 만성 불안은 수면 과정의 모든 단계에서 수면의 양과 질에 영향을 미친다.

1. 취침 전–걱정은 불면증을 유발하고 유지할 수 있다.
2. 취침 중–낮 동안 스트레스와 만성 불안은 끊임없는 '뒤척거림'이나 악몽과 연관될 수 있다.
3. 잠에서 깬 후–악몽과 야경증을 겪은 후 걱정과 불안으로 잠들지 못할 수 있다. ADHD 환자가 기분저하를 경험할 때도 충분한 수면을 취하지 못해 수면의 질이 저하되고 일찍 깰 수 있다. 이런 상태가 이어지면 일어나서 일과를 시작하기가 매우 힘들어질 수 있다.

수면 부족은 ADHD 환자의 기분장애를 악화시키고 짜증, '곤두선 신경', 퉁명스러움으로 인해 사회생활에 문제가 생길 수 있다. 다른 사람들이 환자에게 부정적으로 반응하면 이런 문제가 지속될 수 있고, 그들은 스스로를 더욱 부정적으로 느낄 수 있다. 위에서 설명한 수면 위생 기법은 공존하는 기분저하와 불안 치료에 매우 유용할 수 있다.

기타 정동 증상에 관해서도 사고, 감정, 행동 순환이 수면장애를 지속시킬 수 있다. 예를 들어 잠이 들지 않고 있는 어떤 환자가 다음 날 너무 피곤해서 제대로 일을 할 수 없을 것이라고 걱정하기 시작하면, 그는 잠을 잘 수 없을까 봐 더욱 불안하고 좌절하게 되며, 이로 인해 잠들기가 더욱 힘들어진다. 그는 다음 날 저조한 결과를 얻을까 봐 일어나서 과제를 하려고 할 수 있지만, 이것이 오히려 더 각성시켜 밤 동안 잠들 가능성이 줄어든다.

글상자 12.1은 불면증과 연결된 사고, 감정, 행동의 예를 보여준다. 학생인 지혜 씨는 실제로 아침에 일어나면서부터 밤 사이에 부족했던 잠을 보충할 계획을 세운다고 했다. 그녀는 잠자리에 들기 전에 잠이 오지 않을까 봐 걱정하고, 알람시계를 수시로 확인하고, 일어나기 전까지 최대 몇 시간 잘 수 있을지 계산한다.

수면문제를 극복하기 위한 행동 전략은 표 12.4에 요약했다. 수면문제가 반추 사고와 관련이 있다면, 제9장 불안 모듈에 제공된 불안 완화 기법도 도움이 될 수 있다. 기분이

글상자 12.1 불면증과 연결된 사고, 감정, 행동의 예

사고

7~8시간을 자지 않으면 충분히 못 잔 거야.
잠을 못 자면 아침에 일어날 수 없을 거야.
내일 집중하지 못하고 무언가 잊어버릴 거야.
눈 감고 침대에 누워 있는 것이 앉아 있는 것보다 더 편안해.

감정

불안, 좌절, 걱정

행동

잠이 들지 않는다.
인터넷 검색을 한다.
자기 전에 술 한잔 마신다.
일어나서 서성거린다.
일어나서 잊어버렸던 활동을 한다.
일어나서 잃어버린 물건을 찾는다.

글상자 12.2 기분 관련 수면 전략

사고

마무리 전에 '걱정 시간'을 갖는다. 걱정을 적어두면 다음 날까지 곱씹거나 기억하려 애쓸 필요가 없다. 진정시키는 자기대화(calming self-talk)도 도움이 될 수 있다. '안 자는 것보다 몇 시간이라도 자는 게 나아' 같은 표현을 반복한다.

느낌

이완 기법은 불안감을 줄이는 데 효과적이다. 예를 들면 내담자는 자신의 생각 스위치를 끄는 장면을 상상하거나 다음 간단한 기법 중 하나를 수행할 수 있다.

1. 1에서 10까지 천천히 센다. 단, 숫자 중 하나를 센 후 잠시 멈춘다.
   예) 1 (정지) 2–3–4–5–6–7–8–9–10
   1–2 (정지) 3–4–5–6–7–8–9–10
2. 점진적 근육 이완(제9장 불안 모듈 참조)
3. 심호흡
4. 심상유도(guided imagery)/주의분산–기분 좋은 장면을 상상한다. 무엇이 보이는가? 무엇이 들리는가? 어떤 냄새가 나는가? 어떤 느낌이 드는가?

행동

몇몇 행동 전략을 표 12.4에 간략히 요약했다. 불안이 수면문제를 유발한다면, 앞서 설명한 '사고'와 '감정' 요소를 추가로 다루어야 한다.

저하될 때는 제11장 기분저하 및 우울증 모듈에서 제안한 대로 이 문제에 초점을 맞춘 방법이 유용할 수 있다. 그러나 자신의 잠드는 능력을 걱정하는 내담자에게는 사고, 감정, 행동을 다루는 몇몇 간단한 기법이 도움이 될 수 있다(글상자 12.2 참조, 보조 웹사이트에도 제공됨).

요약

수면이 주요 문제이거나 다른 증상에 동반된 문제이거나 상관없이, 이 모듈에 소개된 기법은 ADHD 환자에게 도움이 될 수 있다. 수면장애의 속성을 이해하고 수면 일지를 사용하여 문제를 주의 깊게 모니터링하면 최선의 중재를 하는 데 필요한 단서를 얻게 될 것이다. 여러 수면 전략을 낮 동안, 취침 전, 밤 동안, 그리고 아침에 실행할 수 있다. 수면 일과는 낮 동안 끝내지 못한 작업을 마무리하기 위해 밤 늦게까지 활동하는 ADHD 환자에게 특히 유용할 수 있다. 내담자는 대개 수면의 양이나 질이 조금이라도 개선되면 금방 알아차리므로, 대개 자연스럽게 수면 변화를 모니터링한다. 그러나 표 12.1을 이용한 수면 모니터링을 반복하는 것도 수면의 개선과 변화를 객관적으로 입증하는 데 유용하다.

집단치료 : 수면 모듈

집단치료를 준비하기 전에 이 장을 반드시 읽어야 한다. 아래에 집단 회기를 6회로 요약하였다. 회기의 횟수는 필요에 따라 늘리거나 줄일 수 있다.

계획

1회기 시작 활동

2~3회기 심리교육 – 수면장애, 수면 주기, 수면을 방해하는 요인, 행동 전략
수면 일지 작성 교육

4~5회기 연습 – 숙제로 '행동 실험'을 실시하고 결과 토론

6회기 심리교육과 전략의 검토
숙제 결과/경험 토론 – 무엇이 가장 효과적이었나?
장애물 및 극복 방안

시작 활동

자신이 경험하는 수면문제를 설명한다(밤에 잠들기 힘들다, 잠을 깬다, 일찍 깬다, 낮 동안 졸리다 등).
수면문제를 개선하거나 악화시키는 것이 무엇인가?(정서, 정신 활동, 신체 활동, 먹거나 마시는 것)
수면문제가 당신의 일상생활에 미치는 결과는 무엇인가?(대인관계, 성취 부진, 학습기술 부족, 직업에 영향, 사고 오류, 성격에 영향)
수면문제를 해소하는 데 도움이 되는 기법이나 전략을 찾았는가?
일어날 수 있는 최악의 결과는 무엇인가?
집단 토론(개인차 비교, 강점/약점)

심리교육

다양한 수면장애 유형과 ADHD의 관계를 설명한다.
불면증, 수면 무호흡, 악몽, 기면증, 하지불안증후군, 수면과 반추
수면 주기를 설명한다.
그림 12.1 역기능적 수면 주기
표 12.2 수면의 단계
그림 12.2 수면 주기
수면의 기능을 설명한다.
수면 박탈의 영향

(계속)

ADHD 환자의 수면을 방해하는 요인을 설명한다.
- 심리 및 행동 요인
- 환경 요인
- 생물학 요인
- 표 12.3

어떤 요인이 변화시키기 쉬운지 토의한다.
수면문제를 관리하기 위한 행동 전략을 설명한다.
- 낮 동안, 취침 전, 잠든 후, 기상 시
- 표 12.4 행동 수면 전략
- 글상자 12.2 기분 관련 수면 전략

연습

수면 일지(표 12.1)를 배부하고 이것을 사용하여 어떻게 행동 패턴을 확인하고 수면을 모니터링할 것인지 토의한다.
수면 일지에 기록할 정보를 토의한다(낮잠, 카페인, 알코올, 음식 섭취, 약물 복용, 정동 상태, 취침 전 활동, 취침 시간, 잠든 시간, 취침 중 깬 시간, 아침 기상 시간, 총 수면 시간).
0(최악)~10(매우 상쾌)점 척도로 수면의 질 평가

이완 전략을 설명한다.
- 호흡 연습 및 점진적 근육 이완(회기 중 실시)

완성된 수면 일지를 회기에서 토의한다. 수면문제를 일으키는 요인과 개선 방안을 토의한다.
표 12.4와 글상자 12.2로 내담자의 문제를 파악하고 변화를 제안함으로써 수면의 양과 질을 개선할 수 있는지 검증하는 '행동 실험'을 실시한다. 수면 일지(표 12.1)를 사용하여 수면 패턴을 계속 모니터링한다.
선택한 중재를 실행하고 나서 전후 수면 일지를 비교 및 대조한다.
다른 중재를 선택하고 '행동 실험'을 계속해서 가장 효과적인 방법을 찾는다.
성취를 방해하는 장애물과 극복 방안을 토론한다.

숙제

수면 일지를 작성하고 수면의 양과 질을 모니터링한다(표 12.1).
선택한 중재를 '행동 실험'에 적용하고 나서 다시 모니터링한다.
숙제를 위해 글상자 9.4와 9.5(이완 기법)를 배부한다.

13

물질남용 모듈

물질사용장애는 ADHD에 동반되는 흔한 공존질환으로, 알코올과 대마초(cannabis)가 가장 많으며(Faraone et al., 2007), 코카인(cocaine)과 암페타민(amphetamines)이 그 뒤를 따른다(Sullivan & Rudnik-Levin, 2001). ADHD 환자가 물질사용장애를 겪을 평생 위험도는 58%로 매우 높다(Sizoo et al., 2010). ADHD 인구에서 물질사용장애 비율이 증가되었고, 물질사용장애 인구에서도 ADHD 비율이 증가된 것으로 보고되었다(Sobanski, 2006; Staller & Faraone, 2007; Upadhyaya, 2008). 더욱이 ADHD 청소년은 다종물질남용 가능성이 훨씬 더 높다(Gudjonsson et al., 출간 예정).

따라서 임상의는 ADHD 환자를 처음 평가할 때 물질남용 과거력과 현재 병력을 반드시 확인해야 한다. 심각한 물질남용 및 의존성이 있다면 ADHD 치료 전에 적절한 치료(예 : 마약재활치료)를 받아야 한다. 어떤 환자에서는 심각한 물질남용이 내재된 ADHD 문제를 가릴 수 있다. 남부 런던의 한 물질남용장애 클리닉에서 포괄적인 선별검사와 DSM-IV 진단기준에 근거한 진단 프로토콜을 사용하여 실시한 연구 결과, 진단받지 않거나 치료받지 않은 ADHD가 높은 비율(12%)로 나타났다. 물질남용장애와 ADHD가 공존하는 환자는 일상생활의 여러 영역에서 상당한 수준의 손상이 있었다. 그리고 그들의 병력에는 물질남용과 알코올 섭취, 자살시도, 우울증 비율이 높았다(Huntley et al., 제출 상태).

물질남용은 품행장애와 반사회적 행동에서 가장 흔히 발생한다. 그러나 젊은 ADHD 환자들은 종종 다른 경로로 물질남용을 경험하는데, 이는 자극제, 알코올, 대마초 또는 기타 진정제를 통한 자가 치료 욕구 때문에 발생한다(Nutt et al., 2007). ADHD 환자는 흔히 반대 효과를 보고하곤 하는데, 예를 들어 암페타민을 복용할 때 보통 사람들 같이 들뜨거나 흥분하지 않고 오히려 집중을 더 잘할 수 있다고 한다. 그들은 담배를 상당히 많이 피우기도 하는데, 니코틴이 암페타민 같은 도파민 작용제로 뇌의 도파민 분비를 자극하기 때문이다. 이는 중추신경자극제 복용과 유사한 작용을 할 수 있으며, ADHD 증상을 감소시킬 수 있다. 알코올이나 대마초와 같은 기타 물질은 증상 감소 측면에서는 동일한 재강화 작용이 없지만, 젊은 ADHD 환자들이 초조감을 가라앉히고 평온함을 느끼기 위해 이들 물질을 사용하곤 한다.

중독이 동반된 ADHD 환자를 연구하는 정신건강 전문가들은 종종 중추신경자극제 처방에 대해 우려를 표시한다. 중추신경자극제는 남용 가능성에 대한 우려가 있다. 예를 들면 불규칙하게 과량 복용하거나, 쾌감을 느끼기 위해 분쇄해서 코로 흡입하거나 정맥 내 주사를 하기도 한다. 또한 오랜 시간 잠을 자지 않기 위해 또는 체중 감소를 위해 복용하거나 오락용으로 다른 사람에게 판매될 수도 있다. 일반화하기 어렵고 주의가 필요한 것이 사실이지만, 몇몇 연구에 따르면 소아 ADHD에 대한 중추신경자극제 치료가 이후에 청년기 물질남용 가능성을 증가시키지 않는다고 한다(Brasset-Grundy & Butler, 2004; Wilens et al., 2003).

물질남용은 환자에게 영향을 미치는 문제나 스트레스와 별개로 발생하는 경우가 거의 없다. 그림 13.1은 이전 모듈에서 논의된 ADHD의 많은 특성이 어떻게 물질남용에서 중

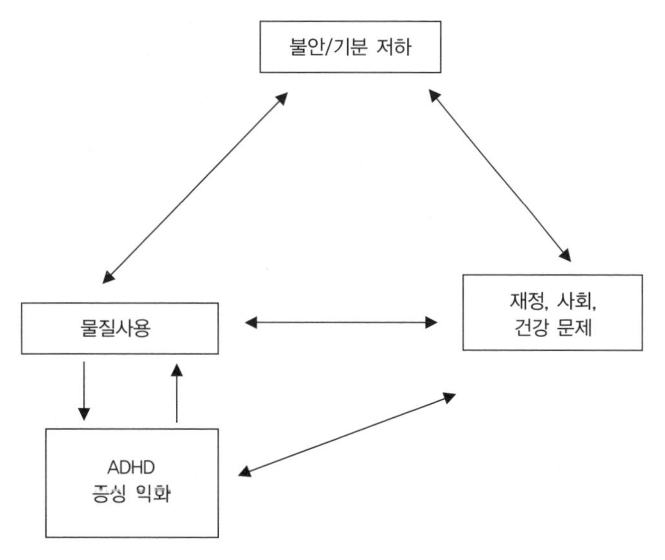

그림 13.1 ADHD 환자의 물질남용 맥락

요한 역할을 할 수 있는지 보여준다.

물질에 중독되는 사람들은 정서불안정성이나 기분저하가 ADHD 증상을 악화시키고 역으로 ADHD 증상이 정서문제를 가중시키는 악순환에 빠지게 된다. 정서문제와 ADHD는 독립적으로 또는 서로 누적되어 환자가 자신의 증상과 정서 변동성을 (일시적으로) 완화하기 위해 물질을 사용할 위험을 높인다. 결국 물질사용이 늘어남에 따라 재정 및 사회문제와 의학적 합병증이 나타날 수 있다. 이런 문제는 적응적 대처 전략을 갖지 못한 환자를 압도하여 불안과 기분저하를 유발한다. 이 상태는 증상을 급격히 악화시켜, 환자가 불편감을 완화하려는 시도를 하게 하며 정서문제와 ADHD 증상이 가중되는 악순환에 다시 빠지게 할 수 있다.

이 모듈은 ADHD 환자가 남용할 가능성이 있는 몇몇 물질을 검토한다. 그리고 내담자가 변화 과정에 참여하도록 격려하는 심리교육과 동기강화상담 기법을 적극적으로 활용하여 물질남용에 빠진 ADHD 환자를 최상으로 지원하고 치료할 수 있는 방법이 소개된다. 또한 물질남용 치료와 재발 방지 계획을 위한 구체적인 심리 관리 기법이 제시된다. 만성적이고 장기적인 물질남용 문제가 있는 환자에게 필요한 포괄적 치료 계획은 재활치료를 포함하므로 여기서 자세히 다루지 않는다. 이 모듈은 마약과 알코올을 간헐적으로 남용하는 환자에게 변화의 동기를 부여하기 위한 단기 중재를 제공한다.

ADHD 환자에게 남용되는 물질

선호하는 물질은 사람마다 다를 수 있으며, 비용과 지역적 접근성에 의해서도 결정된다. 그러나 청소년을 대상으로 한 대규모 연구에서 ADHD 환자와 정상 대조군의 사용이 유의하게 다른 주요 물질은 비처방 진정제, 대마초, 흡입물질이었다(Gudjonsson et al., 출간 예정). 다음 개관은 주요 물질군과 그것이 ADHD 환자에게 미치는 영향 및 연관 문제를 다룬다.

니코틴

어떤 환자는 담배를 끊을 때 니코틴 패치나 껌을 사용하기도 하지만, 니코틴은 주로 담배와 궐련을 피울 때 나온다. 많은 ADHD 환자가 하루 20개비 이상 담배를 피우며, 끊기가 매우 힘들다. 니코틴은 가장 중독성이 큰 물질에 속한다. 니코틴은 중추신경자극제로서 도파민 시스템에 영향을 미쳐 ADHD 증상을 완화하는 데 일부 효과가 있다. 니코틴은 정상군에서 지속주의력, 분할주의력, 순간주의력(focused attention)을 향상시키는 것으로 밝혀졌다(Kassel, 1997). 실제로 니코틴 패치가 증상이 있는 ADHD에 효과적인 치료일 수 있다고 제안한 연구도 있었다(Levin et al., 1996). 그러나 흡연의 장기 결과로 인한 암, 폐 질환, 심장 질환 등 건강상 위험이 의학연구에 의해 잘 밝혀져 있다. 위험성 측면에서 ADHD 흡연자는 그들의 부주의 문제로 인해 정상군보다 훨씬 더 큰 위험에 노출될 수 있다. ADHD 내담자는 산만하고 잘 잊어버리기 때문에 담배를 완전히 끄지 않거나, 가연성 물질 근처에 담배를 놓거나, 호기심 많은 아이들 손이 닿는 곳에 성냥을 두기도 한다.

알코올

알코올은 가장 흔히 남용되는 물질이지만, 남용 물질로 인정되지 않는 경우가 많다. 이는 아마도 많은 문화권에서 알코올이 사회적으로 수용되기 때문일 것이다. 그러나 알코올은 진정 효과가 있으며, ADHD 환자들은 자신을 진정시키기 위해 흥분과 불안을 완화하는 알코올을 사용한다고 말한다. 사회적 상황에서 ADHD 환자는 사회적 실수나 충동조절 부족 내력에서 유래한 사회적 억제 또는 사회불안을 극복하기 위해 알코올을 사용할 수 있다. 그러나 그들은 충동조절 부족으로 인해 알코올 섭취량을 조절하기 힘들기 때문에 너무 빨리 지나치게 많이 마실 수 있다. 술에 취하면 ADHD 환자는 평상시보다 기분을 조절하지 못할 가능성이 크며, 이로 인해 무모해져서 위험한 운전이나 범죄 행위 같은 위험감수행동을 감행할 위험성이 커진다. 알코올에 취한 느낌은 뚜렷하게 ADHD 증상을 완화시키는 초기 보상이 될 수 있지만, 오히려 부작용으로 ADHD로 인한 인지 결함을 악화시킬 수 있다. 일반 인구를 대상으로 진행된 연구에서 심한 알코올 섭취는 실행기능부전과 단기 학습 및 기억 저하와 연관되었으며, 특히 시각 영역이 더 유의했다(Powell, 2004a). 기타 건강 위험은 우발적 사망으로 이어지는 급성 알코올 중독 외에도 만성 간부전, 신장 질환, 위장문제 등이 있다.

진정제

알코올과 마찬가지로, 진정제는 ADHD 환자를 진정시키기 위한 목적으로 흔히 사용된다. 불안에 처방되는 벤조디아제핀은 많은 가정에서 쉽게 이용할 수 있으며, 테마제팜

(temazepam)이 가장 빈번하게 남용되는 것으로 알려졌다. 바비튜레이트(barbiturate)는 현재 영국에서 거의 사용되지 않는다. 수면장애를 겪는 ADHD 환자는 중독성이 높은 진정제를 처방받기도 한다(수면장애를 완화하기 위한 심리치료는 제12장 수면 모듈 참조).

유기용제

유기용제(예 : 부탄가스, 라이터유, 접착제) 사용은 소아와 청소년에게 더 흔한데, 아마도 이 연령집단의 상대적 접근성 때문인 것 같다(Uzun & Kendirli, 2005). Matsumoto 등(2005)은 메스암페타민 남용자보다 흡입제 남용자 집단에서 소아 ADHD 발병률이 더 높다는 사실을 발견했다. 흡입은 처음에는 유쾌한 반응을 일으키지만 자주 사용하면 협응력 부족(poor coordination), 혼돈, 환각 같은 문제를 유발한다. 흡입제를 남용하는 청소년은 알코올과 아편제 남용 문제로 넘어갈 가능성이 매우 높다(Wu, Pilowsky, & Schlenger, 2005). 유기용제는 장기적으로 신경 독성과 소화기, 호흡기, 심혈관계 기능의 변화를 일으킨다.

대마초

대마초는 청년들이 가장 먼저 손을 대는 불법 마약인 듯하다. 내담자들의 일화적 보고에 의하면, 그들은 십대 때부터 대마초를 사용하기 시작해서 중년 이후까지 계속 사용하는 것으로 보인다. 그들은 대마초가 ADHD 증상, 특히 안절부절못하는 느낌이나 긴장을 완화해준다고 한다. 그들은 소량의 대마초를 흡연함으로써 증상이 완화될 뿐 아니라 일상생활 기능을 적절하게 유지할 수 있어 하루 종일 통제감과 안정감을 느낀다고 한다. 이것은 기능을 손상시키는 알코올 남용과는 다르다. 하지만 대마초 사용으로 인한 가장 큰 불이익은 주의력, 작업기억, 시간 추정 같은 ADHD의 기존 인지 결함을 악화시키는 것이다. 과도한 대마초 사용은 편집증과 정신 상태 악화를 유발할 수도 있다.

중추신경자극제

정상군에서 중추신경자극제(예 : 암페타민, 코카인, 크랙) 사용은 식욕 및 수면 감소와 함께 기분이 고조되고 활기찬 느낌을 일으킬 수 있다. 그러나 적은 용량의 중추신경자극제는 ADHD 환자의 행동을 '정상화'할 수 있는데, 이 계통의 마약은 도파민 시스템에 영향을 미쳐 주의력을 향상시키고 충동조절장애를 완화하기 때문이다. ADHD로 진단받고 처방된 중추신경자극제로 치료받기 전 수년 동안 정기적으로 암페타민을 사용했다고 하는 환자도 있다. 물질의 품질과 순도가 매우 다양하지만, 오락용 마약(recreational drugs)을 (의식적으로든 무의식적으로든) 자가 투약하면 자극제를 과다 복용하게 되어 불안하거나 예민해질 우려가 있다. 게다가 중추신경자극제는 중독성이 매우 높기 때문에 쉽게 의존성이 생길 수 있다. 금단 증상과 갈망은 행동 변화를 일으키는데, 그들은 말이 많고 지나치게 친절하게 구는 정도에서부터 흥분되고 예민한 상태에 이르기까지 변화할 수 있다. 어떤 내담자는 심각한 중추신경자극제 사용으로 인한 환시 또는 환청 같은 편집증으로 심한 불안감을 느낀다고 보고한다. 이런 사례에서 만약 내담자가 중추신경자극제를 처방받는다면, 가능한 입원 환경에서 시도하는 것이 좋으며 면밀하고 지속적인 모니터링이 필요하다.

환각제

환각제로는 엑스터시와 LSD가 있다. ADHD 환자는 자극과 감각 추구를 위해 이들 물질을 사용한다. 엑스터시는 행복감, 안녕감, 활동 증가, 수면 욕구 감소와 관련된다. 탈수가 이 물질의 매우 흔한 부작용이며 사용자는 물이나 음료를 계속 마시는 것이 극도로 중요하다. 엑스터시는 '광란의 파티'나 클럽에서 오락용으로 흔히 사용되는데, 그런 곳에서는 수분 섭취가 주로 과도한 음주일 수 있다. 이 물질을 고용량 사용하면 피해망상, 우울증, 불안증, 자살 사고를 유발할 수 있다. 엑스터시는 또한 빠른 내성 발생과도 연관된다.

LSD는 두 번째로 많이 사용하는 환각제다. LSD는 시각의 왜곡 효과, 시간 감각 장애, 색과 소리에 대한 민감도를 증가시킨다. 이러한 감각은 실험적이며 위험을 두려워하지 않는 특성을 가진 ADHD 환자에게 매력적일 수 있다. 그러나 사용자는 주변 환경에 특히 민감하며, 위협적인 분위기는 '기분 나쁜 환각 체험(bad trip)'을 유발할 수 있다. 이 물질의 부작용에는 플래시백과 공황 발작도 포함된다.

아편제

어떤 사람들에게는 물질남용이 헤로인, 메타돈, 코데인 같은 더 강력한 물질남용으로 이어진다. 이러한 마약을 계속 사용하면 아편제에 내성이 생겨 의존과 중독에 이르게 된다. 의존성 금단(dependence withdrawal)은 마지막 사용 후 8~12시간 사이에 발생하며,

심한 갈망, 불안, 신경과민, 장 활동 증가, 구역 및 구토를 유발한다. 금단과 갈망이 환자의 충동적 기질과 결합되면 환자가 자신의 습관성 중독에 필요한 자금을 마련하기 위해 우발적인 절도와 폭력을 저지를 가능성이 높아질 수 있다. 아편 금단을 치료하는 가장 흔한 방법은 경구용 메타돈 처방이다. 이런 수준의 의존성을 보이는 환자는 마약중독 치료를 위해 전원하기를 강력히 권한다. 마약중독 치료가 성공적으로 끝나고 최소 6개월 이상 약물을 사용하지 않은 환자에게만 ADHD 심리치료를 시작해야 한다. 그러기 전에는 증상이 물질남용과 관련된 것인지 ADHD와 관련된 것인지 판단하기 힘들 것이다.

평가와 동기강화상담

심리교육은 변화 과정의 핵심 요소다. 내담자에게 정보를 제공한 후 결정을 내리고 선택하도록 권한을 부여하는 것이 중요하다. 치료자는 물질남용 단계 모델(표 13.1)을 설명하고, 내담자가 그 모델에서 어떤 위치에 있는지 평가하고 그들의 행동 위험도를 검토한다(보조 웹사이트에 유인물 형식으로 제공됨).

표 13.2는 내담자가 물질남용으로 경험하고 있을 수 있는 문제를 식별하기 위한 체크리스트다. 해당하는 항목을 기초로 회기에서 추가 토론과 탐색을 해야 한다. 보조 웹사이트에 회기에서 사용할 수 있는 빈 사본이 제공된다. 물질에 대한 생리적 내성은 동일한 효과나 자극을 얻기 위해 물질의 용량을 증가시켜야 하는 것을 말한다. 의존은 마약/알코올이 환자에게 우선순위가 되고, 더 이상 원하는 효과를 얻지 못하면서 금단으로 원치 않는 효과만 나타나는 상태이다. 약물의 단기 이득(예 : 집중능력)은 점점 더 커지는

표 13.1 물질사용 5단계

사용 단계	사용 동기
1. 실험	호기심, 쾌락 추구, 위험감수, 감각 추구, 충동조절 부족
2. 사회	환영받고 싶은 욕구, 또래집단의 사회적 영향, 사회적 태도, 접근성
3. 도구	'황홀감' 추구 같은 특정 행동을 일으키기 위해 또는 스트레스나 부정적 감정에 '대처'하기 위한 목적으로 사용
4. 습관	사용하고 싶은 '욕구'가 점점 더 규칙적이고 잦아짐
5. 의존	물질을 끊임없이 '요구'하고, 부정적인 결과에도 불구하고 남용을 '정상'으로 간주함

표 13.2 물질남용과 연관된 문제

..............을 복용한 결과	예/아니요 선택
폭언을 한다	**예** / 아니요
신체 공격이나 폭력행동을 한다	**예** / 아니요
신경이 과민함을 자주 느낀다	**예** / 아니요
자주 변덕스러워진다	예 / **아니요**
좌절감을 자주 느낀다	예 / **아니요**
우울하고 불행하다	**예** / 아니요
불안하다	예 / **아니요**
무능하게 느껴진다	**예** / 아니요
자기통제력이 떨어진다	**예** / 아니요
다른 사람들과 소통하는 데 어려움이 있다 (즉 다른 사람들이 당신을 이해하지 못한다고 느낀다)	**예** / 아니요
사람들과 사이가 멀어진다	예 / **아니요**
자신을 돌보지 않는다(예 : 개인위생, 외모에 대한 자신감)	예 / **아니요**
비행 또는 범죄 행동을 한다	**예** / 아니요
공부나 작업에 어려움이 있다	예 / **아니요**
안전하지 않은 성관계를 맺는다	**예** / 아니요
자해(사고 또는 행동)	예 / **아니요**
집중력 문제가 있다	예 / **아니요**
기억 문제가 있다	**예** / 아니요
아무것도 할 의욕이 생기지 않는다	**예** / 아니요
식욕이 없다	예 / **아니요**
편집증을 겪는다	**예** / 아니요
비정상적인 경험을 한다(예 : 환시, 플래시백)	예 / **아니요**
무모하거나 위험한 행동을 한다	**예** / 아니요
취업에 문제가 있다	예 / **아니요**
자신감이 없다	**예** / 아니요
자신의 삶에 불만족한다	**예** / 아니요

표 13.3 물질과 단계 및 동기

물질	사용 단계	사용하는 이유	사용 결과
알코올	습관	술 없이는 사회 상황에 대처할 수 없어서	숙취와 우울
니코틴	의존	하지 않으면 집중이 안 되어서	호흡 곤란
대마초	습관	진정 효과가 있어 하루를 잘 보낼 수 있게 하므로	초조함과 피해망상
코카인	사회	더 잘 놀고 활기차게 되므로	사용할수록 더 많은 양이 필요함
LSD	실험	환각 느낌이 좋고 재미있어서	공황 발작
각성제	도구	침착해질 수 있어서	약효가 떨어지면 난폭해짐

약물에 대한 욕구로 곧 상쇄된다.

선호하는 마약을 복용하고 나서, 마치 양주를 마신 후 입가심으로 강한 맥주를 마시는 알코올 '체이서(chaser)' 같이 대체물질이나 추가물질을 사용하곤 하는데, 이를 다종마약 사용(polydrug use)이라고 한다. 이 경우, 환자는 여러 물질을 물질남용주기(표 13.3에 요약)상 각각 다른 단계로 사용할 수 있다. 따라서 ADHD 환자가 물질을 남용할 때는 어떤 물질을 사용하는지, 각 물질사용이 어느 단계에 있는지 확인하는 것이 매우 중요하며, 각 물질을 사용하는 목적과 결과를 구분해야 한다. 표 13.3은 치료자와 내담자가 이 작업을 통해 집중 치료가 필요한 영역을 확인하는 예다(보조 웹사이트에 회기에서 사용될 수 있는 사본이 제공됨).

개선 목표와 취약점을 파악하는 훈련을 위해 내담자는 어떤 마약 중독자를 상상하고 여러 위험 영역에서 그의 행동을 평가한 후 개선 목표와 취약점을 파악해본다. 그런 다음 중독이 없는 사람을 상상하고 동일한 영역에서 그 사람의 행동을 예측해본다. 글상자 13.1은 준영 씨가 연습한 예다(회기에서 사용할 수 있는 유인물은 보조 웹사이트 참조).

준영 씨는 물질사용자와 비사용자의 점수를 검토하고 그것이 시사하는 바를 생각했다. 그는 물질 비사용자의 결과가 더 낫다고 판단했으며, 자신의 물질남용과 그에 따른 결과에 대해 반성했다. 이 과정은 그가 물질남용을 끊고 변화하기로 결정하는 데 큰 영향을 미쳤다.

글상자 13.1 위험 영역 연습

두 부류의 사람을 관찰한다고 상상해보자. 한 사람은 의존 물질 사용자이고 다른 사람은 물질을 사용하지 않는 평범한 사람으로 가족과 정상적인 직장이 있는 소위 성공한 사람이다. 그들이 다음 문제를 갖고 있을 가능성을 0~4점 척도로 평가하라.

0	1	2	3	4
전혀 아님				매우 높음

	물질사용자	**물질 비사용자**
폭언	3	1
신체 공격이나 폭력행동	4	1
신경과민	4	0
변덕스러움	4	1
좌절감	4	2
우울, 불행한 기분	4	0
불안	3	1
무능한 느낌	3	1
자기통제 부족	4	0
타인과 의사소통문제	3	0
사람들과 멀어짐	2	1
자신을 돌보지 않음	3	0
비행이나 범죄행위	3	0
학습 또는 업무 곤란	3	1
위험한 성관계	3	1
자해(사고나 행동)	4	2
집중력 문제	3	1
기억력 문제	4	1
동기 부족	4	0
식욕 부진	4	1
편집증	4	1
환시나 '플래시백' 같은 비정상적 경험	4	2
무모하거나 위험한 행동	4	1
전체 점수	81	19

두 사람의 점수는 어떤 의미가 있는가? 어떤 사람이 되고 싶은가?

동기강화상담

환자가 자신의 삶에 중요한 변화를 가져오기 위해서는 자신의 삶에 불만족스러운 측면이 있음을 인정하고 대안 가능성들(alternative possibilities)을 달성할 수 있음을 받아들여야 한다. 이를 위해 치료자는 내담자가 변화를 하나의 과정으로 생각하도록 격려한다. 변화는 체계와 준비가 필요한 여행에 비유될 수 있다. 이 회기에서 내담자는 여행의 단계, 즉 변화의 단계와 여행을 하는 이유에 대해 배운다. 그들의 목표가 더 나은 삶의 질을 성취하는 것임을 인식하기를 기대한다.

내담자가 중독에 맞서 싸울 준비를 갖추는 데는 많은 요인이 영향을 미치는데, 환경적 요인(예 : 모든 친구가 마약 사용자, 마약상이 있는 길을 매일 지나다님)과 심리적 요인(예 : 자신의 문제에 대한 병식이 있음, 물질 없이도 적절히 기능할 수 있다는 신념)도 모두 포함된다. 연구에 따르면 물질남용 환자는 '범이론적 행동변화 단계 모델(transtheoretical model of change)'의 다양한 단계로 분류될 수 있다(Miller, Rollnick, 2002; Prochaska, DiClemente, 1982). 이 모델에 의하면 환자는 자신의 문제를 변화시키는 과정에서 연속된 5단계, 즉 숙고 전, 숙고, 준비, 실행, 유지 단계를 체계적으로 이동한다.

동기강화상담은 변화의 범이론적 행동변화 단계 모델을 기반으로 한 기법이다. 이 기법은 변화에 대한 양가감정을 탐색하고 해결하는 데 도움이 되도록 고안되었으며, 특히 변화의 숙고 단계에 있는 환자를 돕는 데 유용하다. 이 단계에서 치료자의 과제는 양가감정으로부터 변화를 추구하는 방향으로 '변화'하도록 돕는 것이다. 동기강화상담은 내담자와 그들의 물질남용에 대해 공감적이고 지지적이지만 전략적인 대화를 하며, 알코올 및 물질남용 치료에서 실증적 지지를 받고 있다(Van Horn & Bux, 2001).

글상자 13.2는 변화의 5단계에 대한 요약이며, 보조 웹사이트에 유인물 형식으로도 제공된다. 내담자는 이들 단계를 인지할 수 있는데, 특히 자신이 어떤 단계에 '갇혀' 전진하지 못하는지 파악하기 쉽다. 이는 진전을 방해하는 장애물을 알아내는 데 도움이 된다.

유지 단계의 다른 길은 재발이며, 이때 환자는 또 다른 주기를 시작한다. 사람들은 대부분 실수나 재발을 경험한다. 성공적으로 변화를 유지하기 위해서는 변화 주기를 다시 거쳐야 한다.

변화 단계는 '주기적'이며 내담자는 이들 단계를 계속 오갈 수 있음을 기억해야 한다

글상자 13.2 도움 요청 5단계

1단계 : 숙고 전 단계

물질남용문제를 인정하지 않고, 물질로 인한 문제보다 물질사용을 더 중요하게 여긴다. 이 단계의 환자는 자신에게 문제가 있는 것을 받아들이지 않기 때문에 행동 변화를 고려하지 않는다. ADHD 환자는 숙고 전 단계에서 숙고 단계로 이행하기 쉽지 않다. 여기에는 자기반성 과정이 필요한데 ADHD 환자는 종종 생각이 너무 급하기 때문에 멈추고 자신의 상황이나 요구를 돌아볼 수 없다.

2단계 : 숙고 단계

이 단계에서 환자는 자신에게 문제가 있다는 사실을 인정하기 시작하면서 변화를 고려하지만, 물질사용을 정당화할 이유를 찾거나 자신이 변화할 수 없을 것이라고 생각한다. 양가감정이 이 단계의 특징이다.

3단계 : 결정 단계('준비' 또는 '의사결정' 단계로도 불림)

문제행동을 변화시킬 결심을 한다. 이 단계의 환자는 물질남용을 중단하려는 의지가 있지만, 어떻게 해야 할지 잘 모를 수 있다.

4단계 : 실행 단계

실행 단계에서 환자는 물질남용을 중단하고 물질남용에 관한 신념 체계에 변화가 일어난다. 환자는 자신의 문제행동을 수정하기 시작한다.

5단계 : 유지 단계

실행 단계를 성공적으로 넘긴 후, 환자는 수개월 또는 수년 동안 물질사용을 지속적으로 중단하기 위해 적극적으로 노력하는 유지 또는 지속적 변화 단계로 넘어간다.

(그리고 이는 한동안 발생할 수 있다). 예컨대 내담자는 '실행' 단계에서 다시 초기 단계들로 되돌아갔다가 다시 물질을 남용할 수 있다. 이는 변화 주기에서 목표를 향해 나아가는 도중에 준비나 숙고 단계로 되돌아갈 수 있음을 의미한다. 물질남용을 성공적으로 중단하기 위해서는 시간이 걸리며, 용기와 동기가 필요하다. 이는 결코 쉽지 않으며, 변화 과정을 완수하는 데는 치료자뿐 아니라 가족과 친구의 지지와 격려가 필요하다.

내담자에게 변화의 개념을 소개하는 것이 중요하다. 이것은 명확한 것 같지만, 생리적 의존과 심리적 의존 둘 다 또는 어느 한쪽이 있으면서 충동조절이 부족한 환자에게는 '명확한' 현상으로 받아들여지지 않을 수 있다. '변화'를 촉진하기 위해 내담자와 치료자는 미래의 목표, 예컨대 그들이 원하는 것과 달성하고자 계획하는 것을 확립해야 한다. 문제해결 모듈(제7장)에서 목표를 달성할 수 있는 작은 단계로 세분화하는 것이 중요하다고 설명한 바 있다. 예컨대 구직 목표를 달성하기 위한 실행 계획은 일간지 구매,

글상자 13.3 변화의 문제

왜 끊으려 하는가? 내가 물질사용을 끊기 원하는 이유는…

스피드를 사용하면 초조하고 우울해진다.

아무것도 얻은 게 없다.

직장을 잃었다.

무엇을 원하는가? 내가 변화하고자 하는 주된 목표는…

아파트에서 쫓겨났기 때문에 새로운 곳을 찾아야 한다.

신영 씨와 관계를 개선하고 싶다.

무엇을 할 수 있는가? 목표 달성을 위한 계획은…

실행	언제?
지역 신문에서 찾아보기	목요일
부동산 중개인에게 의뢰	토요일
신영 씨와 데이트 계획하기	토요일
마약상 주변에 가지 않기	항상

누가 당신을 도울 수 있는가? 나의 변화를 도울 수 있는 사람은…

사람	가능한 방법
어머니	내 가구를 보관해주고 당분간 재워줄 수 있다.
신영 씨	마약이 있는 곳으로부터 멀어져 있도록 함께 있어준다.
재석 씨 부부	신영 씨 친구들과 저녁 약속을 잡아준다.
도운 씨	체육관에 함께 간다.

무엇이 성공을 방해하는가? 변화를 방해하는 장애물로 예상되는 것은…

장애물	대처 방법
약을 구하기 쉬운 클럽이나 파티에 간다.	나온다. 신영 씨나 다른 친구에게 내 감정을 말한다.
신영 씨가 나를 신뢰하지 않는다.	약을 끊기 위해 최선을 다한다고 그녀를 안심시키고 도움을 요청한다.
신용 불량	돈을 절약하고 미리 현금을 지불한다.

다음 결과를 보면 내 계획이 잘 이루어지고 있음을 알 수 있을 것이다

새 아파트로 이사

집세 연체가 없음

재정 관리

신영 씨와 관계가 개선되고 더 규칙적으로 만나게 됨

취업센터 방문, 직업소개소에 등록, 자원봉사 문의, 취업센터에서 진행하는 훈련 과정이나 성인 교육 과정 찾기 등으로 세분화할 수 있다. 물질남용 환자는 이들 단계를 달성하기 위해 스스로 동기를 부여할 방법뿐 아니라 알코올이나 마약 없이 이를 수행할 방안을 결정해야 한다. 이것은 흔히 내담자의 자기효능감 개선과 자존감 향상을 필요로 한다.

이를 위해 환자 주변의 사회적 지지 구조(달갑지 않고 부정적일 수 있는 구조도 포함)를 확립하고 목표 달성을 방해하는 문제와 극복 계획을 설정한다. 글상자 13.3은 준영 씨가 완성한 정보이며, 내담자가 변화 과정에 참여하는 이유를 찾고 자신을 도와줄 수 있는 사람과 예상되는 장애물을 파악해볼 수 있는 체계를 제공한다(회기에서 사용하기 위한 유인물은 보조 웹사이트 참조).

환자들이 물질을 계속 사용하는 주된 이유 중 하나는 몇 가지 불이익에도 불구하고 물질사용에 이점이 있다고 생각하기 때문임을 알아야 한다. Miller와 Rollnick(2002)은 내담자의 양가감정은 복잡할 수 있으며, 각 선택에는 일련의 장점과 단점이 있음을 강조했다. 변화에 대한 양가감정을 탐색하기 위해서는 내담자와 물질남용의 긍정적 측면과 부정적 측면을 논의하고 물질사용을 지속하는 것에 대한 장점과 단점 목록을 작성한다. 준영 씨는 물질을 계속 사용하는 것과 변화하는 것의 비용과 이득을 4×4 행렬 형태의 의사결정균형표(decisional balance sheet)로 작성했다(표 13.4 참조, 이 표의 유인물은 보조 웹사이트에 제공됨). 내담자는 물질이 그들의 건강과 기능, 대인관계, 학습 또는 작업능력, 행동에 미치는 영향에 대해 신중하게 생각해야 한다. 치료자는 내담자를 안내하여 비용이 이득보다 더 크다는 사실을 확인시킨다. 준영 씨는 암페타민 사용을 계속하는 이

표 13.4 의사결정균형표

암페타민 사용 지속	변화와 암페타민 중단
이득	**이득**
음주를 막는다. 내가 좋아하는 것이다. 화가 나서 이성을 잃는 일이 줄어든다. 편안한 마음이 든다. 암페타민을 같이 하는 새 친구들을 사귄다.	돈을 아낄 수 있다. 경찰에 쫓기지 않는다. 집중을 잘할 수 있다. 남동생에게 나쁜 영향을 주지 않는다. 더 많은 동기부여가 된다.
비용	**비용**
아침에 출근하기 위해 일어나기 힘들다. 집중이 안 된다. 초조하고 불안하다. 다른 사람들이 나를 쳐다보는 것 같다. 여자친구가 나와 헤어지겠다고 한다. 어머니가 나를 집에서 내보낼 것이다.	암페타민을 같이 하는 친구들을 잃는다.

유보다 끊어야 할 이유를 더 많이 찾아냈다. 이런 기법이 다소 지루하고 반복적으로 보이지만, 변화의 개념을 소개할 때 이득의 반복은 회기에서 설명해야 하는 중요한 정적 강화다.

Miller와 Rollnick(2002)은 동기에 영향을 주는 것은 긍정적 요인과 부정적 요인의 개수만이 아니라 각 요인의 중요도라고 주장했다. 어떤 내담자는 물질사용의 긍정적 특성을 강조하고 부정적 특성을 인정하지 않으려 하기도 한다. 그들은 물질을 사용하지 않을 이유보다 사용할 이유를 더 많이 찾아낸다. 이런 경우, 내담자에게 각 요인의 중요도를 따져보게 한다. 글상자 13.4에서 준영 씨는 암페타민 사용을 지속하는 것의 장점과 단점을 나열하고 각 항목에 중요도 점수(0~5)를 매겼다(회기에서 사용할 유인물은 보조 웹사이트 참조). 준영 씨는 암페타민을 사용하는 것의 이득은 중요도 점수 합계 15점, 비용은 합계 25점으로 평가했다. 암페타민 사용을 중단하는 것의 이득은 21점인 반면 비용은 4점으로 평가했다. 이 결과는 암페타민 사용을 지속할 때 긍정적 요인 및 부정적 요인의

글상자 13.4 장점/단점 균형표

0	1	2	3	4	5
전혀 중요하지 않음					매우 중요함

암페타민 사용 지속		**변화와 암페타민 중단**	
이득	**점수**	**이득**	**점수**
음주를 막는다.	5	돈을 아낄 수 있다.	5
내가 좋아하는 것이다.	5	경찰에 쫓기지 않는다.	4
화가 나서 이성을 잃는 일이 줄어든다.	3	집중을 잘할 수 있다.	4
편안한 마음이 든다.	1	남동생에게 나쁜 영향을 주지 않는다.	4
암페타민을 같이 하는 새 친구들을 사귄다.	1	더 많은 동기부여가 된다.	4
전체 점수	15	**전체 점수**	21
비용	**점수**	**비용**	**점수**
아침에 출근하기 위해 일어나기 힘들다.	4	암페타민을 같이 하는 친구들을 잃는다.	4
집중이 안 된다.	4		
초조하고 불안하다.	5		
다른 사람들이 나를 쳐다보는 것 같다.	4		
여자친구가 나와 헤어지겠다고 한다.	5		
어머니가 나를 집에서 내보낼 것이다.	3		
전체 점수	25	**전체 점수**	4

개수와 중요도 측면 모두에서 단점이 장점을 훨씬 능가한다는 사실을 분명하게 보여준다.

인지행동치료

심리교육 : 물질사용 5단계

물질사용은 대개 5단계 중 하나로 분류될 수 있다. 환자는 서로 다른 단계의 여러 물질을 사용할 수 있다. 표 13.1은 물질사용 5단계와 각 단계가 ADHD 환자에게 제공하는 기능 또는 동기를 설명한다(유인물 형식으로 보조 웹사이트에 제공됨).

ADHD의 특징은 감각 추구와 자극 욕구다. 5단계 중 마약을 실험하는 첫 번째 단계는 전율과 흥분으로 만족감을 제공하기 때문에 이들 욕구를 충족할 수 있다. 준영 씨는 학교를 무단으로 결석했을 때 어떻게 유기용제에 손을 대기 시작했는지 설명했다. 학교를 가지 않게 되자 준영 씨는 빈둥거리는 시간이 많아졌다. 그는 지루해서 전율과 흥분을 찾게 되었는데, 새로운 경험을 시도하면 원하는 바를 달성할 수 있을 것이라고 생각했다. 그는 공원에서 시간을 보내면서 술을 마시고 본드를 흡입하는 청소년 무리와 친구가 되었다. 그는 상점에서 물건도 훔치기 시작했다. ADHD 환자는 결과가 어떨지 생각하지 않으므로 향정신성 물질사용에 따르는 위험을 간과할 가능성이 크다. 건강이 나빠질 뿐 아니라 체포되어 처벌받을 위험이 있었지만 준영 씨는 신경쓰지 않았다.

물질사용의 두 번째 단계인 사회 단계는 ADHD 환자와 특히 더 관련이 있을 수 있는데, 이는 물질사용을 친구를 사귀고 인기를 얻는 방법으로 여길 수 있기 때문이다. 물질남용은 외톨이가 되지 않고 또래와 어울릴 수 있는 수단이 되기도 한다. ADHD 환자는 만약 마약을 사용한다면 오랫동안 바라던 대로 또래집단(비록 일탈을 일삼는 집단이더라도)에서 받아들여지리라고 믿을 수 있다. 준영 씨는 또래보다 나이 들어 보였기 때문에 15세가 되자 술을 사는 데 곧잘 성공했다. 잠깐 동안 준영 씨는 새 친구들 사이에서 인기가 있었다. 그들은 준영 씨에게 대신 술을 사오라고 시키곤 했는데, 그는 자신이 친구들에게 받아들여졌다고 믿었고, 그들과 공원에서 과음을 하며 시간을 보냈다. 그러나 새 친구들이 스스로 술을 살 수 있는 나이가 되자 그들은 더 이상 준영 씨에게 관심이 없었다.

도구 단계에 들어가면, 마약은 '정적 강화'를 제공한다. 환자는 마약을 복용하는 자체로 보상받는다고 느끼며, 다시 마약을 복용할 가능성이 높아진다. 많은 젊은이들이 밤새도록 춤을 추기 위해 엑스터시를 복용한다. 그들은 엑스터시를 복용하고 나서 피로를 느끼지 않고 즐거운 시간을 보낸다. 그러므로 다음에도 다시 엑스터시를 복용하게 된다. 그들이 마약을 사용하지 않으면 재미가 없고 마음껏 즐길 수 없다고 믿게 되면 그때부터 문제가 발생하기 시작한다. 역설적이게도, ADHD 환자에게는 그들이 집중과 과제 완수를 더 잘할 수 있는 것이 정적 강화일 수 있다. 그들은 회사에서 출랑거리며 돌아다니거나 대화 주제를 자주 바꾸고 싶은 충동을 이겨냄으로써 사회적 상황에 더 잘 참여할 수 있으므로 아마도 사회기술이 향상될 것이다. 예컨대 준영 씨는 '스피드(speed, 암페타민)'를 복용한 후에 더 자신감이 생겼고, 사회적 교류를 더 잘할 수 있다고 믿었다. 그리고 그는 자신이 더 재치있고, 새로운 친구들과 더 의미 있게 사귀게 되었다고 믿었다.

일상 기능을 수행하기 위해 매일 물질을 사용해야 하면 '습관 단계'로 넘어간다. 이것은 비용이 많이 드는 습관이다. 어떤 환자는 중독에 필요한 자금을 마련하기 위해 범죄 행위에 연루되기도 한다. 이것은 소소한 방법으로 시작될 수 있는데, 예컨대 어머니 지갑에서 돈을 빼내는 것 같은 '범죄'로 간주되지 않을 수도 있는 행동이다. 그러나 시간이 지남에 따라 이러한 행동은 가벼운 절도나 물건 훔치기 등으로 확대될 수 있다. 젊었을 때 준영 씨는 대마초와 스피드가 없으면 제대로 생활할 수 없다고 믿었다. 그래서 그는 대마초와 스피드를 더 사기 위해 핑계를 대고 집세를 연체하곤 했다. 빚이 늘어나면서 그는 친구, 부모님, 여자친구에게 돈을 빌렸다. 다음 월급날에 빚을 갚으려고 했지만 결코 계획대로 되지 않았다.

물질사용이 부정적 결과를 초래함에도 불구하고 계속 사용하고 물질 없이는 살아갈 수 없다고 느낄 때 '의존' 상태가 나타난다. 준영 씨가 클럽에서 밤을 새면서 다종마약을 사용한 날은 아침에 일어나지 못해 출근할 수 없었다. 여자친구는 그가 돈을 낭비하고 흥분했던 것에 대해 화가 났다. 그래서 준영 씨는 그녀를 만나지 않고 피했다.

물질사용 중단 전략

Bellack과 DiClimente(1999)는 내담자가 치료를 시작하면 물질사용을 끊고 그 상태를 유지하는 데 필요한 기술을 배워야 한다고 했다. 이 단계에서 치료 회기는 눈 맞춤, 웃지 않기, 명확하게 '아니요'라고 말하기 같은 단순한 행동요소에 중점을 두는 물질사용을 거부하는 행동기술을 포함한다. 일반적으로 공개 시연은 치료 효과를 향상시키므로 (예 : Kazdin & Mascitelli, 1982) 역할극은 치료 회기에 도움이 된다. 이 단계의 목표는 내담자가 자동적으로 사용할 수 있는 몇 가지 기술을 익혀, 스트레스가 많은 상호작용에서 의사결정에 대한 인지적 부담을 최소화하는 것이다.

내담자가 실행 단계에 들어서면, 이 상태를 유지하고 유혹을 이겨내는 기술을 개발하도록 지원받는다. 이 단계에서 내담자는 신체적, 심리적 갈망을 극복하는 데 성공적인 전략을 사용하도록 자신감을 향상시킨다. 이는 주의분산과 심상, 역기능적 신념 공략 및 제어, '선택' 개념을 활용한 자기역량강화, 자존감 향상, 자기강화 기법 적용, 활동계획, 동기를 강화하는 사회적 지지, 보상과 긍정적 피드백 같은 방법을 채용하여 달성할 수 있다.

신체적 갈망 및 충동조절

갈망은 무언가를 진정으로 '원할 때'를 의미하며, 충동은 무언가를 '하는 것'과 관련된다. 예컨대 어떤 음식을 먹고 싶을 때는 갈망인 반면에 '반드시' 먹어야 한다는 느낌이 들 때는 충동일 수 있다. 충동을 느끼는 사람은 무언가 원하는 느낌을 해소하지 않으면 불편하다. 신체적 갈망과 충동은 부정적 기분과 낮은 자존감 모두 또는 어느 한쪽과 연관된다. 갈망을 조절하는 데는 대화나 음악감상 같은 주의분산 기법이 유용하다. 충동은 원하는 것을 덜 유해한 것으로 대체하여 해소할 수 있다. 예를 들면 마약재활 프로그램을 받는 환자에게 흔히 헤로인 대신 메타돈이 제공되며, 니코틴 패치는 담배의 효과적인 대체물로 사용될 수 있고, 껌이나 탄산음료는 마약과 알코올 충동을 완화하는 데 도움이 될 수 있다. 내담자는 이미 효과적인 기법을 찾았을 수도 있다. 표 13.5는 과거에 준영 씨에게 효과가 있었던 주의분산 및 대체 기법 목록이다. 그는 또한 자신이 시도해볼 수 있는 몇몇 기법을 목록에 추가했다(회기에서 사용할 수 있는 유인물은 보조 웹사이트 참조).

글상자 13.5에 요약된 주의분산 기법은 내담자에게 시도할 만한 아이디어를 알려줄 수

표 13.5 주의분산 및 대체 기법

물질 : 암페타민	
효과적이었던 주의분산 기법	**충동을 제어하는 대체 기법**
체육관에서 운동을 한다. 기타를 연주한다. 신영 씨와 대화하고 도움을 청한다. 달리기를 한다.	카페인이 든 차나 커피를 마신다. 니코틴 껌을 씹는다 카페인 정제를 먹는다. 에너지 음료를 마신다.

글상자 13.5 주의분산 기법

- 내적 갈망에서 오는 생각을 분산하기 위해 외부 환경에 집중한다 – 나무, 잔디, 사람, 가게 등.
- 암산, 십자말풀이 퍼즐, 독서 같은 정신 활동에 몰입한다.
- 물질과 연관이 없는 사람과 대화한다.
- 빠르게 산책하기, 친구 만나기, 드라이브 등 신체 활동이나 외출을 한다.
- 집안일을 하며 바쁘게 움직인다.
- 카드, 컴퓨터 게임, 보드 게임 등을 하며 시간을 보낸다.

있다. 이 글상자는 보조 웹사이트에 유인물 형식으로 제공되며, 플래시 카드로도 제공되므로 지갑에 넣어두고 필요할 때 꺼내서 읽어보면 사용할 수 있는 기법을 떠올릴 수 있다. 예컨대 내담자가 갈망에 대처하는 인지적 방법 중 하나는 자신에게 '중지!'라고 말하는 것이다. 이를 위해 정지 신호나 벽돌담을 연상하는 시각 심상을 사용하도록 훈련한다. 그런 다음 자신의 주변 환경에 집중하며 방 안에 있는 물건들을 아주 자세히 설명한다. 긴장감이 줄어들고 편안해지면, 마음속으로 어떤 이미지를 떠올린다. 내담자는 긍정적 이미지, 예컨대 바닷가 같이 자신이 안전하게 느끼고 행복했던 장소를 떠올리고, 갈매기 울음소리, 철썩거리는 파도소리, 발가락 사이의 모래 등 세세한 느낌에 집중해볼 수 있다. 반면 내담자는 집과 가족, 친구, 건강을 모두 잃어 사랑하는 사람들의 마음을 아프게 하고, 자신에게 분노하는 것 같은 부정적 이미지를 사용하고 싶을 수도 있다. 내담자가 물질남용 환자를 상상할 때 글상자 13.1 연습을 다시 검토해 그들의 삶과 비사용자의 삶을 비교하고 연습의 여러 측면을 심상에 포함시키면 도움이 될 수 있다.

역기능적 신념

역기능적 신념과 중독 신념은 전혀 도움이 안 되며, 물질에 대한 통제할 수 없는 충동을 일으키는 주요 원인으로 작용한다. 그림 13.2는 이런 사고와 갈망, 충동 사이의 부정적 순환 관계를 보여준다.

이 그림은 치료에 사용될 수 있는데, 내담자는 그림의 빈 도형에 해당하는 사고와 행동을 기입한다. 이를 통해 인지적으로 공략할 수 있는 사고와 신념을 찾는다. 역기능적 신념은 물질남용이 지속되는 데 중요한 역할을 한다. 내담자인 가인 씨는 다른 사람들은 그녀가 잘 어울리고 재치있게 말할 때만 그녀를 좋아한다고 믿었다. 그녀는 술을 마시면

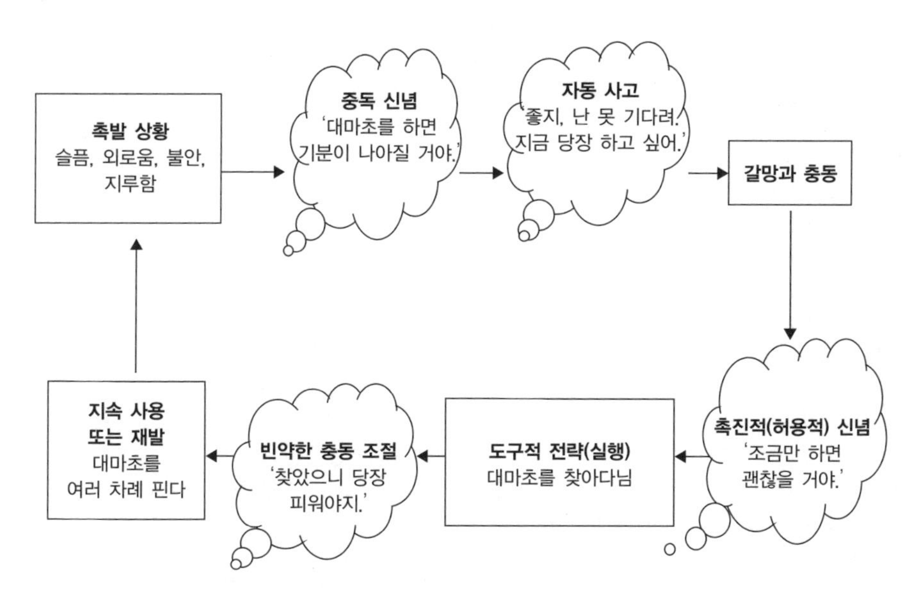

그림 13.2 갈망과 충동을 느낄 때 사고 및 신념 연쇄

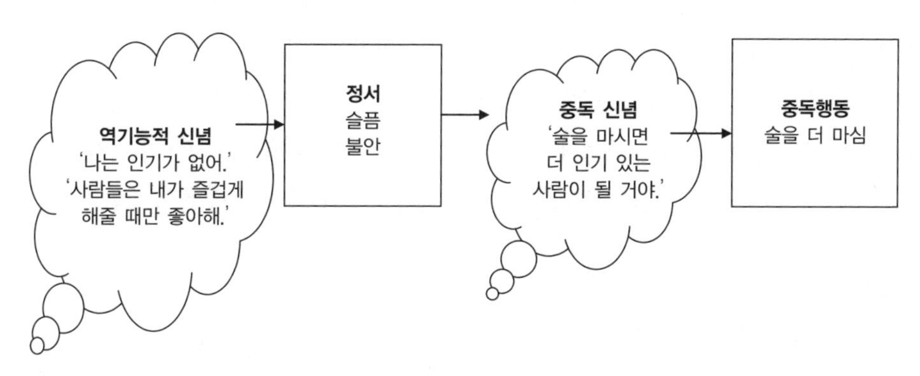

그림 13.3 물질남용을 지속시키는 역기능적 신념

더 재미있어진다는 역기능적 신념을 만들어냈다. 이 신념은 음주 충동을 강화시키고 술을 마시면 자신이 더욱 호감 가는 사람이 된다는 중독 신념을 만들었다. 그림 13.3은 가인 씨의 역기능적 신념과 중독 행동의 관계를 보여준다(보조 웹사이트에 사본이 제공됨).

표 13.6은 ADHD 환자가 흔히 갖는 중독 신념의 예다.

선택과 자존감

물질남용의 깊은 단계에 이른 환자는 선택과 의지의 개념을 망각한다. 내담자는 물질사

표 13.6 중독 신념

(　　　)을 복용하면…	중독 신념
집중이 잘 된다	(　　　)이 없으면 집중할 수 없어.
내면의 불안이 줄어든다	(　　　)이 없으면 침착할 수 없어.
자신감이 생긴다	(　　　)이 없으면 잘할 수 없어.
사회생활을 잘하게 된다	(　　　)이 없으면 나는 웃기고 멍청해 보일 거야.
자기효능감이 향상된다	(　　　)이 없으면 해낼 수 없어.
기쁨과 흥분이 증대된다	(　　　) 없는 삶은 지루해.
활력과 동기가 생긴다	(　　　)은 나를 움직이는 유일한 힘이야.
지루하지 않다	(　　　)을 미리 해두면 그리 지루하지는 않을 거야.
긴장, 불안, 우울감이 완화된다	(　　　)이 없으면 대처할 수 없어. 약은 자신감을 갖는 유일한 방법이야.
심리적, 정서적 균형이 유지된다	(　　　)이 없으면 몸과 마음이 엉망이 될 거야.
사회기술이 향상된다	(　　　)을 하면 나는 대화를 더 잘하고 외향적인 사람이 돼.
갈망이 완화된다	갈망을 달래주지 않는다면 더 심해질 거야.
의존을 합리화해준다	나는 중독되었기 때문에 어쩔 수 없어.

용을 끊기로 결정하고 긍정적 결과 및 자존감을 얻었을 때를 돌이켜보고, 어떻게 느꼈는지 설명한다. 치료자는 내담자가 이 단계로 다시 돌아갈 수 있도록 돕는 방법을 찾고, 내담자는 물질남용을 끊으려고 노력할 때 나타났던 긍정적 감정과 경험, 행동 같은 좋은 점에 집중해야 한다. 이 기법은 충동에 쉽게 휘말리고 자기통제 부족을 선택의 여지가 없다는 뜻으로 여기는 잘못된 신념, 즉 사고 오류를 가진 ADHD 환자에게 특히 도움이 된다.

자기강화 기법

포스터는 목표, 즉 물질사용을 줄이거나 끊는 목표를 상기시키는 유용한 도구다. 장점/단점 표를 벽에 붙이거나, 충동이나 갈망이 생길 때 사용할 수 있는 주의분산 기법 목록

글상자 13.6 자기강화 플래시 카드

나는 (　　　) 없이 더 잘 통제하고 있어.
나는 (　　　)이 없으니 덜 공격적이야.
내 가족과 친구들에게 상처를 주고 싶지 않아.
나는 (　　　)이 없으니 더 건강해 보여.
나는 (　　　)을 원하지 않아. **지금** 당장 끊고 싶어.

을 만들면 도움이 될 수 있다. 플래시 카드를 지갑에 넣고 다니면 물질사용을 중단할 때 장점을 상기시키는 데 사용될 수 있다. 내담자는 카드를 항상 휴대하면서 의지가 약해지고 흔들릴 때 카드를 읽는다(글상자 13.6 참조). 이런 목적으로 사용될 수 있는 예가 보조 웹사이트에 제공된다.

치료 과정에서 결정된 대처 전략과 기법을 플래시 카드 뒷면에 적어 두면 내담자가 위험기를 넘길 때 유용하다.

활동계획

활동계획은 내담자가 물질남용에 취약한 위험기를 극복할 수 있도록 구조화된 계획을 세우는 것이다. 내담자가 갈망, 충동, 금단에 민감할 가능성이 높은 시기에는 각별히 주의를 기울여야 한다. 활동계획에 관한 자세한 정보는 기분저하 및 우울증 모듈(제11장)을 참조한다.

사회적 지지

내담자 혼자 힘으로 해결하려 애쓰지 말고 친구와 가족의 지지와 도움을 받는 것이 매우 중요하다. 또한 과도한 정서반응을 줄이고, 자기파괴적 행동을 수정하고, 물질사용의 문제 측면에 대한 신념과 태도를 변화시키는 데 도움이 되는 체계적 치료와 지지를 제공하는 서비스를 이용할 수도 있다. 이 중 일부는 지역사회에서 상시 이용할 수 있는 서비스로 내담자는 이를 통해 비밀 상담과 진찰을 받을 수 있다. 또 다른 서비스는 보다 더 체계적인 중독재활치료를 제공한다. 내담자의 향후 계획과 재발 방지를 위해서는 치료 이후에도 외부의 지속적인 지원이 필요하다. 인터넷 지원 그룹 역시 이런 지원을 제공하는 곳 중 하나이다.

보상과 긍정적 피드백

ADHD 환자에 대한 치료 프로그램에서 보상은 매우 중요하다. 환자가 물질사용을 줄이거나 중단하는 데 성공했을 때 스스로 격려하거나 칭찬하고 구체적인 보상을 하는 것은 즉각 보상이다. 내담자는 다른 사람에게도 자신의 진전을 알려 그들의 지원과 격려를 받을 수 있다. 이는 환자의 자신감과 사존감을 북돋는 데 도움이 된다. 선물과 보상, 자랑, 자신의 성과를 다른 사람에게 말하기 등은 환자의 자신감을 높여줄 것이다.

요약

변화 과정에는 먼저 개인의 수용이 필요하며, 이것이 이루어지고 나면 구체적인 치료 기법을 사용하여 금단(abstinence)과 건강한 생활방식을 유지할 수 있다. 물질남용은 복합적인 문제이므로 의존 수준으로 장기간 남용한 ADHD 환자에게는 전문가의 중재와 재활이 필요하다. 이 모듈은 장기간 간헐적으로 물질을 사용하는 환자에게 적합한 중재를 제공한다. 이런 환자는 이 모듈에 간략히 설명된 동기강화상담 기법을 사용하는 치료에 적합하다. 동기강화상담은 환자가 사회생활에서 지나친 마약과 알코올에 의지하거나 비처방 약물로 건강에 손상을 입는 위험에서 벗어나는 데 도움이 된다.

집단치료 : 물질사용 모듈

집단치료를 준비하기 전에 이 장을 반드시 읽어야 한다. 아래에 집단 회기를 6회로 요약하였다. 회기의 횟수는 필요에 따라 늘리거나 줄일 수 있다.

계획

1회기 시작 활동
2회기 심리교육 – 변화의 5단계, 변화의 범이론적 행동 변화 단계 모델
역기능적 신념과 중독 신념, 관리 전략 및 보상
3~5회기 연습
6회기 심리교육과 기법 및 보상 검토
숙제 결과/경험 토론
장애물 및 극복 방안

시작 활동

어떤 알코올/마약을 사용하는가? 얼마나 자주 사용하는가? 실험과 규칙적 사용의 차이에 관해 토의한다. 오락용 사용과 의존성에 관해 토의한다.
왜 음주/물질남용을 하는가? 음주/물질남용을 시작한(발병) 이유를 토의한다. 음주/물질남용을 지속하는(유지) 이유를 토의한다.
과도한 음주/물질남용의 결과는 무엇인가? 과거 경험과 학교, 직장, 가족 및 친구관계에 미친 영향에 관해 토의한다.
줄이거나 끊으려고 시도한 적이 있는가? 결과는 어떻게 되었는가? 집단 토의.

심리교육

물질사용 5단계를 설명한다.

(계속)

실험, 사회, 도구, 습관, 의존
각 단계의 관계를 설명한다.
표 13.1 물질사용 5단계
참가자가 자신이 사용하는 물질이 어떤 단계인지 확인하게 한다.
변화의 범이론적 행동 변화 단계 모델을 설명한다.
글상자 13.2 도움 요청 5단계
변화 '준비'와 변화의 단계 간 주기적 이동에 관해 토의한다.
역기능적 신념과 중독 신념이 어떻게 물질남용을 지속시키는지 설명한다.
그림 13.2와 13.3 역기능적 신념
표 13.6 중독 신념
물질사용 중단에 효과적인 전략을 설명한다.
역기능적/부정적 사고 공략하기(제9장 불안 모듈 참조)
갈망과 충동을 완화하는 주의분산 및 대체 기법
선택과 자존감
자기강화 기법(포스터, 플래시 카드-글상자 13.6)
활동계획(제11장 기분저하 및 우울 모듈 참조)
이완 기법(제9장 불안 모듈 참조) 호흡 연습 및 점진적 근육 이완(회기 중 실시)
사회적 지지
보상
목표 달성에 이르는 점진적 단계에 대한 보상을 정한다.

연습

과도한 음주/물질남용의 결과를 토의한다.
글상자 13.1 위험 영역 연습을 완성한다.
물질남용과 관련된 문제를 확인한다(표 13.2를 각자 완성한다).
참가자의 문제를 연관 비교 및 대조하고, 물질사용 단계와 연결짓는다.
내담자의 개선목표를 세운다.
물질사용을 중단하는 장점과 단점을 토의한다.
표 13.4 의사결정균형표를 작성한다(개별 연습).
글상자 13.4 장점/단점 균형표를 작성한다(개별 연습).
심리교육에서 다루었던 내용 중 물질사용 중단에 적용할 수 있는 전략을 토의한다.
그림 13.2와 13.3을 완성하여 자신의 역기능적 신념과 중독 신념을 확인한다(개별 연습). 이를 다른 사람과 비교하고 토의한다. 역기능적 신념과 중독 신념 공략에 관해 토의한다(제9장 참조).
선정된 참가자가 선택과 자존감 연습을 한다(본문 참조).
변화의 동기에 관해 토의한다.
선정된 참가자가 글상자 13.3 변화의 문제를 집단과 함께 작성한다.
그 참가자와 집단이 함께 심리교육에서 다루었던 내용 중 약물을 중단하는 데 적용할 수 있는 전략을 찾고 토의한다.
그 참가자의 실행 계획을 모델로 돌발적인 재발 등에 대한 '행동 실험'을 실시한다(집에 가져갈 수 있는 견본의 초안을 집단과 함께 작성한다).

(계속)

주의분산 및 대체 기법, 인지 공략, 자기강화 기법, 활동계획, 이완 전략, 사회적 지지를 고려한다.
동기부여를 지속하기 위한 보상과 성취에 대한 보상을 고려한다.
성취를 방해하는 장애물과 극복 방안을 토의한다.
다른 참가자에게 위 과정을 반복한다.

숙제

글상자 9.4와 9.5(이완 기법)를 숙제로 배부한다.
선택한 기법을 '행동 실험'으로 적용하고 견본을 적절하게 수정한다.

PART 04

미래 모듈

14
미래 준비 모듈

미래 준비 모듈은 '독립된' 모듈로서 영-브램험 프로그램 치료에서 항상 최종 모듈이 되어야 한다. 따라서 어떤 모듈이 선행되었든 상관없이 치료는 항상 이 모듈로 끝난다. 치료가 마지막 단계에 이르면, 치료자는 내담자와 자기 성장 여정을 함께 했다고 느낄 것이다. 이 여정은 "당신은 ADHD입니다"라는 말로 시작되었다. 내담자에게 이 말은 진단일 뿐 아니라 자기를 이해하는 틀이었다. 내담자들, 특히 청소년과 젊은 성인은 가족이나 양육자로부터 독립해서 안녕과 행동을 책임지게 되기 때문에 불확실성과 도전의 기간 동안 지원을 받을 것이다. 어느 쪽이든 내담자는 결국 자신의 질환에 순응, 적응하고 일부는 수용하면서 정서적으로 힘든 과정을 거쳤다고 느낄 것이다.

치료자로서 이 여정은 내담자에게 기술을 개발 또는 향상시키기 위한 새로운 심리 기법을 전수하는 일과 관련이 있다. 영-브램험 프로그램은 모듈 설계를 통해 내담자 요구에 심리중재를 맞춤 제공하는 구조이다. 이 프로그램은 제I부와 제II부부터 시작되는데, 프로그램 배경을 설명하고 ADHD 핵심 증상, 즉 주의력, 기억, 시간 관리, 충동조절장애를 관리하는 치료 모듈을 제시한다. 제III부는 ADHD에 흔히 동반되는 공존질환 및 연관 문제에 대한 치료 모듈을 상세히 소개한다.

이 최종 모듈은 미래에 대한 계획 및 준비에 대한 내용이다. ADHD 환자는 계획 기술 면에서 효율성이 부족하다(Young et al., 2007). 일반적으로 청소년은 스스로 계획을 세우라는 요구에 직면한 적이 없다. 하지만 성장하면서 자율적인 존재가 됨에 따라, 그들의 미래에 대해 결정하고 계획을 세워야 한다. 그때 그들은 좋은 계획 기술을 지니고 있지 못하다는 사실을 알게 된다. 그들은 과거에 자신의 주변 세계를 조직화하기 위해 다른 사람에게 지나치게 의존했기 때문에 자신이 지닌 계획 기술을 활용한 적이 거의 없다.

그들은 얼마나 오랫동안 ADHD 증상을 겪을지, 그것이 일상 활동에서 그들의 기능을 얼마나 손상시킬지 모른다. 게다가 이런 일상 활동은 늘 같지 않고 삶이 변함에 따라 변화한다.

미래를 위한 준비와 계획이 매우 중요한 이유는, 내담자가 문제해결에만 급급하지 않고 자신이 가진 강점을 최적화해서 미래에 적용하는 보다 긍정적 위치로 올라설 수 있게 해주기 때문이다. 그럼에도, 치료 종결은 언제나 어려운 일이다. 이것은 사연 많은 일생을 살았지만 아무도 그 사연을 들어 주거나 관심을 보인 적이 없다고 느끼는 ADHD 환자에서 특히 더 그렇다. 영-브램험 프로그램을 진행하는 치료자는 그들의 개인적 요구 및 발달에 대해 들어 줄 뿐 아니라 적합한 프로그램도 제공한다. 이런 차원의 지원 혹은 이해는 내담자가 처음 접하는 경험일 수 있으므로 치료 종결은 조심스럽게 다루어져야 한다.

최종 치료 회기에는 이때까지 배운 내용을 실용적으로 검토할 뿐 아니라 내담자가 겪은 정서적 여정을 확인하고 처리하기를 권한다. 이 회기에서 치료자는 내담자와 함께 미래에 대한 고찰, 자존감 높이기를 진행하며, 성취에 대해 검토하고 앞으로 이것을 어떻게 극대화해 건강한 정신 기능과 중요한 성공을 촉진할 것인지 논의한다.

영-브램험 프로그램의 다른 모듈과 마찬가지로 이 마지막 모듈은 ADHD의 다양한 경과에 대한 논의 형식으로 이루어진 심리교육으로 시작한다. 그러고 나서, 현재까지 이룩한 진전에 대해 검토하고 내담자가 미래에 기대하는 바를 논의한다. 이 모듈의 목표는 ADHD가 앞으로 환자에게 미칠 영향, 현실적으로 달성 가능한 목표, 목표를 달성하기 위한 계획, 미래의 노력에 대한 지원을 요청하는 가장 좋은 방법에 대한 인식을 재고하는 것이다. 치료자는 ADHD가 가진 창의성과 회복탄력성 같은 긍정적 측면을 강조해야 하며, 내담자가 매일 직면하는 문제뿐 아니라 중·장기 계획에서도 성공을 거두기 위해서 이런 특성을 활용하는 방법에 관해 논의해야 한다. 특히 자기에 대한 기대가 미래의 결과에 어떻게 영향을 미쳐 자기충족예언이 되는지 고찰하는 것이 중요하다. ADHD가 있는 많은 사람이 자신에 대해 부정적 가정을 하고 실패를 예상한다. 하지만 그들의 역량을 재평가해서 자기효능감을 키우고 더 큰 목적의식을 갖도록 독려할 수 있다.

그러므로 영-브램험 프로그램 마지막 회기에서는 ADHD 경과 및 후유증을 검토하고, 치료 중에 나온 중요한 주제를 요약한다. 치료자는 앞서 여러 모듈에서 효과적이었던 인지행동 기법을 강조하고 강화해야 한다. 자존감 높이기는 영-브램험 프로그램의 모든 모듈에서 암묵적 주제로 다루어진다. 그러나 치료를 종결하는 시점에는 과거 성공 및 성취에 주의를 기울이고 미래의 수행에 대한 자신감과 자기효능감을 개선하는 구체적 기법을 소개하면서 자존감 높이기가 보다 명확한 주제로 떠오른다. 마지막으로, 치료자는 치료 회기에 제공된 정서적, 현실적 지원을 외부 자원으로 이전하는 과정에 내담자를 참여시킨다. 이는 친구, 가족, 때로는 다른 전문가의 도움을 요청하는 일과 관련이 있을 수 있다.

따라서 치료 종결은 네 가지 과정으로 이루어진다.

1. ADHD 경과와 미래에 대한 내담자의 기대 검토하기
2. 자존감 향상을 위해 과거 성취와 치료 기간 중 성공 검토하기
3. 현실적으로 성취 가능한 미래 목표를 찾고, 그것을 달성하기 위한 단계 정하기
4. 치료 환경 밖에서 사회적 지원에 접근하는 방법 실행하기

ADHD 경과

ADHD는 다양한 증상이 각기 다른 속도로 감소한다. 이 질환의 경과는 일반적으로 과잉행동이 가장 먼저 감소하고 이어서 충동성이 줄어든다. 부주의는 성인기까지 지속되는 가장 현저한 증상으로 보인다(Bramham et al., Psychological Medicin 인쇄 중). 하지만 많은 내담자가 더 이상 전체 증상을 보이지 않거나 진단기준을 충족하지 않을 때도 부분적인 증상을 보인다(Young & Gudjonsson, 2008). 이것은 '부분 관해 ADHD'로 알려져 있으며, 일부 환자는 몇몇 증상이 중년까지 지속될 수 있다. 그러므로 성인기까지 약물치료가 필요한 환자도 있다. 기타 일부 환자는 어떤 상황이나 환경에서 잔류 증상이 지속되어 기능문제를 일으키는 경우에만 약물치료가 필요할 수 있다.

증상이 기능문제를 일으키는 정도를 결정하는 세 가지 주요인은 다음과 같다.

1. **생물학적 변화** : 뇌 성숙 같이 ADHD 증상에 직접 영향을 미치는 변화
2. **환경 변화** : ADHD 증상으로 인한 문제를 줄이기 위해 주변 환경을 변화시키는 능력
3. **심리 대처 전략** : ADHD 증상이 자신에게 어떤 영향을 미치는지 깨닫고 증상과 문제를 관리하기 위한 내부 기술을 발달시킴

내담자가 생물학 변화 속도를 높이기 위해 할 수 있는 일은 많지 않다. 약물치료는 증상 완화에 도움이 되지만 증상의 근본 원인을 치료하지는 못한다. 이는 안경이 더 잘 보는 데 도움이 되지만 시력 자체를 바꾸지 못하는 것과 같다. 약물치료가 집중력과 충동 조절을 (다양한 정도로) 개선한다는 사실이 입증되었지만, 약 효과가 떨어지면 증상이 다시 나타난다. 그럼에도 환경 및 심리 요소에 영향을 미치기 위해 적용할 수 있는 몇몇 방법이 있으며, 이 중 많은 방법이 영-브램험 프로그램 모듈에 소개되었다.

대다수 환자는 성숙하면서 차츰 일부 증상이 개선되는 경험을 하지만, 어떤 사람은 ADHD 증상이 더 이상 문제를 유발하지 않음에도 불구하고 ADHD가 남긴 '유산'으로 인한 어려움을 겪는다. 가령, 일부 환자는 낮은 자존감으로 인한 기분 관련 문제를 겪는다. 그들은 ADHD 증상이 개선되었음에도 불구하고, 낮은 자기기대와 가치 저하라는 악순환에 빠진다. 그들은 기대 이하의 성취를 예상한다. 실제 ADHD는 이질성 증후군이지만, 많은 내담자가 자신의 잠재력을 달성하지 못하고 있다는 믿음을 공통되게 보고한다. 그들은 지금까지 자신이나 그들이 좋아하는 타인을 실망시켰다고 느낀다. 낮은 자존감과 빈약한 자기효능감은 이 성취 지향 사회에서 성공할 수 있는 능력을 떨어뜨릴 것이 틀림없다. 다시 말해 ADHD 환자는 과거 수많은 계획을 시도했다 실패했기 때문에, 차츰 자신을 믿지 못하고 결코 자신은 성취하지 못할 것이라고 믿을 수 있다. 이런 경우, 실패는 또 다른 실패를 부른다. 성공을 인식하더라도 흔히 축소되며, 환자는 더 이상 자신을 믿지 않게 된다. 이것은 실패할 것이라고 예상하는 자기충족예언으로 또다시 실패를 하게 되는 악순환을 부른다.

후기 청소년기 또는 성인기가 될 때까지 ADHD 진단을 받지 못한 환자는 오랫동안 ADHD 증상 및 연관 문제를 지닌 채 살면서 (대개 역기능적으로) 대처한다. 일부 환자, 특히 IQ가 높은 환자는 기능적 보상 전략을 개발하지만, 경쟁적 요구나 스트레스 사건에 의해 압도되면 그런 전략을 적용하기 어렵다. 이런 ADHD 성인은 소아기에 진단받고 치료를 받은 사람과는 다른 문제를 갖고 있을 가능성이 높다. 심지어 ADHD 증상이 완화되더라도 내면화된 실패와 학습된 무력감이 대인관계와 사회활동 전반에 '뿌리 깊게' 자리 잡고 있을 수 있다. 타인의 의도와 행동을 오귀인하는 성향은 그들 자신의 부적응적 행동과 함께 깨뜨리기 어려운 악순환을 구성할 수 있다. 전통적으로, 소아 ADHD로부터 '졸업하는' 심리 적응 과정이 항상 고려되는 것은 아니다. 그러나 이들은 스스로를 개인, 사회, 직업에 심각한 후유증을 남기는 어떤 증후군의 '생존자'로 느끼는 경우가 많다. 우리는 이것을 ADHD의 '유물(hangover)'로 부른다. 공식적으로 더 이상 ADHD 환자로 분류되지 않게 되면, 가족이나 친구들은 환자가 처한 현재의 어려움을 냉정하게 동기 결여나 태도 문제로 생각하고, 자신감 결여나 불안정감에서 비롯되었음을 인식하지 못할 수 있다. ADHD '졸업자'는 흔히 인생에서 자기 위치, 기량, 역량, 기회를 재평가해야 한다. 이들이 자신이 원하는 바를 알고 나면, 목표를 향해 첫발을 내딛고 한 걸음씩 다가가도록 격려받아야 할 것이다.

자존감 높이기

ADHD 환자는 흔히 실제 성취와 잠재력 간의 불일치에서 비롯된 만성적인 실패감과 다른 사람들과 같은 결과를 달성하기 위해서는 더 열심히 노력해야 한다는 신념을 가진 상태에서 치료를 시작한다(Ramsay & Rostain, 2005). 그들은 문제가 사라지거나 저절로 해결되기를 바라면서, 어려운 상황에 대해 회피 혹은 지연으로 반응하는 대처 방식을 발달시켰을 수 있다. 치료에 참여하면 이런 점이 더 명확해지기 때문에 자신의 문제가 갖는 심각성을 더 확실히 알고 과거에 기회를 잃어버린 데 대해 후회하게 된다. 따라서 ADHD 환자를 중재할 때는 항상 그들의 자존감이 취약하다는 점을 인식해야 한다.

어떤 상황에서 성공하거나 단순히 대처하는 능력에 대한 부정적 가정과 기대 때문에 내담자는 여러 상황과 활동을 회피하기 쉬우며, 특히 이런 상황이나 활동이 불안을 유발하고 대처하기 힘들다고 인지할 때 더욱 그렇다. ADHD 환자(ADHD '졸업생'까지도)가 직면하는 가장 어려운 도전은 자존감 개선이다. 이것은 (증상이 있건 없건 상관없이) 젊은 ADHD 환자의 부정적 경험이 장기적이고 뿌리 깊기 때문이다. 암담하게 들릴 수 있지만, 치료를 받은 사람들에게 항상 장밋빛 미래가 기다리는 건 아니다. 그들은 여전히 다양한 개인적, 사회적 장애물에 부딪힐 가능성이 많기 때문이다. 역설적이게도, 자기효능감이 항상 문제로 나타나는 것은 아니며, (대개 실현되지 못한) 자신의 잠재력에 대한 내재된 신념이 아마도 그들의 성격에서 회복탄력성 측면을 구성하는 토대가 될 것이다(그림 1.1 참조).

따라서 ADHD를 겪는 것은 '좋은 경험, 나쁜 경험, 추한 경험'으로 특징지어질 수 있다. 지금까지 '나쁘고' '추한' 경험은 잘 설명되었다. 그러나 ADHD의 긍정적 특징과 그런 특징이 ADHD 내담자의 미래 전망에 미치는 영향에 초점을 맞추는 것이 중요하다. 사실 ADHD 환자에게는 이끌어낼 수 있는 많은 강점이 있다. 그들은 흔히 창의적이고, 예술적이며, 재치가 넘치고, 유쾌하다. 가장 중요한 점은 그들이 자신의 전문적 기량을 끌어내어 전문 영역을 확립하는 것이다. 그런 기량은 종종 예술, 디자인, 음악과 같은 창의적 재능 형태를 취하지만, 가령 컴퓨터 기술 같은 보다 실용적인 기술일 수도 있다. 이러한 ADHD 환자의 강점은 근본적인 낙관주의와 자신에 대한 신념의 토대를 형성하는 '특출난 우수성(islands of excellence)'으로 볼 수 있다. 이런 특성은 제1장에 제시된 ADHD의 인지행동모델에서 설명하는 회복탄력성 과정에 필수적인 촉매제다.

회복탄력성은 ADHD 환자가 끈기를 갖게 하는 요인이다. 실제로 ADHD 환자들의 모토 또는 규칙은 '칠전팔기', 즉 '처음에 성공하지 못하더라도 도전하고 또 도전하라'는 격언이다. 시도하지 않는 사람은 결코 성공하지 못한다. 삶이 힘들고 일이 잘 풀리지 않을 때 부정적 자기충족예언이 잠깐 동안 영향을 미칠 수는 있지만, 곧 회복탄력성이 효과를 발휘하게 된다. 이것은 절망이나 실패를 거부하는 완고한 고집 때문일 수 있다. 한편(아마도 더 가능성이 높겠지만), 이런 현상은 타고난 창의성, 낙관주의, 새로운 도전에 대한 관심으로부터 비롯된 대안 사고 과정 때문일 수 있다. 어떤 문제에 대한 다양한 해법과 여러 가능성이 존재하는 것은 그들이 다양한 성공 기회에 접근할 수 있음을 의미한다. 진흙을 퍼서 벽에 던진다면, 그중 일부는 벽에 붙을 것이다. 이처럼 ADHD 환자는 인생의 진정한 기업가들이지만, 성공하기 위해서는 자신만의 구조와 경계를 정할 방법을 강구해야 한다.

낮은 자존감은 영-브램험 프로그램에서 계속 반복되는 주제이다. 이 논점을 다루기 위한 별도의 모듈이 포함되지 않은 이유는 자존감 개선이 매우 중요해서 프로그램 각 모듈에 이 개념이 포함되어 있기 때문이다. 이 최종 모듈에서는 치료자가 내담자와 함께 (1) 일생의 성취를 전반적으로 검토하고 (2) 치료 기간에 이룬 진전과 성공을 살펴보고 성취를 재검토함으로써 내담자에게 자율권을 주고 미래에 대한 자신감과 자존감을 높인다.

일생의 성취 검토

ADHD 내담자가 목표를 정하고 미래에 자신의 잠재력을 달성하도록 동기를 부여하기 위해서는 과거부터 현재까지의 성취와 성공을 검토해야 한다. 치료자는 내담자의 강점에 주목하고 그들이 잘하는 것을 강조해야 한다. ADHD 환자는 흔히 자신의 약점과 잘하지 못하는 일에 대해 아주 잘 안다. 글상자 14.1의 '상위 10가지 성취' 연습은 내담자

글상자 14.1 상위 10가지 성취

지금까지 달성한 당신의 10가지 성취

1. 승우를 낳아서 혼자 키움
2. 보육교사 훈련을 받음
3. 기금 조성을 위해 지역 신문에 투고함
4. 운전면허 시험에 합격
5. 자가용 구입
6. 학교 수영 대회에서 우승
7. 학교 전시회에 미술 작품 전시
8. 담배를 끊음
9. 집을 조금씩 고침
10. 학교에서 시험을 치르고 자격증을 취득함

가 자신의 자랑스러운 성취에 주목하는 데 도움이 된다. 이것은 경아 씨 사례에서 확인되는데, 경아 씨는 32세 내담자로 ADHD로 진단받은 어린 아들 승우를 키우고 있다. 이 사례는 회기 중에 활용할 수 있도록 보조 웹사이트에 게시되어 있다.

치료자는 내담자가 앞날에 대한 목표를 정하도록 독려해야 한다. 다른 사람들로부터 성공을 인정받기 위해서는 대개 문서 작업이 필요하다. 따라서 실질적인 결과를 얻을 수 있는 프로젝트에 포함된 미래 목표가 매우 유용한데, 이는 확실한 정적 강화를 제공하기 때문이다. 회기에서 경아 씨는 미래에 달성하고 싶은 목표 목록을 작성했다(글상자 14.2 참조). 이 목록 역시 회기에서 사용할 수 있도록 보조 웹사이트에 게시되어 있다.

경아 씨가 목표를 정하고 나서, 치료자는 영-브램험 프로그램에서 배운 것을 토대로

글상자 14.2 미래의 목표

내년에 이루고자 하는 다섯 가지 목표

1. 자격증을 갖춘 보육교사가 된다.
2. 미술 수업을 듣는다.
3. 새 차를 구매한다.
4. 주방을 새로 꾸민다.
5. 수영을 다시 시작하고 인명 구조 자격증을 딴다.

그림 14.1 목표 달성 단계

그런 목표를 어떻게 달성할지 생각해보게 했다. 이것은 '조직화 및 시간 관리 모듈(제5장)'의 그림 5.1에서 개략적으로 설명했듯이, 각 목표를 달성 가능한 여러 작은 단계로 나누는 방법에 관한 고찰과 관련이 있다. 그림 14.1은 경아 씨가 세 가지 목표를 달성하기 위해 완수해야 하는 단계의 목록이다(그림 5.1의 빈 사본은 보조 웹사이트에 게시되어 있다).

'목표 달성 단계' 연습을 작성하면서 경아 씨는 시간계획과 관리를 위한 지지적 치료에서 미래 목표를 위한 자기관리와 계획으로 초점을 옮겼으며, 이것은 치료 종결을 준비하는 데 도움이 되었다. 또한 치료 회기를 통해 그녀는 과거를 되돌아보고 미래를 내다보는 보다 넓은 관점을 갖게 됐다. 치료자는 경아 씨의 이전 성취를 검토하면서, 그녀가 과거에 여러 어려움에도 불구하고 얼마나 잘 대처했는지 강조하고, 치료 과정에서 배운 것을 바탕으로 미래의 성취를 이루도록 독려했다. 치료자는 경아 씨가 자신이 원하는 목표를 향해 전진하도록 동기를 부여하기 위해 '단계'별로 성취에 대한 보상을 포함시키게 했다. 경아 씨가 과정 중심 보상(수영하러 가기, 미술 강좌 알아보기)을 더 선호하자 과거에 자신에게 했던 보상(차 한잔, 약간의 비스킷, 휴식, 산책 등)은 머지않아 줄어들게 되었다. 이런 과정 중심 보상은 목표 달성에 더 많은 기여를 했기 때문에 더 큰 강화로 작용하였다.

성공적 전략 검토

치료 과정 동안 내담자는 여러 기능 영역에서 증상을 개선하기 위해 다양한 전략을 시도할 것이다. 이들 전략은 달성하는 성공 수준이 다양할 것이다. 치료자는 치료 과정에서 시행된 기법을 검토하고 유용성을 평가해야 한다. 물론 이런 전략에는 내담자가 스스로 개발하여 긍정적(또는 부정적) 결과를 도출한 전략도 포함될 수 있다. 표 14.1은 시도한 전략과 그것의 유용성을 치료자와 내담자가 확인할 수 있게 고안된 연습이다. 이 연습은 심리중재가 끝난 후에 내담자가 활용할 수 있는 유용한 전략 목록을 제공할 것이다. 이들 전략을 0(전혀 유용하지 않음)에서 10(매우 유용함)점 척도로 평가한다. 표 14.1은 시간 관리 기술 부족, 분노조절장애, 간헐적 대마초 사용, 수면장애를 보이는 복합 유형 ADHD가 있는 승현 씨가 검토한 것이다(표 14.1은 보조 웹사이트에도 게시되어 있다).

영-브램험 프로그램의 여러 모듈을 진행하면서 치료자와 승현 씨는 어떤 전략이 그의 문제를 해결하는 데 사용되었는지 검토할 수 있었다. 승현 씨를 위해서 주의력과 기억장애, 충동성, 시간 관리 부족 등 그가 가지고 있는 핵심 증상에 초점을 맞춰 치료를 시작하였다. 승현 씨는 주의분산 같은 내부 전략을 이용하기보다는 실용적 기법과 외부 전략이 더 효과적이라는 것을 알았다. 분노조절장애의 경우, 그에게는 'ADHD 공식'이 매우 유용하였다. 목소리 크기 조절 기법은 적용하기 어려웠지만 '행동 실험'에서는 매우 효과적이었다. 몇몇 행동 기법들은 수면을 개선하는 데 효과적이었고, 물질남용에 대한 동기강화상담은 대마초를 줄이는 데 도움이 되었다. 승현 씨는 목록을 작성하면서 치료 과정에서 성취한 것을 체계적으로 검토할 수 있을 뿐 아니라 미래에 사용할 전략 목록도 파악할 수 있었다. 이 연습에서 완성되지 않은 모듈은 빈칸으로 남겨 두었다. 검토 과정에서 승현 씨는 자기성찰과 대인관계 모두를 전반적으로 개선하기 위해 활용할 수 있는 학습의 여러 측면이 존재한다는 사실을 알게 되었다.

지원 이용

ADHD 환자의 장기적인 문제는 인간관계를 발전시키고 유지하는 데 여러 가지 어려움을 겪는 것이다. 그들은 행동을 바꾸도록 알려주는 미묘한 신호를 알아차리기 힘들다. 유감스럽게도, 비판에 민감한 ADHD 환자는 인간관계문제에 대한 지적을 부정적으로 받아들이기 쉽다. 치료에 참여함으로써 내담자는 건설적인 도움을 받는다고 느끼는 관계를 처음으로 경험하고 있을 수 있다. 이런 식으로 사존감을 점차 증대시킬 수 있다. 이런 치료 관계를 종결하는 것은 어려운 일이며, 내담자는 대처할 수 없다는 느낌과 함께

표 14.1 성공적인 전략 검토

영역	전략	유용성(0~10점)
주의력	방을 조용하게 한다.	8
	귀마개를 사용한다.	6
	전화기를 끈다.	4
	신호카드를 사용한다.	5
	규칙적으로 휴식한다.	7
기억력	해야 할 일 목록을 만든다.	7
	주머니에 항상 다이어리를 넣고 다닌다.	4
	약속시간에 맞춰 휴대전화 알람을 설정한다.	9
시간 관리	활동을 여러 단계로 나눈다.	6
	매일 활동계획표를 작성한다.	8
	보상을 한다.	5
문제해결	진행하지 않은 모듈	
충동성	IMPULSE 방법을 사용한다.	7
	이중 확인 질문을 사용한다.	9
	거꾸로 센다.	3
사회적 관계	진행하지 않은 모듈	
불안	진행하지 않은 모듈	
분노	내 기분을 모니터링한다.	4
	ADHD 공식을 사용한다.	8
	비판을 귀담아 듣는다.	5
	목소리를 낮춘다.	5
저조한 기분	진행하지 않은 모듈	
수면	낮잠을 자지 않는다.	5
	규칙적인 취침시간	8
	침대에서 TV를 보지 않는다.	8
	걱정 목록을 만든다.	4
	2개의 알람을 맞춘다.	9
	커튼을 열어둔다.	7
물질남용	의사결정균형표를 사용한다.	7
	주의분산과 대체 기법을 사용한다.	5
	역기능적 신념을 공략한다.	6

자존감이 위축될 수 있다. 따라서 치료가 끝나는 시점에 내담자가 여러 가지 대처 방안을 갖추게 하는 포괄적 '재발 방지' 계획을 마련하여 치료 종결에 대비하는 시간을 가져야 한다. 지금까지는 치료 기간 중 효과적이었던 기법과 과거에 성공을 촉진한 요소를 검토하고, ADHD의 긍정적 특성을 강조함으로써 이런 대비를 해 왔다. 최종 단계에서는 가족, 친구, 전문가로부터 도움과 지원을 구할 방법을 논의한다.

가족과 친구의 지원

이 프로그램을 통해 내담자가 ADHD에 관해 배우고 이 질환을 지니고 살아가는 경험에 관해 잘 아는 것이 중요함을 지속적으로 강조했다. 따라서 내담자는 생활 사건에 대한 그들의 대응 방식을 미리 주의하게 될 것이다. 이 프로그램의 기본 전제는 '유비무환'이다. 다시 말해 ADHD 내담자는 그들의 장해를 인식하고 이해함으로써 추가적인 도움이나 지원이 필요할 것 같은 상황을 더 잘 예측하게 된다. 심리교육이 중요한 또 다른 이유는 내담자가 가족과 친구들에게 그들이 어떻게 행동하고 반응하게 될지 알려줄 수 있어야 하기 때문이다. ADHD가 부적절한 행동에 대한 핑계가 되어서는 안 되지만, 가족과 친구들이 그런 행동이 그들과의 관계를 소홀히 하기 때문이 아니라는 점을 이해하는 것이 좋다.

가족과 친구들이 지원을 제공할 수 있는 구체적인 방법을 파악하고 그것이 왜 도움이 되는지 설명한다면, 환자와 지원자 모두 유익할 수 있다. 대원 씨의 사례를 살펴보자. ADHD로 진단받기 전, 대원 씨는 배우자로부터 집안일을 분담하지 않는다는 이유로 자주 잔소리를 들었다. 그는 아내에게 그가 게으른 것이 아니라 체계성이 없어서 그런 것이므로 할 일 목록을 만들어 달라고 했다. 아내는 말하지 않아도 알아야 하지 않느냐며, 남편의 부탁에 더욱 짜증을 냈다. ADHD로 진단을 받은 후 대원 씨는 자신이 부주의 문제와 조직화 필요성을 더 잘 알게 되었다. 이런 설명을 듣고 나서 아내는 그가 처한 어려움의 원인을 이해하게 되었고, 대원 씨가 분담해야 할 가사 목록을 만들었다. 주말 동안 대원 씨는 목록에 따라 집안일을 처리하고 완료한 일에 표시했다. 그러자 그의 집은 더욱 말끔해졌고, 아내와도 덜 다투게 되었다.

여러 해 동안 ADHD 환자와 지내온 가족과 친구들은 못마땅하더라도 환자의 문제를 수용하는 경우가 드물지 않다. 하지만 항상 허용하는 태도가 꼭 도움이 되는 것은 아니다. 가족과 친구들은 ADHD 환자가 상황을 건설적인 방식으로 바라보도록 잘 도와줄 수 있는 사람들이다. 그들은 내담자가 과거에 비슷한 어려움에 어떻게 대처했는지 상기시키고, 어떻게 어려움을 극복하거나 회피할 수 있을지 알려줌으로써 그들이 미래를 준비하도록 도울 수 있다.

내담자가 자주 제기하는 한 가지 쟁점은, 그들이 올바른 일을 하거나 다른 사람들을 즐겁게 하려고 얼마나 많은 노력을 해왔는지를 다른 사람들이 어느 정도나 인정하는지 확신하지 못한다는 점이다. 많은 노력에도 불구하고, 내담자는 흔히 자신이 희망하는 바를 달성하지 못한다. 심지어 그들의 노력은 오히려 혼란과 고통을 초래한다. 이런 환경에서는 내담자가 (자신과 타인에 대한) 분노와 기분저하를 느껴 성공을 이루기 힘들어질 수 있다. 만약 가족과 친구들이 ADHD 환자 스스로도 지각이나 무책임한 행동 또는 부적절한 행위를 즐거워하지 않다는 사실을 이해할 수 있다면, 내담자는 훨씬 더 나은 지지감을 느끼고 이해를 못하는 사람들로부터 필연적으로 받게 될 거절에 더 잘 대처할 수 있을 것이다.

가족이나 가까운 친구의 치료 프로그램 참여가 중요한 이유는 내담자가 치료 회기에서 배운 내용을 회기 밖에서 적용하는 데 도움을 줄 수 있기 때문이다. 그들은 치료가 종료된 후에도 내담자를 계속 지원할 수 있으며, 치료 효과를 관찰하고 긍정적 피드백을 줄 수 있다. 이런 긍정적 피드백은 정적 강화에 의해 '보상 체계'를 형성할 것이다. 또한 가족이나 친구는 내담자가 잊지 않고 시간 맞춰 약을 복용할 수 있도록 챙길 수도 있다.

전문적 치료

젊은 ADHD 환자가 단지 ADHD 증상만으로 치료를 받는 경우는 거의 없다. 많은 ADHD 환자는 소아기와 성인기에 여러 차례 보건의료 서비스를 받은 이력이 있기 때문에(Dalsgaard et al., 2002; Young, Toone, & Tyson, 2003), 자신의 문제를 대처하는 데 도움 추구 모델(help-seeking model)이 익숙한 듯하다. 따라서 이들은 정신건강 서비스에 덜 의존하고, 자조와 지역사회 지원에 더 많이 의지하는 대처모델로 옮겨 갈 필요가 있다.

물론 어떤 사람에게는 보다 전문적인 치료, 즉 중독에 대한 해독이나 재활치료 또는 보다 복잡한 약물치료가 필요할 수 있다. 그러므로 치료 종결을 준비할 때, 치료자는 이용 가능한 서비스 범위와 재의뢰 근거를 논의하고 언제 어떻게 그런 서비스를 이용할 수 있는지 명확하게 설명해야 한다.

대기 순서를 기다리는 것은 ADHD 환자에게 일촉즉발의 상황이다. 자신의 예상보다 대기가 길어질 때, 대기 시간이 얼마나 더 걸릴지 알아내서 불평하거나 항의하는 것은 ADHD 환자에게 분명 중요한 일이다. 그러나 이 즉시 충족 욕구가 자신을 비합리적이거나 논쟁적으로 보이게 한다는 점을 알아야 한다. 게다가 그들의 요청에 대응하다가 오히려 서비스 제공이 더 늦어질 수도 있다.

ADHD 환자가 치료 결과에 대해 높은 기대감을 갖기 쉬운 이유는 최소한의 노력으로 즉시 충족할 수 있는 만병통치약을 바라기 때문일 것이다. 어떤 치료가 그런 기대에 못 미치면, 그들은 (또다시) 형편없는 서비스 때문에 자신이 '희생자'가 되었다고 느끼고, 일반적 지연행동(general procrastination)(역주 : 반복적인 일상과제에 대한 지연행동)을 하거나 서비스 또는 서비스 제공자에 대한 노골적인 불평으로 기분을 표현할 것이다. 이런 행동은 내재된 분노, 좌절, 거부를 전이 혹은 투사하는 기능을 한다. 치료자는 내담자가 미래의 어려움과 도전을 예상하고 대처하도록 준비시켜 이런 경향을 역전시켜야 한다. 이런 기술을 발달시킴으로써, 내담자는 (바라건대) 그들을 가장 잘 도울 수 있는 사람들을 적대시하지 않게 될 것이다.

서비스 지원

어떤 재발 방지 계획이든 중요한 한 가지 요소는 이용할 수 있는 적절한 지원 공급처(예 : 학습 지원, 직업 상담, 사회복지 서비스, 주택 제공)를 정하는 것이다. ADHD 내담자는 그런 지원 제공에 관한 정보를 어디에서 찾는지 잘 모르기 때문에 치료자는 인터넷, 도서관, 지역 상담소 등 지역별 가용자원 목록을 마련해야 한다.

학습 지원과 과제/시험 특혜 등은 학업 중인 ADHD 내담자에게 유익한 자원이다. 특히 이런 지원은 난독증이 있는 ADHD 내담자에게 유용할 수 있다. 이와 유사한 지원은 보다 큰 조직의 직무현장에서도 가능할 수 있다. 고용문제를 겪는 내담자는 직업 상담 서비스에서 도움을 받을 수 있다. 치료 회기에서 내담자는 이전 직무에 대한 호불호 목록을 만들고 숙련 기술 목록을 작성하여 직업 상담을 준비할 수 있다. 이는 내담자가 자신이 무엇을 하고 싶은지, 어떤 점이 뛰어난지 검토하는 데 도움이 될 것이다.

내담자는 지역 지원 서비스를 방문하기 전에 미리 연락해서 그곳에서 무엇을 제공할 수 있는지 확인해야 한다. 그러나 ADHD 환자들은 자신의 요구에 즉각적인 응답을 기대한다. 그렇지 않을 경우, 그들은 짜증을 내며 제공되는 지원 서비스를 거부해버릴 수 있다. 이는 기저에 자리 잡은 부정적인 역기능적 가정, 즉 아무도 자신을 돌보지 않는다는 신념을 자극할 수 있다.

그들은 도움을 구하려는 시도를 포기하기 쉽다. 특히 ADHD 환자들은 이 질환에 대한 지식도 없이 서비스를 제공하는 시설에 더 분노할 수 있다. 치료자는 대인관계 모듈(제8장)의 일부를 수정해서 (시설이) 정보를 요청하며 환자를 짜증나게 하거나 오래 기다리게 할 때 적절하게 반응하는 역할극을 해야 할 수도 있다.

지원 단체

오늘날에는 대면 접촉 모임부터 인터넷 채팅과 네트워크에 이르기까지 수많은 ADHD 지원 단체가 존재한다. 이 질환을 가진 다른 사람으로부터 지원을 받는 것은 여러 가지 면에서 유익할 수 있다. 지원 단체에 합류해야 하는 가장 중요한 이유는 동료의 지원(peer support)을 이용하기 위해서다. ADHD 환자는 동료의 경험을 더욱 잘 이해할 수 있으며, 타인에게 조언할 수 있다는 것에 안도감과 자신감을 느낀다. 내담자는 비슷한 병력과 경험을 공유하는 사람을 편하게 여기는 경우가 많다. 또한 ADHD 증상에 대처하는 여러 전략을 공유하는 것도 유용할 수 있다. ADHD 환자는 흔히 장애에 적응하기 위한 전문기술을 쌓으므로 다른 사람에게 적응적 보상 전략을 조언할 수 있다.

어떤 환자는 대면 접촉이 필요한 단체에 가입할 때 걱정되고 긴장된다고 한다. 그들은 할 말이 없거나 너무 당황해서 말을 못할까 봐 걱정하고 집중할 수 없을까 봐 두려워할 수 있다. 하지만 집단 워크숍 형식으로 구성된 영-브램험 프로그램에서는 공통되는 이해와 경험을 공유하기 때문에 이런 우려는 금방 사라진다. 그 결과, 이 집단은 흔히 회기 밖에서도 서로 돕게 되며, 원할 경우 서로 연락처를 교환할 수 있다. 몇몇 사례를 보면, 일부 내담자는 '친구'로 맺어지고 나서 더 정기적으로 서로를 돕는다.

요약

이 장에서는 영-브램험 프로그램의 최종 모듈을 설명했다. 이번 회기에서 내담자는 과거를 돌아보고 미래를 기다리며 이 치료가 성공할 수 있도록 건설적 계획을 세운다. 증상 관해기에는 낮은 자존감과 실패를 예상하는 경향이 오랫동안 ADHD 후유증 형태로 지속될 수 있다. 영-브램험 프로그램은 그런 문제를 다루기 위한 기법과 모듈을 대략적으로 설명했다. ADHD 내담자의 타고난 열정과 회복탄력성은 치료자의 노력을 상당히 진전시킬 것이다. 그들은 지연 경향이 있음에도 불구하고 자신이 맡은 일에 매우 열심히 참여한다. 그들은 긍정적 변화를 일으킬 수 있는 큰 잠재력이 있으며, 그런 변화가 일어난다면 내담자와 치료자 모두에게 보상 경험이 될 것이다.

집단치료 : 미래 준비 모듈

이 장의 모듈을 읽고 집단치료를 준비하는 것이 중요하다. 아래에 집단 회기를 6회로 요약하였다. 회기의 횟수는 필요에 따라 늘리거나 줄일 수 있다.

계획

1회기 시작 활동
2회기 심리교육 – 경과, 중재, 미래 준비, 지원 이용
3~5회기 연습
6회기 심리교육, 기법, 보상 검토
숙제 결과/경험 토론
장애물 및 극복 방안

시작 활동

영-브램험 프로그램에서 무엇을 배웠는가? 무엇이 바뀌었는가? 전반적 변화(자존감, 자신감, 자기효능감, 대처 전략)과 구체적 변화(학습 기술, 정서 통제, 관계)를 찾는다.

미래에 무엇을 바라는가? 그것을 어떻게 달성할 것인가? 참가자가 현실적으로 성취할 수 있는 목표를 세우도록 격려한다. 목표를 여러 단계로 나눠 목록을 만든다.

목표 달성을 방해할 수 있는 것은 무엇인가? *그것에 대해 무엇을 할 수 있는가?* 계획 수립의 어려움에 대해 논의하고 참가자가 일에 집중하는 데 도움이 될 수 있는 기법(계획 쓰기, 보상)을 검토한다.

무엇이 목표 달성을 돕는가? *이것을 어떻게 마련할 수 있는가?* 이전 회기에서 배운 내용(기술, 전략, 계획, 보상 등)을 활용한다. 지원 체계를 살펴본다.

앞으로 몇 개월 또는 몇 년간 당신이 직면할 도전이나 어려움이 무엇이라고 생각하는가? 참가자들에게 유비무환을 상기시킨다. 그들은 만일의 사태에 어떻게 대비할 수 있는가? 만약 대비한다면, 이것이 도움이 될 것인가?

집단 토론

심리교육

미래 준비

ADHD의 경과, 이질성, 개인차를 설명한다.

증상의 부분 관해에 대해 토론하고 증상과 기능문제를 연결 지어본다.

ADHD '졸업'과 '유산' 또는 '후유증'에 대해 토론한다.

정서건강, 자존감, 자신감, 자기효능감의 매개 효과에 대해 토론한다.

유비무환 – 우리는 무수 일이 일어나리라는 것을 안다.

(계속)

미래에 대한 고찰의 중요성을 토론한다.
변화는 일어날 것이며, 예측할 수 있다(졸업, 진학, 구직면접, 독립, 사별, 논쟁).
계획
구체적인 계획을 세워야 한다는 점을 강조한다. 목표를 달성하기 위해서는 계획을 여러 단계로 나누고, 일정과 '할 일' 목록을 만든다(제5장 조직화 및 시간 관리 모듈을 검토한다).
동기와 보상
지원 이용
가족과 친구에 대한 심리교육 – 솔직한 토론, 건설적 비판, 긍정적 피드백, 보상 체계
독립하는 법 배우기
전문적 치료 – 현실적 기대
지원 서비스 – 유용한 지역 서비스 및 활동 목록 제공
가용 자원 – 활용할 수 있는 도움과 접근 방법에 대한 유인물 제공
지원 단체 – 지역 및 국영 지원 단체의 상세한 연락처 목록 제공

연습

성공적인 전략 검토
표 14.1을 작성한다. 성공적 전략을 검토한다(개별 연습).
참가자가 이 연습으로 무엇을 배울 수 있는가?
여러 참가자의 성공적 전략을 비교 및 대조한다.
이런 전략을 '행동 실험'으로 얻었는지, 만약 그렇다면 어떻게 도움이 되었는지 토론한다.
각 참가자가 집단에서 차례로 발표한다.
참가자가 영-브램험 프로그램에서 경험한 한 가지 주요 변화 또는 중요한 긍정적 변화를 발표한다. 무엇이 이런 변화를 가능하게 했는가?(태도 변화, 전략 사용, 계획 등)
지금까지 성취를 검토한다.
글상자 14.1 상위 10가지 성취를 작성한다(개별 연습).
글상자 14.2 미래 목표를 작성한다(개별 연습).
그림 14.1 목표 달성 단계를 작성한다(상위 세 가지 목표).
참가자들의 성취, 목표, 단계를 비교 및 대조한다.
한 참가자의 기록지를 선택한다.
그 참가자가 이 계획으로 목표를 성취할 것인가? 필요하다면 집단 연습으로 목표/단계를 토론하고 다시 작성해본다.
성취 동기를 일으키는 보상을 찾는다.
필요할 수 있는 지원을 찾고 이것을 계획에 고려한다.
미래 목표 중 한 가지 목표를 달성하기 위한 실행 계획을 작성한다. 성공을 방해하는 장애물에 대한 비상대책을 포함한다(예 : 집에서 사용할 수 있는 견본을 집단에서 만든다).
다른 참가자를 위한 연습을 반복한다.
치료 활동을 종료한다.
프로그램을 끝마치는 데 필요한 적절한 보상을 찾아서 토론한다.
각 참가자의 등에 종이를 붙인다. 다른 참가자에게 그 종이에 해당 참가자의 장점을 쓰게 한다(예 : 그 사람의 좋은 점, 그 사람에게 배운 점 등).

(계속)

숙제

성공적인 전략을 검토한다. 새로운 전략이 생기는 대로 추가한다.

미래 목표 계획과 단계를 정기적으로 검토한다. 단계를 '할 일' 목록으로 옮긴다. 보상을 추가한다. 단계를 마친다. 새로운 단계가 필요하면 추가한다.

지금까지 배운 기술을 사용하여 다른 목표 계획을 세우고 단계를 나눈다(회기에서 작성한 글상자 14.2의 목표 참조).

참가자 중에서 당신을 도울 파트너를 찾는다.

지원 단체에 가입한다. 만약 지역에 지원 단체가 없다면, 만든다!

참고문헌

American Psychiatric Association (APA) (2000) *Diagnostic and Statistical Manual of Mental Disorders*, 4th edn, Washington, DC: APA.

Anderson, J.C., Williams, S., McGee, R., and Silva, P.A. (1987) DSM-III-R disorders in a preadolescent children: Prevalence in a large sample from the general population. *Archives of General Psychiatry*, 44, 69–76.

Asherson, P. (2005) Clinical assessment and treatment of attention deficit hyperactivity disorder in adults. *Expert Review of Neurotherapeutics*, 5, 525–539.

Asherson, P., Adamou, M., Bolea, B., Mueller, U., Dunn-Morua, S., Pitts, M., Thome, J., and Young, S. (2010) Is ADHD a valid diagnosis in adults? Yes. *British Medical Journal*, 340, C549.

Baddeley, A. (1986) *Working Memory*, Oxford: Clarendon/Oxford University Press.

Baddeley, A. and Wilson, B. (1988) Frontal amnesia and dysexecutive syndrome. *Brain and Cognition*, 7, 212–230.

Barkley, R.A. (1998) *Attention Deficit Hyperactivity Disorder. A Handbook for Diagnosis and Treatment*, New York: The Guildford Press.

Barkley, R.A. (2002) Major life activity and health outcomes associated with attention deficit/hyperactivity disorder. *Journal of Clinical Psychiatry*, 63, 10–15.

Barkley, R.A. and Biederman, J. (1997) Towards a broader definition of the age-of-onset criterion for attention-deficit hyperactivity disorder. *Journal of American Academy of Child and Adolescent Psychiatry*, 36(9), 1204–1210.

Barkley, R.A., Guevremont, D.C., Anastropoulos, A.D., DePaul, G.J. and Shelton, T.L. (1993) Driving-related risks and outcomes of attention deficit hyperactivity disorder in adolescents and young adults: a 3–5 year follow-up study. *Pediatrics*, 92, 212–218.

Beck, A.T. (1963) Thinking and depression. I. Idiosyncratic content and cognitive distortions. *Archives of General Psychiatry*, 14, 324–333.

Beck A.T. (1976) *Cognitive Therapy and the Emotional Disorders*, New York, International Universities Press.

Bellack, A.S. and DiClimente, C.C. (1999) Treating substance abuse among patients with schizophrenia. *Psychiatric Services*, 50(1), 75–80.

Biederman, J., Faraone, S.V., Keenan, K., Steingard, R., and Tsuang, M.T. (1991) Familial association between attention deficit disorder and anxiety disorder. *American Journal of Psychiatry*, 148, 251–256.

Biederman, J., Faraone, S.V., Mick, E., Williamson, S., Wilens, T.E., Spencer, T.J., Weber, W., Jetton, J., Kraus, I., Pert, J., and Zallen, B. (1999) Clinical correlates of ADHD in females: Findings from a large group of girls ascertained from pediatric and psychiatric referral sources. *Journal of the American Academy of Child and Adolescent Psychiatry*, 38, 966–975.

Biederman, J., Faraone, S.V., Spencer, T., Wilens, T., Norman, D., Lapey, K.A., Mick, E., Lehman, B.K., and Doyle, A. (1993) Patterns of psychiatric comorbidity, cognition, and psychosocial functioning in adults with attention deficit hyperactivity disorder. *American Journal of Pyschiatry*, 150, 1792–1798.

Biederman, J., Newcorn, J., and Sprich, S. (1991) Comorbidity of attention deficit hyperactivity disorder with conduct, depressive, anxiety, and other disorders. *American Journal of Psychiatry*, 148, 564–577.

Bramham, J., Young, S., Bickerdike, A., Spain, D., MacCartan, D., and Xenitidis, K. (2009) Evaluation of group cognitive behavioural therapy for adults with *ADHD. Journal of Attention Disorders*, 12(5), 434–441.

Bramham, J., Young, S.J., Morris, R.G., Asherson, P., and Toone, B.K. (2005a) Neuropsychological deficits in adults with ADHD: do they improve with age? British Neuropsychiatry Association Conference.

Bramham, J., Young, S.J., Morris, R.G., Asherson, P., and Toone, B.K. (2005b) Behavioural symptoms and cognitive deficits in adults with ADHD: What changes with age? Division of Clinical Psychology, British Psychological Society Conference.

Bramham, J., Murphy, D., Xenitidis, K., Asherson, P., Hopkin, G., and Young, S. (in press) Adults with ADHD; An investigation of age-related differences in behavioural symptoms, neuropsychological function and comorbidity. *Psychological Medicine*. Epub ahead of print.

Brown, T.E. (1996) *Brown Attention-Deficit Disorder Scales,* San Antonio, TX: Harcourt Brace.

Brown, T.E. and McMullen, W.J. (2001) Attention deficit disorders and sleep/arousal disturbance. *Annals of the New York Academy of Sciences*, 931, 271–286.

Burgess, P.W., Veitch, E., de Lacy Costello, A., and Shallice, T. (2000) The cognitive and neuroanatomical correlates of multitasking. *Neuropsychologia*, 38(6), 848–863.

Cairnes, E. and Cammock, T. (1978) Development of a more reliable version of the Matching Familiar Figures Test. *Developmental Psychology*, 14, 555–556.

Chervin, R.D., Dillon, J.E., Bassetti, C., Ganoczy, D.A., and Pituch, K.J. (1997) Symptoms of sleep disorders, inattention, and hyperactivity in children. *Sleep*, 20(12), 1185–1192.

Clark, D.M. (1986) A cognitive approach to panic. *Behaviour Research and Therapy,* 24, 461–470.

Conners, C.K. (2000) *Conners' Rating-Scales-Revised: Technical Manual*, New York: MHS.

Conners, C., Erhardt, D., and Sparrow, E. (1998) *The Conners Adult ADHD Rating Scale (CAARS)*, Toronto: Multi-Health Systems Inc.

Cortese, S., Konofal, E., Lecendreux, M., Arnulf, I., Mouren, M.C., Darra, F., and Dalla Bernardina, B. (2005) Restless legs syndrome and attention-deficit/hyperactivity disorder: A review of the literature. *Sleep*, 28(8), 1007–1013.

Dalsgaard, S., Mortensen, P.B., Frydenberg, M., and Thomsen, P.H. (2002) Conduct problems, gender and adult psychiatric outcome of children with attention-deficit hyperactivity disorder. *British Journal of Psychiatry*, 181, 416–421.

Deci, E.L., Koestner, R., and Ryan, R.M. (1999) A meta-analytic review of experiments examining the effects of extrinsic rewards on intrinsic motivation. *Psychological Bulletin*, 125(6), 627–668.

Denkla, M.B. (1996) Research on executive function in a neurodevelopmental context: Application of clinical measures. *Developmental Neuropsychology*, 12, 5–15.

Duncan, C.C., Rumsey, J.M., Wilkniss, S.M., Denckla, M.B., Hamburger, S.D., and Odou-Potkin, M. (1994) Developmental dyslexia and attention dysfunction in adults: brain potential indices of information processing. *Psychophysiology*, 31(4), 386–401.

D'Zurilla, T.J. and Nezu, A.M. (1999) *Problem-Solving Therapy: A Social Competence Approach to Clinical Intervention*. New York: Springer Publishing Company.

Ebbinghaus, H. (1885) *Memory: A Contribution to Experimental Psychology*, New York: Teachers College, Columbia University.

Efron, D., Jarman, F., Barker, M. (1997) Side effects of methylphenidate and dexamphetamine in children with attention deficit hyperactivity disorder: a double-blind, crossover trial. *Pediatrics*, 100(4), 662–666.

Elia, J., Ambrosini, P., and Berrettini, W. (2008) ADHD characteristics: I. Concurrent co-morbidity patterns in children and adolescents. *Child and Adolescent Psychiatry and Mental Health*, 2(1), 15.

Emilsson, B., Gudjonsson, G., Sigurdsson, J.F., Einarsson, E., Baldursson, G., Olafsdottir, H. and Young., S. (2011) R&R2 Cognitive behaviour therapy in medication-treated adults with ADHD and persistent symptoms: A randomized controlled trial. *BMC Psychiatry*, 11(116), available at: www.biomedcentral.com/1471-244X/11/ (accessed 21 November 2011).

Faraone, S., Biederman, J., and Mick, E. (2006) The age-dependent decline of attention deficit hyperactivity disorder: A meta-analysis of follow-up studies. *Psychological Medicine*, 36, 159–165.

Faraone, S.V., Wilens, T.E., Petty, C., Antshel, K., Spencer, T., and Biederman, J. (2007) Substance use among ADHD adults: Implications of late onset and subthreshold diagnoses. *American Journal on Addictions*, 16, Suppl 1: 24–32.

Fox, R.A. and Wade, E.J. (1998) Attention deficit hyperactivity disorder among adults with severe and profound mental retardation. *Research in Developmental Disabilities*, 19, 275–280.

Gau, S.S., Kessler, R.C., Tseng, W.L., Wu, Y.Y., Chiu, Y.N., Yeh, C.B., and Hwu, H.G. (2007) Association between sleep problems and symptoms of attention-deficit/hyperactivity disorder in young adults. *Sleep*, 30(2), 195–201.

Gaub, M. and Carlson, C.L. (1997) Gender differences in ADHD: A meta-analysis and clinical review. *Journal of the American Academy of Child and Adolescent Psychiatry*, 36, 1036–1045.

Goldman, L. S., Genel, M., Bezman, R. J., and Slanetz, P. J. (1998) Diagnosis and treatment of attention-deficit/hyperactivity disorder in children and adolescents. *Journal of the American Medical Association*, 279(14), 1100–1107.

Goldstein, S. and Schwebach, A.J. (2004) The comorbidity of Pervasive Developmental Disorder and Attention Deficit Hyperactivity Disorder: Results of a retrospective chart review. *Journal of Autism and Developmental Disorders*, 34(3), 329–339.

Goldstein, S. and Teeter-Ellison, P.A. (eds) (2002) *Clinician's Guide to Adult ADHD: Assessment and Intervention*, New York: Academic Press.

Goodwin, G.M. (2009) Evidence-based guidelines for treating bipolar disorder: Revised second edition recommendations from the British Association of Psychopharmacology. *Journal of Psychopharmacology*, 4, 346–388.

Gudjonsson, G.H., Sigurdsson, J.F., Bragason, O.O., Newton, A.K., and Einarsson, E. (2008). Interrogative suggestibility, compliance and false confessions among prisoners and their relationship with attention deficit hyperactivity disorder (ADHD) symptoms, Psychological Medicine, 38, 1037–1044

Gudjonsson, G.H., Sigurdsson, J.F., Eyjolfsdottir, G.A., Smari, A., and Young, S. (2009) The relationship between satisfaction life, ADHD symptoms and associated problems among university students. *Journal of Attention Disorders*, 12(6), 507–515.

Gudjonsson, G.H., Sigurdsson, J.F., Sigfusdottir, I.D., and Young, S. (forthcoming) An epidemiological study of ADHD Symptoms among young persons and its relationship with cigarette smoking, alcohol consumption, and illicit drug use. *Journal of Child Psychology and Psychiatry*. DOI: 10.1111/j.1469-7610.2011.02489

Hafner, H. and An Der, H. W. (1997) Epidemiology of Schizophrenia. *Canadian Journal of Psychiatry*, 42, 139–151.

Hervey, A.S., Epstein, J.N., and Curry, J.F. (2004) Neuropsychology of adults with attention-deficit/hyperactivity disorder: a meta-analytic review. *Neuropsychology*, 18(3), 485–503.

Hirvikoski, T., Waaler, E., Alfredsson, J., Pihlgren, C., Holmström, A., Johnson, A., Rück, J., Wiwe, C., Bothén, P., and Nordström, A. L. (2011) Reduced ADHD symptoms in adults with ADHD after structured skills training group: Results from a randomized controlled trial. *Behavior Research and Therapy*, 49(Suppl 3), 175–85.

Hull, C.L. (1943) *Principles of Behaviour*, New York: Appleton-Century-Crofts.

Huntley, Z., Maltezos, S., Williams, C., Morinan, A., Brinsford, A., Ball, D., Marshall, E.J., Keaney, F., Porter, S., Young, S., Bolton, P., Glaser, K., Howe-Forbes, R., Kuntsi, J., Simonoff, E., Xenitidis, K., Murphy, D., and Asherson, P. (submitted) Rates of undiagnosed attention deficit hyperactivity disorder in UK substance misuse services.

Huntley, Z. and Young, S. (submitted) Alcohol and substance use history among ADHD adults: The relationship with persistent remitting symptoms, personality, employment and history of service use.

Jackson, B. and Farrugia, D. (1997) Diagnosis and treatment of adults with Attention Deficit Hyperactivity Disorder. *Journal of Counselling and Development*, 75, 312–319.

Jensen, P.S., Arnold, L.E., Swanson, J.M., Vitiello, B., Abikoff, H.B., Greenhill, L.L., Hechtman, L., Hinshaw, S.P., Pelham, W.E., Wells, K.C., Conners, C.K., Elliott, G.R., Epstein, J.N., Hoza, B., March, J.S., Molina, B.S., Newcorn, J.H., Severe, J.B., Wigal, T., Gibbons, R.D., and Hur, K. (2007), 3-year follow-up of the NIMH MTA study. *Journal of American Academy of Child and Adolescent Psychiatry*, 46(8), 989–1002.

Jou, R., Handen, B., and Hardan, A. (2004) Psychostimulant treatment of adults with mental retardation and attention-deficit hyperactivity disorder. *Australasian Psychiatry*, 12(4), 376–379.

Kaplan, B.J., Dewey, D., Crawford, S.G., and Fisher, G.C. (1998) Deficits in long-term memory are not characteristic of ADHD. *Journal of Clinical and Experimental Neuropsychology*, 20(4), 518–528.

Kassel, J.D. (1997) Smoking and attention: A review and reformulation of the stimulus-filter hypothesis. *Clinical Psychology Review*, 17, 451–478.

Kazdin, A.E. and Mascitelli, S. (1982) Covert and overt rehearsal and homework practice in developing assertiveness. *Journal of Consulting Clinical Psychology*, 50(2), 250–258.

Keller, M.B., Lavori, P.W., Wunder, J., Beardslee, W.R., Schwartz, C.E., and Roth, J. (1992) Chronic course of anxiety disorders in children and adolescents. *Journal of American Academy of Child and Adolescent Psychiatry*, 31, 595–599.

Kerns, K.A. and Price, K.J. (2001) An investigation of prospective memory in children with ADHD. *Child Neuropsychology*, 7(3), 162–171.

Kessler, R.C., Adler, L., Berkley, R., Biederman, J., Conners, C.K., Demler, O., and Zaslavsky, A.M. (2006) The prevalence and correlates of adult ADHD in the United States: Results from the National Comorbidity Survey Replication. *American Journal of Psychiatry*, 163(4), 716–723.

Konofal, E., Lecendreux, M., Bouvard, M.P., and Mouren-Simeoni, M.C. (2001) High levels of nocturnal activity in children with attention-deficit hyperactivity disorder: A video analysis. *Psychiatry and Clinical Neuroscience*, 55(2), 97–103.

Kooij, S.J.J., Bejerot, S., Blackwell, A., Caci, H., Casas-Brugues, M., Carpentier, P.J., Edvinsson, D., Fayyad, J., Foeken, K., Fitzgerald, M., Gaillac, V., Ginsberg, Y., Henry, C., Krause, J., Lensing, M.B., Manor, I., Niederhofer, H., Nunes-Filipe, C., Ohlmeier, M.D., Oswald, P., Pallanti, S., Pehlivanidis, A., Ramos-Quiroga, J.A., Rastam, M., Ryffel-Rawak, D., Stes, S., and Asherson, P. (2010) European consensus statement on diagnosis and treatment of adult ADHD: The European Network Adult ADHD. *BMC Psychiatry*, 10, 67.

Lazarus, R.S. and Folkman, S. (1984) *Stress, Appraisal and Coping*, New York: Springer Publishing.

Levin, E.D., Conners, C.K., Sparrow, E., Hinton, S.C., Erhardt, D., Meck, W.H., Rose, J.E., and March, J. (1996) Nicotine effects on adults with attention-deficit/hyperactivity disorder. *Psychopharmacology*, 123(1), 55–63.

MacLean, A., Dowson, J., Toone, B., Young, S., Bazanis, E., Robbins, T.W., and Sahakian, B.J. (2004) Characteristic neurocognitive profile associated with adult attention-deficit/hyperactivity disorder. *Psychological Medicine*, 34, 681–692.

Marsh, P.J. and Williams, L.M. (2004) An investigation of individual typologies of Attention-Deficit Hyperactivity Disorder using cluster analysis of DSM-IV criteria. *Personality and Individual Differences*, 36(5), 1187–1195.

Matsumoto, T., Kamijo, A., Yamaguchi, A., Iseki, E., and Hiravasu, Y. (2005) Childhood histories of attention-deficit hyperactivity disorders in Japanese methamphetamine and inhalant abusers: Preliminary report. *Psychiatry Clinical Neuroscience*, 59(1), 102–105.

Mayes, S.D., Calhoun, S.L., Bixler, E.O., Vgontzas, A.N., Mahr, F., Hillwig-Garcia, J., Elamir, B., Edhere-Ekezie, L., and Parvin, M. (2008) ADHD subtypes and comorbid anxiety, depression, and oppositional-defiant disorder: differences in sleep problems. *Journal of Pediatric Psychology*, 34(3), 328–337.

Mazza, S., Pepin, J.L., Naegele, B., Plante, J., Deschaux, C., and Levy, P. (2005) Most obstructive sleep apnoea patients exhibit vigilance and attention deficits on an extended battery of tests. *The European Respiratory Journal*, 25(1), 75–80.

McCarthy, S., Asherson, P., Coghill, D., Hollis, C., Murray, M., Potts, L., Sayal, K., De Soysa, R., Taylor, E., Williams, T., and Wong, I.C.K. (2009) Attention-deficit hyperactivity disorder: Treatment discontinuation in adolescents and young adults. *The British Journal of Psychiatry,* 194, 273–277.

Miller, W.R. and Rollnick, S. (2002) *Motivational Interviewing: Preparing People for Change*, 2nd edn, New York: Guildford Press.

Millstein, R.B., Wilens, T.E., Biederman J., and Spencer, T.J. (1997) Presenting ADHD symptoms and subtypes in clinically referred adults with ADHD. *Journal of Attention Disorders*, 2(3), 159–166.

Moffitt, T.E. (1993) 'Life-course-persistent' and 'adolescence-limited' antisocial behavior: A developmental taxonomy. *Psychological Review*, 100, 674–701.

Morris, R.G., Downes, J.J., Sahakian, B.J., Evenden, J.L., Heald, A., and Robbins, T.W. (1988) Planning and spatial working memory in Parkinson's disease. *Journal of Neurology, Neurosurgery and Psychiatry*, 51, 757–766.

Murphy, K.R. (1995) Empowering the adult with ADHD, in *A Comprehensive Guide to Attention Deficit Disorder in Adults* (ed. K. Nadeau), New York: Brunner/ Mazel Publishers, pp. 135–145.

Murphy, K.R. (1998) Psychological treatment of adults with ADHD, in *Attention Deficit Hyperactivity Disorder. A Handbook for Diagnosis and Treatment* (ed. R.A. Barkley). New York: The Guildford Press, pp. 692–703.

Murphy, K.R. and Barkley, R.A. (1996) Attention Deficit Hyperactivity Disorder in adults. *Comprehensive Psychiatry*, 37, 393–401.

Nadeau, K.G. (ed.) (1995) *A Comprehensive Guide to Attention Deficit Disorder in Adults.* New York: Brunner/ Mazel Publishers.

Naseem, S., Chaudhary, B., and Collop, N. (2001) Attention deficit hyperactivity disorder in adults and obstructive sleep apnea. *Chest*, 119(1), 294–296.

NICE (National Institute for Health and Clinical Excellence) (2009) *Attention Deficit Hyperactivity Disorder: Diagnosis and Management of ADHD in Children, Young People and Adults*, London: The British Psychological Society and The Royal College of Psychiatrists.

Norman D.A. and Shallice T. (1986) Attention to action: Willed and automatic control of behavior, in *Consciousness and Self-Regulation: Advances in Research and Theory*, vol. 4 (eds R.J. Davidson, G.E. Schwartz and D. Shapiro), New York: Plenum Press, pp. 1–18.

Nutt, D.J., Fone, K., Asherson, P., Bramble, D., Hill, P., Matthews, K., Morris, K.A., Santosh, P., Sonuga-Barke, E., Taylor, E., Weiss, M., and Young, S. (2007) Evidence-based guidelines for management of attention-deficit/hyperactivity disorder in adolescents in transition to adult services and in adults: recommendations from the British Association for Psychopharmacology. *Journal of Psychopharmacology*, 21(1), 10–41.

Owens, J.A. (2005) The ADHD and sleep conundrum: A review. *Journal of Developmental Behavioral Pediatrics*, 26(4), 312–322.

Park, M.J., Paul Mulye, T., Adams, S.H., Brindis, C.D., and Irwin, C.E. (2006) The health status of young adults in the United States. *Journal of Adolescent Health*, 39, 305–317.

Parnes, S.J., Noller, R.B., and Biondi, A.M. (1977) *Guide to Creative Action: Revised Edition of Creative Behavior Guidebook*, New York: Charles Scribner's Sons.

Pauls, D.L. and Leckman, J.F. (1986) The inheritance of Gilles de la Tourette syndrome and associated behaviors: Evidence for autosomal dominant transmission. *New England Journal of Medicine*, 315, 993–997.

Pliszka, S.R (1989) Effect of anxiety on cognition, behaviour, and stimulant response in ADHD. *Journal of American Academy of Child and Adolescent Psychiatry*, 28, 882–887.

Pliszka, S.R. (1998) Comorbidity of attention-deficit/hyperactivity disorder with psychiatric disorder: An overview. *Journal of Clinical Psychiatry*, 59(Suppl 7), 50–58.

Pliszka, S.R. (2003) Non-stimulant treatment of attention-deficit/hyperactivity disorder. *CNS Spectrums*, 8(4), 253–258.

Pliszka, S.R., Hatch, J.P., Borcherding, S.H., and Rogeness, G.A. (1993) Classical conditioning in children with attention deficit hyperactivity disorder (ADHD) and anxiety disorders: A test of Quay's model. *Journal of Abnormal Child Psychology*, 21, 411–423.

Powell, J. (2004a) Effects of medication on cognitive functioning, in *Clinical Neuropsychology: A Practical Guide to Assessment and Management for Clinicians* (eds L.H. Goldsteinand J.E. McNeil), Chichester: Wiley, Chapter 5.

Powell, T. (2004b) *Head Injury*, Bicester: Speechmark Publishing Ltd.

Prior, M. and Sanson, A. (1986) Attention deficit disorder with hyperactivity: A critique. *Journal of Child Psychology and Psychiatry*, 27(3), 307–319.

Prochaska, J.O. and DiClemente, C.C. (1982) Transtheoretical therapy: Toward a more integrative model of change. *Psychotherapy: Theory, Research, and Practice*, 19, 276–288.

Rabiner, D. and Cole, J.D. (2000) Early attention problems and children's reading achievement: A longitudinal investigation. *Journal of the American Academy of Children and Adolescent Psychiatry,* 39, 859–867.

Ramsay, J.R. and Rostain, A.L. (2005) Adapting psychotherapy to meet the needs of adults with attention-deficit/hyperactivity disorder. *Psychotherapy: Theory, Research, Practice, Training*, 42(1), 72–84.

Riccio, C.A., Wolfe, M.E., Romine, C., Davis, B., and Sullivan, J.R. (2004) The Tower of London and neuropsychological assessment of ADHD in adults. *Archives of Clinical Neuropsychology*, 19(5), 661–671.

Rose, E.D., Bramham, J., Young, S.J., Paliokosta, E., and Xenitidis, K. (2009). Neuropsychological characteristics of adults with comorbid ADHD and borderline/mild intellectual disability. *Research in Developmental Disabilities*, 30(3), 496–502

Rosler, M., Retz, W., Retz-Junginger, P., Hengesch, G., Schneider, M., Supprian, T., Schwitzgebel, P., Pinhard, K., Dovi-Akue, N., Wender, P., and Thome, J. (2004) Prevalence of attention deficit/hyperactivity disorder (ADHD) and comorbid disorders in young male prison inmates. *European Archives of Psychiatry and Clinical Neuroscience*, 254, 365–371.

Roth, A. and Fonagy, P. (1996) *What works for whom?* New York: The Guilford Press.

Rubia, K., Oosterlaan, J., Sergeant, J.A., Brandeis, D., and Leeuwen, T. (1998) Inhibitory dysfunction in hyperactive boys. *Behavioural Brain Research*, 94, 25–32.

Rubia, K., Overmeyer, S., Taylor, E., Brammer, M, Williams, S.C.R., Simmons, A., and Bullmore, E.T. (1999) Hypofrontality in Attention Deficit Hyperactivity Disorder during higher-order motor control: A study with functional MRI. *American Journal of Psychiatry*, 156(6), 891–896.

Rubia, K., Overmeyer, S., Taylor, E., Brammer, M, Williams S.C.R., Simmons, A., Andrew, C., and Bullmore, E.T. (2000) Functional frontalisation with age: Mapping neurodevelopmental trajectories with fMRI. *Neuroscience and Biobehavioural Reviews*, 24, 13–19.

Rucklidge, J.J. and Tannock, R. (2001) Psychiatric, psychosocial, and cognitive functioning of female adolescents with ADHD. *Journal of American Academy of Child and Adolescent Psychiatry*, 40(5), 530–540.

Rutter, M. (2005) Environmentally mediated risks for psychopathology: Research strategies and findings. *Journal of Child Psychology and Psychiatry*, 44(1), 3–18.

Sadeh, A., Pergamin, L., and Bar-Haim, Y. (2006) Sleep in children with attention-deficit hyperactivity disorder: A meta-analysis of polysomnographic studies. *Sleep Medicine Reviews*, 10(6) 381–398.

Safren, S.A., Otto, M.W., Sprich, S., Perlman, C.L., Wilens, T.E., and Biederman, J. (2005a) Cognitive behavioral therapy for ADHD in medication-treated adults with continued symptoms. *Behavior Research and Therapy*, 43(7), 831–842.

Safren, S.A., Perlman, C.A., Sprich, S., and Otto M.W. (2005b) *Mastering Your Adult ADHD: A Cognitive-Behavioral Treatment Program*, New York: Oxford University Press.

Safren, S.A., Sprich, S., Mimiaga, M.J., Surman, C., Knouse, L., Groves, M., and Otto, M.W. (2010) Cognitive behavioural therapy vs. relaxation with educational support for medication-treated adults with ADHD and persistent symptoms: A randomized controlled trial. *The Journal of the American Medical Association*, 304(Suppl 8), 875–880.

Satterfield, T., Swanson, J., Schell, A., and Lee, F. (1994) Prediction of anti-social behaviour in attention-deficit hyperactivity disorder boys from aggression/defiance scores. *Journal of American Academy of Child and Adolescent Psychiatry*, 33(2), 185–190.

Seixas, M., Weiss, M., and Muller, U. (2011) Systematic review of national and international guidelines on attentional-deficit hyperactivity disorder. *Journal of Psychopharmacology* (ePub), available at http://jop.sagepub.com/content/early/2011/09/24/0269881111412095.abstract?rss=1 (accessed 22 November 2011).

Shallice, T. and Burgess, P.W. (1996) The domain of supervisory processes and temporal organization of behaviour. *Philosophical Transactions of the Royal Society London*, 351, 1405–1411.

Sizoo, B., van den Brink, W., Koeter, M., van Eenige, M.G., van Wijngaarden-Cremers, P., and van der Gaag, R.J. (2010) Treatment seeking adults with autism or ADHD and co-morbid substance use disorder: Prevalence, risk factors and functional disability. *Drug and Alcohol Dependence*, 107, 44–50.

Sobanski, E. (2006) Psychiatric comorbidity in adults with attention-deficit/hyperactivity disorder (ADHD). *European Archives of Psychiatry and Clinical Neuroscience*, 256(Suppl 1), i26–31.

Solanto, M.V., Marks, D.J., Wasserstein, J., Mitchell, K., Abikoff, H., Alvir, J.M., and Kofman, M.D. (2010) Efficacy of meta-cognitive therapy for adult ADHD. *The American Journal of Psychiatry,* 167(Suppl 8), 958–968.

Sonuga-Barke, E.J.S., Daley, D., and Thompson, M. (2002) Does maternal ADHD reduce the effectiveness of parent training for preschool children's ADHD? *Journal of the American Academy of Child and Adolescent Psychiatry*, 41, 696–702.

Sonuga-Barke, E.J., Taylor, E., Sembi, S., and Smith, J. (1992) Hyperactivity and delay aversion – I: The effect of delay on choice. *Journal of Child Psychology and Psychiatry*, 33(2), 387–398.

Sprich-Buchminster, S., Biederman, J., Milberger, S., Faraone, S.V., and Lehman, B.K. (1993) Are perinatal complications relevant to the manifestation of ADD? Issues of comorbidity and familiarity. *Journal of American Academy of Child and Adolescent Psychiatry*, 32, 1032–1037.

Staller, J.A. and Faraone, S.V. (2007) Targeting the dopamine system in the treatment of attention-deficit/hyperactivity disorder. *Expert Review of Neurotherapeutics*, 7(4), 351–362.

Steinhausen, H-C. (2009) The heterogeneity of causes and courses of attention-deficit hyperactivity disorder. *Acta Psychiatrica Scandinavica*, 120, 392–399.

Stergiakouli, E. and Thapar, A. (2010) Fitting the pieces together: Current research on the genetic basis of attention-deficit/hyperactivity disorder (ADHD). *Journal of Neuropsychiatric Disease and Treatment*, 6, 551–560.

Stevenson, C.S., Whitmont, S., Bornholt, L., Livesey, D., and Stevenson, R.J. (2002) A cognitive remediation programme for adults with Attention Deficit Hyperactivity Disorder. *Australian and New Zealand Journal of Psychiatry*, 36, 610–616.

Sullivan, M.A. and Rudnik-Levin, F. (2001) Attention deficit/hyperactivity disorder and substance abuse. Diagnostic and therapeutic considerations. *Annals of the New York Academy of Science*, 931, 251–270.

Tannock, R. (2000) Attention deficit disorders with anxiety disorders, in *Attention Deficit Disorders and Comorbidities in Children, Adolescents and Adults* (ed. S. Brown), New York: American Psychiatric Press, pp. 125–170.

Taylor, E., Chadwick, O., Heptinstall, E., and Danckaerts, M. (1996) Hyperactivity and conduct problems as risk factors for adolescent development. *Journal of American Academy of Child and Adolescent Psychiatry*, 35(9), 1213–1226.

Teasdale, J.D. and Fogarty, S.J. (1979) Differential effects of induced mood on retrieval of pleasant and unpleasant events from episodic memory. *Journal of Abnormal Psychology*, 88(3), 248–257.

Thapar, A., Harrington, R., and McGuffin, P. (2001) Examining the comorbidity of ADHD-related behaviours and conduct problems using a twin study design. *British Journal of Psychiatry*, 179, 224–229.

Upadhyaya, H.P. (2008) Substance use disorders in children and adolescents with attention-deficit/hyperactivity disorder: Implications for treatment and the role of the primary care physician. *Primary Care Companion to the Journal of Clinincal Psychiatry*, 10, 211–221.

Uzun, N. and Kendirli, Y. (2005) Clinical, social-demographic, neurophysiological and neuropsychiatric evaluation of children with volatile substance addiction. *Child Care Health Development*, 31(4), 425–443.

Van Horn, D.H. and Bux, D.A. (2001) A pilot test of motivational interviewing groups for dually diagnosed inpatients. *Journal of Substance Abuse Treatment*, 20(2), 191–195.

Van Veen, M.M., Kooij, J.J., Boonstra, A.M., Gordijn, M.C., and Van Someren, E.J. (2010) Delayed circadian rhythm in adults with attention-deficit/hyperactivity disorder and chronic sleep-onset insomnia. *Biological Psychiatry*, 67(11), 1091–1096.

Vance, A.L., Luk, E.S., Costin, J., Tonge, B.J., and Pantelis, C. (1999) Attention deficit hyperactivity disorder: anxiety phenomena in children treated with psychostimulant medication for 6 months or more. *Australia New Zealand Journal of Psychiatry*, 33(3), 399–406.

Virta, M., Salakari, A., Antila, M., Chydenius, E., Partinen, M., Kaski, M., Vataja, R., Kalska, H., and Iivanainen, M. (2010) Short cognitive behavioural therapy and cognitive training for adults with ADHD – a randomized controlled pilot study. *Neuropsychiatric Disease and Treatment*, 7(Suppl 6), 443–453.

Wagner, M.L., Walters, A.S., and Fisher, B.C. (2004) Symptoms of attention-deficit/hyperactivity disorder in adults with restless legs syndrome. *Sleep*, 15:27(8), 1499–1504.

Weinstein, C. (1994) Cognitive remediation strategies: An adjunct to psychotherapy of adults with attention deficit hyperactivity disorder. *Journal of Psychotherapy Practice and Research*, 3(1), 44–57.

Weiss, M., Hechtman, L., Milroy, T., and Perlman, T. (1985) Psychiatric status of hyperactives as adults: a controlled perspective. 15 year follow up of 63 hyperactive children. *Journal of the American Academy of Child Psychiatry*, 24, 211–220.

Weiss, M., Hechtman, L., and Weiss, G. (1999) *ADHD in Adulthood: A Guide to Current Theory, Diagnosis and Treatment*, Baltimore: Johns Hopkins University Press.

While, A., Forbes, A., Ullman, R., Lewis, S., Mathes, L., and Griffiths, P. (2004) Good practices that address continuity during transition fromchild to adult care: Synthesis of the evidence. *Child Care Health Development*, 30, 439–452.

Wilens, T.E., Faraone, A.V., Biederman, J., and Gunawardene, S. (2003) Does stimulant therapy of attention-deficit/hyperactivity disorders beget later substance misuse? A meta-analytic review of the literature. *Pediatrics*, 111, 179–185.

Wilens, T.E., McDermott, S.P., Biederman, J., Abrantes, A., Hahesy, A., and Spencer, T.J. (1999) Cognitive therapy in the treatment of adults with ADHD: A systematic chart review of 26 cases. *Journal of Cognitive Psychotherapy: An International Quarterly,* 13, 215–226.

Wilson, B.A., Alderman, N., Burgess, P.W., Emslie, H., and Evans, J.J. (1996) *Behavioural Assessment of the Dysexecutive Syndrome (BADS)*, Bury St. Edmunds: Thames Valley Test Company.

World Health Organisation (WHO) (1992) *ICD–10 Classification of Mental and Behavioural Disorders*, Geneva: WHO.

Wu, L.T., Pilowsky, D.J., and Schlenger, W.E. (2005) High prevalence of substance use disorders among adolescents who use marijuana and inhalants. *Drug and Alcohol Dependence*, 78(1), 23–32.

Young, S.J. (1999) Psychological therapy for adults with Attention Deficit Hyperactivity Disorder. *Counselling Psychology Quarterly*, 12(2), 183–190.

Young, S.J. (2002) A model of psychotherapy for adults with ADHD, in *A Clinician's Guide to Adult ADHD: Assessment and Intervention* (eds S. Goldstein and R. Brooks), New York: Academic Press.

Young, S. (2005) Coping strategies used by adults with ADHD. *Personality and Individual Differences*, 38(4), 809–816.

Young, S., Adamou, M., Bolea, B., Müller, U., Pitts, M., Thome, J., and Asherson, P. (2011) The identification and management of ADHD offenders within the criminal justice system: a consensus statement from the UK Adult ADHD Network and criminal justice agencies, *BMC Psychiatry*, 11(1), 32.

Young. S. and Amarasinghe. J.A. (2010) Practitioner review: Non-pharmacological treatments for ADHD: A lifespan approach. *Journal of Child Psychology and Psychiatry*, 51(2), 116–133.

Young, S., Bramham, J., and Gray, K. (2009) A phenomenological analysis of the experience of receiving a diagnosis and treatment of ADHD in adulthood. A partner's perspective. *Journal of Attention Disorders*, 12(4), 299–307.

Young, S., Bramham, J., Gray, K., and Rose, E. (2008) The experience of receiving a diagnosis and treatment of ADHD in adulthood. A qualitative study of clinically referred patients using Interpretative Phenomenological Analysis. *Journal of Attention Disorders*, 11(4), 493–504.

Young, S., Chadwick, O., Heptinstall, E., Taylor, E., and Sonuga-Barke, E.J. (2005a) The adolescent outcome of hyperactive girls. Self-reported interpersonal relationships and coping mechanisms. *European Journal of Child and Adolescent Psychiatry*, 14(5), 245–253.

Young, S., Channon, S., and Toone, B.K. (2000) Neuropsychological assessment of Attention Deficit Hyperactivity Disorder in adulthood. *Clinical Neuropsychological Assessment*, 1(4), 283–294.

Young, S. and Gudjonsson, G. (2008) Growing out of Attention-Deficit/Hyperactivity Disorder: The relationship between functioning and symptoms, *Journal of Attention Disorders*, 12(2), 162–169.

Young, S., Gudjonsson, G.H., Misch, P., Collins, P., Carter, P., Redfern, J., and Goodwin, E. (2010) Prevalence of ADHD symptoms among youth in a secure facility: The consistency and accuracy of self- and informant-report ratings. *Journal of Forensic Psychiatry and Psychology*, 21(2), 238–246.

Young, S., Heptinstall, E., Sonuga-Barke, E.J.S., Chadwick, O., and Taylor, E. (2005b) The adolescent outcome of hyperactive girls: Self-report of psychosocial status. *Journal of Child Psychology and Psychiatry*, 46(3), 255–262.

Young, S., Hopkin, G., Perkins, D., Farr, C., Doidge, A., and Gudjonsson, G.H. (forthcoming) A controlled trial of a cognitive skills program for personality disordered offenders. *Journal of Attention Disorders*. DOI:10.1177/1087054711430333

Young, S., Morris, R.G., Toone, B.K., and Tyson, C. (2006) Spatial working memory and strategy formation in adults diagnosed with Attention Deficit Hyperactivity Disorder. *Personality and Individual Differences*, 41, 653–661.

Young, S., Morris, R.G., Toone, B.K., and Tyson, C. (2007) Planning ability in adults diagnosed with Attention-Deficit/Hyperactivity Disorder: A deficit in planning ability. *Neuropsychology*, 21(5), 581–589.

Young, S., Murphy, C.M., and Coghill, D. (2011) Avoiding the 'twilight zone': Guidance and recommendations on ADHD and the transition between child and adult services. *BMC Psychiatry*. 11:174 http://www.biomedcentral.com/qc/1471-244X/11/174 doi:10.1186/1471-244X-11-174

Young, S.J. and Ross, R.R. (2007) *R&R2 for ADHD Youths and Adults with ADHD: A Prosocial Competence Training Program*. Ottawa: Cognitive Centre of Canada. Retrieved from www.cognitivecentre.ca

Young, S., Toone, B., and Tyson, C. (2003) Comorbidity and psychosocial profile of adults with Attention Deficit Hyperactivity Disorder. *Personality and Individual Differences*, 35(4), 743–755.

찾아보기

【ㅅ】

【ㅎ】

【기타】

저자 소개

Susan Young

킹스칼리지런던 심리학과 임상 범죄심리학 조교수이자 Broadmoor High Security Hospital의 임상 및 범죄심리학 고문이다. 그녀는 1994년에 Maudsley 병원의 국립 성인 ADHD 서비스에 임상 심리 서비스를 개설했으며, 청소년 및 성인 ADHD 평가와 심리치료 분야에 오랜 임상 경험이 있다. 그녀는 청소년 ADHD 서비스에서 성인 ADHD 서비스로 전환 관리 지침을 개발하기 위한 영국 정신약물학회 합의 회의(2007)에 참여하였다. 그녀는 NICE 산하 ADHD 임상지침개발위원회(2009) 위원으로서 ADHD를 가진 소아 및 성인에 대한 정신치료 전문가 지침 제정에 기여하였다. 그녀는 치료자들이 성인 ADHD에 대한 임상 서비스를 정립하도록 지원하는 것을 목표로 설립된 영국 성인 ADHD 네트워크(UK Adult ADHD Network, UKAAN) 부회장이다. 또한 과학 잡지에 많은 논문을 실었으며, 세 가지 심리중재 프로그램을 개발하였고, 두 권의 저서를 출간하였다. 그녀는 현재 보건부가 지원하는 연구 그룹을 이끌고 있는데, 이 그룹은 ADHD와 범죄자의 관련성을 연구하고 형사 사법 체계 안에서 이들을 관리하는 방안을 구축하는 프로젝트 개발을 목표로 한다.

Jessica Bramham

국립더블린대학교 심리학부 임상 신경심리학 조교수로 재직 중이며, St. Patrick's University Hospital Dublin에서 성인 ADHD 서비스를 이끌고 있다. 그녀는 런던 Maudsley Hospital에 국립 성인 ADHD 서비스를 개설하였으며, 킹스칼리지런던 심리학과에서 임상 교수를 역임했다. 그녀는 케임브리지대학교 심리학과에서 석사 및 박사 학위를 취득했다. 주된 관심분야는 신경심리평가이며, 성인 ADHD 인지기능과 공존질환 발현을 연구하고 있다.

역자 소개

최병휘

인제대학교 의과대학 졸업
광명정신건강의학과 원장

임미정

이화여자대학교 의과대학 졸업
희망병원 부원장

곽욱환

경상대학교 의과대학 졸업
마음과 마음 정신건강의학과 원장

박준성

한양대학교 의과대학 졸업
두드림정신건강의학과 원장

김 원

가톨릭대학교 의과대학 졸업
인제대학교 서울백병원 정신건강의학과 교수

조철래

경북대학교 의과대학 졸업
마음공감정신건강의학과 원장

김선욱

서울대학교 의과대학 졸업
선정신건강의학과 원장

김혜경

연세대학교 의과대학 졸업
연세예정신건강의학과 원장